Simple Detail 2026

심승아 소방학개론

심층트레이닝 빈칸 + OX

공부는 심플하게 × 전략은 디테일하게

심승아 선생님

- 現 넥스트소방 소방학개론/소방관계법규 전임
- 前 일타클래스 소방설비기사 전기/기계 전임
- 前 모아소방학원 소방설비기사 전기/기계 전임
- 前 한방유비스(주) 등 소방설계 및 내진기획 실무 경력

저서

- 심승아 Simple·Detail 소방학개론
- 심승아 Simple·Detail 소방관계법규
- 심승아 Simple·Detail 소방학개론 기출문제집
- 심승아 Simple·Detail 소방관계법규 기출문제집
- 심승아 Simple·Detail 소방학개론 심기일전 단원별 예상문제집
- 심승아 Simple·Detail 소방관계법규 심기일전 단원별 예상문제집
- 심승아 Simple·Detail 소방학개론·소방관계법규 단권화 노트
- 심승아 Simple·Detail 소방학개론 심의 한 수 파이널 모의고사
- 심승아 Simple·Detail 소방관계법규 심의 한 수 파이널 모의고사

INTRO 들어가며

공부를 하다 보면 '아는 것 같은데 막상 문제를 풀면 헷갈리는' 순간들이 종종 찾아옵니다. 이 책은 개념을 정확히 기억하고, 문제에 적용하는 힘을 키울 수 있도록 만들었습니다.

각 파트는 빈칸 문제와 OX 문제가 짝을 이루는 구조로, 암기와 적용을 하나의 흐름 속에서 익힐 수 있도록 하였습니다. 빈칸 문제로 핵심 개념을 또렷하게 정리한 뒤, 바로 이어지는 OX 문제에서 그 내용을 실제 시험 지문으로 응용해볼 수 있습니다. 이 과정을 반복하면 개념이 더욱 선명하게 자리 잡고, 출제 방식에 대한 감각도 함께 키워나갈 수 있게 됩니다.

*** 어떻게 학습하면 좋을까요?**
각 파트의 빈칸 문제부터 먼저 풀어보세요. '이 부분이 중요하구나', '여기를 놓쳤구나' 하며 핵심 개념을 정확히 짚고 암기하는 데 도움이 됩니다.
이어지는 OX 문제에서는 앞에서 정리한 내용을 바탕으로 판단하고 응용하는 연습을 해보세요. 만약 틀렸다면 왜 틀렸는지, 암기가 부족했는지, 개념을 제대로 적용하지 못한 건지 스스로 점검해보고, 꼭 기본서를 통해 다시 한 번 복습해두는 것이 좋습니다. 이 흐름을 반복하다 보면, 어느새 개념이 머릿속에 자연스럽게 자리 잡고, 문제를 보는 눈도 함께 자라게 될 것입니다.

공부는 조급하지 않게, 하지만 꾸준히 이어가는 것이 가장 중요합니다. 이 책이 여러분의 그런 하루하루에 작은 힘이 되어주길 바랍니다. 쌓아가는 개념들이 시험장에서 흔들림 없는 자신감으로 바뀌기를 진심으로 응원합니다.

2025년 7월
심승아 드림

이 책의 차례

PART I 연소

CHAPTER 01 기본이론 ········ 010
- 01 물질의 변화 ········ 010
- 02 온도 ········ 011
- 03 기체반응의 법칙 ········ 011

CHAPTER 02 연소이론 ········ 016
- 01 연소의 정의 ········ 016
- 02 연소의 조건(3요소 및 4요소) ········ 017
- 03 연소범위(물적 조건) ········ 020
- 04 인화점, 연소점, 발화점(에너지 조건) ········ 024
- 05 자연발화 ········ 026

CHAPTER 03 연소의 분류 ········ 042
- 01 불꽃 유무에 따른 연소 ········ 042
- 02 물질 상태별 연소형태의 종류 ········ 042
- 03 정상·비정상연소 ········ 045
- 04 이상연소 현상 ········ 045

CHAPTER 04 연소생성물 ········ 054
- 01 연소가스 ········ 054
- 02 연기 ········ 056
- 03 열 ········ 059
- 04 화염(불꽃, Flame) ········ 061

PART II 폭발

CHAPTER 01 폭발이론 ········ 076
- 01 폭발 ········ 076
- 02 폭발의 분류 ········ 076
- 03 폭연, 폭굉 ········ 080

CHAPTER 02 폭발 예방 및 보호 ········ 095
- 01 폭발의 방지대책 ········ 095

PART III 화재

CHAPTER 01 화재이론 ········ 102
- 01 화재의 정의 ········ 102
- 02 화재의 분류 ········ 102
- 03 기타 화재 ········ 105

CHAPTER 02 화재조사 ········ 114
- 01 이론 ········ 114
- 02 화재조사 및 보고규정 ········ 115
- 03 현장대응활동 검토회의 ········ 119

PART IV 건축물 화재 및 방재

CHAPTER 01 건축물의 화재 · · · · · 130
- 01 건축물 화재의 진행단계 · · · · · 130
- 02 건축물 화재의 특수 현상 · · · · · 131
- 03 목조 · 내화건축물 화재 · · · · · 134
- 04 화재 용어 · · · · · 135

CHAPTER 02 건축방재 · · · · · 152
- 01 건축물의 구조 · · · · · 152
- 02 건축물의 방화구획 및 방화설비 · · · · · 152
- 03 건축물의 용어 · · · · · 153
- 04 건축물의 방재계획 · · · · · 154
- 05 건축물의 피난계획 · · · · · 155

PART V 소화

CHAPTER 01 소화이론 · · · · · 162
- 01 소화의 기본 원리 · · · · · 162

CHAPTER 02 소화약제 · · · · · 168
- 01 물 소화약제 · · · · · 168
- 02 포 소화약제 · · · · · 169
- 03 강화액 소화약제 · · · · · 171
- 04 이산화탄소 소화약제 · · · · · 172
- 05 분말 소화약제 · · · · · 173
- 06 할론 소화약제 · · · · · 174
- 07 할로겐화합물 및 불활성기체 소화약제 · · · · · 175

PART VI 위험물

CHAPTER 01 위험물이론 · · · · · 200
- 01 위험물의 정의 · · · · · 200
- 02 위험물의 분류 · · · · · 200

CHAPTER 02 위험물안전관리법 · · · · · 224
- 01 위험물시설의 안전관리 · · · · · 224
- 02 위험물의 운반 및 운송 · · · · · 225

CHAPTER 03 특수가연물 · · · · · 226
- 01 특수가연물의 종류 · · · · · 226
- 02 특수가연물의 저장 및 취급기준 · · · · · 227

이 책의 차례

PART VII 소방시설

CHAPTER 01 소방시설 — 232
- 01 소방시설의 분류 — 232

CHAPTER 02 소화설비 — 236
- 01 소화기구 — 236
- 02 자동소화장치 — 238
- 03 옥내소화전설비 — 238
- 04 스프링클러설비 — 240
- 05 옥외소화전설비 — 242
- 06 펌프 — 244
- 07 물분무등소화설비 — 245
- 08 이산화탄소·할론·할로겐화합물 및 불활성기체 소화설비 — 246

CHAPTER 03 경보설비 — 267
- 01 자동화재탐지설비 — 267
- 02 화재알림설비 — 270

CHAPTER 04 피난구조설비 — 280
- 01 피난기구 — 280
- 02 인명구조기구 — 280
- 03 유도등 — 281
- 04 휴대용 비상조명등 — 281

CHAPTER 05 소화용수설비 — 285
- 01 상수도소화용수설비 — 285
- 02 소화수조·저수조 — 285

CHAPTER 06 소화활동설비 — 287
- 01 제연설비 — 287
- 02 연결송수관설비 — 287
- 03 연결살수설비 — 288
- 04 비상콘센트설비 — 289
- 05 연소방지설비 — 289

PART VIII 소방조직

CHAPTER 01 소방조직 — 296
- 01 소방조직관리 기초이론 — 296
- 02 소방의 발전과정 — 298
- 03 소방행정체제 — 301
- 04 소방자원관리(인적) — 301
- 05 소방자원관리(물적) — 304
- 06 소방자원관리(재정적) — 305

PART IX 소방기능

CHAPTER 01 소방기능   322
- 01 화재의 예방과 경계   322
- 02 소방활동 등   323
- 03 소방전술   324
- 04 구조 · 구급 행정관리 (119 구조 · 구급에 관한 법률)   329
- 05 구조 · 구급 활동   330
- 06 응급의료   331

PART X 재난관리

CHAPTER 01 재난이론   344
- 01 재난의 분류   344
- 02 재난의 특징(자연재난 vs 인적재난)   345
- 03 사고연쇄반응이론   345
- 04 재난관리 방식별 장 · 단점 비교   346
- 05 재난관리 단계별 주요 활동 내용(Petak, 1985)   347

CHAPTER 02 재난 및 안전관리 기본법   352
- 01 목적   352
- 02 용어정리   352
- 03 재난관리주관기관   354
- 04 안전관리기구 및 기능   359
- 05 재난안전대책본부 등   364
- 06 안전관리계획   366
- 07 재난의 4단계   368
- 08 안전문화 진흥   376
- 09 보칙   376

Simtail

PART

I

연소

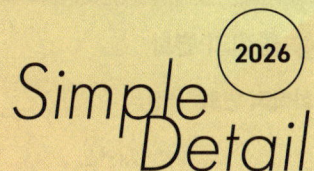

CHAPTER 01	기본이론
CHAPTER 02	연소이론
CHAPTER 03	연소의 분류
CHAPTER 04	연소생성물

CHAPTER 01 기본이론

SIMPLE 핵심 이론 빈칸 넣기

1 물질의 변화

① 화학적 변화: 물질의 ① _____ 이 변하는 것을 말한다.

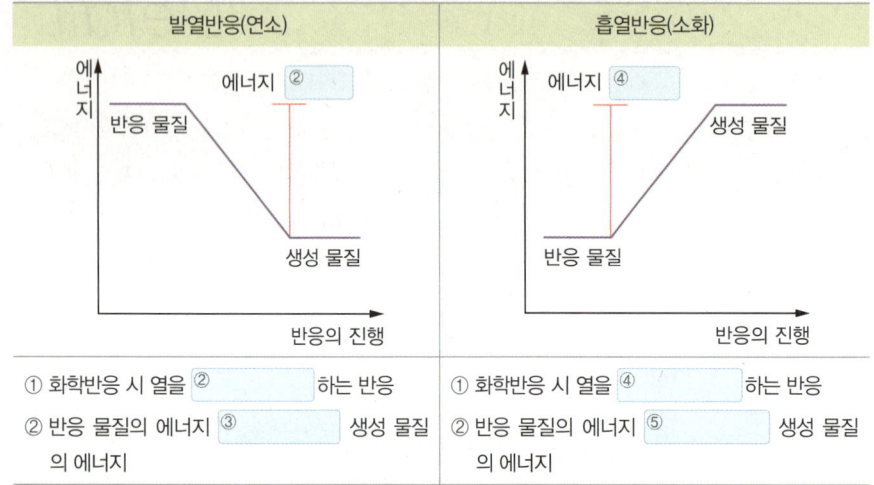

발열반응(연소)	흡열반응(소화)
① 화학반응 시 열을 ② _____ 하는 반응 ② 반응 물질의 에너지 ③ _____ 생성 물질의 에너지	① 화학반응 시 열을 ④ _____ 하는 반응 ② 반응 물질의 에너지 ⑤ _____ 생성 물질의 에너지

정답
① 성질
② 방출
③ >
④ 흡수
⑤ <

② 물리적 변화: 물질의 ⑥ _____ 은 변하지 않고, ⑦ _____ 이나 ⑧ _____ 가 변하는 것을 말한다.

⑥ 성질
⑦ 모양
⑧ 상태

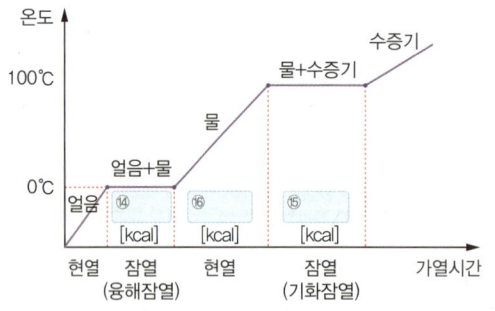

현열(감열)	① 물질의 ⑨ _____ 변화 없이 ⑩ _____ 변화가 있을 때 필요한 열량 ② 물의 비열: ⑪ _____ [kcal/kg·℃]
잠열(숨은열)	① 물질의 ⑫ _____ 변화 없이 ⑬ _____ 변화가 있을 때 필요한 열량 ② 융해잠열: ⑭ _____ [kcal/kg] ③ 기화(증발)잠열: ⑮ _____ [kcal/kg]

⑨ 상
⑩ 온도
⑪ 1
⑫ 온도
⑬ 상
⑭ 80
⑮ 539
⑯ 100

2 온도

어떤 물질의 뜨겁거나 차가운 정도를 표시한 값이다.

① 섭씨온도(℃)

1기압 상태에서 물의 어는점을 0[℃], 끓는점을 100[℃]로 100등분한 것이다.

② 화씨온도(℉)

1기압 상태에서 물의 어는점을 32[℉], 끓는점을 212[℉]로 180등분한 것이다.

③ 절대온도

① 켈빈온도[K]: $K = ℃ +$ ①

② 랭킨온도[°R]: °$R = ℉ +$ ②

- 온도값 변환공식

화씨[℉] → 섭씨[℃]	섭씨[℃] → 화씨[℉]
℃ = ③	℉ = ④

정답
① 273
② 460
③ $\frac{5}{9} \times (℉ - 32)$
④ $\frac{9}{5} ℃ + 32$

3 기체반응의 법칙

① 보일의 법칙

일정한 ⑤ 에서 기체의 부피는 ⑥ 에 ⑦ 한다.

$$V \propto \frac{1}{P}$$

⑤ 온도
⑥ 압력
⑦ 반비례

② 샤를의 법칙

일정한 ⑧ 에서 기체의 부피는 ⑨ 에 ⑩ 한다.

$$V \propto T$$

⑧ 압력
⑨ 절대온도
⑩ 비례

③ 보일 – 샤를의 법칙

기체의 부피는 압력에 반비례하고 절대온도에 비례한다.

$$\frac{P_1 V_1}{T_1} = \frac{P_2 V_2}{T_2}$$

4 아보가드로의 법칙

일정한 온도와 압력에서 기체의 부피는 ① _____ 에 비례한다.

표준상태(② _____, 1기압)에서 모든 기체는 부피 ③ _____ [L] 속에는 6.02×10^{23}개(1[mol])의 분자가 들어있다.

$$V \propto n$$

5 이상기체 상태 방정식

$$PV = ⑤\ = \frac{⑤}{⑥}RT$$

P: 압력[atm], V: 부피(체적)[L], n: 몰수, R: 기체상수(⑦ _____ [atm·l/mol·K])
W: 기체의 질량[g], M: 분자량, T: 절대온도[K]

정답

① 몰수(분자수)
② 0[℃]
③ 22.4

④ nRT
⑤ W
⑥ M
⑦ 0.082

DETAIL 핵심지문 OX

LINK 22~25p

1 물질의 변화

LINK 22~23p

001 〔기출〕 물질의 온도변화 없이 상태의 변화가 있는 것을 감열이라고 한다. O | X

해설
001 물질의 온도변화 없이 상태의 변화가 있는 것을 잠열(숨은열)이라고 한다.

002 〔기출〕 융점은 대기압 하에서 고체가 용융하여 액체가 되는 온도를 말한다. O | X

002
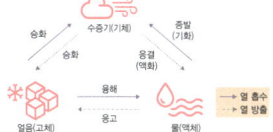

003 〔기출〕 현열은 온도의 변화를 수반하지 않고 상의 변화로 생성되는 에너지이며 잠열은 상의 변화를 수반하지 않고 온도변화가 있을 때 필요한 에너지를 말한다. O | X

003 잠열(숨은열)은 온도의 변화를 수반하지 않고 상의 변화로 생성되는 에너지이며 현열(감열)은 상의 변화를 수반하지 않고 온도변화가 있을 때 필요한 에너지를 말한다.

004 〔기출〕 비열은 단위 질량의 물체 1g을 1℃ 올리는 데 필요한 열량과 물 1g의 온도를 1℃ 올리는 데 필요한 열량과의 비율을 말한다. O | X

004 물의 비열: 1[kcal/kg·℃], 1[cal/g·℃]

005 〔기출〕 1Btu는 1lb의 물을 1°F 높이는데 필요한 열량을 말한다. O | X

005 Btu는 영국단위이다.

정답
001 × 002 ○ 003 × 004 ○
005 ○

CHAPTER 01 기본이론 **13**

해설

006
③ 구간 b~d에서 흡수하는 열량은 약 180[cal]이다.
④ 구간 b~e에서 소요되는 열량은 약 719[cal]이다.

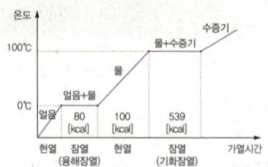

- $Q = m \cdot C \cdot \Delta T$
- $Q = m \cdot r$
 Q: 열량[kcal], m: 질량[kg],
 C: 물질의 비열[kcal/kg·°C],
 ΔT: 온도차[°C],
 r: 잠열[kcal/kg]

007
10°C 물 1g이 수증기 100°C가 되려면 629[cal]가 필요하다.

008
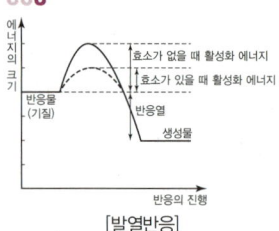

정답
006 ① ○ ② ○ ③ × ④ ×
007 × 008 ○

---

006 (기출) 아래 그림을 보고 답하시오.

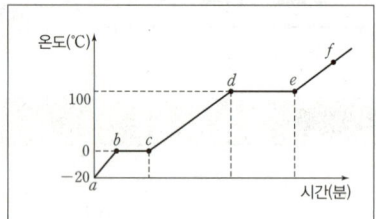

① 구간 b~c, 구간 d~e에서 잠열을 흡수한다. ○ ×
② 구간 a~b, 구간 c~d, 구간 e~f에서 현열을 흡수한다. ○ ×
③ 구간 b~d에서 흡수하는 열량은 약 80[cal]이다. ○ ×
④ 구간 b~e에서 소요되는 열량은 약 539[cal]이다. ○ ×

007 (예상) 10°C 물 1g이 수증기 100°C가 되려면 539[cal]가 필요하다. ○ ×

008 (기출) 원자핵반응에서 반응계 질량의 총합이 생성계 질량의 총합보다 증가하는 반응은 발열반응이라고 한다. ○ ×

---

2 온도
LINK 24p

해설
009
켈빈온도[K] = 섭씨온도[°C] + 273

정답
009 ○

---

009 (예상) 섭씨온도란 1기압 상태에서 물의 어는점을 0[°C], 끓는점을 100[°C]로 100등분한 것이다. ○ ×

010 화씨온도란 1기압 상태에서 물의 어는점을 32[°F], 끓는점을 212[°F]로 180등분한 것이다. O|X

해설
010
랭킨온도[R]=화씨온도[°F]+460

정답
010 O

3 기체 반응의 법칙　　LINK 24~25p

011 기체 반응의 법칙 중 보일의 법칙은 일정한 압력에서 기체의 부피는 절대온도에 비례한다는 것이고, 샤를의 법칙은 일정한 온도에서 기체의 부피는 압력에 반비례한다는 것이다. O|X

해설
011
기체 반응의 법칙 중 **샤를의 법칙**은 일정한 압력에서 기체의 부피는 절대온도에 비례한다는 것이고, **보일의 법칙**은 일정한 온도에서 기체의 부피는 압력에 반비례한다는 것이다.
• 보일-샤를의 법칙
$$\frac{P_1 V_1}{T_1} = \frac{P_2 V_2}{T_2}$$

정답
011 ×

CHAPTER 02 연소이론

SIMPLE 핵심 이론 빈칸 넣기

1 연소의 정의

① 정의

① 가연물이 공기 중의 산소 또는 산화제와 반응하여 ①_____ 과 ②_____ 을 발생하면서 ③_____ 하는 현상

② 연소는 산화 반응과 발열 반응하는 ④_____ 이라고 할 수 있다.

③ 반응을 일으키기 위해서는 ⑤_____ 가 필요하다.

활성화 에너지
① 화학반응이 진행되기 위한 ⑥_____ 한의 에너지이다.
② 활성화 에너지가 ⑦_____ 반응속도가 빠르다.

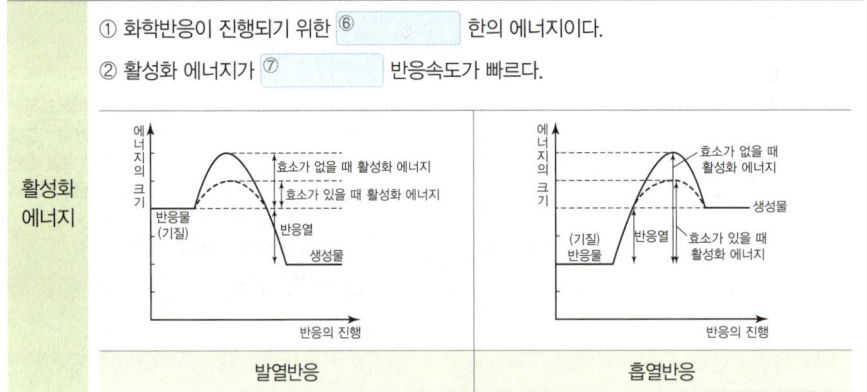

발열반응 / 흡열반응

정답
① 열
② 빛
③ 산화
④ 화학적 현상
⑤ 활성화 에너지
  (최소점화에너지)

⑥ 최소
⑦ 작을수록

2 산화-환원반응: 산화반응과 환원반응은 동시에 일어난다.

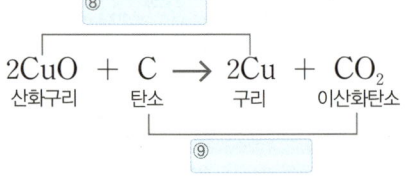

$2CuO + C \rightarrow 2Cu + CO_2$
산화구리 탄소   구리   이산화탄소
⑨

구분	산소	수소, 전자
산화반응	⑩	⑪
환원반응	⑫	⑬

⑧ 환원
⑨ 산화
⑩ 얻다
⑪ 잃다
⑫ 잃다
⑬ 얻다

3 용어정리

① **산화제**: 산화성 물질로 다른 물질을 ⑭_____ 시키며 자신은 ⑮_____ 되는 물질(⑭_____ 력이 있다.)

② **환원제**: 환원성 물질로 다른 물질을 ⑯_____ 시키며 자신은 ⑰_____ 되는 물질(⑯_____ 력이 있다.)

⑭ 산화
⑮ 환원
⑯ 환원
⑰ 산화

2 연소의 조건(3요소 및 4요소)

연소의 3요소: 가연물, 산소공급원, 점화원 (작열연소)

연소의 4요소: 가연물, 산소공급원, 점화원, ① [　　　] (불꽃연소)

1 가연물

① 가연물 구비조건
- 산소와 친화력이 ② [　　　]
- 표면적(비표면적)이 ③ [　　　]
- 발열량(연소열)이 ④ [　　　]
- 최소산소농도, 한계산소지수가 ⑤ [　　　]
- 활성화 에너지(점화에너지)가 ⑥ [　　　]
- 열전도율(열전도도)이 ⑦ [　　　]
- 수분의 함유량이 ⑧ [　　　]
- 열용량이 ⑨ [　　　]
- 연쇄반응을 ⑩ [　　　]

작을수록 연소용이	활성화 에너지, 열전도도, 열용량, 인화점, 발화점, 비점, 비중, 한계산소지수, 수분함유량
클수록 연소용이	산소와 친화력, 표면적, 발열량(연소열), 온도, 압력, 연소범위, 건조도, 화학적 활성도

② 가연물이 될 수 없는 물질
- ⑪ [　　　] 물질: 물, 이산화탄소, 산화알루미늄, 오산화인, 삼산화크로뮴, 규조토(산화규소), 삼산화황
- ⑫ [　　　] 의 불활성 기체: 헬륨, 네온, 아르곤, 크립톤, 크세논, 라돈
- 산화흡열반응 물질: ⑬ [　　　] 또는 질소산화물
- 자체가 연소하지 않는 물질: 돌, 흙 등

2 산소공급원

① **공기**: 공기 중에 산소는 약 ⑭ [　　　] [vol%]이며, 중량으로 계산하면 ⑮ [　　　] [wt%]로 연소할 때 필요한 산소의 주 공급원이다.

② **산화성 물질**: 가연물에 산소를 공급해주는 물질이다.(불연성 물질이며 산소를 함유)
- ⑯ [　　　]
- ⑰ [　　　]

정답

① 연쇄반응

② 클 것
③ 클 것
④ 클 것
⑤ 낮을 것
⑥ 작을 것
⑦ 낮을 것
⑧ 적을 것
⑨ 작을 것
⑩ 수반할 것

⑪ 완전산화
⑫ 0족(18족)
⑬ 질소(N_2)

⑭ 21
⑮ 23

⑯ 제1류 위험물
　(산화성 고체)
⑰ 제6류 위험물
　(산화성 액체)

③ **자기반응성 물질**: 분자 내에 가연물과 산소를 충분히 함유하고 있고 연소속도가 빠르다. (가연성 물질이며 산소를 함유)
- ① _____

④ ② _____ 가스: 자신은 연소하지 않고 가연물이 잘 탈 수 있도록 도와주는 가스

> **참고**
>
> **완전연소, 불완전연소**
>
> **1. 완전연소**
> ① 완전연소는 산소의 공급이 ③ _____ 한 상태에서 이루어지는 연소이다.
> ② 탄화수소계 가연물이 완전연소하는 경우 ④ _____ 와 ⑤ _____ 등을 생성한다.
>
> | 작성방법 | $C_mH_n + (m+\frac{n}{4})O_2 \rightarrow mCO_2 + \frac{n}{2}H_2O$ |
> |---|---|
> | 메탄[CH_4] | $CH_4 +$ ⑥ ___ $O_2 \rightarrow CO_2 + 2H_2O$ |
> | 에탄[C_2H_6] | $C_2H_6 +$ ⑦ ___ $O_2 \rightarrow 2CO_2 + 3H_2O$ |
> | 프로판[C_3H_8] | $C_3H_8 + 5O_2 \rightarrow 3CO_2 +$ ⑧ ___ H_2O |
> | 부탄[C_4H_{10}] | $C_4H_{10} + 6.5O_2 \rightarrow$ ⑨ ___ $CO_2 + 5H_2O$ |
>
> **이론산소량**
> ① 가연물질을 완전연소시키기 위해서 필요한 최소의 산소량이다.
> ② 이론산소량 = ⑩ _____ [%], (이론공기량 = ⑪ _____)
>
> **2. 불완전연소**
> ① 산소의 공급이 ⑫ _____ 한 상태에서 이루어지는 연소이다.
> ② 탄화수소계 가연물이 불완전연소하는 경우 ⑬ _____ 등을 생성한다.

정답

① 제5류 위험물 (자기반응성 물질)
② 조연성(지연성)

③ 충분
④ 이산화탄소(CO_2)
⑤ 수증기(H_2O)

⑥ 2
⑦ 3.5
⑧ 4
⑨ 4

⑩ 이론공기량 × 21
⑪ $\dfrac{이론산소량}{21\%}$
   $= \dfrac{이론산소량}{0.21}$
⑫ 불충분
⑬ 일산화탄소(CO)

3 점화원(열원)

① **전기적 점화원**: 저항열, 아크열, 낙뢰열, 정전기, 유도열, 누전열, 유전열, 전기스파크 등

② **화학적 점화원**: ① _____, 연소열, 분해열, ② _____ 등

③ **기계적 점화원**: 마찰열, 충격(스파크), ③ _____ 등

④ **열적 점화원**: 고온표면, 적외선, 복사열, 나화 등

정전기 점화원	정전기는 전하의 이동이 적어 전기가 흐르지 못하고 축적되어 있는 전기를 말한다.
	① 대전서열이 ④ _____
	② 물체의 표면이 ⑤ _____
	③ 물체의 ⑥ _____ 접촉·분리가 일어날 때
	④ 접촉압력·면적이 ⑦ _____
	⑤ 분리속도가 ⑧ _____

	발생원인	방지대책
정전기 점화원	① 비전도성 유체의 유속이 ⑨ ____ 경우 ② 비전도성 부유물질이 ⑩ ____ 경우 ③ ⑪ ____ 가 형성되어 비전도성 유체의 마찰이 큰 경우 ④ 필터 등을 통하여 비전도성 유체를 여과시키는 경우	① 접지 및 본딩한다. ② 상대습도를 ⑫ ____ 이상 유지한다. ③ 전도성이 ⑬ ____ 를 사용한다. ④ 배관 내 유속을 ⑭ ____ 하여 마찰을 ⑮ ____ 시킨다. ⑤ 공기를 ⑯ ____ 한다. ⑥ ⑰ ____ 를 사용한다. ⑦ ⑱ ____ 를 사용한다. ⑧ 전위차를 ⑲ ____ 한다. ⑨ ⑳ ____ (딥파이프)를 설치한다.

4 연쇄반응

① 화학반응 중 생성된 물질(활성라디칼 O^*, OH^*, H^*)이 주변에 있는 다른 대상에게도 반응을 촉진시켜 화학반응을 지속적으로 유지시키는 것을 연쇄반응이라고 한다.

② ㉑ _____ 와 다르게 ㉒ _____ 를 하기 위해서는 연쇄반응이 필요하다.

연쇄반응 종류	① 전파반응: 원인계 활성라디칼 수 ㉓ ____ 생성계 활성라디칼 수
	② 분기반응: 원인계 활성라디칼 수 ㉔ ____ 생성계 활성라디칼 수

정답

① 용해열
② 자연발열(자연발화)
③ 단열압축열

④ 멀수록
⑤ 거칠수록
⑥ 처음
⑦ 클수록
⑧ 빠를수록

⑨ 큰
⑩ 많을
⑪ 와류
⑫ 70%
⑬ 큰 물체(도체)
⑭ 제한
⑮ 감소
⑯ 이온화
⑰ 대전방지제
⑱ 제전기
⑲ 작게('0'으로)
⑳ 침액파이프

㉑ 작열연소
㉒ 불꽃연소
㉓ ≥
㉔ <

3 연소범위(물적 조건)

① 혼합물에서 가연성 가스의 농도가 너무 적거나(연소하한계 이하) 너무 많아도(연소상한계 이상) 연소는 일어나지 않는다. 이것은 가연성 가스의 분자와 산소와의 분자 중 상대적으로 한 쪽이 많으면 유효충돌 횟수가 감소하여 충돌에너지가 주위에 흡수·확산되어 연소반응의 진행이 방해되기 때문이다.

② 연소범위란 가연성 가스와 공기가 혼합하여 연소반응을 일으킬 수 있는 농도범위를 말하며, 또 다른 말로는 자력으로 화염을 전파하는 공간이라고도 한다.

③ 가연물, 산소공급원, 점화원이 있어도 무조건 연소하는 것은 아니다. 적절한 농도범위를 가져야 연소할 수 있다.

④ 연소범위 이외의 영역에서는 ① _____ 의 모습을 보인다.

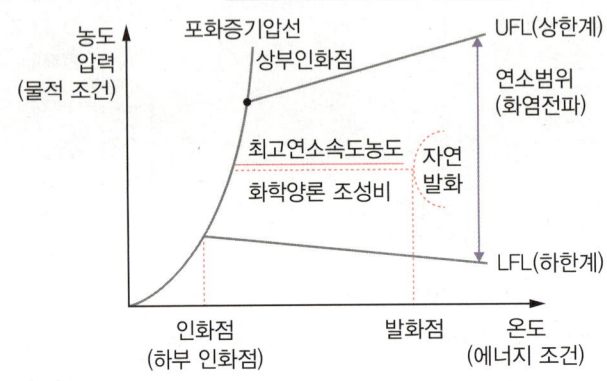

1 연소범위의 특징

① 연소범위의 낮은 쪽 한계치를 연소하한계(LFL)라 한다.
② 연소범위의 높은 쪽 한계치를 연소상한계(UFL)라 한다.
③ 연소하한계(LFL)가 ② _____ 위험성이 커진다.
④ 연소상한계(UFL)가 ③ _____ 위험성이 커진다.
⑤ 연소범위가 ④ _____ 위험성이 커진다.
⑥ 온도와 농도가 ⑤ _____ 위험성이 커진다.

정답
① 불꽃이 없는 작열연소
② 낮을수록
③ 높을수록
④ 넓을수록
⑤ 높을수록

2 연소범위에 영향을 주는 인자

① 산소농도가 ①_____ 연소범위는 넓어진다. (②_____는 거의 변화 없고, ③_____는 크게 높아진다)

> **참고**
>
> **최소산소농도(MOC)**
> ① 최소산소농도는 화염전파를 위한 최소한의 산소농도로서, 산소농도를 최소산소농도보다 ④_____ 낮추면 연료농도에 관계없이 연소 및 폭발방지가 가능하다.
> ② 가연성 혼합기에 불활성 가스를 첨가하여 산소농도를 낮추어 연소를 소멸시킬 수 있다.
> ③ 계산식
>
> MOC = ⑤_____ (산소의 양론계수 = ⑥_____)
>
> **한계산소지수(LOI)**
> ① 방염처리한 고분자 재료와 그 소재의 연소성을 비교하기 위한 지표로 사용하기 위한 것으로 가연물을 수직으로 한 상태에서 가장 윗부분에 점화하여 연소를 계속 유지(3분 이상)할 수 있는 필요한 산소의 최저농도이다.
> ② 한계산소지수가 ⑦_____ 난연성이 되므로 열원이 제거된 후 연소가 중단될 가능성이 높다.
> ③ 계산식
>
> LOI[%] = ⑧_____
>
> **산소밸런스(OB)**
> ① 화학물질로부터 완전연소생성물을 만드는 데 필요한 산소의 과부족량을 나타낸 지수
> ② 100g의 물질이 완전연소생성물을 만드는 데 필요한 산소의 과부족량을 g으로 표시한 것을 말한다.
> ③ '0'에 가까울수록 폭발력이 ⑨_____.

② 불활성 가스의 함유량이 ⑩_____ 연소범위는 좁아진다. (⑪_____는 거의 변화 없고, ⑫_____는 크게 감소한다)

③ 압력이 ⑬_____ 분자 간의 거리가 가까워져 유효충돌횟수가 증가되어 연소범위는 넓어진다. (⑭_____는 약간 낮아지나 ⑮_____는 크게 증가한다)

- ⑯_____는 연소범위가 좁아지다가, 압력이 10[atm] 이상으로 증가되면, 압력과 무관하게 연소범위가 일정해진다. (약간 넓어진다)
- ⑰_____는 압력이 증가되면 연소범위가 좁아진다.

④ 온도가 ⑱_____ 기체분자의 운동이 활발해져 유효충돌횟수가 증가되어 반응성이 활발해져 연소범위가 넓어진다. (실험식에 의하면 공기 중에서 온도가 100[℃] 증가함에 따라 연소하한계 및 연소상한계의 연소범위가 약 8[%] 증감한다)

⑤ ⑲_____의 형성은 분자 간 유효충돌횟수를 증가시켜 연소범위가 넓어진다.

정답

① 증가할수록
② 연소하한계
③ 연소상한계

④ 낮게

⑤ 연소하한계 × 산소의 양론계수
⑥ $\dfrac{\text{산소몰수}}{\text{연료몰수}}$

⑦ 높을수록

⑧ $\dfrac{O_2 \text{체적}}{O_2 \text{체적} + N_2 \text{체적}} \times 100$

⑨ 크다

⑩ 많을수록
⑪ 연소하한계
⑫ 연소상한계
⑬ 증가할수록
⑭ 연소하한계
⑮ 연소상한계
⑯ 수소
⑰ 일산화탄소

⑱ 상승하면

⑲ 난류

3 각 물질의 연소범위

가연성가스	연소범위(V%)	위험도	가연성가스	연소범위(V%)	위험도
아세틸렌	①	31.4	암모니아	⑦	0.87
산화에틸렌	②	25.67	아세톤	2.6∼12.8	3.92
수소	③	17.75	메탄	⑧	2
일산화탄소	④	4.92	에탄	⑨	3.17
디에틸에테르(다이에틸에터)	⑤	24.26	프로판	⑩	3.52
이황화탄소	⑥	35.67	부탄	⑪	3.67
시안화수소	6∼41	5.83	가솔린(휘발유)	1.4∼7.6	4.43
에틸렌	2.7∼36	12.33	벤젠	1.3∼7.1	4.46

정답
① 2.5∼81(100)
② 3∼80(100)
③ 4∼75
④ 12.5∼74
⑤ 1.9∼48
⑥ 1.2∼44
⑦ 15∼28
⑧ 5∼15
⑨ 3∼12.5
⑩ 2.1∼9.5
⑪ 1.8∼8.4

> **참고**
> **파라핀계 탄화수소의 탄소수 증가에 따른 변화**
> ① 연소범위의 상·하한계가 ⑫
> ② 연소범위가 ⑬
> ③ 위험도가 ⑭
> ④ 인화점과 비점이 ⑮
> ⑤ 발화점이 ⑯
> ⑥ 증기압(휘발분)이 ⑰
> ⑦ 발열량이 ⑱
> ⑧ 연소열이 ⑲
> ⑨ 연소속도가 ⑳
> ⑩ 열전도율이 ㉑
> ⑪ Cst 값이 ㉒

⑫ 낮아진다
⑬ 좁아진다
⑭ 높아진다
⑮ 높아진다
⑯ 낮아진다
⑰ 감소한다
⑱ 증가한다
⑲ 증가한다
⑳ 느려진다
㉑ 증가한다
㉒ 작아진다

4 르샤틀리에(Le Chatelier) 법칙

① [가연성 혼합가스]의 연소범위를 구하는 데 이용된다.

$$L(\%) = \frac{100}{\frac{V_1}{L_1} + \frac{V_2}{L_2} + \frac{V_3}{L_3} + \cdots}$$

- L: 가연성 혼합가스의 연소하한계[%]
- V_1, V_2, V_3: 각각의 가연성 가스의 체적[%]
- L_1, L_2, L_3: 각각의 가연성 가스의 연소하한계[%]

참고
존스(Jone's) 식
LFL = ② [0.55] Cst
UFL = ③ [3.5] Cst

5 위험도

가연성 가스의 위험한 정도를 나타내는 척도로 사용된다.

① 연소 하한계가 ④ [낮을수록] 위험도는 증가한다.
② 연소 상한계가 ⑤ [높을수록] 위험도는 증가한다.
③ 가연성 혼합기체의 위험도는 연소 하한계가 낮고 연소범위가 ⑥ [넓을수록] 위험하다.

$$\text{위험도 H} = \frac{⑦[연소상한계(UFL)] - ⑧[연소하한계(LFL)]}{⑨[연소하한계(LFL)]}$$

6 물질의 위험성을 나타내는 성질

① 온도가 ⑩ [높을수록]
② 연소속도가 ⑪ [빠를수록]
③ 연소범위가 ⑫ [넓을수록]
④ 증기압이 ⑬ [높을수록]
⑤ 연소열이 ⑭ [클수록]
⑥ 인화점, 발화점, 비점, 융점이 ⑮ [낮을수록]
⑦ 증발열, 비열이 ⑯ [작을수록]
⑧ 비중이 ⑰ [작을수록]
⑨ 증기비중이 ⑱ [클수록]
⑩ 표면장력, 점성이 ⑲ [작을수록]

4 인화점, 연소점, 발화점(에너지 조건)

1 인화점(Flash point, 인화온도, ① 유도발화점)
① 가연물에 점화원(외부에너지)을 가했을 때 연소할 수 있는 최저온도
② ② 가연성 혼합기 를 형성하는 최저온도
③ 액체의 증기가 ③ 연소범위 하한계 에 이르러 점화되는 최저온도(하부 인화점)
④ ④ 물적조건 과 ⑤ 에너지조건 이 만나는 최저온도(최솟값)
⑤ ⑥ 포화증기압 선과 연소하한계가 만나는 최저온도
⑥ 인화점은 「위험물안전관리법」상 ⑦ 제4류 위험물 의 기준을 정하는 척도로 사용

2 연소점(Fire point)
① 점화원을 제거한 후에도 ⑧ 5초 이상 지속적으로 연소할 수 있는 최저온도이다.
② 일반적으로 인화점보다 ⑨ 5~10℃ 높다. (인화점<연소점<발화점)
③ 가연성 증기 발생속도가 연소 속도보다 ⑩ 빠를 때 이루어진다.

3 발화점(Ignition point, AIT, 착화점, 자연발화점, 자동발화점)
점화원 없이 스스로 발화할 수 있는 최저온도이다. (발열속도 ⑪ > 방열속도)

> **참고**
>
> **발화점이 낮아지기 위한 조건**
> ① 활성화 에너지가 ⑫ 작을 경우
> ② 화학적 활성도가 ⑬ 클수록
> ③ 열전도율이 ⑭ 낮을 경우
> ④ 습도가 ⑮ 낮을 경우
> ⑤ 증기압이 ⑯ 낮을수록
> ⑥ 분자구조가 ⑰ 복잡한 경우
> ⑦ 발열량, 산소와 친화력이 ⑱ 클수록
> ⑧ 탄화수소계열의 분자량이 ⑲ 크거나 탄소수의 길이가 ⑳ 길수록
> ⑨ 금속의 열전도율이 ㉑ 낮을수록
> ⑩ 접촉하는 금속(용기 재질)의 열전도도가 ㉒ 클수록

4 최소발화에너지(MIE)

연소범위 안에 있는 가연성 혼합기를 발화시키는 데 필요한 최소한의 에너지를 말한다.

$$MIE = \frac{1}{2}CV^2$$

- MIE: 최소발화에너지$[J]$
- C: 콘덴서 용량$[F]$
- V: 전압$[V]$

(1) 최소발화에너지는 물질의 종류, 혼합기의 온도, 압력, 농도(혼합비) 등에 따라 변화한다.

① 온도가 상승하면 분자의 운동이 활발해져 MIE는 ① 작아진다.

② 압력이 상승하면 분자 간의 거리가 가까워져 MIE는 ② 작아진다.

③ 농도가 높으면 분자 간의 충돌횟수가 많아져 MIE는 ③ 작아진다.

④ 연소속도가 클수록 MIE는 ④ 작아진다.

⑤ 발열량이 크고 산소분압이 높으면 MIE는 ⑤ 작아진다.

⑥ 가연성 가스의 조성이 화학양론농도 부근일 때 MIE는 ⑥ 최저 가 된다.

⑦ 유속이 커지면 MIE는 ⑦ 증가한다.

⑧ 동일 유속 시 난류의 강도가 커지면 MIE는 ⑧ 증가한다.

(2) 소염거리

① 최소점화에너지를 측정할 때 전극 간의 간격이 짧아지면, 일반적으로 MIE가 ⑨ 감소 된다.

② 일정한 거리가 되면 아무리 큰 전기에너지를 가하여도 착화되지 않는데, 이때의 ⑩ 최대간격 을 소염거리라 한다.

→ 전극 간의 거리가 좁아지면 전극을 통하여 ⑪ 열 손실(방열) 이 증대하기 때문에 착화되지 않는다.

> **참고**
>
> **화학양론농도(C_{st})**
> 가연성가스와 공기 중의 산소가 ① [ ] 없이 연소반응을 완결시킬 수 있는 농도를 말한다.
>
> $$C_{st} = \frac{\text{연료의 } mol \text{ 수}}{\text{연료의 } mol \text{ 수} + \text{공기의 } mol \text{ 수}} \times 100$$

정답
① 과부족

5 자연발화

1 정의: 외부의 점화원 없이(인위적인 에너지 공급 없이) 일정한 장소에 장시간 저장하면 가연물 내부에서 발생된 열의 축적에 의해 발화점에 도달하여 부분적으로 발화되는 현상이다.

2 자연발화를 일으킬 수 있는 열의 종류

산화열	물질이 산화하는 과정에서 발생되는 열이다. **ex** 기름걸레, ② [ ], 석탄, 건성유, 반건성유 등
분해열	물질이 분해할 때 발생되는 열이다. **ex** ③ [ ], 셀룰로이드, 나이트로셀룰로오스 등
흡착열	물질이 흡착할 때 발생하는 열이다. **ex** 목탄, 활성탄, 유연탄 등
중합열	물질이 중합반응하는 과정에서 발생되는 열이다. **ex** ④ [ ] 등
발효열 (미생물열)	미생물에 의해 물질이 발효되는 과정에서 발생되는 열이다. **ex** 먼지, 거름, 곡물, 퇴비 등

② 황린
③ 아세틸렌, 산화에틸렌
④ 산화에틸렌, 시안화수소

3 자연발화를 일으키는 조건

① **온도:** 주위 온도가 ⑤ [ ] 반응속도가 빨라져 열의 발생이 증가하므로 자연발화가 쉽다.
② **발열량:** 발열량이 ⑥ [ ] 열의 축적량이 많아져 자연발화가 쉽다. (발열 > 방열)
③ **습도:** 일정 수분은 촉매역할을 하여 반응속도를 가속시킨다. 따라서 습도가 ⑦ [ ] 자연발화가 쉽다.
④ **표면적:** 표면적이 ⑧ [ ] 공기 중의 산소와의 접촉이 용이하여 열의 발생이 증가한다.
⑤ **통풍(공기유통):** 공기유통이 ⑨ [ ] 열의 축적량이 많아져 자연발화가 쉽다.
⑥ **열전도:** 열전도도가 ⑩ [ ] 열 축적이 용이하여 자연발화가 쉽다.

⑤ 높으면
⑥ 클수록
⑦ 높을수록
⑧ 넓을수록
⑨ 적으면
⑩ 작을수록

4 자연발화 방지대책

① 통풍, 환기 등을 통해 공기유통을 잘 시켜 열축적을 방지한다.
② 주위온도를 ⑪ [ ] 유지한다.
③ 습도가 ⑫ [ ] 을 유지한다.

⑪ 낮게
⑫ 높지 않게 건조함

DETAIL 핵심지문 OX

1 연소의 정의

001 〔기출〕 연소는 가연성 물질이 산소와 만나 빛과 열을 수반하며 급격히 산화하는 현상이다. O | X

002 〔기출〕 산화제는 자신은 산화되고 다른 물질을 환원시킨다. O | X

> **002** 산화제는 자신은 **환원**되고 다른 물질을 **산화**시킨다.

003 〔기출〕 전자를 얻는 것은 산화반응, 전자를 잃는 것은 환원반응이라 한다. O | X

> **003** 전자를 얻는 것은 **환원반응**, 전자를 잃는 것은 **산화반응**이라 한다.

004 〔기출〕 수소를 잃는 변화도 산화반응이다. O | X

> **004**
>
> | 구 분 | 산소 | 수소, 전자 |
> |---|---|---|
> | 산화반응 | 얻다 | 잃다 |
> | 환원반응 | 잃다 | 얻다 |

005 〔예상〕 산화반응과 환원반응은 동시에 일어난다. O | X

006 〔기출〕 모든 산화반응은 연소이다. O | X

> **006** 철이 녹스는 현상은 산소와 결합하는 산화반응에 의해 일어나는 현상이다. 하지만 빛과 열을 수반하지 않았기 때문에 연소라고는 볼 수 없다.
> → 연소가 일어나기 위해서는 급격한 산화반응현상 + 빛과 열을 수반하여야 한다.
>
> 〔정답〕
> 001 O 002 × 003 × 004 O
> 005 O 006 ×

해설
007
활성화에너지란 화학반응이 진행되기 위한 **최소**의 에너지를 말하며 그 값이 **작을수록** 반응속도가 빠르다.

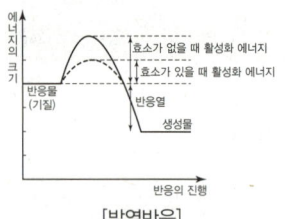
[발열반응]

정답
007 ×

□□□ 예상
007 활성화에너지란 화학반응이 진행되기 위한 최대의 에너지를 말하며 그 값이 클수록 반응속도가 빠르다.   O│X

2 연소의 조건 (3요소·4요소) 🔗 LINK 27–32p

해설
008
고체물질, 조연성물질, 촉매는 연소의 3요소이다.
→ **촉매는 연소의 4요소에 해당한다.**

009
활성화에너지란 화학반응이 진행되기 위한 최소한의 에너지를 말하는 것으로 활성화에너지와 가장 관련있는 것은 **점화원**이다.

010
공기 중 질소가스를 봉입하는 것은 연소의 4요소와 관련 **없다**.
→ 연소의 4요소: 가연물, 산소공급원, 점화원, 연쇄반응

011
산소와 친화력, 표면적, 연소열은 클수록, **점화에너지는 작을수록** 가연물이 되기 쉽다.

정답
008 × 009 × 010 × 011 ×

□□□ 기출
008 고체물질, 조연성물질, 촉매는 연소의 3요소이다.   O│X

□□□ 기출
009 활성화에너지와 가장 관련있는 것은 연쇄반응이다.   O│X

□□□ 기출
010 공기 중 질소가스를 봉입하는 것은 연소의 4요소와 관련 있다.   O│X

□□□ 기출
011 산소와 친화력, 표면적, 연소열, 점화에너지가 클수록 가연물이 되기 쉽다.   O│X

012
최소산소농도, 한계산소지수, 열전도도, 수분의 함유량이 낮거나 적을수록 가연물이 되기 쉽다. O | X

해설

012

작을수록 연소용이	활성화 에너지, 열전도도, 열용량, 인화점, 발화점, 비점, 비중, 한계산소지수, 수분함유량
클수록 연소용이	산소와 친화력, 표면적, 발열량(연소열), 온도, 압력, 연소범위, 건조도, 화학적 활성도

013
화학반응을 일으킬 때 필요한 최소에너지값이 커야 가연물이 되기 쉽다. O | X

013
화학반응을 일으킬 때 필요한 최소에너지값이 **작아야** 가연물이 되기 쉽다.

014
가연성 물질이 되기 쉬운 조건으로는 연쇄반응을 일으킬 수 있어야 하며, 활성화에너지가 크고 발열량이 작아야 한다. O | X

014
가연성 물질이 되기 쉬운 조건으로는 연쇄반응을 일으킬 수 있어야 하며, 활성화에너지가 **작고** 발열량이 **커야** 한다.

015
가연성 물질이 되기 쉬운 조건으로는 조연성 가스인 산소와의 결합력이 커야 하며 산소와 접촉할 수 있는 표면적이 커야 한다. O | X

015
표면적: 고체 < 액체 < 기체

016
가연성 물질이 되기 쉬운 조건으로는 비중, 점성, 압력, 연소열이 커야 한다. O | X

016
가연성 물질이 되기 쉬운 조건으로는 ~~비중~~, ~~점성~~, 압력, 연소열이 커야 한다.
→ 비중, 점성은 작을수록

017
헬륨, 이산화탄소, 오산화인, 시안화수소, 삼산화황은 불연성물질에 해당한다. O | X

017
헬륨, 이산화탄소, 오산화인, ~~시안화수소~~, 삼산화황은 불연성물질에 해당한다.
→ 시안화수소는 가연성 물질이다.
→ 헬륨: 18족(0족)
→ 이산화탄소, 오산화인, 삼산화황: 완전산화물질

정답
012 ○ 013 × 014 × 015 ○
016 × 017 ×

CHAPTER 02 연소이론 29

해설

018
질소 반응식
$N_2 + \frac{1}{2}O_2 \rightarrow N_2O - Q[kcal]$

020
- 제1류, 제6류: 산화성 물질
- 제5류: 자기반응성 물질

021
조연성 가스는 다른 물질의 연소를 도와주는 성질을 가진 기체의 성질을 말하며, **대표적인 물질이 산소일 뿐 산소를 모두 함유하고 있는 것은 아니다.**

022
수소는 산소, 염소, 불소와 만나면 격렬하게 반응한다.

023
$2CH_4 + 4O_2 \rightarrow 2CO_2 + 4H_2O$
1몰 = 22.4L
∴ 4몰 × 22.4L = 89.6L

---

018 (기출) 질소는 산소와 반응하나 흡열반응하므로 가연물이 될 수 없다. ○|×

019 (예상) 공기 중 산소의 부피로는 21[vol%]이며, 중량은 23[wt%]로, 연소할 때 필요한 산소의 주 공급원이다. ○|×

020 (기출) 제1류 위험물, 제5류 위험물, 제6류 위험물은 산소공급원이 될 수 있다. ○|×

021 (예상) 조연성 가스는 모두 산소를 함유하고 있는 기체이다. ○|×

022 (예상) 조연성이란 자신은 타지 않고 가연물이 탈 수 있도록 도와주는 가스로 불소, 염소 등이 있다. ○|×

023 (기출) 표준상태에서 메테인(CH_4) 2mol이 완전연소할 때 필요한 산소의 부피 [L]는 89.6이다. ○|×

024 (기출) 주로 완전연소 시에는 이산화탄소(CO_2)가, 불완전연소 시에는 일산화탄소(CO)가 발생한다. ○|×

정답
018 ○ 019 ○ 020 ○ 021 ×
022 ○ 023 ○ 024 ○

025 폭발적이고 빠른 속도로 연소하는 자기반응성 물질은 산소공급원이 될 수 있다. O|X

026 저항열, 분해열, 단열압축열, 기화열, 융해열, 절연저항 증가는 점화원이 될 수 있다. O|X

026
저항열, 분해열, 단열압축열, ~~기화열~~, ~~융해열~~, ~~절연저항~~ 증가는 점화원이 될 수 있다.
→ 기화열, 융해열, 절연저항 증가는 점화원이 될 수 없다.

027 열에너지원의 종류에서 분해열, 연소열, 압축열, 산화열은 화학열에 해당한다. O|X

027
분해열, 연소열, ~~압축열~~, 산화열은 화학열이다.
→ 압축열: 기계적 점화원
→ 산화열: 자연발열

028 연쇄반응에는 전파반응과 분기반응이 있으며, 원인계의 활성라디칼 수가 생성계 활성라디칼 수보다 많거나 같은 경우를 전파반응이라고 한다. O|X

028
• 전파반응: 원인계 활성라디칼 수
　　　　　 ≥ 생성계 활성라디칼 수
• 분기반응: 원인계 활성라디칼 수
　　　　　 < 생성계 활성라디칼 수

029 정전기의 방지대책으로 유속을 제한하고, 전기의 저항이 큰 물질은 대전이 용이하므로 부도체 물질을 사용한다. O|X

029
정전기의 방지대책으로 유속을 제한하고, 전기의 저항이 큰 물질은 대전이 용이하므로 전기의 저항이 작은 **도체 물질**을 사용한다.

030 접촉하는 전기의 전위차를 작게하여 정전기를 방지한다. O|X

정답
025 O　026 ×　027 ×　028 O
029 ×　030 O

3 연소범위(물적조건) = 폭발범위, 연소한계, 폭발한계 LINK 32~37p

해설

031
연소하한계에 의해 최소산소농도가 결정되며, 연소할 때 화염이 전파되는 데 필요한 임계산소농도를 말한다.

032
최소산소농도(MOC)
=연소하한계 × 산소의 양론계수

033
$2C_3H_8 + 10O_2 \rightarrow 6CO_2 + 8H_2O$
(프로판의 연소범위: 2.1~9.5[%])
∴ $2.1 \times \dfrac{10}{2} = 10.5[\%]$

034
$C_2H_5OH + 3O_2 \rightarrow 2CO_2 + 3H_2O$
MOC=LFL×산소의 양론계수
∴ 4.3×3=12.9[%]

036
한계산소지수란 방염처리한 고분자 재료와 그 소재의 연소성을 비교하기 위한 지표로 사용하기 위한 것으로 한계산소지수가 **높을수록** 난연성이 되므로 열원이 제거된 후 연소가 중단될 가능성이 높다.

037
산소밸런스(OB)는 화학물질로부터 완전연소생성물을 만드는 데 필요한 산소의 과부족량을 나타낸 지수로 그 값이 **0에 가까울수록** 폭발력이 크다.

정답
031 × 032 ○ 033 ○ 034 ○
035 ○ 036 × 037 ×

---

031 [기출] 연소상한계에 의해 최소산소농도가 결정되며, 연소할 때 화염이 전파되는 데 필요한 임계산소농도를 말한다. ○ | ×

032 [기출] 완전연소반응식의 산소 몰수에 의해 최소산소농도가 결정된다. ○ | ×

033 [기출] 프로판 2몰[mol]이 완전연소하는 데 필요한 최소산소농도는 10.5%이다. ○ | ×

034 [기출] 에틸알코올(C_2H_5OH)의 최소산소농도는 12.9%이다. (단, 연소하한계는 4.3%이다) ○ | ×

035 [예상] 최소산소농도는 화염전파를 위한 최소한의 산소농도로서, 산소농도를 최소산소농도보다 낮게 낮추면 연료농도에 관계없이 연소 및 폭발방지가 가능하다. ○ | ×

036 [예상] 한계산소지수란 방염처리한 고분자 재료와 그 소재의 연소성을 비교하기 위한 지표로 사용하기 위한 것으로 한계산소지수가 낮을수록 난연성이 되므로 열원이 제거된 후 연소가 중단될 가능성이 높다. ○ | ×

037 [예상] 산소밸런스(OB)는 화학물질로부터 완전연소생성물을 만드는 데 필요한 산소의 과부족량을 나타낸 지수로 그 값이 높을수록 폭발력이 크다. ○ | ×

038 연소범위란 가연성 혼합기에 점화했을 때 화염이 지속되는 범위를 말한다. O X

039 가연물, 산소공급원, 점화원이 있으면 농도범위에서 벗어나도 불꽃연소할 수 있다. O X

040 연소범위는 물질이 연소하기 위한 물적 조건과 관련이 크다. O X

041 연소범위란 가연성가스가 화재를 일으킬 수 있는 위험성의 기준으로 상·하한계 차이가 클수록 위험성이 커진다. O X

042 연소범위 하한계값이 낮을수록, 연소범위의 상한계값이 높을수록 위험성이 커진다. O X

043 연소범위는 압력의 변화에 따라 차이가 있다. O X

해설

039
가연물, 산소공급원, 점화원이 있어도 적절한 농도범위를 가져야 불꽃연소할 수 있다.
→ 연소범위 이외의 영역에서는 불꽃이 없는 작열연소의 모습을 보인다.

정답
038 O 039 X 040 O 041 O
042 O 043 O

해설		
	044 〔기출〕 압력이 높아지면 연소범위의 하한계는 변하지 않으나 상한계는 크게 변한다. 하지만 일산화탄소는 압력이 증가하면 연소범위가 좁아진다. ○ ✕	

045 수소는 압력이 증가하면 연소범위가 **좁아지다가**, 10atm 이상으로 증가되면, 압력과 무관하게 연소범위가 일정해진다(약간 넓어진다).

045 〔예상〕 수소는 압력이 증가하면 연소범위가 넓어지다가, 10atm 이상으로 증가되면, 압력과 무관하게 연소범위가 일정해진다(약간 넓어진다). ○ ✕

046 〔기출〕 산소농도에 의해 연소범위가 달라질 수 있으나 하한계의 변화는 크지 않다. ○ ✕

047 실험식에 의하면 공기 중에서 온도가 100[℃] 증가함에 따라 연소하한계 및 연소상한계의 연소범위가 약 8[%] 증감한다.

047 〔기출〕 온도가 높아지면 기체분자의 운동이 활발해져 유효충돌횟수가 증가되어 반응성이 활발해져 연소범위가 넓어진다. ○ ✕

048 〔기출〕 불활성기체가 첨가되면 연소하한계는 거의 변화 없고, 연소상한계는 크게 감소하여 연소범위가 좁아진다. ○ ✕

049 **난류**의 형성은 분자 간 유효충돌횟수를 증가시켜 연소범위가 넓어진다.

049 〔예상〕 층류의 형성은 분자 간 유효충돌횟수를 증가시켜 연소범위가 넓어진다. ○ ✕

050 가연성 휘발 성분이 첨가되면 연소범위는 **넓어지고** 위험하다.

050 〔기출〕 가연성 휘발 성분이 첨가되면 연소범위는 좁아지고 위험하다. ○ ✕

〔정답〕
044 ○　045 ✕　046 ○　047 ○
048 ○　049 ✕　050 ✕

051 가연물의 인화점이 낮을수록 연소 위험성이 커진다. O|X

052 가연성 혼합가스의 연소범위를 구하기 위해서 르샤틀리에 공식을 이용한다. O|X

053 에테인(C_2H_6)이 완전연소한다고 가정했을 때 존스(Jones)식에 따라 산출된 연소하한계(LFL)는 약 3.1이다. O|X

해설

053
LFL = 0.55Cst
UFL = 3.5Cst
$$Cst = \frac{\text{연료mol수}}{\text{연료mol수}+\text{공기mol수}} \times 100$$
$$\therefore \text{LFL} = 0.55 \times \frac{1}{1+\frac{3.5}{0.21}} \times 100$$
≒ 3.1

054 공기 중의 산소농도를 증가시키면 연소속도는 빨라지고, 발화점은 높아지며, 점화에너지는 작아진다. O|X

054
공기 중의 산소농도를 증가시키면 연소속도는 빨라지고, 발화점은 **낮아지며**, 점화에너지는 작아진다.

055 가연성 가스의 위험도는 연소하한계가 높을수록, 상한계가 낮을수록 증가한다. O|X

055
가연성 가스의 위험도는 연소하한계가 **낮을수록**, 상한계가 **높을수록** 증가한다.

056 위험도 공식 = $\frac{\text{상한계}-\text{하한계}}{\text{상한계}}$ O|X

056
위험도 공식 = $\frac{\text{상한계}-\text{하한계}}{\text{하한계}}$
= $\frac{\text{연소범위}}{\text{하한계}}$

057 수소, 메탄, 아세틸렌, 이황화탄소, 산화에틸렌 중 위험도 값이 가장 큰 것은 아세틸렌이다. O|X

057
수소, 메탄, 아세틸렌, 이황화탄소, 산화에틸렌 중 위험도 값이 가장 큰 것은 **이황화탄소**이다.

058 비열, 연소열, 비점, 증기압이 작거나 낮을수록 위험하다. O|X

058
비열, 비점이 작거나 낮을수록 **연소열, 증기압이 크거나 높을수록** 위험하다.

정답
051 O 052 O 053 O 054 ×
055 × 056 × 057 × 058 ×

해설

059

클수록 (높을수록) 위험	온도, 연소속도, 연소범위, 증기압, 연소열
작을수록 (낮을수록) 위험	인화점, 발화점, 비점, 융점, 증발열, 비열, 비중, 표면장력, 점성

060
증발열이 작을수록 연소열, 연소속도가 크거나 빠를수록 위험하다.

---

059 〔기출〕 표면장력, 인화점, 발화점, 융점, 비중이 작거나 낮을수록 위험하다. ○│✕

060 〔기출〕 증발열, 연소열, 연소속도가 크거나 빠를수록 위험하다. ○│✕

061 〔기출〕 열량, 연소속도, 폭발범위가 클수록 위험하다. ○│✕

062 〔기출〕 착화점, 점성, 비점, 비중, 융점은 작을수록 위험하다. ○│✕

063
열의 축적이 용이할수록, 열전도율이 낮을수록 위험하다.

〔정답〕
059 ○ 060 ✕ 061 ○ 062 ○
063 ✕

063 〔기출〕 열의 축적이 용이할수록, 열전도율이 높을수록 위험하다. ○│✕

---

4 인화점, 연소점, 발화점 (에너지 조건)   🔗 LINK 37~40p

해설

064

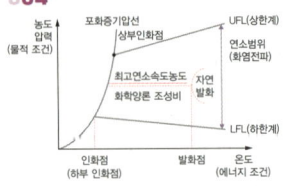

065
인화점이란 가연성액체의 증기가 발생하여 '연소하한계'에 도달하여 점화되는 최저온도를 말하며, 유도발화점이라고도 한다.

〔정답〕
064 ○ 065 ✕

064 〔기출〕 액체가연물의 인화점은 액면에서 증발된 증기의 농도가 연소하한계에 도달하여 점화되는 최저온도이다. ○│✕

065 〔기출〕 인화점이란 가연성액체의 증기가 발생하기 시작하는 최저온도를 말하며, 유도발화점이라고도 한다. ○│✕

해설

066 디에틸에테르, 이황화탄소, 아세톤, 메틸알코올, 글리세린 순으로 인화점이 높아진다. O | X

067 액체가연물의 연소점은 점화된 이후 점화원을 제거하여도 자발적으로 연소가 지속되는 최저온도를 말한다. O | X

067
연소점: 증기발생속도>연소속도

068 물질의 위험성을 평가하는 척도로 쓰이며, 「위험물안전관리법」에서 석유류를 분류하는 기준으로도 사용하는 것은 연소점이다. O | X

068
물질의 위험성을 평가하는 척도로 쓰이며, 「위험물안전관리법」에서 석유류를 분류하는 기준으로도 사용하는 것은 **인화점**이다.

069 발화점이란 착화원이 없는 상태에서 가연성 물질 자체의 열로서 공기 또는 산소 중에서 가열하였을 때 발화되는 최저온도이다. O | X

070 파라핀계 탄화수소화합물의 경우 탄소수가 적을수록 증기압이 감소하고, 발화점은 낮아진다. O | X

070
파라핀계 탄화수소화합물의 경우 탄소수가 **많을수록** 증기압이 감소하고, 발화점은 낮아진다.

071 물질의 분자구조가 복잡할수록, 탄화수소계열의 분자량이 클수록 발화점이 낮아진다. O | X

071
분자구조가 복잡할수록, 탄화수소계열의 분자량이 클수록 열축적이 용이하기 때문에 발화점이 낮아진다.

072 압력과 화학적 활성도가 클수록 발화점이 낮아진다. O | X

073 습도와 증기압, 그리고 접촉하는 금속의 열전도도가 낮을수록 발화점이 낮아진다. O | X

073
습도와 증기압은 낮을수록, 접촉하는 금속의 열전도도는 **클수록** 발화점이 낮아진다.

정답
066 O 067 O 068 × 069 O
070 × 071 O 072 O 073 ×

해설

074
액체는 열을 만나면 증기가 발생하는데, 연소는 그 증기가 타는 것이므로 가연성 증기가 연소범위 하한계에 도달하는 온도를 인화점이라 하고, 연소점은 가열된 증기의 발생 속도가 연소속도보다 **빠를 때** 이루어진다.

075
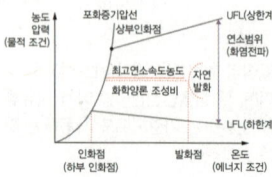

077
고체의 연소점은 물질에 따라 차이가 있지만, **기체**는 인화점과 연소점이 같다.

079
가연성 액체의 연소와 관련된 온도는 **발화점, 연소점, 인화점** 순으로 높다.

---

074 〔기출〕
액체는 열을 만나면 증기가 발생하는데, 연소는 그 증기가 타는 것이므로 가연성 증기가 연소범위 하한계에 도달하는 온도를 인화점이라 하고, 연소점은 가열된 증기의 발생 속도가 연소속도보다 느릴 때 이루어진다. O | X

075 〔기출〕
화학양론비(stoichiometric ratio)에서의 최저연소온도는 발화점과 관련 있다. O | X

076 〔기출〕
물적조건과 에너지조건이 만나는 최저연소온도는 인화점을 말한다. O | X

077 〔기출〕
고체의 연소점은 물질에 따라 차이가 있지만, 액체는 인화점과 연소점이 같다. O | X

078 〔기출〕
발화점은 발화지연시간, 압력, 산소농도, 촉매물질 등의 영향을 받는다. O | X

079 〔기출〕
가연성 액체의 연소와 관련된 온도는 인화점, 연소점, 발화점 순으로 높다. O | X

080 〔기출〕
인화점과 연소점의 차이는 외부 점화원을 제거했을 경우 화염 전파의 지속성 여부에 따라 구분된다. O | X

정답

074 × 075 ○ 076 ○ 077 ×
078 ○ 079 × 080 ○

081 연소반응은 열손실률(heat loss rate)이 외부로의 열생성률(heat production rate)보다 큰 조건에서 지속된다. O│X

081
연소반응은 **열생성률**(heat production rate)이 외부로의 **열손실률**(heat loss rate)보다 큰 조건에서 지속된다.
→ 발열＞방열

082 최소발화에너지는 가연성 혼합기를 발화시키는데 필요한 최저에너지를 말하며, 이 에너지 값이 클수록 더 위험한 가연물이다. O│X

082
최소발화에너지는 가연성 혼합기를 발화시키는데 필요한 최저에너지를 말하며, 이 에너지 값이 **작을수록** 더 위험한 가연물이다.

083 농도가 짙고 발열량이 크며 산소분압이 높아질 때 최소발화에너지는 감소한다. O│X

084 압력이 높으면 분자 간 거리가 가까워지므로 최소발화에너지는 감소한다. O│X

085 온도가 상승하면 최소발화에너지는 작아진다. O│X

086 열전도율이 낮아지면 최소발화에너지는 커진다. O│X

086
열전도율이 낮아지면 열축적이 용이하므로 최소발화에너지는 **작아진다**.

087 최소발화에너지의 단위는 통상적으로 [mJ]단위를 사용한다. O│X

087
$MIE = \frac{1}{2}CV^2$

MIE : 최소발화에너지[J]
C : 콘덴서 용량[F]
V : 전압[V]

088 최소발화에너지는 가연성 가스의 조성이 화학양론적 조성 부근일 경우 최대가 된다. O│X

088
최소발화에너지는 가연성 가스의 조성이 화학양론적 조성 부근일 경우 **최저**가 된다.

정답
081 ✕ 082 ✕ 083 ○ 084 ○
085 ○ 086 ✕ 087 ○ 088 ✕

089 동일 유속 시 난류의 강도가 커지면 최소발화에너지 값은 증가한다. O | X

090 〔기출〕 가연성 가스를 점화하기 위한 최소발화에너지는 물질의 종류, 혼합기의 온도, 압력, 농도에 따라 변화한다. O | X

091 〔예상〕 발화지연시간은 발화온도에 의존하며 발화온도가 높을수록 발화지연시간은 길어진다. O | X

해설
091 발화지연시간은 발화온도에 의존하며 발화온도가 낮을수록 발화지연시간은 길어진다.

092 〔예상〕 전극 간의 거리가 짧아질수록 최소발화에너지가 감소하지만 일정한 거리가 되면 아무리 큰 에너지를 가하여도 착화되지 않는데 이 때의 최대간격을 소염거리라고 한다. O | X

092 전극 간의 거리가 좁아지면 전극을 통하여 열 손실(방열)이 증대하기 때문에 착화되지 않는다.

〔정답〕
089 O 090 O 091 × 092 O

5 자연발화
LINK 40~41p

093 〔기출〕 자연발화는 밀폐된 공간 등에서 외부로부터 점화원의 공급을 받지 않고 물질 자체적인 열의 축적으로 온도가 서서히 상승하여 발화점 이상이 되면서 발화하는 것이다. O | X

094 〔기출〕 산화열, 분해열, 용해열, 중합열 등은 자연발화의 종류이다. O | X

해설
094 산화열, 분해열, 용해열, 중합열, 흡착열, 발효열은 자연발화의 종류이다.
→ 용해열은 화학적 점화원에 해당한다.

〔정답〕
093 O 094 ×

095 비표면적이 넓고, 주위온도가 높으며, 습도가 낮아야 자연발화가 잘 일어난다. ○ X

해설

095 비표면적이 넓고, 주위온도가 높으며, 습도가 높아야 자연발화가 잘 일어난다.

096 자연발화가 일어나기 위해서 수분은 적당해야 한다. ○ X

096 일정 수분은 촉매역할을 하여 반응속도를 가속시킨다.

097 자연발화의 방지대책으로 저장실의 온도를 낮게 유지하여 실내에 열 축적이 용이하지 않도록 하며 적당한 습기는 물질에 따라 자연발화의 촉매작용을 하므로, 습도가 높은 곳을 피한다. ○ X

098 자연발화는 발열보다 방열이 큰 경우, 휘발성이 클수록 잘 발생한다. ○ X

098 자연발화는 방열보다 발열이 큰 경우, 휘발성이 작을수록 잘 발생한다.

099 공기의 유통이 안 될수록 열축적이 용이하여 자연발화가 쉽다. ○ X

099 공기의 유통=통풍

100 자연발화는 가연물의 열전도율이 낮을수록 발생하기 쉽다. ○ X

101 유지류의 경우 아이오딘값(Iodine value)이 작을수록 자연발화하기 쉽다. ○ X

101 유지류의 경우 아이오딘값(Iodine-value)이 클수록 자연발화하기 쉽다.

102 자연발화를 방지하기 위해서 발열반응에 정촉매작용을 하는 물질을 피한다. ○ X

103 자연발화를 방지하기 위해서는 저장공간의 공기 순환이 잘되게 해야 한다. ○ X

정답
095 X 096 ○ 097 ○ 098 X
099 ○ 100 ○ 101 X 102 ○
103 ○

CHAPTER 03 연소의 분류

SIMPLE 핵심 이론 빈칸 넣기

1 불꽃 유무에 따른 연소

구분	불꽃연소 (발염연소, 유염연소, 기상연소)	작열연소 (무염연소)
연소의 구성요소	연소의 4요소	연소의 3요소
증기압	①	②
불꽃유무	○	×
화학반응	③	④
화재구분	⑤	⑥
연소속도	빠르다	느리다
연소방향	표면으로의 연소 확대가 빠름	심부로의 연소 확대가 빠름
열방출량	많다	적다
대류에 의한 열전달	⑦	⑧
연쇄반응	⑨	⑩
연소가스	$CO_2 \uparrow$, $CO \downarrow$	$CO_2 \downarrow$, $CO \uparrow$
연기입자	⑪	⑫
부촉매소화	○	×
재발화	×	○
플라스틱 화재	⑬	⑭
적응화재	A, B, C급	A급

정답

① ○
② ×
③ 기상반응
④ 표면반응
⑤ 표면화재
⑥ 심부화재
⑦ 높다
⑧ 낮다
⑨ ○
⑩ ×
⑪ 작다(비가시성)
⑫ 크다(가시성)
⑬ 열가소성
⑭ 열경화성

2 물질 상태별 연소형태의 종류

① 기체

(1) 확산연소

① 기체의 일반적인 연소형태

② 연료를 버너로부터 분출시켜 ⑮ _____ 에서 공기(산소)와 혼합하면서 연소하는 현상

③ 화염색상: ⑯ _____

④ 동일한 농도의 혼합기체가 아닌 각 부분에서 다르게 연소하므로 ⑰ _____ 라고 한다.

⑮ 대기 중
⑯ 황색, 적색
⑰ 비균일연소(불균질연소)

⑤ 예혼합연소와 달리 역화(플래시백)의 위험이 ① _____ .

⑥ 확산과정은 ② _____ 가 연속속도를 지배한다.

층류 확산연소	① 가스 확산연소의 경우 분출속도가 작은 곳, 즉 레이놀즈 수가 낮은 곳에서는 교란이 없기 때문에 층류 확산화염이 형성된다. ② 레이놀즈 수의 증가에 따라 화염의 길이가 ③ _____ 한다.
난류 확산연소	① 가스 확산연소의 경우 분출속도가 빨라져도 천이영역에서는 화염의 길이는 ④ _____ 하게 된다. ② 난류 확산화염 영역에서는 ⑤ _____ 는 변화하지 않고 일정하나, 난류가 강해져서 화염면의 굴곡이 심해지고 ⑥ _____ 이 증가한다.

참고

제트파이어(분출화재)
① 연료가스가 배관을 통하여 분출하는 경우 발생하는 것으로 연료가스가 분출되어 공기와 혼합하여 화염을 형성하는 ⑦ _____ 이다.
② 연소는 ⑧ _____ 의 형태로 이루어진다.
③ 보통 연료가스 배관의 플랜지, 배관의 구멍, 배관의 이음새에서 가스 누출 후 착화에 의해 발생한다.
④ 화재의 직경은 작으나 길게 늘어나는 화재로 ⑨ _____ 이 크다.

(2) 예혼합연소

① ⑩ _____ 에서만 발생

② 연소시키기 전 연료(가연성 가스)와 ⑪ _____ 를 미리 혼합시켜 연소가능한 상태를 만들어 연소하는 것

③ **화염색상**: ⑫ _____

④ 어느 부분을 취해도 연료와 공기의 혼합화가 변하지 않고, 동일한 농도의 혼합기체가 균일하게 연소되므로 ⑬ _____ 라고 한다.

⑤ 역화(플래시백)를 일으킬 위험성이 ⑭ _____ .

⑥ 연소속도는 ⑮ _____ 와 ⑯ _____ 에 의존한다.

ex 분젠버너, 가솔린엔진

구분	내용
층류 예혼합연소	① 층류 예혼합연소는 ⑰ _____ 으로 발전할 수 있으며, 온도곡선의 변곡점을 경계로 하여 화염대는 예열대와 반응대로 분리된다. ② 예열대는 반응대에서 연소반응에 의한 발열에 의해 온도만 상승하는 영역으로, 반응대의 연소열에 의한 전도, 대류, 복사에 의해 화염면이 예열대로 이동한다.
난류 예혼합연소	① 난류 예혼합연소는 ⑱ _____ 으로 발전할 수 있으며, 층류 예혼합 연소에 비해 연소속도가 큰데, 그 이유는 난류에 의한 화염면이 증가하기 때문이다. ② 난류 예혼합연소 시 발생되는 충격파는 반응하지 않은 혼합물을 단열압축하여 점화원 역할을 하며 연소되지 않은 가스의 연소를 촉진시키게 된다.

정답

① 없다
② 혼합속도

③ 증가
④ 감소
⑤ 화염의 길이
⑥ 화염면적

⑦ 난류확산형화재
⑧ 확산연소
⑨ 복사열

⑩ 기체
⑪ 1차 공기
⑫ 청색, 백색
⑬ 균일연소(균질연소)
⑭ 크다
⑮ 화학반응속도
⑯ 열전도율

⑰ 폭연
⑱ 폭굉

(3) 폭발연소
가연성 기체와 공기의 혼합가스가 밀폐용기 안에 있을 때 점화되면 연소가 폭발적으로 일어나는 연소현상으로 비정상연소이기도 하다.

② 액체

(1) 증발연소
액체의 일반적인 연소형태이며, 휘발성이 ① [좋은] 액체연료가 증발하여 발생된 가연성 증기가 연소

　ex 특수인화물, 제1석유류, 제2석유류, 알코올류

(2) 분해연소
액체가 휘발성이 ② [좋지 않거나] (비휘발성), 비중이 ③ [커서] 증발이 어려운 액체 가연물은 높은 열을 통해 열분해하여 발생된 가연성 가스가 연소

　ex 제3석유류, 제4석유류, 동·식물유류

(3) 액면연소
액체연료 표면이 가열되어 증발이 일어나며, 발생된 연료 증기가 공기와 접촉하여 액체표면에서 착화되어 ④ [난류확산화염] 을 발생

(4) 등심연소
석유램프에서 사용하는 방법으로 연료를 심지로 빨아올려 표면에서 증발하여 연소

(5) 분무연소(액적연소)
① 점도가 높고 비휘발성인 액체연료를 미립화(분무)함으로 증발 표면적을 ⑤ [증가] 시켜 공기와의 혼합을 좋게 하여 연소
② ⑥ [인화점] 이하에서도 연소가 가능

③ 고체

(1) 증발연소
열분해를 일으키지 않고 증발(승화성 물질의 단순 증발)하여 발생된 증기가 연소되거나 융해된 액체가 기화하여 증기가 된 후 연소

　ex ⑦ [황(유황)], 나프탈렌, 파라핀(양초), ⑧ [요오드(아이오딘)], 왁스 등

(2) 분해연소
가열(온도상승)을 통해 열분해하여 발생된 가스가 연소

　ex ⑨ [석탄, 목재], 종이, 섬유, ⑩ [플라스틱], 고무류 등

(3) 표면연소
⑪ [증발] 이나 ⑫ [열분해] 없이 고체 표면에서 산소와 급격히 산화반응하여 ⑬ [물질자체] 가 연소하는 현상으로 불꽃이 ⑭ [없다].

　ex ⑮ [숯, 목탄], 금속분, 코크스 등

(4) 자기연소(내부연소)
가연성이면서 물질 자체에 산소를 함유하고 있어 외부의 산소 공급 없이 연소

　ex ⑯ [제5류 위험물] : 나이트로화합물류, 질산에스터류, 셀로이드류 등

3 정상 · 비정상연소

1 정상연소
연소가 일어나는 곳의 열의 발생속도와 방산속도가 서로 균형을 이루는 연소이다.

2 비정상연소
연소가 일어나는 동안 열의 발생속도와 연소확산속도가 서로 균형을 이루지 못하여 화염의 모양과 상태 등이 변하는 경우를 말한다.

4 이상연소 현상

1 불완전연소
① 공기의 공급량(산소량)이 부족한 때 (① _____ 화재일 때)
② 연소생성물의 배기량이 ② _____ 할 때
③ 가스의 조성이 균일하지 못할 때 (공급되는 가연물의 양이 ③ _____ 때)
④ 주위의 온도가 ④ _____ 때

정답
① 환기지배형
② 불량
③ 많을
④ 낮을

2 역화(Back fire)
① 연소속도 ⑤ _____ 가스분출속도
② 버너과열로 가스온도가 상승된 경우
③ 염공이 부식 등으로 ⑥ _____ 경우
④ 공급가스의 압력이 ⑦ _____ 경우
⑤ 혼합 가스량이 너무 ⑧ _____ 때
⑥ 용기 밖의 압력이 ⑨ _____ 때

정답
⑤ >
⑥ 넓어진
⑦ 저하된
⑧ 적을
⑨ 높을

3 선화(Lifting)
① 연소속도 ⑩ _____ 가스분출속도
② 염공의 일부 막힘 등으로 분출속도가 ⑪ _____ 된 경우
③ 공급가스의 압력이 ⑫ _____ 경우
④ 2차 공기의 공급이 ⑬ _____ 한 경우
⑤ 연소가스의 배출이 ⑭ _____ 한 경우
⑥ 공기조절장치를 너무 많이 열었을 경우 (⑮ _____ 공기량이 많은 경우)

정답
⑩ <
⑪ 증가
⑫ 높은
⑬ 불충분
⑭ 불안전
⑮ 1차

4 블로우오프(Blow-off)
① 연소속도 ⑯ _____ 가스분출속도
② ⑰ _____ 가 더욱 증가하거나 주위 공기의 유동이 심하면 화염이 노즐에 정착하지 못하고 떨어져 화염이 꺼지는 현상

정답
⑯ ≪
⑰ 분출속도

5 황염(Yellow-tip)

1차 공기의 ① [부족] 또는 온도가 낮아 ② [불완전연소] 하는 것으로 불꽃의 색이 ③ [적황색] 을 띠는 연소

6 연소소음

가연성 혼합가스의 연소속도나 분출속도가 대단히 클 때 연소음 및 폭발음 등이 발생하는 현상

7 주염

가연성 가스가 연소하면서 바람을 타고 흘러가는 현상

> **참고**
>
> **연소속도**
> ① 연료 자체의 감소량
> ② 연소 시 화염이 미연소 혼합가스에 대하여 ④ [수직] 으로 이동하는 속도
> ③ 수증기, 이산화탄소, 질소 등 불활성 가스가 증가하면 연소속도는 ⑤ [감소]
> ④ 연소속도= ⑥ [화염속도 − 미연소가스 이동속도]
>
> **1. 연소속도 영향요소**
> ① 가연성 물질의 종류
> ② 산화제의 종류
> ③ 촉매의 존재 유무와 농도
> ④ 가연성 물질과 산화제의 혼합비(당량비)
> ⑤ 미연소 가스의 열전도율(열전도율 ⑦ [클수록])
> ⑥ 미연소 가스의 밀도(밀도 ⑧ [낮을수록])
> ⑦ 미연소 가스의 비열(비열 ⑨ [작을수록])
> ⑧ 화염온도(화염온도 ⑩ [높을수록])
> ⑨ 압력(압력 ⑪ [높을수록])
>
> **2. 당량비**
> ① 연료와 공기(산소)가 완전히 연소할 경우의 연료와 공기(산소)의 비
> ② 당량비(∅)= ⑫ [이론 공기량 / 실제 공기량]
>
> · ∅>1: 공기 ⑬ [부족], ⑭ [환기지배형] 화재
> · ∅=1: 화학양론조성혼합기(완전연소)
> · ∅<1: 공기 ⑮ [과잉], ⑯ [연료지배형] 화재

DETAIL 핵심지문 OX

LINK 42~50p

1 불꽃 유무에 따른 연소

LINK 43p

001 [기출] 표면화재는 연소속도가 빠르며, 순조로운 연쇄반응이 있기 때문에 연쇄반응 억제에 의한 소화대책이 적당하다. O X

해설
001 표면화재 → 불꽃연소

002 [기출] 작열연소란 화염이 없는 표면연소이다. O X

003 [예상] 불꽃연소를 증기압력이 존재하는 연소, 작열연소를 증기압력이 없는 연소라고 할 수 있다. O X

004 [예상] 불꽃연소 시에는 가시성, 작열연소 시에는 비가시성의 연기입자가 발생한다. O X

004 불꽃연소 시에는 **비가시성**, 작열연소시에는 **가시성**의 연기입자가 발생한다.

정답
001 O 002 O 003 O 004 X

2 물질 상태별 연소형태의 종류

LINK 44~47p

005 [기출] 기체연소에는 확산연소, 폭발연소, 예혼합연소가 있다. O X

해설

006 [기출] 가연성 기체와 공기가 연소범위 농도 내에서 반응대로 확산하면서 연소하는 것을 예혼합연소라 한다. O X

006 가연성 기체와 공기가 연소범위 농도 내에서 반응대로 확산하면서 연소하는 것을 **확산연소**라 한다.

정답
005 O 006 X

해설

007
연료노즐에서 흐름이 **층류**인 경우, 확산연소에서 화염의 높이는 분출 속도에 비례한다.

008
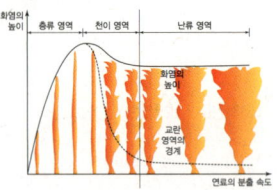

009
천이영역에서는 분출속도가 빨라져도 화염의 길이는 **감소하게 된다.**

012
예혼합연소는 역화(back fire)가 발생할 우려가 있다.

013
가연물의 증발연소는 액체 또는 **고체**의 연소에 해당한다.

014
증발연소란 **액체 또는 고체**에서 발생하는 연소형태이다.

---

007 〔기출〕 연료노즐에서 흐름이 난류인 경우, 확산연소에서 화염의 높이는 분출 속도에 비례한다. ○ ✕

008 〔예상〕 분출속도가 작은 곳, 레이놀즈 수가 낮은 곳에서 층류확산 화염이 형성된다. ○ ✕

009 〔예상〕 천이영역에서 분출속도가 빨라지면 화염의 길이는 증가하게 된다. ○ ✕

010 〔기출〕 예혼합연소는 기체에서만 발생한다. ○ ✕

011 〔기출〕 예혼합연소는 기체의 연소 형태로 화염은 온도가 높고 색깔은 청색, 백색이다. ○ ✕

012 〔기출〕 확산연소는 역화(back fire)가 발생할 우려가 있다. ○ ✕

013 〔기출〕 가연물의 증발연소는 액체 또는 기체의 연소에 해당한다. ○ ✕

014 〔기출〕 증발연소란 액체에서만 발생하는 연소형태로서 액면에서 비등하는 기체에서 발생한다. ○ ✕

015 〔예상〕 액면화재의 연소속도는 액면강하속도로 표현되며, 액면아래의 온도분포에 영향을 받는다. ○ ✕

정답
007 ✕ 008 ○ 009 ✕ 010 ○
011 ○ 012 ✕ 013 ✕ 014 ✕
015 ○

016 액적연소란 액체연료를 미립화하여 증발 표면을 증가시켜 공기와의 혼합을 좋게 하여 연소하는 것으로 인화점 이하에서도 연소가 가능하다. O X

해설

016
액적연소 = 분무연소

017 표면연소는 기체 또는 액체 가연물의 전형적인 연소형태이다. O X

017
표면연소는 고체 가연물의 전형적인 연소형태이다.

018 열분해에 의해 산소를 발생하면서 연소하는 현상은 자기연소이다. O X

019 분해연소란 버너 주변에 가연성 가스를 확산시켜 산소와 접촉, 연소범위의 혼합가스를 생성하여 연소하는 현상으로 기체의 일반적인 연소형태를 말한다. O X

019
확산연소란 버너 주변에 가연성 가스를 확산시켜 산소와 접촉, 연소범위의 혼합가스를 생성하여 연소하는 현상으로 기체의 일반적인 연소형태를 말한다.

020 제2석유류, 제3석유류, 제4석유류는 휘발성이 작고, 점성이 크기 때문에 분해연소한다. O X

020
제2석유류, 제3석유류, 제4석유류는 휘발성이 작고, 점성이 크기 때문에 분해연소한다.
→ 제2석유류는 휘발성이 크고, 점성이 작기 때문에 증발연소한다.

021 고체의 분해연소는 가연성 가스가 발생하는 과정을 거치지 않고 연소한다. O X

021
고체의 표면연소는 가연성 가스가 발생하는 과정을 거치지 않고 연소한다.

022 분해연소란 액체 표면에서 증발한 가연성 증기가 산소와 반응하여 열에너지를 방출하는 연소형태로 예로 휘발유, 등유, 경유가 있다. O X

022
증발연소란 액체 표면에서 증발한 가연성 증기가 산소와 반응하여 열에너지를 방출하는 연소형태로 예로 휘발유, 등유, 경유가 있다.

정답
016 O 017 X 018 O 019 X
020 X 021 X 022 X

해설

023
등심연소는 석유램프에서 사용하는 방법으로 연료를 심지로 빨아올려 표면에서 증발하여 연소하는 것으로 **액체연소**에 해당한다.

024
질산에스터류, 나이트로화합물 등은 **자기연소**한다.

025
목재, 섬유, 플라스틱, 석탄, ~~왁스, 황(유황)~~ 등은 분해연소한다.
→ **왁스, 황(유황)은 증발연소한다.**

027
자기연소란 **제5류 위험물**과 같이 물질 자체 내의 산소를 소모하는 연소로서 연소속도가 빠르다.

028
제5류 위험물: 트리나이트로페놀(피크린산)

030
숯, 코크스, 목탄, 금속분은 **열분해나 증발 없이 고체물질** 표면에서 산소와 반응하여 연소한다.

---

023 〔기출〕 등심연소는 석유램프에서 사용하는 방법으로 연료를 심지로 빨아올려 표면에서 증발하여 연소하는 것으로 고체연소에 해당한다. O│X

024 〔기출〕 질산에스터류, 나이트로화합물 등은 분해연소한다. O│X

025 〔기출〕 목재, 섬유, 플라스틱, 석탄, 왁스, 황(유황) 등은 분해연소한다. O│X

026 〔기출〕 셀룰로이드, 트리나이트로톨루엔은 분자 내에 산소를 가지고 있어 가열 시 열분해에 의해 가연성 증기와 함께 산소를 발생하여 자신의 분자 속에 포함되어 있는 산소에 의해 연소한다. O│X

027 〔기출〕 자기연소란 제3류 위험물과 같이 물질 자체 내의 산소를 소모하는 연소로서 연소속도가 빠르다. O│X

028 〔기출〕 고체 가연물인 피크르산(Picric Acid)의 연소 형태는 자기연소이다. O│X

029 〔기출〕 가연물이 공기와 접촉해 열분해와 증발을 하지 않고 연소하는 것을 표면연소라 한다. O│X

030 〔기출〕 숯, 코크스, 목탄, 금속분은 열분해 반응에 의한 휘발성분이 표면에서 산소와 반응하여 연소한다. O│X

031 〔기출〕 파라핀은 가열하면 융해되어 액체로 변하게 되고 지속적인 가열로 기화되면서 증기가 되어 공기와 혼합하여 연소한다. O│X

정답
023 × 024 × 025 × 026 O
027 × 028 O 029 O 030 ×
031 O

032 고체연료의 분해연소란 목재, 종이, 섬유, 플라스틱, 고무류 등과 같은 고체가연물에 충분한 열이 공급되면 복잡한 연소메커니즘을 거쳐 열분해에 의하여 발생된 가연성 가스가 공기와 혼합되어 연소하는 형태를 말한다. O|X

033 액체연료의 가장 일반적인 연소 형태인 증발연소란 에테르, 석유류, 알코올 등의 인화성 액체에서 발생한 가연성 증기가 공기와 혼합된 상태에서 연소하는 것이다. O|X

034 표면연소와 자기연소는 상온에서 고체 상태로 존재하는 가연물의 연소 형태에 해당한다. O|X

035 분젠버너와 가솔린엔진은 확산연소한다. O|X

해설
035
분젠버너와 가솔린엔진은 **예혼합연소**한다.

036 분출화재(Jet fire)는 탄화수소계 위험물의 이송배관이나 저장용기로부터 위험물이 고속으로 누출될 때 점화되어 발생하는 난류확산형 화재이다. O|X

정답
032 O 033 O 034 O 035 X
036 O

3 정상·비정상 연소 LINK 48p

037 비정상연소란 폭발의 경우와 같이 연소가 격렬하게 일어나며, 열의 방산속도가 발생속도를 능가할 때 발생하는 연소이다. O|X

해설
037
비정상연소란 폭발의 경우와 같이 연소가 격렬하게 일어나며, 열의 **발생속도**가 **방산속도**를 능가할 때 발생하는 연소이다.

정답
037 X

CHAPTER 03 연소의 분류

4 이상연소 현상

LINK 48~50p

해설

038

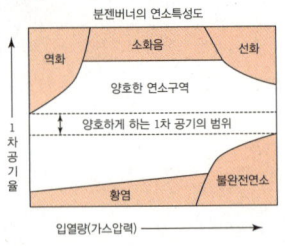

039
산소 부족한 상태인 경우, 불꽃이 저온 물체와 접촉하여 온도가 내려가는 경우, 연소실 내 배기가스의 배출이 불량할 때 불완전연소하며, 일산화탄소와 그을음과 같은 연소생성물이 발생한다.

041
공급가스의 구멍이 크거나, 공급가스의 압력이 비정상적으로 낮을 때, 용기 밖의 압력이 **높을 때** 역화가 발생한다.

042
1차 공기량이 **많은** 경우, 2차 공기의 공급이 **적은** 경우 선화가 발생한다.

043
선화란 **연료가스의 분출속도가 연소속도보다 빠를 때** 불꽃이 노즐에 정착되지 않고 떨어져서 연소하는 현상이다.

044
연소속도 ≪ 가스분출속도

---

038 공기공급량이 부족하거나, 연소생성물의 배기량이 불량할 때, 공급되는 가연물의 양이 많아질 때 불완전연소한다. [O|X]

039 산소 과잉 상태인 경우, 불꽃이 저온 물체와 접촉하여 온도가 내려가는 경우, 연소실 내 배기가스의 배출이 불량할 때 불완전연소하며, 일산화탄소와 그을음과 같은 연소생성물이 발생한다. [O|X]

040 역화(back fire)란 연소 시 발생하는 이상 현상으로, 연료가 연소될 때 연료의 분출속도가 연소속도보다 느려 불꽃이 염공(焰孔)속으로 빨려 들어가 혼합관 속에서 연소하는 현상이다. [O|X]

041 공급가스의 구멍이 크거나, 공급가스의 압력이 비정상적으로 낮을 때, 용기 밖의 압력이 낮을 때 역화가 발생한다. [O|X]

042 1차 공기량이 적은 경우, 2차 공기의 공급이 많은 경우 선화가 발생한다. [O|X]

043 선화란 연소속도가 연료가스의 분출속도보다 빠를 때 불꽃이 노즐에 정착되지 않고 떨어져서 연소하는 현상이다. [O|X]

044 블로우오프란 선화상태에서 연료가스의 분출속도가 증가하거나 공기의 유동이 강하여 불꽃이 노즐에서 정착되지 않고 떨어져서 꺼져버리는 현상이다. [O|X]

정답
038 O   039 ×   040 O   041 ×
042 ×   043 ×   044 O

045
연소소음이란 가연성 혼합가스의 연소속도나 분출속도가 대단히 클 때 연소음 및 폭발음 등이 발생하는 현상이다. ○ | ×

045
- 연소음: 연소에서 불꽃의 흔들림에 의해 발생하는 소음
- 폭발음: 가연성 가스와 공기의 혼합가스가 연소실에 체류하는 상태에서 점화가 발생할 때 '펑'하는 소음

046
황염은 분출하는 기체연료와 공기의 화학양론비에서 공기량이 적을 때 또는 저온체의 접촉으로 인해 불완전연소하는 것으로 적황색을 띠는 연소이다. ○ | ×

047
주염이란 가연성 가스가 연소하면서 바람을 타고 흘러가는 현상을 말한다. ○ | ×

048
연소속도란 연소 시 화염이 미연소 혼합가스에 대하여 수평으로 이동하는 속도로 화염속도에서 미연소 가스의 이동속도를 더한 값이다. ○ | ×

048
연소속도란 연소 시 화염이 미연소 혼합가스에 대하여 **수직**으로 이동하는 속도로 화염속도에서 미연소 가스의 이동속도를 **뺀** 값이다.

049
연소속도는 가연성 물질의 종류, 촉매의 존재 유무, 공기 중 산소량, 가연성물질과 산화제의 당량비에 따라 달라진다. ○ | ×

049
당량비: 연료와 공기(산소)가 완전히 연소할 경우의 연료와 공기(산소)의 비
- ∅>1: 공기부족, 환기지배형 화재
- ∅=1: 화학양론조성혼합기(완전연소)
- ∅<1: 공기과잉, 연료지배형 화재

050
화염온도 및 미연소 가연성 기체의 밀도, 비열, 열전도율, 산화반응을 일으키는 속도, 촉매, 연소 후 생성된 가연성 물질은 연소속도에 영향을 미친다. ○ | ×

050
화염온도 및 미연소 가연성 기체의 밀도, 비열, 열전도율, 산화반응을 일으키는 속도, 촉매, 연소 후 생성된 가연성 물질은 연소속도에 영향을 미친다.
→ 연소 후 생성된 가연성 물질은 지속시간과 관련 있다.

051
미연소가스의 밀도, 비열, 열전도율이 낮거나 작을수록 연소속도가 빨라진다. ○ | ×

051
미연소가스의 밀도, 비열이 낮거나 작을수록 **열전도율이 높을수록** 연소속도가 빨라진다.

정답
045 ○ 046 ○ 047 ○ 048 ×
049 ○ 050 × 051 ×

CHAPTER 04 연소생성물

SIMPLE 핵심 이론 빈칸 넣기

1 연소가스

1 일산화탄소(CO)
① 공기보다 ①_____ 무색, 무취인 유독성 가스
② 상온에서 염소와 작용하여 ②_____을 생성
③ 가연성 물질이며 ③_____ 시 발생
④ 인체 내의 ④_____ 인체 내 산소공급을 방해
⑤ 허용농도 ⑤____ ppm

2 이산화탄소(CO_2)
① 공기보다 ⑥_____ 무색, 무취인 가스
② 불연성 물질이며 ⑦_____ 시 발생
③ 자체는 독성이 거의 없으나 호흡속도를 증가시켜 유해가스 흡입을 증가
④ 다량 존재 시 산소 부족을 유발하여 질식 우려가 있음
⑤ 허용농도 ⑧____ ppm

3 ⑨_____
① 황을 포함한 유기화합물의 불완전연소로 발생
② ⑩_____ 냄새가 나는 무색의 악취가스
③ 허용농도 ⑪____ ppm

4 ⑫_____
① 털, 고무류 등 황을 포함한 유기화합물의 연소 시에 발생
② 무색이며 유독성으로 눈 및 호흡기 등의 점막을 손상시킴
③ 0.05% 농도에 단기간 노출 시에도 위험
④ 허용농도 ⑬____ ppm

5 ⑭_____
① 수지류, 나무 등 질소 함유물이 연소할 때 발생하는 연소생성물
② 자극성이 강한 무색의 유독성 기체
③ 상업용, 공업용 ⑮_____로 사용
④ 허용농도 ⑯____ ppm

정답
① 가벼운
② 포스겐($COCl_2$)
③ 불완전연소
④ 헤모글로빈과 결합하여
⑤ 50

⑥ 무거운
⑦ 완전연소
⑧ 5,000

⑨ 황화수소(H_2S)
⑩ 계란 썩는
⑪ 10

⑫ 아황산가스,
   이산화황(SO_2)
⑬ 5

⑭ 암모니아(NH_3)
⑮ 냉동시설의 냉매
⑯ 25

6 ① 시안화수소(HCN)

① 질소성분을 가진 합성수지, 인조견, 모직물 등 섬유가 ② 불완전연소 할 때 발생

② 무색의 맹독성 가스(③ 청산가스)이며 가연성 가스

③ ④ 헤모글로빈 과 결합하지 않고도 호흡저해를 통한 질식을 유발

④ 무색이며 ⑤ 복숭아 냄새 또는 아몬드 냄새 가 나는 가스

⑤ 중합방지를 위해 이산화황(아황산가스), 황산 등의 안정제를 첨가

⑥ 허용농도 ⑥ 10 ppm

7 이산화질소(NO_2)

① 질산셀룰로오스, 폴리우레탄 등이 불완전연소할 때 발생하는 연소생성물

② 붉은 빛이 도는 갈색의 기체

③ 흡입 시 인후의 감각신경이 마비

④ 허용농도 ⑦ 1 ppm

8 ⑧ 아크로레인(CH_2CHCHO)

① 석유제품, 유지류 등이 연소할 때 발생하는 연소생성물

② 자극적인 냄새가 나는 무색의 액체 또는 기체 물질

③ 허용농도 ⑨ 0.1 ppm인 맹독성 가스

9 ⑩ 불화수소(HF)

① 합성수지인 불소수지가 연소할 때 발생하는 연소생성물

② 무색의 자극성 기체로 유독성이 강함

③ 부식성이 있으며 인화성, 폭발성 가스를 발생

④ 허용농도 ⑪ 3 ppm

10 ⑫ 염화수소(HCl)

① 염소성분이 함유되어 있는 염화바이닐수지(PVC), ⑬ 전선의 피복, 배관 이 연소할 때 발생

② 유독성물질로 독성가스로 취급

③ 금속에 대한 강한 부식성이 있어 철을 녹슬게 함

④ 허용농도 ⑭ 5 ppm

11 ⑮ 취화수소, 브로민화수소(HBr)

① 방염수지류 등이 연소할 때 발생

② 유독성물질로 독성가스

③ 상온, 상압에서 무색의 자극성 기체로 물에 잘 ⑯ 용해

④ 허용농도 ⑰ 5 ppm

12 포스겐(COCl₂)

① 열가소성수지인 폴리염화바이닐(PVC), 수지류 등이 연소할 때 발생
② ① _____ 사용 시 발생
③ 독성이 큰 맹독성 물질로 허용농도 ② _____ ppm
④ 일산화탄소와 염소가 반응하여 생성되기도 함

> **참고**
>
> **연소가스**
> ① 황화수소(H_2S): 황을 포함한 유기화합물의 불완전연소로 발생
> ② 이산화황, 아황산가스(SO_2): 털, 고무류 등 황을 포함한 유기화합물의 연소 시에 발생
> ③ 암모니아(NH_3): 수지류, 나무 등 질소 함유물이 연소할 때 발생
> ④ 시안화수소(HCN): 질소성분을 가진 합성수지, 인조견, 모직물 등 섬유가 불완전연소할 때 발생
> ⑤ 이산화질소(NO_2): 질산셀룰로오스, 폴리우레탄 등이 불완전연소할 때 발생
> ⑥ 아크로레인(CH_2CHCHO): 석유제품, 유지류 등이 연소할 때 발생
> ⑦ 불화수소(HF): 합성수지인 불소수지가 연소할 때 발생
> ⑧ 염화수소(HCl): 염소성분이 함유되어 있는 염화바이닐수지(PVC), 전선의 피복, 배관이 연소할 때 발생
> ⑨ 브로민화수소, 취화수소(HBr): 방염수지류 등이 연소할 때 발생
> ⑩ 포스겐($COCl_2$): 열가소성수지인 폴리염화바이닐(PVC), 수지류 등이 연소할 때 발생

2 연기

1 정의: 공기 중 부유하는 ③ _____ [μm] 크기의 ④ _____ 또는 ⑤ _____ 의 미립자이다.

고온영역의 연기층	① 연기를 포함한 열기류 등은 부력 ⑥ _____ 와 밀도 ⑦ _____ 로 공기밀도 ⑧ __ 연기밀도 관계를 형성 ② 밀도가 ⑨ _____ 유체는 상승기류 발생 ③ 상승기류에 의한 천장면에 고온의 열축적되고, 중성대는 ⑩ _____ 로 이동 ④ 고온영역의 연기층 유동(수직)
저온영역의 연기층	① 저온 연기유동은 저강도 화재 ② 공기 인입 시 냉각으로 온도 저하 ③ 저온 연기유동 시 수평으로 연기가 이동하거나 ⑪ _____ 유발 ④ 연기의 경계층 ⑫ _____ 에 의한 가시도 저하로 피난에 어려움이 발생

2 연기의 특징

① 연기의 입자 크기: 0.01~10[μm]
② 화재 초기의 발연량 ⑬ __ 성장기 발연량
③ 수소입자가 많으면 ⑭ _____ 연기, 탄소입자가 많으면 ⑮ _____ 연기를 나타낸다.
④ 화재 초기에는 ⑯ _____ 연기, 이후에는 ⑰ _____ 연기로 변한다.
⑤ 일반화재는 ⑱ _____ 연기, 유류화재는 ⑲ _____ 연기를 나타낸다.

정답

① 사염화탄소(CCl_4)
② 0.1

③ 0.01~10
④ 고체
⑤ 액체
⑥ 증가
⑦ 저하
⑧ >
⑨ 낮은
⑩ 하부

⑪ 단층화
⑫ 하강

⑬ >
⑭ 백색
⑮ 흑색
⑯ 백색
⑰ 흑색
⑱ 백색
⑲ 흑색

3 연기의 유동속도

수평 방향 (① 0.5~1 m/s) < 수직 방향 (② 2~3 m/s) < 계단 실내 (③ 3~5 m/s)

4 연기의 농도측정법(광학농도법)

감광계수[m⁻¹]	가시거리[m]	현상
0.1	④ 20~30	연기감지기가 작동할 때의 농도
⑤ 0.3	⑥ 5	건물 내부에 익숙한 사람이 피난에 지장을 느낄 정도
⑦ 0.5	⑧ 3	어두움을 느낄 정도
⑨ 1	⑩ 1~2	거의 앞이 보이지 않을 정도
10	⑪ 0.2~0.5	⑫ 최성기 때의 정도, 유도등이 보이지 않을 정도
30	–	출화실에서 연기가 분출할 정도

빛의 감소가 클수록(감광계수) 시야가 좁아져 눈으로 볼 수 있는 거리(가시거리)가 ⑬ 짧아진다.
즉, 감광계수와 가시거리는 ⑭ 반비례 한다.

5 연기의 유동

① **바람**: 외부의 바람이 건물 내로 유입하여 연기를 이동시킬 수 있다.
② **팽창**: 화재 시 온도상승으로 인한 가스의 팽창으로 연기를 이동시킬 수 있다.
③ **부력**: 화재 시 온도상승으로 인한 부피는 ⑮ 팽창 하고, 밀도는 ⑯ 감소 하므로 연기를 이동시킬 수 있다.
④ **공조설비(HVAC 시스템)**: 건축물 내부에 있는 냉·난방, 통풍, 공기조화설비의 영향으로 연기를 이동시킬 수 있다.
⑤ **피스톤 효과**: 엘리베이터가 샤프트 내에서 이동할 때, 흡입 압력(피스톤 효과)이 발생하여 연기를 유입시킬 수 있다.
⑥ ⑰ 연돌효과(굴뚝효과) : 건축물 내·외부 공기의 온도차로 인한 압력차에 의해 공기가 이동하며 연기를 이동시킬 수 있다.

6 연돌효과(굴뚝효과)

연돌효과란 건축물 내·외부 공기의 ⑱ 온도차·밀도차 (내부온도 ⑲ > 외부온도)로 인해 ⑳ 압력차 가 발생하여 공기가 ㉑ 수직 으로 이동하는 현상이다.

(1) 연돌효과 영향요소
① 건물의 높이
② 외벽의 기밀도
③ 건물 내·외부 온도차
④ 건물의 층간 공기누설

7 중성대

건물 화재 시 온도가 상승함으로 부력에 의해 실의 위쪽으로 고온 기체가 축적되고 온도가 높아져 실내·외의 압력이 달라진다. 실의 상부는 실외보다 압력이 ① [   ], 하부는 압력이 ② [   ]. 그 사이 어느 지점에서 실내·외부의 ③ [   ]이 같아지는데 그 부분을 중성대(면)라고 한다.

정답
① 높고
② 낮다
③ 정압

중성대 상부	① 실내정압 ④ [ ] 실외정압	
	② 실내에서 실외로 고온의 연소 생성물 분출	
중성대	① 실내정압 ⑤ [ ] 실외정압	
	② 기류 이동 없음	
중성대 하부	① 실내정압 ⑥ [ ] 실외정압	
	② 실외에서 실내로 공기유입	

④ >
⑤ =
⑥ <

(1) 중성대 특성

① 중성대는 건물의 내·외부의 압력이 같기 때문에 연기의 흐름이 가장 ⑦ [   ].

② 중성대에서 실내·외의 압력차는 ⑧ [   ]이 되고, 중성대에서 멀어질수록 압력차는 ⑨ [   ].

③ 건물의 내·외부의 온도차가 클수록 중성대는 ⑩ [   ].

④ 중성대 아래쪽에서 공기가 계속 유입되면 연소 확대와 동시에 연기량이 증가하게 되고 실의 상부 압력이 ⑪ [   ] 중성대는 ⑫ [   ].

⑤ 상층 개구부를 개방하게 되면 연기가 외부로 배출되므로 중성대는 ⑬ [   ]. 따라서 배연을 할 경우 중성대 ⑭ [   ]에서 배연하는 것이 적당하다.

⑥ 중성대 ⑮ [   ]는 열과 연기가 많고, ⑯ [   ]는 신선한 공기가 유입되기 때문에 소화활동 시 중성대 ⑰ [   ]으로 진입하는 것이 적당하다.

⑦ 느리다
⑧ 0
⑨ 커진다
⑩ 낮아진다
⑪ 높아지며
⑫ 낮아진다
⑬ 높아진다
⑭ 상부
⑮ 상부
⑯ 하부
⑰ 아래쪽

8 연기의 제어방법

⑱ [ ]	건물 내의 압력차에 의하여 연기를 외부로 배출시키는 방법
⑲ [ ]	외부로부터 다량의 신선한 공기를 공급하여 연기의 농도를 낮추는 방법
⑳ [ ]	일정한 장소 내로 들어오지 못하도록 막는 방법

⑱ 배기
⑲ 희석
⑳ 차단

3 열

1 열전달

(1) 전도
① ①_____ 또는 정지상태의 유체(액체, 기체) 내에서 매질을 통한 열전달 방법이다.
② 온도차로 인해 한 물체에서 다른 물체로 직접접촉에 의하여 열에너지가 이동하는 상태를 말한다.
③ 온도상승에 따라 물질 내 분자운동이 활발해져 분자 간의 ②_____ 이 많아짐에 따라 에너지가 인접 분자로 전달되는 것이다.
④ 온도상승에 따른 자유전자의 ③_____ 에 의해 열에너지가 전달된다.
⑤ 모든 화재의 ④_____ 단계에 있어서 열의 전달은 거의 전적으로 전도에 기인한다.
⑥ 공기는 열전도가 낮은 편인데 압력이 낮으면 열전도는 느리게 되고 진공 상태에서는 열의 전도가 이루어지지 않는다.
⑦ 고체는 기체보다 열전도율이 ⑤_____.(열전도: 고체 ⑥__ 액체 ⑦__ 기체)
⑧ ⑧_____ 의 전도법칙: 전도는 온도 차이와 면적에는 ⑨_____ 하고, 두께는 ⑩_____ 한다.

(2) 대류
① 대류 열전달은 고체 표면과 움직이는 유체 사이에서 분자의 불규칙한 운동과 거시적인 유체의 유동에 의해 이루어진다.
② 유체(⑪_____, ⑫_____)에서 생기는 밀도차에 의한 분자들의 흐름(입자의 유동)을 통한 열전달 방법이다.
③ 대류는 화재의 이동경로, 연소확대, 화재의 형태나 특성에 가장 큰 영향을 미친다.
④ 온도차 → 밀도차 → 부력의 차이로 인해 발생되기 때문에 손을 화염 위에 올려놓게 되면, 손이 불에 직접적으로 닿지 않더라도 열을 느낄 수 있게 된다.
⑤ 화재현장의 연기가 위로 향하는 것이나 화로에 의해 방안의 공기가 더워지는 것이 대류에 의한 현상이다.
⑥ ⑬_____ 보다 ⑭_____ 일 때 열전달이 더 용이하다.
⑦ 대류는 유체의 유동이 외부로부터 작용하는 힘에 의해 이루어지는 ⑮_____ 와 온도차로 인한 부력에 의해 이루어지는 ⑯_____ 로 구분할 수 있다.
⑧ ⑰_____ 의 냉각법칙: 열전달은 온도 차이와 면적에 ⑱_____ 한다.

(3) 복사
① 물체가 가열되면 열에너지를 ⑲_____ 로 방출하는데 매질 ⑳_____ 열에너지를 이 ㉑_____ 형태로 열을 전달하는 방법으로 열전달의 단적인 예로는 태양열이 있다. 태양열 에너지는 빛의 속도로 태양에서 공간(진공)을 통과하여 지표면을 따뜻하게 한다.
② 화재 시 열의 이동에 가장 크게 작용하며 ㉒_____ 에 큰 영향을 미친다

정답

① 고체
② 충돌
③ 이동
④ 초기
⑤ 좋다
⑥ >
⑦ >
⑧ 푸리에
⑨ 비례
⑩ 반비례

⑪ 액체
⑫ 기체
⑬ 층류
⑭ 난류
⑮ 강제대류
⑯ 자연대류
⑰ 뉴턴
⑱ 비례

⑲ 전자파(전자기적인 파동)
⑳ 없이
㉑ 전자파
㉒ 플래시오버

③ 복사는 매질을 통하지 않고 전자파 형태로 열전달하기 때문에 ① [   ] 상태에서도 손실 없이 열전달이 가능하며, ② [   ]으로 이동한다.

④ 풍③ [   ] 측보다 풍④ [   ] 측이 공기가 맑아 복사에 의한 열전달이 더 잘 된다.

⑤ ⑤ [   ] **법칙**: 복사열은 ⑥ [   ]에 비례하고, 열전달 ⑦ [   ]에 비례한다.

⑥ 화염직경의 두 배 이상 떨어진 목표물에 대한 복사열 계산

$$\dot{q}'' = \frac{X_r \dot{Q}}{4\pi r^2}$$

$\dot{Q}$: 화재의 연소에너지 방출(kw)

X_r: 총 방출에너지 중 복사된 에너지 분율(0.15 0.6)

r: 화재중심과 목표물과의 거리(m)

$4\pi r^2$: 구의 표면적

⑦ 건물재료에서 복사에 의한 상호작용

- ⑧ [   ]: 복사 에너지가 재료를 통과하는 것
- ⑨ [   ]: 복사 에너지가 현열의 형태로 변환되어 재료 내에 저장되는 것
- ⑩ [   ]: 복사 에너지가 재료 표면에서 반사되는 것
- ⑪ [   ]: 복사 에너지가 재료 표면에서 방출되는 것

2 인간에 대한 열적 손상(화상)

① 1도 화상 (⑫ [   ])

표피에 국한된 손상으로 그 부위가 빨간색을 띠고 통증을 느낀다.

② 2도 화상 (⑬ [   ])

진피까지 손상되어 그 부위가 분홍색을 띠고 분비물이 모여 물집이 생기며, 심한 통증이 느껴진다.

③ 3도 화상 (⑭ [   ])

표피와 진피층은 물론 피하 지방까지 손상이 생긴 정도다.
신경까지 기능이 죽어 통증을 못 느낀다.

④ 4도 화상 (⑮ [   ])

고압전기의 감전에 의한 화상으로 피부 전 층은 물론 근육이나 뼈까지 손상이 생긴 정도로 피부이식수술, 사지절단 수술 등이 필요하다.

정답

① 진공
② 일직선
③ 하
④ 상
⑤ 스테판—볼츠만
⑥ 절대온도의 4제곱
⑦ 면적

⑧ 투과
⑨ 흡수
⑩ 반사
⑪ 방사

⑫ 홍반성
⑬ 수포성
⑭ 괴사성
⑮ 흑사성, 탄화성

4 화염(불꽃, Flame)

1 화재플럼, 천장제트흐름

(1) 화재플럼

① 실내에 발생한 화재로 생성된 가스는 고온이므로 부력에 의해 화원 위쪽으로 상승기류를 일으킨다. 이 상승기류를 화재플럼이라고 한다.

② 화재플럼은 주위 공기를 유입하면서 상승해 공간 상부에 연소 생성가스와 공기의 혼합기층을 만든다.

③ 부력은 플럼을 상승시키고, 차가운 끝부분이 천천히 아래로 내려오게 되는데 측면에서는 난류에 의한 전체적인 와류를 생성한다.

④ 공기의 인입이 발생하면 플럼가스가 냉각되고, 부력을 잃게 된다.

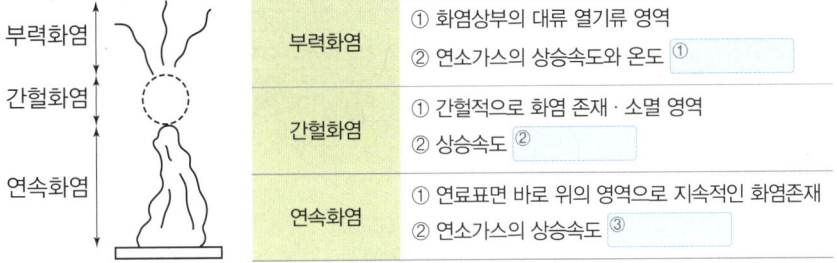

부력화염	① 화염상부의 대류 열기류 영역
	② 연소가스의 상승속도와 온도 ①
간헐화염	① 간헐적으로 화염 존재·소멸 영역
	② 상승속도 ②
연속화염	① 연료표면 바로 위의 영역으로 지속적인 화염존재
	② 연소가스의 상승속도 ③

(2) 천장제트흐름

화재시 Fire Plume(열기류)은 부력과 팽창 등에 의해서 수직방향으로 상승하다가 천장면에 이르면 더 이상 상승할 수 없게 되어 천장면을 따라 굴절되어 천장면 아래에 얇은 층을 형성하는 수평방향으로 열기류가 빠른 속도로 확산되는 것을 말한다.

① 일반적으로 화재 ④_____에 존재한다.

② 천장제트흐름의 두께는 실 높이(천장에서 화원까지의 높이)의 ⑤_____[%] 정도이며, 최고온도와 속도는 실 높이(천장에서 화원까지의 높이)의 ⑥_____[%] 이내 범위에 발생된다.

③ 유효범위 ⑦_____에 열, 연기감지기 및 스프링클러헤드가 설치되어야 화재 초기에 화재감지 및 소화가 가능하다.

④ 스프링클러헤드는 반응시간을 고려해 천장에서 ⑧_____ 이내 설치하도록 규정하고 있고, 헤드나 감지기가 실높이의 12% 범위 밖에 놓이면 헤드나 감지기의 응답시간이 길어지게 된다.

⑤ 감지기는 벽 또는 보로부터 ⑨_____ 이상 떨어진 곳에 설치한다.

정답

① 감소
② 일정
③ 가속

④ 초기
⑤ 5~12
⑥ 1
⑦ 내
⑧ 30cm
⑨ 0.6m

❷ 연소 시 불꽃의 색과 온도

불꽃의 색상	온도[℃]
①	520
②	700
적색	③
휘적색	④
⑤	⑥
백적색	⑦
⑧	1,500

❸ 화염확산(전파)속도

① 화재의 경계면이 이동하는 속도이다.

② 화염속도＝⑨

③ 화염속도가 가속되면 ⑩ 으로 전이가 가능하다.

정답

① 담암적색
② 암적색
③ 850
④ 950
⑤ 황적색
⑥ 1,100
⑦ 1,300
⑧ 휘백색

⑨ 미연소 가스의 이동속도
　＋연소속도
⑩ 폭굉

DETAIL 핵심지문 OX

1 연소가스

001 시안화수소는 가연물의 불완전연소에 의해 발생하며, 흡입하면 헤모글로빈(Hb)과 결합하여 몸속의 산소운반을 방해하여 질식을 유발시키는 무색, 무취의 연소가스이다. O | X

해설

001 **일산화탄소**는 가연물의 불완전연소에 의해 발생하며, 흡입하면 헤모글로빈(Hb)과 결합하여 몸속의 산소운반을 방해하여 질식을 유발시키는 무색, 무취의 연소가스이다.

002 이산화황 가스는 청산가스라고도 하며, 인체에 대량 흡입되면 헤모글로빈과 결합되지 않고도 질식을 유발할 수 있다. O | X

002 **시안화수소**는 청산가스라고도 하며, 인체에 대량 흡입되면 헤모글로빈과 결합되지 않고도 질식을 유발할 수 있다.

003 암모니아는 질소 함유물인 열경화성 수지 또는 나일론 등의 연소 시 발생하고, 냉동시설의 냉매로 많이 쓰이고 있으며 냉동 창고 화재 시 누출 가능성이 크며 허용 농도는 25ppm이다. O | X

003 허용농도 값(높은 순)

연소가스	ppm
이산화탄소	5,000
일산화탄소	50
암모니아	25
시안화수소, 황화수소	10
아황산가스, 염화수소, 취화수소	5
불화수소	3
이산화질소	1
아크로레인, 포스겐	0.1

004 일산화탄소는 무색, 무취로 상온에서 염소와 작용하여 유독성 가스인 포스겐을 형성하기도 한다. O | X

005 HCl은 PVC, 전선의 피복 등이 연소할 때 주로 생성되고 허용농도가 5ppm인 독성 가스이다. O | X

정답
001 ✕ 002 ✕ 003 O 004 O
005 O

해설

006 이산화질소는 질산셀룰로오스, 폴리우레탄의 불완전연소시 발생하는 맹독성이다. O|X

007 아크로레인은 석유제품, 유지류 등이 탈 때 발생하는 가스이다. O|X

008 포스겐은 PVC, 수지류가 탈 때 생성되며 허용농도는 0.1ppm이다. O|X

009 염화수소는 PVC 등 수지류, 전선의 절연재, 배관재료 등이 탈 때 생성되는 무색 기체로 눈·호흡기에 영향을 주며 금속에 대한 강한 부식성이 있다. O|X

010
브롬화수소(HBr)는 방염수지류 등이 연소할 때 발생하며, 상온·상압에서 물에 잘 **용해된다**.

010 브롬화수소(HBr)는 방염수지류 등이 연소할 때 발생하며, 상온·상압에서 물에 잘 용해되지 않는다. O|X

011 사염화탄소(CCl_4) 사용 시 발생하는 가스는 포스겐과 염화수소이다. O|X

012 황화수소는 썩은 달걀과 비슷한 냄새가 난다. O|X

013
TLV(Threshold Limit Value)로 측정한 독성가스의 허용농도는 **암모니아, 시안화수소, 불화수소, 포스겐** 순으로 높다.

013 TLV(Threshold Limit Value)로 측정한 독성가스의 허용농도는 불화수소, 시안화수소, 암모니아, 포스겐 순으로 높다. O|X

정답
006 O 007 O 008 O 009 O
010 X 011 O 012 O 013 X

014 일산화탄소는 산소와 헤모글로빈의 결합을 방해하여 질식에 이르게 할 수 있다. O|X

015 고압가스 안전관리법에서 허용농도 2,000ppm 이하를 독성가스로 분류한다. O|X

016 이산화탄소는 다량으로 흡입 시 인체에 해를 주는 유독성 가스라고 할 수 있다. O|X

해설

015 고압가스 안전관리법에서 허용농도 5,000ppm 이하를 독성가스로 분류한다.

구분	독성	맹독성
LC 50	5,000ppm	200ppm
TLV-TWA	200ppm	1ppm

정답
014 ○ 015 × 016 ○

2 연기
LINK 55–59p

017 피난활동 중 인체 시각의 제약요인으로 가장 큰 것은 연기이다. O|X

018 고온영역의 연기층은 연기유동시 수평으로 연기가 이동하거나 단층화를 유발한다. O|X

019 저온영역의 연기층은 경계층의 하강에 의한 가시도 저하로 피난에 어려움을 발생시킨다. O|X

020 연기의 농도는 화재로 인한 부력, 굴뚝효과, 온도상승에 의한 증기의 부피팽창과 관련 있다. O|X

해설

018 저온영역의 연기층은 연기유동시 수평으로 연기가 이동하거나 단층화를 유발한다.

020 연기의 유동은 화재로 인한 부력, 굴뚝효과, 온도상승에 의한 증기의 부피팽창과 관련 있다.

정답
017 ○ 018 × 019 ○ 020 ×

CHAPTER 04 연소생성물

해설

021
굴뚝효과, 부력, 외부바람, 공기 중 산소농도, 바람에 의한 압력차, 공기조화설비의 영향은 연기의 유동효과에 영향을 미친다.

023
주로 고층 건물일수록 굴뚝효과에 의하여 연기는 이동하고, 저층 건물일수록 열, 대류 이동, 화재압력과 같은 영향 및 바람의 영향으로 연기가 이동한다.

024
연기는 온도가 높기 때문에 부력이 발생하여 상승하게 된다.
→ 화점에 가까울수록 온도가 높기 때문에 연기의 흐름은 빨라지고, 화점과 멀어질수록 연기의 흐름은 늦어진다.

025
• 굴뚝효과: 실내 온도 > 실외 온도
• 역굴뚝효과: 실내 온도 < 실외 온도

026
공기 중 부유하는 0.01~10[μm] 크기의 고체 또는 액체의 미립자이며, 다량의 연소생성물(가스)을 함유하고 있다. 이 연기는 온도가 높고 유동확산이 빨라 화재를 확대시킨다.

027
연료 중에 수소가 많으면 백색연기, 탄소수가 많으면 흑색연기로 변한다.

정답
021 × 022 ○ 023 × 024 ○
025 ○ 026 ○ 027 ×

---

021 굴뚝효과, 부력, 외부바람, 공기 중 산소농도, 바람에 의한 압력차, 공기조화설비의 영향은 연기의 유동효과에 영향을 미친다. O X

022 저층 건축물의 경우 열, 대류의 흐름, 화재압력과 같은 영향으로 연기가 유동한다. O X

023 주로 저층 건물일수록 굴뚝효과에 의하여 연기는 이동하고, 고층 건물일수록 열, 대류 이동, 화재압력과 같은 영향 및 바람의 영향으로 연기가 이동한다. O X

024 연기는 공기보다 고온이기 때문에 일반적으로 천장의 하면을 따라 순방향으로 이동한다. O X

025 역굴뚝효과는 건축물 외부의 공기가 내부의 공기보다 따뜻할 때 건축물 내부의 공기가 위에서 아래로 이동하는 것이다. O X

026 연기는 다량의 유독가스를 함유하며, 화재로 인한 연기는 고열이며 유동 확산이 빠르다. O X

027 연료 중에 수소가 많으면 흑색연기, 탄소수가 많으면 백색연기로 변한다. O X

028 연기의 조성은 연료의 성질과 연소조건에 의해 각기 다르며 액체의 입자는 수증기 외에 알데하이드, 알코올 등의 탄화수소의 응고로 인한 타르분의 것, 기체의 성분은 CO, CO_2, HCl, HCN, $COCl_2$, SO_2 등이다.

029 연기 속 미립자에는 고체가 없다.

030 연기의 감광계수가 증가할수록 가시거리는 짧아진다.

031 건물화재 시 온도가 상승하면 공기의 밀도는 커지고, 부피는 팽창한다.

032 건물화재 시 건물 상·하층의 내부와 외부 온도·압력차로 인해 건축물 하부에서 외부의 찬 공기가 유입된다.

033 건물의 높이, 층의 면적, 외벽의 기밀도, 건물 내·외의 온도차는 연돌효과에 영향을 준다.

034 개구부에 방풍실 억제는 연돌효과 방지에 도움이 된다.

해설

029
연기 속 미립자에는 고체가 있다.
→ 연기는 고체 또는 액체의 미립자이다.

030

감광계수[m⁻¹]	가시거리[m]
0.1	20~30
0.3	5
0.5	3
1	1~2
10	0.2~0.5
30	—

031
건물화재 시 온도가 상승하면 공기의 밀도는 **작아지고**, 부피는 팽창한다.

032

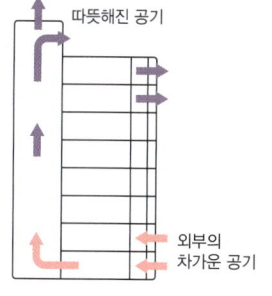

033
건물의 높이, **층의 면적**, **건물의 층간 공기 누설**, 외벽의 기밀도, 건물 내·외의 온도차는 연돌효과에 영향을 준다.

034
개구부에 방풍실 **설치(회전문 설치)**는 연돌효과 방지에 도움이 된다.

정답
028 ○ 029 × 030 ○ 031 ×
032 ○ 033 × 034 ×

해설

036 실내 천장 쪽의 고온가스와 바닥 쪽의 찬 공기의 경계선을 **불연속선**이라 한다.

038 중성대는 실내 화재 시 실내와 실외의 **압력차가 '0'인 부분**을 의미한다.

039

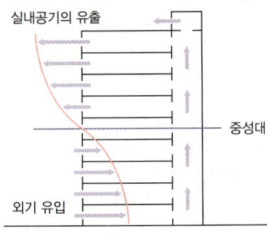

040 중성대는 건물의 내·외부의 압력이 같기 때문에 **연기의 흐름이 가장 느리다.**
- 중성대 상부: 실내에서 실외로 고온의 연소생성물
- 중성대 하부: 실외에서 실내로 공기 유입

041 굴뚝효과가 발생할 때는 개구부에 형성된 중성대 상부에서 **공기가 유출**되고, 중성대 하부에서 **연기가 유입**된다.

정답
035 ○ 036 × 037 ○ 038 ×
039 ○ 040 × 041 ×

---

035 (기출) 연돌효과란 뜨거워진 공기가 굴뚝처럼 긴 통로를 따라 강한 통풍을 일으키며 올라가는 현상으로 고층 빌딩 비상계단이나 엘리베이터 등 긴 수직통로가 있는 곳에서 주로 발생한다. ○ | ×

036 (기출) 실내 천장 쪽의 고온가스와 바닥 쪽의 찬 공기의 경계선을 중성대라 한다. ○ | ×

037 (기출) 굴뚝효과는 수직공간에서 온도차·압력차에 의해 발생한다. ○ | ×

038 (기출) 중성대는 실내 화재 시 실내와 실외의 온도가 같은 면을 의미한다. ○ | ×

039 (기출) 건물 내부의 압력이 외부의 압력과 일치하는 수직적인 위치가 생기는데, 이 위치를 중성대라 한다. ○ | ×

040 (예상) 중성대 부분에서 연기의 흐름이 가장 빠르다. ○ | ×

041 (기출) 굴뚝효과가 발생할 때는 개구부에 형성된 중성대 상부에서 공기가 유입되고, 중성대 하부에서 연기가 유출된다. ○ | ×

042 중성대 하부 개구부를 개방하면 공기가 유입되면서 연기가 외부로 배출되어 중성대가 위로 상승하고 중성대 하부 면적이 커져 소화활동이 용이하게 된다. O X

해설
042
중성대 **상부** 개구부를 개방하면 **실내 상부의** 연기가 외부로 배출되어 중성대가 위로 상승하고 중성대 하부 면적이 커져 소화활동이 용이하게 된다.

043 중성대의 상부 개구부를 개방한다면 연소는 확대될 수 있지만, 연기가 빠른 속도로 상승하여 외부로 배출되므로, 중성대의 상부 면적은 감소하고 중성대의 하부 면적은 증가한다. O X

044 중성대의 하부 개구부로 외부 공기가 유입되면, 중성대는 위쪽으로 상승한다. O X

044
하부 개구부로 신선한 공기가 유입되면 연소확대와 동시에 연기량이 증가한다. 따라서 연기층이 급속히 아래로 확대되면서 **중성대는 아래쪽으로 하강하게 된다.**

045 현장 도착 시 하부 출입문으로 짙은 연기가 배출된다면 상부 개구부 개방을 강구하고, 하부 개구부에서 연기가 배출되고 있지 않다면 상부 개구부가 개방되어 있다고 판단한다. O X

046 화재실 내부에서 중성대의 상부 압력은 실외 압력보다 높게 나타난다. O X

047 연기의 수직 이동속도는 수평 이동속도보다 빠르다. O X

047
수평 방향: 0.5~1[m/s]
수직 방향: 2~3[m/s]
계단 실내: 3~5[m/s]

정답
042 X 043 O 044 X 045 O
046 O 047 O

3) 열

LINK 59~62p

048 전도란 고체나 정지하고 있는 유체에서 매질을 통하여 이루어지는 열전달 방식으로 분자의 이동이 많아짐에 따라 열전달이 잘된다. O X

해설
048
전도란 고체나 정지하고 있는 유체에서 매질을 통하여 이루어지는 열전달 방식으로 **분자의 충돌, 자유전자의 이동**이 많아짐에 따라 열전달이 잘된다.

정답
048 X

해설

049
푸리에의 전도법칙
$$Q = \frac{KA(T_2 - T_1)}{l}$$
Q: 전도열전달률[W=kcal/h]
K: 물질의 열전도도
　[$W/m\cdot°C$=kcal/$m\cdot h\cdot°C$]
A: 열전달 부분 면적[m^2]
T_2: 고온[°C]
T_1: 저온[°C]
l: 벽 두께[m]

051
뉴턴의 냉각법칙
$$Q = hA(T_2 - T_1)$$
Q: 대류열전달률[W=kcal/h]
h: 대류 열전달 계수
　[$W/m^2\cdot°C$=kcal/$m^2\cdot h\cdot°C$]
A: 열전달 부분 면적[m^2]
T_2: 물체 표면온도[°C]
T_1: 표면에서 충분히 떨어진 곳에서
　의 유체온도[°C]

052
천장이 높은 건축물의 화재초기에 감지기 또는 스프링클러의 헤드가 작동하지 않는 것은 **대류**와 관련이 있다.

053
전도현상은 가연성 고체에서의 발화, 화염확산, 화재저항과 관련성이 크다.

054
대류는 유체의 유동이 외부로부터 작용하는 힘에 의해 이루어지는 **강제대류**와 온도차로 인한 부력에 의해 이루어지는 **자연대류**로 구분할 수 있다.

정답
049 ○　050 ○　051 ○　052 ×
053 ×　054 ×

---

049 [기출] 전도에서 전달 열량은 온도차, 열전도도에 비례하고 물질의 두께에는 반비례한다. ○ | ×

050 [기출] 전도에서 전달되는 열량은 물질 양면의 온도차, 물질의 전열면적에 비례한다. ○ | ×

051 [기출] 대류란 공기의 이동이나 유체의 흐름에 의해 열이 이동하는 현상이다. ○ | ×

052 [기출] 천장이 높은 건축물의 화재초기에 감지기 또는 스프링클러의 헤드가 작동하지 않는 것은 복사와 관련이 있다. ○ | ×

053 [기출] 대류현상은 가연성 고체에서의 발화, 화염확산, 화재저항과 관련성이 크다. ○ | ×

054 [기출] 대류는 유체의 유동이 외부로부터 작용하는 힘에 의해 이루어지는 자연대류와 온도차로 인한 부력에 의해 이루어지는 강제대류로 구분할 수 있다. ○ | ×

055 복사는 원격 발화의 열전달로 작용하고 특히 플래시오버를 일으키는 조건을 형성한다. O X

056 화재 시 연기가 위로 향하는 것이나 화로에 의해 실내의 공기가 따뜻해지는 것은 복사에 의한 현상이다. O X

057 복사는 불꽃이 직접 전달되지 않고 간접적으로 전자파 형태로 열기만 전달되는 것으로 이 열이 가연물에 직선으로 흡수되어 그 표면온도가 발화점에 도달하면 연소가 시작된다. O X

058 푸리에의 법칙을 따르는 것은 대류현상이다. O X

059 진공상태에서 복사열은 전달되지 않는다. O X

060 복사에너지는 스테판-볼츠만(Stefan-Boltzmann)의 법칙을 따른다. O X

061 복사에너지는 절대온도 4승에 비례하며, 열전달 면적과는 관련 없다. O X

062 2도 화상이란 살 속 깊이 손상을 입어 심한 통증이 있으며 부위가 주로 분홍색 등이고 물집이 생길 수 있는 화상이다. O X

해설

056 화재 시 연기가 위로 향하는 것이나 화로에 의해 실내의 공기가 따뜻해지는 것은 **대류**에 의한 현상이다.

058 푸리에의 법칙을 따르는 것은 **전도**현상이다.

059 진공상태에서도 복사열은 **전달된다**.

061 복사에너지는 절대온도 4승에 비례하며, 열전달 면적과는 **비례한다**.
$$Q = \sigma \varepsilon A(T_2^4 - T_1^4)$$
Q: 복사열전달률[W=kcal/h],
σ: 스테판-볼츠만 상수
[5.67×10^{-8}(w/m²·K⁴)=kcal/m²·h·K⁴]
ε: 방사율
T_2: 고온 절대온도[K]
T_1: 저온 절대온도[K]

정답
055 O 056 X 057 O 058 X
059 X 060 O 061 X 062 O

해설
063
3도 화상이란 화재로 인해 말초신경이 손상되고 감각에 마비가 오며, 괴사성 형상을 동반하는 화상이다.

정답
063 ×

063 〔기출〕
1도 화상이란 화재로 인해 말초신경이 손상되고 감각에 마비가 오며, 괴사성 형상을 동반하는 화상이다. ○ ×

4 화염(불꽃, Flame)   LINK 63~64p

해설
064
외부환경이나 미연소가스의 유속은 화염속도에 영향을 **준다**.

064 〔예상〕
외부환경이나 미연소가스의 유속은 화염속도에 영향을 주지 않는다. ○ ×

065
화재플럼은 부력화염, **간헐화염**, 연속화염으로 이루어져 있다.

065 〔예상〕
화재플럼은 부력화염, 간접화염, 연속화염으로 이루어져 있다. ○ ×

066
롤오버란 실내 공기의 압력 차이로 가연성 가스가 천장을 따라 화재가 발생하지 않는 복도 쪽으로 굴러 다니는 것처럼 뿜어져 나오는 현상이다.

066 〔기출〕
화재플럼은 실내 공기의 압력 차이로 가연성 가스가 천장을 따라 화재가 발생하지 않는 복도 쪽으로 굴러 다니는 것처럼 뿜어져 나오는 현상이다. ○ ×

067
부력은 플럼을 상승시키고, 차가운 끝 부분이 천천히 아래로 내려오게 되는데 측면에서는 **난류**에 의한 전체적인 와류를 생성한다.

067 〔예상〕
부력은 플럼을 상승시키고, 차가운 끝부분이 천천히 아래로 내려오게 되는데 측면에서는 층류에 의한 전체적인 와류를 생성한다. ○ ×

068 〔기출〕
천장제트흐름은 고온의 연소생성물들이 화재플럼의 부력으로 천장면까지 빠르게 올라가 얕은 층을 형성하게 된다. ○ ×

정답
064 × 065 × 066 × 067 ×
068 ○

069 천장제트흐름은 화원의 크기, 화원의 위치 또는 화원에서 천장높이의 영향을 받는다. O | X

070 화재감지기 및 스프링클러헤드는 유효범위 외에 설치한다. O | X

해설

070
화재감지기 및 스프링클러헤드는 유효범위 **내에** 설치한다.

071 천장제트흐름의 두께는 천장에서 화염 높이의 5~12[%] 내외이며, 최고온도와 속도는 실 높이의 1[%] 이내의 범위에서 발생한다. O | X

072 암적색 − 700℃, 적색 − 850℃, 백적색 − 1,100℃, 휘백색 − 1,500℃ 이다. O | X

072

불꽃의 색상	온도[℃]
담암적색	520
암적색	700
적색	850
휘적색	950
황적색	1,100
백적색	1,300
휘백색	1,500

정답
069 O　070 X　071 O　072 X

CHAPTER 04 연소생성물

Simtail

PART

II

폭발

CHAPTER **01**   폭발이론

CHAPTER **02**   폭발 예방 및 보호

CHAPTER 01 폭발이론

SIMPLE 핵심 이론 빈칸 넣기

1 폭발

- **폭발의 성립조건**
  연소의 3요소에 밀폐된 공간이 있으면 성립한다.
  ① ①
  ② ②
  ③ ③

정답
① 폭발범위
② 점화에너지
③ 밀폐된 공간

2 폭발의 분류

1 원인별 분류: 핵폭발, 물리적 폭발, 화학적 폭발

물리적 폭발	화학적 변화(산화, 분해, 중합 등)를 수반하지 않는 물리적인 손상이나 변화에 의하여 발생되는 폭발로 대부분 급격한 ④ 에 의해 발생된다. ex 증기폭발, 보일러 폭발 등
화학적 폭발	물질의 ⑤ 에 의하여 온도가 상승, 과열되어 단시간 내에 급격한 압력 상승이 발생하여 이 압력이 급격히 방출되면서 발생하는 폭발이다. ex 산화폭발, 분해폭발, 중합폭발 등

④ 상변화
⑤ 화학 반응

2 원인물질별 상태에 따른 분류: 응상폭발, 기상폭발

응상폭발	금속조각 같은 고온물질이 물속에 투입되었을 때 고온의 열에 의해 저온의 물이 일시적으로 과열상태로 되고, 급격하게 비등하여 폭발현상이 나타나게 되는데 이것을 응상폭발이라 한다. 가장 대표적인 예로 수증기 폭발이 있다. ex ⑥ , 수증기 폭발, ⑦ , 극저온 액화가스의 증기폭발, 고상 간의 전이에 의한 폭발, 전선폭발, 불안정 물질의 폭발, 혼합 · 혼촉에 의한 폭발 등
기상폭발	수소, 일산화탄소, 메탄, 프로판, 아세틸렌 등의 가연성 가스와 조연성 가스와의 혼합기체에서 발생하는 가스폭발이 기상폭발에 속한다. ex ⑧ , 분무폭발, 분진폭발, 분해폭발, 증기운폭발

⑥ 증기폭발
⑦ 과열액체 증기폭발
 (BLEVE)
⑧ 가스폭발

3 과열액체 증기폭발(BLEVE)

가연성 액화가스 저장 탱크가 외부의 열(화재 등)에 의해 가열될 경우 탱크 내부의 일부 액체가 급격히 기화하는데 이때, 액체의 기화로 증기압이 급상승하면서 저장탱크 상부(⑨)의 강판이 국부 가열되어 그 강도가 약해지며 탱크가 파열되고 가열된 액화가스가 급속하게 팽창 분출하며 폭발하는 현상을 말한다.

⑨ 기상부

화학적인 변화 없이 상의 변화에 의한 폭발로서 ①_____의 대표적인 예이다. 비산과 동시에 저장된 가스가 가연성인 경우, 증기가 주변 화염에 의하여 발화되어 ②_____을 형성하게 되며 ③_____로 전이 될 수 있다.

정답
① 물리적 폭발
② Fire Ball
③ 화학적 폭발

(1) 발생과정

① ④_____ : 화열에 의해 탱크가 가열되어 탱크 내부의 액체의 온도가 상승한다.

② ⑤_____ : 액체가 충분히 가열되고, 압력 상승으로 인해 기상 부분 중 고열 부분이 구조적 강도를 잃고 돌출된다.

③ ⑥_____ : 과열된 액화가스가 급속히 증발하면서 탱크에 강한 충격을 가한다.

④ ⑦_____ : 그 팽창력으로 탱크가 파열되고 그 파편이 멀리까지 비산된다.(⑧_____ 폭발, ⑨_____ 폭발)

⑤ 비산과 동시에 저장된 가스가 ⑩_____ 인 경우, 증기가 주변 화염에 의하여 발화되어 ⑪_____을 형성한다. (⑫_____ 폭발, ⑬_____ 폭발)

④ 액온상승
⑤ 연성파괴
⑥ 액격현상
⑦ 취성파괴
⑧ 물리적
⑨ 증기

⑩ 가연성
⑪ fire ball
⑫ 화학적
⑬ 가스

(2) 방지대책

① 용기의 내압 강도 유지
② 외력에 의한 용기 파괴 방지
③ 화재에 의한 가열 방지
- 탱크 표면에 물분무소화설비(고정식 살수설비)를 설치
- ⑭_____은 열전도가 좋지 않은 물질로 단열처리
- 탱크를 지하에 설치

④ 폭발방지장치 설치
- ⑮_____에 열전도도가 ⑯_____ 알루미늄 합금 박판 등을 설치(단열시공)하여 ⑰_____ 로 흡수되는 열을 ⑱_____ 부분으로 신속히 전달

⑤ 감압시스템으로 탱크 내 압력 낮춤

⑥ ⑲_____ 를 경사(1.5° 이상) 지게 하여 화염이 직접 탱크에 접하지 않도록 방지

⑭ 탱크 외벽
⑮ 탱크 내벽
⑯ 좋은
⑰ 기상부
⑱ 액체

⑲ 방액제

④ 분무폭발

공기 중으로 분출된 가연성 액체의 미세한 액적이 무상화되어 공기와 혼합되며 폭발적으로 연소하며 발생하는 폭발이다. 착화에너지가 가해질 경우 온도가 ⑳_____ 이하이더라도 폭발이 발생할 수 있다.

⑳ 인화점

> **참고**
>
> **박막폭굉**
>
> ㉑_____의 종류이다.
>
> 윤활유 등은 인화점이 높기 때문에 보통 상태에서는 연소되기가 어려운데 배관(파이프) 내에 박막상태로 부착되어 있는 경우가 있다. 이러한 경우 박막의 온도가 인화점 이하이더라도 고에너지의 충격파가 가해지면 무착된 윤활유가 부화(미세화)가 되면서 폭굉으로 되는 현상이다.

㉑ 분무폭발(미스트폭발)

5 분진폭발

분진폭발은 부유상태인 가연성 분진 입자에 착화원이 가해져 주위 공기와 혼합, 발화되어 폭발하는 현상으로 가스폭발에 비해 발생에너지가 수 배 이상 ① _____.
분진폭발은 열분해되어 기화된 증기가 연소, 폭발하므로 ② _____에 해당된다.

(1) 분진의 폭발조건
① 분진이 ③ _____ 일 것
② 분진이 미분상태로 ④ _____ 일 것
③ 분진 농도가 ⑤ _____ 일 것
④ 화염을 전파할 수 있는 분진크기(76㎛ 또는 200mesh)를 가질 것
⑤ 지연성 가스(산소)와의 충분한 교반과 운동으로 혼합되어 있을 것
⑥ ⑥ _____ 이 존재할 것
⑦ 열의 발생속도가 방열속도보다 ⑦ _____

(2) 분진폭발의 영향인자
① 분진의 화학적 성질 및 조성
  • 분진의 휘발성이 ⑧ _____
  • 발열량이 ⑨ _____
  • 열분해가 ⑩ _____
  • 기체의 반응속도가 ⑪ _____
② 입도와 입도분포
  • 분진의 표면적이 입자체적에 비하여 ⑫ _____
  • 평균 입자직경과 밀도가 ⑬ _____
  • 평균입경이 동일한 분진의 경우 구상 ⑭ _____ 침상 ⑮ _____ 평편상으로 갈수록 폭발성 증가
③ 수분함유량
  • 수분 함유량이 ⑯ _____ (수분은 분진의 부유성을 억제한다)
  • 단, 알루미늄 및 마그네슘과 같이 물과 반응하는 금속분진의 경우 수분량이 증가하면 폭발성이 ⑰ _____ 한다.
④ 산소농도가 ⑱ _____

(3) 분진폭발 VS 가스폭발

구분	가스폭발	분진폭발
연소속도	크다	작다
조기폭발력	⑲	⑳
초기폭발압력	크다	작다
최소발화에너지	㉑	㉒
CO 발생량	㉓	㉔
발생에너지	작다	크다(가스폭발의 수 배)

정답
① 크다
② 기상폭발
③ 가연성
④ 부유 중
⑤ 폭발범위 이내
⑥ 점화원
⑦ 클 것
⑧ 클수록
⑨ 클수록
⑩ 용이할수록
⑪ 클수록
⑫ 클수록
⑬ 작을수록
⑭ <
⑮ <
⑯ 적을수록
⑰ 증가
⑱ 높을수록
⑲ 크다
⑳ 작다
㉑ 작다
㉒ 크다
㉓ 작다
㉔ 많다(불완전연소)

구분	가스폭발	분진폭발
파괴력	①	②
연소시간	③	④
2·3차 연쇄폭발	없다	있다
분자온도 상승수단	⑤	⑥
공기와 반응	⑦	⑧

(4) 분진폭발을 일으키지 않는 물질

- 석회석(⑨　　　), 생석회(⑩　　　), 소석회(수산화칼슘), 가성소다(수산화나트륨), 산화알루미늄, 시멘트, 대리석 등

6 증기운 폭발(UVCE)

대량의 ⑪　　　가 대기 중에 유출되거나 대량의 ⑫　　　가 유출되면 그것으로부터 발생하는 ⑬　　　가 공기와 혼합기체를 형성하고 점화원에 의해 폭발이 일어나는 누설착화형 폭발사고이다. 개방된 대기 중에서 발생하므로 자유공간 증기운 폭발이라고 하며, ⑭　　　에 의한 폭발로서 ⑮　　　의 대표적인 예이다.

(1) 증기운 폭발 특징

① 증기와 공기의 난류혼합은 폭발력을 증가시킨다.

② 증기의 누출점으로부터 ⑯　　　지점에서의 착화는 폭발의 충격을 증가시킨다.

③ 증기운 폭발이 발생하게 되면 주로 ⑰　　　로 인한 피해보다는 ⑱　　　에 의한 재해형태를 보이고, 연소에너지의 약 20%만 폭풍파로 전환되어 폭발효율이 적다.

④ 증기운 폭발은 일반적으로 ⑲　　　에 의한 현상이며, 전파속도가 매우 빨라져야 ⑳　　　으로 전이될 수 있다.

⑤ 풍속이 ㉑　　　증기운이 잘 확산되지 않는 경우에 바닥에 체류하여 증기운을 형성하기 때문에 더욱 피해가 심각하다. 배관이나 탱크에서 누출된 후 증기운을 형성하기 위해서는 바닥에 체류하여야 한다.

⑥ 증기운 크기가 커질수록 표면적이 ㉒　　　때문에 착화 확률이 ㉓　　　.

정답

① 작다
② 크다
③ 짧다
④ 길다
⑤ 전도
⑥ 전도, 복사
⑦ 균일반응
⑧ 불균일반응

⑨ 탄산칼슘
⑩ 산화칼슘

⑪ 가연성 가스
⑫ 가연성 액체
⑬ 가연성 증기
⑭ 급격한 화학변화
⑮ 화학적 폭발

⑯ 먼
⑰ 폭발
⑱ 화재
⑲ 폭연
⑳ 폭굉
㉑ 낮아
㉒ 넓어지기
㉓ 높아진다

3 폭연, 폭굉

1 폭연, 폭굉

가스폭발은 물적조건과 에너지조건이 만족되면 화염이 발생하여 미연가스 종류와 조건에 따라 일정한 속도로 전파하여 간다. 이를 ① _____ 라고 한다.

화염전파속도가 음속 ② _____ 면 폭연, 음속 ③ _____ 이면 폭굉이라 한다.

폭연	폭굉
① 화염의 전파속도가 음속보다 ④ _____. (0.1~10 [m/s])	① 화염의 전파속도가 음속보다 ⑩ _____. (1,000~3,500 [m/s])
② 에너지방출이 전도, 대류, 복사의 ⑤ _____ 에 의해 전파된다.	② 에너지방출이 ⑪ _____ 에 의해 전파된다.
③ 폭굉으로 전이되지 않을 경우, 압력 상승은 수 [atm] 정도이다.	③ 압력 상승은 폭연의 ⑫ _____ 배 이상이다.
④ 화염면에서 온도, 압력, 밀도가 ⑥ _____ 이다.	④ 화염면에서 온도, 압력, 밀도가 ⑬ _____ 이다.
⑤ ⑦ _____ 를 형성하지 않는다.	⑤ ⑭ _____ 를 형성한다.
⑥ 공기의 ⑧ _____ 에 영향을 받는다.	⑥ 폭굉파가 통과한 곳은 화학적 조성이 변하므로 ⑮ _____ 탄성파로 취급된다.
⑦ 폭굉으로 전이가 ⑨ _____.	

2 폭굉유도거리

관중에 폭굉을 일으키는 가스가 존재할 때 최초의 완만한 연소가 격렬한 폭굉으로 발전할 때까지의 거리이다. 이 길이가 ⑯ _____ 폭굉이 일어나기 쉬운 위험성이 큰 가스이다.

(1) 폭굉 유도거리가 짧아지는 조건(폭굉이 일어나기 쉬운 위험성이 큰 조건)

① 정상의 ⑰ _____ 혼합가스일수록
② 관속에 ⑱ _____ 이 있거나 관경이 ⑲ _____
③ 압력이 ⑳ _____
④ 점화원 에너지가 ㉑ _____
⑤ 주위온도가 ㉒ _____

정답

① 화염전파속도
② 이하
③ 이상

④ 느리다
⑤ 열전달
⑥ 연속적
⑦ 충격파
⑧ 난류확산
⑨ 가능하다
⑩ 빠르다
⑪ 충격파
⑫ 10
⑬ 불연속적
⑭ 충격파
⑮ 비가역적

⑯ 짧을수록

⑰ 연소속도가 큰
⑱ 방해물
⑲ 가늘수록
⑳ 높을수록
㉑ 강할수록
㉒ 높을수록

DETAIL 핵심지문 OX

1 폭발

001 〔기출〕 폭발은 고온과 빠른 연소속도로 인해 체적이 급격하게 팽창되는 것이다. O | X

002 〔기출〕 폭발은 물리적, 화학적 변화의 결과로 발생된 급격한 압력상승에 의한 에너지가 외계로 전환되는 과정에서 파열, 폭음 등을 동반하는 현상을 말한다. O | X

003 〔기출〕 폭발은 밀폐공간에서 급격한 압력상승으로 에너지가 외부로 전환되는 과정에서 파열, 후폭풍, 폭음 등을 동반하는 현상을 말한다. O | X

004 〔기출〕 폭발이 일어나기 위해서는 밀폐된 공간, 점화원, 폭발범위와 같은 조건이 구비되어야 한다. O | X

005 〔기출〕 가스의 폭발조건이란 농도(물적)조건, 에너지조건과 함께 밀폐된 공간에서 이루어지며, 혼합가스가 폭발범위 초과시 일어난다. O | X

006 〔기출〕 폭발은 폭발음과 함께 파괴 등 화재를 수반할 수 있다. O | X

〔해설〕

004 폭발의 성립조건
연소의 3요소에 밀폐된 공간이 있으면 성립한다.
① 폭발범위
② 점화에너지
③ 밀폐된 공간

005 가스의 폭발조건이란 농도(물적)조건, 에너지조건과 함께 밀폐된 공간에서 이루어지며, 혼합가스가 폭발범위 **내에 있는 경우** 일어난다.

〔정답〕
001 O   002 O   003 O   004 O
005 ×   006 O

해설

007
폭발은 밀폐공간에서 물리적·화학적 변화의 결과로 발생한 급격한 압력상승을 동반하며 발생한다.
→ 물리적 폭발은 연쇄반응을 동반하지 않는다.

정답
007 ×

---

007 폭발은 밀폐공간에서 물리적·화학적 변화의 결과로 발생한 급격한 압력상승을 동반하며 반드시 연쇄반응을 일으킨다. O|X

2 폭발의 분류

LINK 71~78p

008 폭발은 원인별의 분류에서 핵폭발, 화학적 폭발, 물리적 폭발에 의한 폭발로 나눈다. O|X

009
폭발의 원인에 따른 폭발의 분류 중 가스폭발, 분무폭발, 분진폭발은 **화학적 폭발**에 속한다.

009 폭발의 원인에 따른 폭발의 분류 중 가스폭발, 분무폭발, 분진폭발은 물리적 폭발에 속한다. O|X

010
물리적 폭발이란 물리적 변화를 주체로 한 폭발로서 고압용기의 파열, 탱크의 감압파손, 액체의 폭발적인 증발 등 눈에 보이는 변화로 파괴되는 것이다. 그 예로 **증기폭발**, 보일러폭발, 수증기폭발 등이 있다.

010 물리적 폭발이란 물리적 변화를 주체로 한 폭발로서 고압용기의 파열, 탱크의 감압파손, 액체의 폭발적인 증발 등 눈에 보이는 변화로 파괴되는 것이다. 그 예로 가스폭발, 보일러폭발, 수증기폭발 등이 있다. O|X

011 물리적 폭발이란 물질의 상변화에 의해 에너지 방출이 짧은 시간에 이루어지는 폭발이다. O|X

012
분해폭발이란 폭발성 가스가 압축 등 어떠한 원인에 의해 분해되어 발열, 착화, 압력 상승되어 폭발하는 것이다.

정답
008 O 009 × 010 × 011 O
012 ×

012 중합폭발이란 폭발성 가스가 압축 등 어떠한 원인에 의해 분해되어 발열, 착화, 압력 상승되어 폭발하는 것이다. O|X

013 (예상) 중합폭발은 단량체의 중합반응에 따른 발열량에 의한 폭발로 대표적인 예로는 산화에틸렌, 시안화수소, 염화바이닐 등이 있다. O│X

014 (예상) 금속선 폭발은 물질의 화학 반응에 의하여 온도가 상승, 과열되어 단시간 내에 급격한 압력 상승이 발생하여 이 압력이 급격히 방출되면서 발생하는 폭발에 해당한다. O│X

015 (기출) 분해폭발, 중합폭발, 산화폭발, 폭발적 증발은 폭발 분류 시 그 분류가 동일하다. O│X

016 (기출) 수증기폭발은 밀폐 공간 속의 물이 급속히 기화하면서 많은 양의 수증기가 발생함으로써 증기압이 높아져 이것이 공간을 구획하고 있는 용기나 구조물의 내압을 초과하여 파열하는 현상이다. O│X

017 (기출) 분해폭발은 산소에 관계없이 단독으로 발열분해 반응을 하는 물질에 의해서 발생하는 폭발이다. O│X

018 (기출) 분해폭발은 공기나 산소와 섞이지 않더라도 가연성 가스 자체의 분해 반응열에 의해 폭발하는 현상이다. O│X

019 (예상) 촉매폭발은 촉매에 의해 폭발하는 것으로, 수소와 산소, 수소와 염소의 혼합가스에 빛을 쪼일 때 발생하다. O│X

해설

014
화학적 폭발은 물질의 화학 반응에 의하여 온도가 상승, 과열되어 단시간 내에 급격한 압력 상승이 발생하여 이 압력이 급격히 방출되면서 발생하는 폭발에 해당한다.

015
분해폭발, 중합폭발, 산화폭발은 화학적 폭발, 폭발적 증발은 물리적 폭발로 폭발 분류 시 그 분류가 다르다.

017
분해폭발 물질: 아세틸렌, 메틸아세틸렌, 바이닐아세틸렌, 에틸렌, 산화에틸렌, 하이드라진, 과산화물 등

정답
013 O 014 × 015 × 016 O
017 O 018 O 019 O

해설

021
산화폭발은 산화반응에 의해 발생되는 폭발로서 물질에 따라 **가스폭발**, 분진폭발, 분무폭발로 분류할 수 있다.

022
가스폭발은 가연성 가스가 폭발범위 내의 농도로 공기나 조연성가스 중에 존재할 때 점화원에 의해 폭발하는 현상이다.

023
증기폭발은 폭발물질의 물리적 상태에 따른 분류 중 **응상폭발**에 해당한다.

025
응상폭발에는 증기폭발, **혼합가스폭발**, 불안정 물질의 폭발, 혼합위험물 물질에 의한 폭발 등이 있다.
→ **혼합가스폭발은 기상폭발이다.**

---

020 (기출) 물리적 폭발은 물질의 상태(기체, 액체, 고체)가 변하거나 온도, 압력 등 조건의 변화에 따라 발생한다. O | X

021 (예상) 산화폭발은 산화반응에 의해 발생되는 폭발로서 물질에 따라 증기폭발, 분진폭발, 분무폭발로 분류할 수 있다. O | X

022 (기출) 증기폭발은 가연성 가스가 폭발범위 내의 농도로 공기나 조연성가스 중에 존재할 때 점화원에 의해 폭발하는 현상이다. O | X

023 (기출) 증기폭발은 폭발물질의 물리적 상태에 따른 분류 중 기상폭발에 해당한다. O | X

024 (기출) 증기폭발은 액체의 급속한 기화로 인해 체적이 팽창되어 발생하는 현상이다. O | X

025 (기출) 응상폭발에는 증기폭발, 혼합가스폭발, 불안정 물질의 폭발, 혼합위험물 물질에 의한 폭발 등이 있다. O | X

026 (기출) 응상폭발에는 증기폭발, 전선폭발 등이 있다. O | X

정답
020 O 021 × 022 × 023 ×
024 O 025 × 026 O

027 분출된 가연성 액체의 미세한 액적이 무상으로 되어 공기 중에 있을 때 화원에 의해 착화되어 일어나는 폭발현상은 응상폭발에 해당한다. O | X

해설

027 분출된 가연성 액체의 미세한 액적이 무상으로 되어 공기 중에 있을 때 화원에 의해 착화되어 일어나는 폭발현상은 **기상폭발**에 해당한다.

028 기체 분자가 분해할 때 발열하는 가스는 단일성분의 가스라고 해도 발화원에 의해 착화되면 혼합가스와 같이 가스폭발을 일으키는 것은 기상폭발로 분류한다. O | X

029 중합폭발은 가연성 액체의 무적(霧滴, mist)이 일정 농도 이상으로 조연성 가스 중에 분산되어 있을 때 착화하여 발생하는 것으로 염화바이닐, 초산바이닐, 산화에틸렌, 시안화수소 등이 있다. O | X

029 **분무폭발**은 가연성 액체의 무적(霧滴, mist)이 일정 농도 이상으로 조연성 가스 중에 분산되어 있을 때 착화하여 발생하는 것이다.
→ 염화바이닐, 초산바이닐, 산화에틸렌, 시안화수소는 중합폭발의 예이다.

030 윤활유를 무상으로 부유 시 가연성 액적이 주체가 되어 분진폭발한다. O | X

030 윤활유를 무상으로 부유 시 가연성 액적이 주체가 되어 **분무폭발**한다.

031 박막폭굉은 분무폭발의 종류로 인화점 이하이더라도 고에너지의 충격파가 가해지면 부착된 윤활유가 무화(미세화)되면서 폭굉으로 되는 현상이다. O | X

032 염화바이닐은 산화폭발한다. O | X

032 염화바이닐은 **중합폭발**한다.

033 산화에틸렌은 산소와 관계없이 발열·분해하는 분해폭발한다. O | X

정답
027 × 028 ○ 029 × 030 ×
031 ○ 032 × 033 ○

해설

034
LNG 등의 저온 액화가스가 상온의 물 위에 유출되면 급격하게 기화되면서 폭발하는 것은 **응상폭발**로 분류된다.

034 〔기출〕 LNG 등의 저온 액화가스가 상온의 물 위에 유출되면 급격하게 기화되면서 폭발하는 것은 기상폭발로 분류된다. O|X

035 〔기출〕 블레비(BLEVE)는 액화가스 저장탱크 등에서 외부열원에 의해 과열되어 급격한 압력 상승의 원인으로 파열되는 현상이며, 폭발의 분류 중 물리적 폭발에 해당한다. O|X

036 〔기출〕 블래비 현상은 물리적 폭발이 순간적으로 화학적 폭발로 이어지지만 그 원인 현상에 따라서 물리적 폭발로 분류하고 있다. O|X

037 〔기출〕 블레비는 과열상태의 탱크에서 내부의 액화가스가 분출되어 착화되었을 때 폭발하는 현상이다. O|X

038 〔기출〕 블레비 현상은 액화가스 저장탱크에서 물리적 폭발이 순간적으로 화학적 폭발로 이어지는 현상이다. O|X

039
BLEVE 현상은 비등하는 액체가 팽창하여 용기가 파손되면서 분출하는 **물리적 폭발**현상이며, 이때 분출되는 가스가 가연성이면 가스가 폭발적으로 연소하는 **화학적 폭발**로 이어질 수 있다.

039 〔기출〕 BLEVE 현상은 비등하는 액체가 팽창하여 용기가 파손되면서 분출하는 화학적 폭발현상이며, 이때 분출되는 가스가 가연성이면 가스가 폭발적으로 연소하는 물리적인 폭발로 이어질 수 있다. O|X

040
블레비의 발생과정은 액온상승 → **연성파괴** → 액격현상 → **취성파괴** 순이다.

040 〔예상〕 블레비의 발생과정은 액온상승 → 취성파괴 → 액격현상 → 연성파괴 순이다. O|X

정답
034 × 035 ○ 036 ○ 037 ○
038 ○ 039 × 040 ×

041 블레비의 발생과정 중 연성파괴는 탱크가 파괴되면서 파편이 사방으로 비산하는 과정을 말한다. O X

해설
041 블레비의 발생과정 중 **취성파괴**는 탱크가 파괴되면서 파편이 사방으로 비산하는 과정을 말한다.

042 블레비는 액화가스 저장탱크에서 일어날 수 있다는 점에서는 증기운 폭발과 같다. O X

043 직접 열을 받은 부분이 액화가스 저장탱크의 인장 강도를 초과할 경우 액상부에 면하는 지점에서 파열하게 된다. O X

043 직접 열을 받은 부분이 액화가스 저장탱크의 인장 강도를 초과할 경우 **기상부**에 면하는 지점에서 파열하게 된다.

044 블레비는 액화가스 저장탱크 지역의 화재 발생 시 저장탱크가 가열되어 탱크 내 액체부분은 급격히 증발하고 가스부분은 온도 상승과 비례하여 탱크 내 압력의 급격한 상승을 초래하게 된다. O X

045 블레비란 탱크가 계속 가열되면 용기 강도는 저하되고 내부압력은 하강하여 어느 시점이 되면 저장탱크의 설계압력을 초과하게 되고 탱크가 파괴되어 급격한 폭발현상을 일으키는 것이다. O X

045 블레비란 탱크가 계속 가열되면 용기 강도는 저하되고 내부압력은 **상승**하여 어느 시점이 되면 저장탱크의 설계압력을 초과하게 되고 탱크가 파괴되어 급격한 폭발현상을 일으키는 것이다.

046 블레비란 가연물이 비점 이상으로 가열될 때 발생하는 것으로 저장탱크 균열로 인한 액상, 기상의 동적 평형 상태가 유지된다. O X

046 동적 평형 상태란 시간이 지나도 변하지 않는 상태를 말한다.
블레비는 액상에서 기상으로 변화될 때 발생하는 것이므로 **동적 평형 상태가 유지되지 않는다.**

정답
041 X 042 O 043 X 044 O
045 X 046 X

해설

047
저장된 물질의 종류와 형태, **저장용기의 재질**, 주위의 온도와 압력상태 등은 **블레비 현상에 영향을 준다.**

048
액체의 기화량이 클수록, 탱크의 용량이 클수록 블레비의 발생 규모는 커진다.

050
냉각살수장치 설치, 용기 내압강도 유지, 감압시스템 설치, **탱크 외벽**에 열전도성이 작은 물질로 단열처리 등이 BLEVE 현상 방지에 도움이 된다.

---

047 (기출) 저장된 물질의 종류와 형태, 주위의 온도와 압력상태 등은 블레비 현상에 영향을 주지만, 저장용기의 재질은 블레비 현상에 영향을 주지 않는다. O│X

048 (기출) 블레비의 규모는 파열 시 액체의 기화량 및 탱크의 용량에 차이가 있다. O│X

049 (기출) 인화성 액체탱크가 가열되어 폭발하기 전에 또한 10분 경과하기 전에 냉각조치를 하지 않으면 블레비현상이 발생할 수 있다. O│X

050 (기출) 냉각살수장치 설치, 용기 내압강도 유지, 감압시스템 설치, 탱크 내벽에 열전도성이 작은 물질로 단열처리 등이 BLEVE 현상 방지에 도움이 된다. O│X

051 (기출) 대기에 기화하기 쉬운 가연성 액체가 유출되어 가연성 혼합기체가 대량으로 형성되었을 때 화원에 의해 착화되어 일어나는 것을 증기운 폭발이라고 한다. O│X

052 (기출) 증기운 폭발이란 저장탱크 내에서 유출된 가연성 가스가 대기 중에 공기와 혼합하여 구름을 형성하는데 거기에 점화원이 다가가면 폭발하는 현상이다. O│X

053 (기출) 증기운 폭발이란 개방된 대기 중에 다량의 가연성 액체 또는 가스가 유출되어 발생된 증기가 공기와 혼합하여 발화원에 의해 폭발하는 현상이다. O│X

054 (기출) 증기운 폭발(UVCE)은 저장탱크에서 유출된 가스가 증기운을 형성하여 떠다니다가 점화원과 접촉하여 발생하는 누설착화형 폭발에 해당한다. O│X

정답
047 × 048 ○ 049 ○ 050 ×
051 ○ 052 ○ 053 ○ 054 ○

055 상온에서 탱크에 저장된 중유가 유출되면 자유공간 증기운 폭발이 일어난다. O|X

해설

055 상온에서 탱크에 저장된 가연성 가스가 대기 중에 유출되거나 대량의 가연성 액체가 유출되면 그것으로부터 발생하는 **가연성 증기가 공기와 혼합기체를 형성**할 경우 자유공간 증기운 폭발이 일어난다.

056 증기운 폭발은 누출점으로부터 가까운 지점에서의 폭발이 충격이 더 크다. O|X

056 증기운 폭발은 누출점으로부터 **먼** 지점에서의 폭발이 충격이 더 크다.

057 증기운 폭발은 일반적으로 폭굉에 의한 현상이다. O|X

057 증기운 폭발은 일반적으로 **폭연**에 의한 현상이며 **전파속도가 매우 빨라져야 폭굉으로 전이 될 수 있다.**

058 다량의 고온물질이 물속에 투입되었을 때 물의 갑작스러운 상변화에 의한 폭발현상을 반응폭주라 한다. O|X

058 다량의 고온물질이 물속에 투입되었을 때 물의 갑작스러운 상변화에 의한 폭발현상을 **수증기 폭발**이라 한다.

059 분진폭발은 입자가 작을수록, 평편상보다 둥글수록, 가연성 휘발성분이 많을수록, 부유성이 클수록 위험성이 커진다. O|X

059 분진폭발은 입자가 작을수록, **평편상일수록**, 가연성 휘발성분이 많을수록, 부유성이 클수록 위험성이 커진다.

060 분진폭발은 발열량이 클수록, 단위체적당 표면적이 작을수록 폭발이 용이해진다. O|X

060 분진폭발은 발열량이 클수록, 단위체적당 표면적이 **클수록** 폭발이 용이해진다.

정답
055 X 056 X 057 X 058 X
059 X 060 X

해설

061
분진폭발은 입자의 크기가 작고, **밀도가 작을수록**, 표면적이 크고 폭발이 용이해진다.

062
폭발성 증가: 구상<침상<평편상

063
분진폭발은 열분해 후 발생한 가연성 기체가 공기와 혼합하여 폭발성 혼합기를 형성한 후 착화되어 폭발하는 것이다. 따라서 열분해가 용이할수록, **기체반응속도가 빠를수록** 폭발하기 쉽다.

064
분진폭발은 분진의 농도가 폭발범위 이내이어야 하며, 점화원이 **존재하여야 한다**.

065
분진의 표면적이 입자 체적에 비하여 **커지면** 폭발이 용이해진다.

066
수분이 많은 금속분일수록 **폭발성이 증가한다**.

067
분진에 수분의 함유량이 많을수록 폭발성은 감소한다. 하지만 **금속분의 경우 수분량이 증가하면 폭발성이 증가한다**.

정답
061 × 062 ○ 063 × 064 ×
065 × 066 × 067 ×

---

061 〔기출〕 분진폭발은 입자의 크기가 작고 밀도가 클수록 표면적이 크고 폭발이 용이해진다. ○ | ×

062 〔기출〕 분진폭발은 평균 입경이 동일한 분진일 경우 분진의 형상에 따라 폭발성이 달라진다. ○ | ×

063 〔기출〕 분진폭발은 열분해가 용이할수록, 기체 반응속도가 느릴수록 폭발하기 쉽다. ○ | ×

064 〔기출〕 분진폭발은 분진의 농도가 폭발범위 이내이어야 하며, 점화원의 존재 없이 가능하다. ○ | ×

065 〔기출〕 분진의 표면적이 입자 체적에 비하여 작아지면 폭발이 용이해진다. ○ | ×

066 〔기출〕 수분이 많은 금속분일수록 분진의 부유성을 억제하기 때문에 폭발성이 작아진다. ○ | ×

067 〔기출〕 알루미늄과 마그네슘 금속분진의 경우 분진 속 수분량이 증가하면 폭발성이 감소한다. ○ | ×

068 입자표면이 공기(산소)에 대하여 활성이 있는 경우에는 폭로시간이 길어질수록 폭발성이 높아진다. O | X

해설

068 입자표면이 공기(산소)에 대하여 활성이 있는 경우에는 폭로시간이 길어질수록 산화피막을 형성할 수 있으므로 폭발성이 **낮아진다**.

069 분진폭발의 연소속도와 폭발압력은 가스폭발에 비하여 작으나 연소시간이 길고 발생에너지가 크기 때문에 파괴력이 크고 그을음이 많다. O | X

070 분진폭발은 가스폭발보다 최소발화에너지는 크나 발생에너지는 작다. O | X

070 분진폭발은 가스폭발보다 최소발화에너지와 발생에너지가 모두 **크다**.

071 가스폭발에 비해 분진폭발은 불완전연소가 심하므로 일산화탄소(CO)가 발생한다. O | X

072 1차 분진폭발의 영향으로 주위의 분진을 날리게 하여 2차, 3차 폭발이 발생할 수 있다. O | X

073 분진폭발은 가스폭발에 비해 연소시간이 짧다. O | X

073 분진폭발은 가스폭발에 비해 연소시간이 **길다**.

정답
068 ×   069 ○   070 ×   071 ○
072 ○   073 ×

3 폭연, 폭굉

해설

074 폭연에서 폭굉으로 전이과정:
착화 → 화염전파 → 압축파 → 충격파 → 폭굉파

075 ~~압력의 상승량, 에너지전달량~~, 화염의 전파속도에 의해 폭연과 폭굉에 차이를 둔다.
- 폭연: 화염전파속도<음속 (0.1~10[m/s])
- 폭굉: 화염전파속도>음속 (1,000~3,500[m/s])

075 압력의 상승량, 에너지전달량, 화염의 전파속도에 의해 폭연과 폭굉에 차이를 둔다.

076 폭굉은 연소반응으로 발생한 화염의 전파속도가 음속보다 빠른 것을 말한다.

077 폭발은 화염의 전파속도가 음속 이하일 수도 있으며, 음속 이상이 되어 폭발의 충격파를 형성할 수도 있다.

078 폭굉=폭효

078 화염의 전파속도가 음속 이상이고, 폭발 시 충격파를 형성하는 것을 폭효라고 한다.

079 폭연 발생 시 온도는 크게 상승하며 밀도는 감소한다. 온도 상승이 밀도의 감소 정도보다 커서 압력도 약간 증가된다.

정답
074 ○ 075 × 076 ○ 077 ○
078 ○ 079 ○

080 폭굉 발생 시 온도는 크게 상승하며 밀도는 감소한다. 온도 상승이 밀도의 감소 정도보다 매우 커서 압력도 크게 증가된다. O | X

081 폭굉은 반응 또는 화염면의 전파가 분자량이나 난류확산에 영향을 받으며, 파면에서 온도, 압력, 밀도가 연속적으로 나타난다. O | X

082 폭연은 화염면에서 온도, 압력, 밀도의 변화가 불연속적으로 나타난다. O | X

083 폭연의 온도의 상승은 열에 의한 전파보다 충격파의 압력에 기인한다. O | X

084 충격파를 형성하기 위해서는 아주 짧은 시간 내에 에너지가 방출되어야 한다. O | X

085 폭연은 에너지 방출속도가 물질 전달속도에 영향을 받는다. O | X

086 폭연의 압력 상승은 폭굉의 10배 이상이다. O | X

해설

080 폭굉 발생 시 온도, 밀도, 압력 모두 증가한다.
→ 화염면에서 온도, 압력, 밀도가 불연속적이다.

081 폭연은 반응 또는 화염면의 전파가 분자량이나 난류확산에 영향을 받으며, 파면에서 온도, 압력, 밀도가 연속적으로 나타난다.

082 폭연은 화염면에서 온도, 압력, 밀도의 변화가 연속적으로 나타난다.

083 폭굉의 온도의 상승은 열에 의한 전파보다 충격파의 압력에 기인한다.

086 폭굉의 압력 상승은 폭연의 10배 이상이다.

정답
080 × 081 × 082 × 083 ×
084 ○ 085 ○ 086 ×

해설

087
폭굉은 급격한 압력의 상승 또는 **밀폐**에 의해 가스가 격한 음을 내면서 팽창하는 현상이다.

090
관경이 가늘수록, 압력이 클수록, 이물질이 많거나 점화원의 에너지가 강할수록 폭굉 유도거리가 **짧아진다**.
→ 점화원의 에너지: 성냥 1개 vs 토치

092
예혼합가스의 초기압력이 높을수록 폭굉 유도거리가 **짧아진다**.

093
폭연은 폭굉으로 전이될 수 **있으나** 폭굉은 폭연으로 전이될 수 **없다**.

정답
087 × 088 ○ 089 ○ 090 ×
091 ○ 092 × 093 ×

---

087 [기출] 폭굉은 급격한 압력의 상승 또는 개방에 의해 가스가 격한 음을 내면서 팽창하는 현상이다. ○|×

088 [기출] 폭굉의 속도는 1,000m/s 이상 3,500m/s 이하이다. ○|×

089 [기출] 최초의 완만한 연소에서 격렬한 폭굉으로 발전하는 데 필요한 거리를 폭굉유도거리라 한다. ○|×

090 [기출] 관경 및 압력이 클수록, 이물질이 많거나 점화원의 에너지가 강할수록 폭굉 유도거리가 짧아진다. ○|×

091 [기출] 관경이 가늘수록 폭굉유도거리는 짧아지며, 폭굉유도거리가 짧아질수록 위험도는 커진다. ○|×

092 [기출] 예혼합가스의 초기압력이 높을수록 폭굉 유도거리가 길어진다. ○|×

093 [기출] 폭연은 폭굉으로 전이될 수 없으나 폭굉은 폭연으로 전이될 수 있다. ○|×

CHAPTER 02 폭발 예방 및 보호

SIMPLE 핵심 이론 빈칸 넣기

1 폭발의 방지대책

1 불활성화(Inerting)

불활성 가스(질소, 이산화탄소, 수증기 등)를 가연성 혼합기체에 첨가하여 산소농도를 감소시키는 것을 말하는데, 불활성 가스를 주입시키는 방법을 퍼징(Purging)이라고 한다.

종류	방법
①	① 용기내부를 진공상태로 만든다. ② 불활성 가스를 주입하여 대기압과 같게 압력을 상승시킨다.
②	① 용기에 불활성 가스를 주입하여 가압시킨다. ② 가압한 가스가 용기 내에서 충분히 확산된 후, 대기로 방출한다. ③ 위의 과정을 반복하여 최소산소농도 이하로 낮춘다.
③	① 용기의 한 개구부로 불활성 가스를 주입시키고, 다른 개구부로부터 혼합가스를 배출시킨다.
④	① 용기에 액체를 채워 공기를 제거한다. ② 액체를 배출하면서 증기층에 불활성 가스를 주입한다.

2 전기설비 방폭화

종류	방법
⑤	용기 내에 불활성가스를 압입시켜 외부 환경보다 압력을 높게 유지함으로써 밀폐함 내로 외부 환경이 인입되지 않도록 보호하는 방폭구조
⑥	점화원이 될 우려가 있는 기기 자체 또는 그 일부를 절연유(보호액)속에 넣어 보호하는 방폭구조
⑦	정상 시 전기기기의 과도한 온도상승, 아크 또는 불꽃 발생의 위험을 방지하기 위하여 추가적인 안전조치를 취해 안전도를 증가시킨 방법이다. 그러나 전기기기가 고장이나 파손시에는 폭발이 발생될 수 있음
⑧	정상 또는 이상 상태에서 발생하는 전기 불꽃 또는 가열 효과를 점화에너지 이하의 수준까지 제한하는 것을 기반으로 하는 방폭구조로 점화시험(착화시험) 등에 의하여 확인된 것
⑨	점화원에 의해 용기 내부에서 폭발이 발생할 경우에 용기가 폭발압력에 견딜 수 있고, 화염이 용기 외부의 폭발성 분위기로 전파되지 않도록 한 방폭구조이다. 완전밀폐하면 내부발열 시 온도상승으로 압력이 상승하여 용기가 파손될 수 있으므로 상승된 압력을 배출하기 위해 용기에 약간의 틈새를 둠

정답

① 진공 퍼지
② 압력 퍼지
③ 스위프 퍼지
④ 사이폰 퍼지

⑤ 압력 방폭구조
⑥ 유입 방폭구조
⑦ 안전증 방폭구조
⑧ 본질안전 방폭구조
⑨ 내압 방폭구조

③ 폭발 등급

폭발등급	안전간격(화염일주한계)	종류
폭발 1등급	0.6mm 초과	메탄, 에탄, 일산화탄소, 암모니아, 아세톤, 프로판, 부탄
폭발 2등급	0.4mm 초과 0.6mm 이하	에틸렌, 석탄가스
폭발 3등급	0.4mm 이하	①

정답

① 아세틸렌, 이황화탄소, 수소

DETAIL 핵심지문 OX

LINK 81~86p

1 폭발의 방지대책

LINK 81~85p

001 (예상) 불활성화란 불활성가스(질소, 이산화탄소, 수증기 등)를 가연성 혼합기체에 첨가하여 산소농도를 감소시키는 것을 말하는데, 불활성가스를 주입시키는 방법을 퍼징(Purging)이라고 한다. O X

002 (예상) 용기에 불활성 가스를 주입하여 가압시킨 후 가압한 가스가 용기 내에서 충분히 확산된 후, 대기로 방출하는 것은 진공퍼지의 내용이다. O X

해설

002 용기에 불활성 가스를 주입하여 가압시킨 후 가압한 가스가 용기 내에서 충분히 확산된 후, 대기로 방출하는 것은 **압력퍼지**의 내용이다.

003 (예상) 사이폰 퍼지란 용기에 액체를 채워 공기를 제거한다. 그 후 액체를 배출하면서 증기층에 불활성 가스를 주입하여 퍼지하는 것으로 경비를 절감하기 위한 방법이다. O X

004 (기출) 압력 방폭구조란 용기 내에 불활성 가스를 압입시켜 외부 환경보다 압력을 높게 유지함으로써 밀폐함 내로 외부 환경이 인입되지 않도록 보호하는 방폭구조를 말한다. O X

005 (기출) 단선, 단락, 지락 등에 의해 발생하는 착화를 방지할 수 있는 구조로서 착화시험으로 성능이 확인된 구조는 안전증 방폭구조에 대한 설명이다. O X

005 단선, 단락, 지락 등에 의해 발생하는 착화를 방지할 수 있는 구조로서 착화시험으로 성능이 확인된 구조는 **본질안전 방폭구조**에 대한 설명이다.

정답
001 O 002 × 003 O 004 O
005 ×

CHAPTER 02 폭발 예방 및 보호 97

2 폭발등급

해설

006
메탄, 에탄, 일산화탄소는 폭발 1등급에 해당한다.
→ 아세틸렌, 수소는 3등급이다.

006 〔기출〕 메탄, 에탄, 일산화탄소, 아세틸렌, 수소는 폭발 1등급에 해당한다. O│X

007

폭발등급	안전간격 (화염일주한계)
폭발 1등급	0.6mm 초과
폭발 2등급	0.4mm 초과 0.6mm 이하
폭발 3등급	0.4mm 이하

007 〔예상〕 폭발등급은 클수록, 안전간격은 작을수록 위험하다. O│X

정답
006 × 007 O

Simtail

PART **III**

화재

Simple Detail 2026

CHAPTER **01** 화재이론
CHAPTER **02** 화재조사

CHAPTER 01 화재이론

SIMPLE 핵심 이론 빈칸 넣기

1 화재의 정의

「소방의 화재조사에 관한 법률」 상에서 정의하는 '화재'란 사람의 의도에 반하거나 ① □□□ 또는 ② □□□ 에 의하여 발생하는 연소 현상으로서 ③ □□□ 할 필요가 있는 현상 또는 사람의 의도에 반하여 발생하거나 확대된 ④ □□□ 폭발현상을 말한다.

정답
① 고의
② 과실
③ 소화
④ 화학적

2 화재의 분류

① 가연물 성상에 따른 분류

급수	분류	색상	특징
A급	일반화재	⑤	나무, 섬유, 종이, 고무, 플라스틱류와 같은 일반가연물이 타고 나서 재가 남는 화재를 말하며 다른 화재에 비해 발생 빈도 및 피해액이 크며 생활주변에서 흔히 볼 수 있는 화재이다. ① ⑥ □□□ 라고도 불리며, 산소와 친화력이 강한 물질에 의한 화재이다. ② 연기의 색상은 ⑦ □□□ 이다. ③ 연소 후 재를 ⑧ □□□ . ④ 다량의 물을 이용한 ⑨ □□□ 한다.
B급	유류화재	⑩	인화성 액체, 가연성 액체, 석유, 그리스, 타르, 오일, 유성도료, 솔벤트, 래커, 알코올 및 인화성 가스와 같은 유류가 타고 나서 재가 남지 않는 화재를 말한다. ① 연기의 색상은 일반적으로 ⑪ □□□ 이다. ② 연소 후 재를 남기지 ⑫ □□□ . ③ 화재 진행속도가 일반화재보다 ⑬ □□□ 활성화에너지가 ⑭ □□□ . ④ 전기의 ⑮ □□□ 이므로 정전기로 인한 착화 우려가 있어 정전기 방지대책이 필요하다. ⑤ 주수소화 시 연소면 확대 우려가 있어 공기를 차단하는 ⑯ □□□ 한다. ⑥ 포 소화약제를 방사하여 유류 표면에 얇은 층을 형성함으로써 공기 공급을 차단해 소화한다.
C급	전기화재	⑰	⑱ □□□ 전기기기, 배선과 관련된 화재를 말한다. ① 발생원인: 단락(합선, 발생 원인 중 가장 높은 비율을 차지), 과전류·과부하, 누전, 지락, 절연열화 또는 탄화, 스파크, 정전기, 낙뢰, 열적경과, 접속부 과열 등 ② 공기를 차단하는 ⑲ □□□ 이 가장 중요한 소화방법이다.

⑤ 백색
⑥ 보통화재
⑦ 백색
⑧ 남긴다
⑨ 냉각소화
⑩ 황색
⑪ 흑색
⑫ 않는다
⑬ 빠르고
⑭ 작다
⑮ 부도체
⑯ 질식소화
⑰ 청색
⑱ 전류가 흐르고 있는 (통전 중)
⑲ 질식작용

급수	분류	색상	특징			정답
C급	전기화재		③ 전기화재 시 전원을 차단하여 전기 공급을 중단하는 ① ____ 도 가능하다.			① 제거소화
D급	금속화재	② ____	나트륨, 칼륨, 마그네슘과 같은 가연성 금속 및 금속분 등에 의해서 발생된 화재를 말한다. ① 일반 가연성물질 화재보다 높은 온도로 연소되며, 더 빠른 속도로 연소된다. ② 분진 형태의 금속은 활발하게 반응하며 폭발할 가능성이 크다. ③ 대부분 금속은 물 또는 이산화탄소와 반응하여 발열 및 가연성 가스가 발생한다.			② 무색 ③ 아세틸렌 ④ 메탄 ⑤ 포스핀 ⑥ 수소 ⑦ 산소 ⑧ 질식소화
			구분	발생가스		
			탄화칼슘(카바이드)	③	가연성 가스	
			탄화알루미늄	④		
			인화칼슘(인화석회)	⑤		
			나트륨, 칼륨, 마그네슘, 철분 등	⑥		
			무기과산화물	⑦	지연성(조연성) 가스	
			④ 따라서 물 및 이산화탄소는 소화약제로써 사용이 불가능하다. ⑤ 건조사(마른모래), 팽창질석, 팽창진주암, 금속화재용 분말소화약제를 이용한 ⑧ ____ 한다.			
E급	가스화재	⑨ ____	가연성 가스에서 발생하는 화재이다. ① 연기의 색상은 일반적으로 ⑩ ____ 이다. ② 가연물을 없애는 ⑪ ____ 한다. ③ 가연성 가스 누설 시 스파크 발생 우려가 있으니 배기팬이나 다른 전기기구의 사용을 금한다. 창문을 열어 환기시킨다. ④ 가스는 상태에 따라 압축, 액화, ⑫ ____ 가스로 구분하고 연소성에 따라 가연성, 불연성, 조연성 가스로 분류할 수 있다.			⑨ 황색 ⑩ 흑색 ⑪ 제거소화 ⑫ 용해 ⑬ 낮아 ⑭ 높아 ⑮ 용해가스 ⑯ 10[%] ⑰ 20[%] ⑱ 조연성 가스 ⑲ 지연성
			압축가스	임계온도가 실온보다 ⑬ ____ 액화하기 어려워 일정한 압력에 의하여 기체 상태로 압축되어 있는 가스		
			액화가스	임계온도가 실온보다 ⑭ ____ 상온에서 가압 또는 냉각에 의해 쉽게 액화되어 액체 상태로 용기에 충전하는 가스		
			⑮	고압가스 용기 속에 다공 물질을 충전한 후 용제를 넣고 그 안에 가스를 고압으로 용해시켜 저장한 가스		
			가연성 가스	공기 중에 연소하는 가스로서 폭발한계 하한이 ⑯ ____ 이하인 것과 폭발한계의 상한과 하한의 차가 ⑰ ____ 이상인 것		
			불연성 가스	자기 스스로 연소하지 못하고, 다른 물질을 연소시키는 성질도 갖지 않는 가스, 연소와 무관		
			⑱	다른 가연성 물질과 혼합되었을 때 연소나 폭발이 일어날 수 있도록 도움을 주는 가스, ⑲ ____ 가스		

❷ 식용유 화재(K급화재)

① 식용유는 인화점과 발화점의 차이가 ①_____, 발화점이 비점(끓는점)보다 ②_____ 비점 이하의 온도에서도 액면상 증발을 통해 발화할 수 있다. 따라서 식용유 화재 시 소화 후에도 식용유의 온도가 ③_____ 이상인 상태라면 ④_____ 할 수 있다.

② 따라서, 화염제거와 동시에 식용유 내부의 온도를 발화점 이하로 신속하게 낮추는 ⑤_____ 이 동시에 필요하다.

③ ⑥_____ 와 ⑦_____ 를 사용하여 ⑧_____ 으로 소화한다.

> **[참고]**
> **플라스틱(합성수지) 화재**
>
> | 열가소성 수지 | 열경화성 수지 |
> |---|---|
> | ① 가열하면 용융되어 액체로 되고 식으면 다시 굳어지는 수지
② 화재의 확대 위험성이 ⑨_____.
③ 예: 폴리염화바이닐(PVC), 폴리에틸렌수지, 폴리스틸렌수지 | ① 열을 가한 후, 한 번 냉각하면 열을 가해도 또 다시 다른 모양으로 변형할 수 없는 성질을 가진 수지
② 화재의 확대 위험성이 ⑩_____.
③ 예: 페놀수지, 요소수지, 멜라민수지 |

> **[참고]**
> **액체 위험물에서 발생할 수 있는 재해 현상**
>
> | 구분 | 특징 |
> |---|---|
> | 보일오버 | ① CRT에 저장되어 있는 ⑪_____ 에 화재가 발생된다.
② 저장탱크에 화재가 장시간 진행되면 다성분 액체인 중질유는 끓는점이 달라 유류 중 가벼운 성분은 유류 표면층에서 증발하여 연소되고, 무거운 성분은 화염의 온도에 의해 가열·축적되어 고온의 ⑫_____ 을 형성하고, 이 열류층은 화재가 진행됨에 따라 점차 하강(열파 침강)한다.
③ ⑬_____ 이 탱크 바닥으로 도달하게 되는데 이때 탱크의 하부에 ⑭_____ 또는 ⑮_____ 이 존재하면 뜨거운 열류층의 온도에 의하여 물이 수증기로 변하면서(비등) 급작스러운 부피팽창에 의해 다량의 불이 붙은 기름을 탱크 밖으로 분출시킨다.
④ 보일오버는 인근 시설로 화염이 확대되어 대규모 화재로 발전하는 계기가 된다.
• **보일오버 발생조건**
① ⑯_____ 이어야 한다.
② 뚜껑 없는 개방된 탱크에 화재가 장시간 지속되어야 한다(⑰_____ 이 형성될 시간 필요).
③ 탱크 저부에 ⑱_____ 이 있어야 한다.
• **보일오버 방지대책**
① 탱크 내의 내용물을 기계적 교반한다.
② 탱크 저부의 물을 배출한다. |

[정답]

① 적고
② 낮아
③ 발화점
④ 재발화
⑤ 냉각작용
⑥ 제1종 분말소화약제 ($NaHCO_3$)
⑦ 강화액 소화기 (K급 소화기)
⑧ 비누화작용

⑨ 크다
⑩ 적다

⑪ 다성분 액체
⑫ 열류층(고온층)
⑬ 열류층
⑭ 물
⑮ 에멀젼
⑯ 다성분(다비점)
⑰ 열류층
⑱ 물 또는 에멀젼

구분	특징
슬롭오버	① 물의 비등점(100°C) 이상인 고온의 액면에 물분무 또는 포 소화설비를 방수한다. ② 분사된 수분이 급격하게 증발하면서 유면에 거품이 발생함과 동시에 열류의 교란에 의하여 고온층 아래의 차가운 기름이 급히 열 팽창하여 유면을 밀어 올려, 고온의 유류가(화재 시에는 불이 붙은 채) 탱크 밖으로 분출된다.
프로스오버	① ①_____의 경우로 물이 고점도 유류 아래에서 비등할 때 탱크 밖으로 물과 기름이 거품과 같은 상태로 넘치는 현상이다. ② 전형적인 예로 뜨거운 아스팔트가 물이 약간 채워진 무개차에 옮겨질 때 일어난다. 고온의 아스팔트에 의해 탱크차 속의 물이 가열되고 비등하여 아스팔트를 탱크차 밖으로 넘치게 한다.
오일오버	① 유류가 탱크 내용적의 ②_____ 이하로 충전되어 있을 때 화재로 인해 증기압력 상승으로 유류를 외부로 분출하면서 탱크가 폭발하는 현상이다. ② 보일오버, 슬롭오버, 프로스오버보다 위험성이 ③_____.

정답
① 화재 이외

② 50[%]
③ 크다

참고
LNG · LPG

구분	LNG(액화천연가스)	LPG(액화석유가스)
주성분	④	⑤
보관	−162[°C]로 액화	가압(10[kg/cm²])하여 액화
비중	공기보다 가볍다	공기보다 무겁다
연소속도	⑥	⑦
발열량	⑧	⑨
특징	무색, 무취 (누설 시 쉽게 감지할 수 있도록 부취제를 사용한다.)	무색, 무취 (누설 시 쉽게 감지할 수 있도록 부취제를 사용한다.)
가스누설경보기 (탐지부)	천장으로부터 30cm 이내	바닥으로부터 30cm 이내

④ 메탄
⑤ 프로판, 부탄
⑥ 빠르다
⑦ 느리다
⑧ 적다
⑨ 크다

3 기타화재

1 산림화재(임야화재)

① ⑩_____ : 땅 속의 부식층 등이 연소하는 것

② ⑪_____ : 지표를 덮고 있는 낙엽가지 등이 연소하는 것

③ ⑫_____ : 수목(줄기)이 연소하는 것

④ ⑬_____ : 나무의 수관이 연소하는 것

⑤ ⑭_____ : 불씨가 바람에 날아가 타는 것

⑩ 지중화
⑪ 지표화
⑫ 수간화
⑬ 수관화(Crown fire)
⑭ 비화

DETAIL 핵심지문 OX

LINK 90~97p

1 화재의 정의

LINK 90p

해설

001
화재는 연소대상물의 **가연물의 성상**을 기준으로 분류한다.

기출
001 화재는 연소대상물의 인화점과 발화점을 기준으로 분류한다. O | X

정답
001 ×

2 화재의 분류

LINK 90~96p

해설

002

일반화재	A급	백색
유류화재	B급	황색
전기화재	C급	청색
금속화재	D급	무색
가스화재	E급	황색

003
C급 화재 – 전기화재(**청색**),
D급 화재 – **금속화재(무색)**

004
C급 화재 – **전류가 흐르고 있는 전기기기**
→ 분말 및 고무제품은 A급(일반화재)이다.

기출
002 화재의 분류는 가연물의 종류와 성상, 대상물의 종류 등에 따라 일반화재, 유류화재, 전기화재, 금속화재, 가스화재 등으로 구분된다. O | X

기출
003 A급 화재 – 일반화재(백색), B급 화재 – 유류화재(황색),
C급 화재 – 전기화재(무색), D급 화재 – 유류화재(청색) O | X

기출
004 A급 화재 – 종이 및 일반제품, B급 화재 – 휘발유 등 인화성물질,
C급 화재 – 분말 및 고무제품, D급 화재 – 가연성 금속 O | X

기출
005 A급 화재는 일반화재로 면화류, 합성수지 등의 가연물에 의한 화재를 말한다. O | X

정답
002 O 003 × 004 × 005 O

006 통전 중인 배전반에서 불이 난 경우 전기화재로 분류되며, 실외 난로가 넘어지면서 새어나온 석유에 불이 붙은 경우에는 유류화재로 분류된다. O X

007 일반화재는 보통화재라고도 하며, 산소와 친화력이 강한 물질에 의한 화재로 연소 후 재를 남길 수 있는 대상물 화재를 말한다. O X

008 유류화재는 화재 성장속도가 일반화재보다 느리며, 생성된 연기는 백색으로 연소 후에는 재를 남긴다. O X

009 유류는 전기의 도체이므로 정전기로 인한 착화 우려가 있어 정전기 방지대책이 필요하다. O X

010 경질유는 액온이 인화점보다 높아 예열형 전파로 연소 확대되고, 중질유는 액온이 인화점보다 낮아 예혼합형 전파로 연소 확대된다. O X

011 전기화재는 C급 화재로서 통전 중인 전기시설물로부터 유도되며, 그 형태가 아주 다양하며 원인규명이 상당히 어려운 화재로 주로 누전, 과전류, 합선 혹은 단락, 역기전력 등의 발화가 그 원인이다. O X

012 외출 시 전원이 차단된 콘센트에서 불이 난 경우 전기화재에 해당된다. O X

해설

008
유류화재는 화재 성장속도가 일반화재보다 **빠르며**, 생성된 연기는 **흑색**으로 연소 후에는 재를 **남기지 않는다**.

009
유류는 전기의 **부도체**이므로 정전기로 인한 착화 우려가 있어 정전기 방지대책이 필요하다.

010
경질유는 액온이 인화점보다 높아 **예혼합형** 전파로 연소 확대되고, 중질유는 액온이 인화점보다 낮아 **예열형** 전파로 연소 확대된다.

011
전기화재는 C급 화재로서 통전 중인 전기시설물로부터 유도되며, 그 형태가 아주 다양하며 원인규명이 상당히 어려운 화재로 주로 누전, 과전류, 합선 혹은 단락, **역기전력** 등의 발화가 그 원인이다.

012
외출 시 전원이 차단된 콘센트에서 불이 난 경우 **일반화재**에 해당된다.
→ 전기화재는 전류가 흐르고 있는(통전 중) 전기기기, 배선과 같은 화재를 말한다.

정답
006 O   007 O   008 ×   009 ×
010 ×   011 ×   012 ×

해설

013 도체 주위의 자기장 변화에 의해 발생된 유도전류는 전기화재의 점화원으로 작용할 수 있다. ⓞ ⓧ

014 전기화재의 발생 원인 중 누전은 전류가 전선이나 기구에서 절연 불량 등의 원인으로 정해진 전로(배선) 밖으로 흐르는 현상이다. ⓞ ⓧ

015
실험실 시험대 위 나트륨 분말에서 불이 난 것은 **금속화재**이다.

015 실험실 시험대 위 나트륨 분말에서 불이 난 것은 일반화재이다. ⓞ ⓧ

016
금속화재는 D급 화재로서 금속작업 시 열의 축적 등의 원인으로 발생하며, 건조사, 건조분말 등을 이용한 질식·피복 효과를 이용해 소화한다.
→ 금속화재 시 주수소화는 불가능하다.

016 금속화재는 D급 화재로서 금속작업 시 열의 축적 등의 원인으로 발생하며, 건조사, 건조분말 등을 이용한 질식·피복 효과와 물을 이용한 냉각효과를 이용해 소화한다. ⓞ ⓧ

017
분진 형태의 금속은 **활발하게 반응하며 폭발할 가능성이 크다**.

017 분진 형태의 금속은 비교적 폭발할 가능성이 낮다. ⓞ ⓧ

018 가스화재는 가스가 누설되어 공기와 일정한 비율로 혼합된 상태에서 점화원에 의하여 착화되어 발생하며, 주된 소화방법은 밸브류 등을 잠그거나 차단시킴으로 인한 제거소화 방법이다. ⓞ ⓧ

019
항공기 화재, 인화성액체 폭발화재는 화재 후 재를 남기지 않는다.
→ 항공기 화재는 일반화재로 재를 남기는 특징이 있다.

019 항공기 화재, 인화성액체 폭발화재는 화재 후 재를 남기지 않는다. ⓞ ⓧ

정답
013 ⓞ 014 ⓞ 015 ⓧ 016 ⓧ
017 ⓧ 018 ⓞ 019 ⓧ

020 〔예상〕 플라스틱 화재 중 열가소성 수지는 가열하면 용융되어 액체로 되고 식으면 다시 굳어지는 것으로 작열연소의 모습을 보인다. O | X

해설

020 플라스틱 화재 중 열가소성 수지는 가열하면 용융되어 액체로 되고 식으면 다시 굳어지는 것으로 **불꽃연소**의 모습을 보인다.

021 〔기출〕 탄화칼슘에 주수소화하는 경우 메탄가스가 발생한다. O | X

021 탄화칼슘에 주수소화하는 경우 **아세틸렌**이 발생한다.

022 〔예상〕 가스는 취급 상태에 따라 압축, 액화, 용해가스로 구분하고 연소성에 따라 가연성, 불연성, 조연성 가스로 분류할 수 있다. O | X

023 〔예상〕 가연성 가스란 공기 중에 연소하는 가스로서 폭발한계 하한이 10[%] 이하인 것과 폭발한계의 상한과 하한의 차가 20[%] 이상인 것을 말한다. O | X

024 〔예상〕 압축가스란 임계온도가 실온보다 높아 액화하기 어려운 가스를 말하며, 액화가스란 임계온도가 실온보다 낮아 상온에서 가압 또는 냉각에 의해 쉽게 액화되어 액체 상태로 용기에 충전하는 가스를 말한다. O | X

024 압축가스란 임계온도가 실온보다 **낮아** 액화하기 어려운 가스를 말하며, 액화가스란 임계온도가 실온보다 **높아** 상온에서 가압 또는 냉각에 의해 쉽게 액화되어 액체 상태로 용기에 충전하는 가스를 말한다.

025 〔기출〕 LPG(액화석유가스)의 주성분은 메탄이며, LNG(액화천연가스)는 주로 아파트의 도시가스원료 및 시내버스 연료 등으로 사용된다. O | X

025 LPG(액화석유가스)의 주성분은 **프로판, 부탄**이다.
LNG(액화천연가스)의 주성분은 메탄이고, 주로 아파트의 도시가스원료 및 시내버스 연료 등으로 사용된다.

026 〔기출〕 LNG는 상온·저압에서 액화시킬 수 있으며, 액체에서 기화한 가스는 공기보다 가볍다. O | X

026 LNG는 **저온(-162℃)**에서 액화시킬 수 있으며, 액체에서 기화한 가스는 공기보다 가볍다.

정답
020 × 021 × 022 O 023 O
024 × 025 × 026 ×

해설

027 가스누설 시 배기팬 등의 전기스위치는 절대 동작시키지 않는다. O | X

028 전기화재는 화재의 급수별 분류에서 청색으로 표시하며, 제거소화한다. O | X

029 가솔린, 등유, 경유 등 저장탱크의 유류화재 시 질식소화가 가장 적합하다. O | X

030 전기화재 시 가스계 및 분말계 소화약제로 질식소화한다.

030 전기화재 시 팽창질석·팽창진주암으로 질식소화한다. O | X

031 금속물질 화재 시 팽창진주암, 마른모래, 금속화재용 분말소화기, **할로겐소화기**로 소화한다.

031 금속물질 화재 시 팽창진주암, 마른모래, 금속화재용 분말소화기, 할로겐소화기로 소화한다. O | X

032 식용유는 인화점과 발화점의 차이가 적고, 발화점이 비점보다 낮아 **재발화가 쉽고 냉각에 의한 소화활동이 용이하지 않다.**
→ 화염제거와 동시에 식용유 내부온도를 발화점 이하로 신속하게 낮추는 냉각작용이 필요하다.

032 인화점과 발화점이 가까운 액체일수록 재점화가 어렵고 냉각에 의한 소화활동이 용이하다. O | X

033 식용유는 인화점과 발화점의 차이가 적고, 발화점이 비점(끓는점)보다 낮아 비점 이하의 온도에서도 액면상 증발을 통해 발화할 수 있다. O | X

정답
027 O 028 O 029 O 030 ×
031 × 032 × 033 O

034 식용유화재 발생 시 비누화작용을 하는 제2종 분말소화약제를 주로 사용한다. ○ ✕

해설
034 식용유화재 발생 시 비누화작용을 하는 **제1종** 분말소화약제를 주로 사용한다.

035 유류화재와 관련하여 오일탱크에서 보일오버, 프로스오버, 슬롭오버, 롤오버가 일어날 수 있다. ○ ✕

035 유류화재와 관련하여 오일탱크에서 보일오버, 프로스오버, 슬롭오버, **오일오버**가 일어날 수 있다.

036 보일오버란 중질유 탱크에서 여러 종류의 비점을 가진 불균일한 고점도 유류로 탱크바닥에 수분을 함유한 찌꺼기가 있는 상태에서의 유류저장탱크 화재를 말한다. ○ ✕

037 보일오버 현상은 뚜껑이 열린 구조, 다른 비점, 바닥에는 물 또는 습기가 찌꺼기하고 함께 있어야 하며 보일오버는 거품을 형성하는 고점도 성질의 유류일수록 잘 나타난다. ○ ✕

037 보일오버 조건
① 다성분(다비점)
② 장시간 화재지속 (열류층형성)
③ 탱크 저부에 물 또는 에멀전

038 보일오버란 유류탱크화재 시, 탱크 유면에서부터 고온층이 확대되어, 고온층이 탱크 하부에 있는 물을 가열, 비등시켜 발생된 수증기가 체적팽창에 의해 상층의 유류를 탱크 밖으로 분출시키는 현상이다. ○ ✕

039 보일오버는 서로 다른 원유가 섞여 있거나 중질유 탱크에서 오랜 시간 동안 연소와 함께 탱크 내 잔존기름이 바닥에 있는 물의 비등으로 탱크 밖으로 분출하는 현상이다. ○ ✕

040 담양 펜션 화재사건에서 캠핑장 바비큐판에서 삼겹살을 구울 때 불과 함께 연기가 많이 나서 불을 끄려고 물을 부으니 불판으로부터 화재가 확대되었다. 이에 관련된 현상을 프로스오버라 한다. ○ ✕

040 담양 펜션 화재사건에서 캠핑장 바비큐판에서 삼겹살을 구울 때 불과 함께 연기가 많이 나서 불을 끄려고 물을 부으니 불판으로부터 화재가 확대되었다. 이에 관련된 현상을 **슬롭오버**라 한다.

정답
034 ✕ 035 ✕ 036 ○ 037 ○
038 ○ 039 ○ 040 ✕

해설

041 〔기출〕
프로스오버는 물에 의해 탱크 내 유류가 넘치는 현상으로 고온에서도 끈끈한 점성을 유지하고 있는 고점도 중질유 유류가 저장탱크 속에 물과 섞여 들어가 있을 때, 또는 유류 표면 아래로 물이 유입되면서 물이 고점도 유류 아래에서 비등할 때, 기름과 섞여 있는 물이 갑자기 수증기화 되면서 탱크 내부에서 탱크 내의 일부 내용물을 넘치게 하는 현상이다. ○│×

042 〔기출〕
프로스오버는 점성이 큰 뜨거운 유류표면 아래에서 물이 끓을 때 화재를 수반하지 않고 유류가 넘치는 현상이다. ○│×

043 〔기출〕
오일오버는 탱크 내 유류가 1/2 이하로 채워진 상태에서 내부 압력상승으로 인한 폭발화재 현상으로 보일오버, 슬롭오버, 프로스오버보다 위험성이 크다. ○│×

044
비점이 큰 중질유의 저장탱크 속 수분 또는 에멀젼이 열류층에 의해 유류를 밀어올리고 기름과 함께 비산하는 현상은 **보일오버**이다.

044 〔기출〕
비점이 큰 중질유의 저장탱크 속 수분 또는 에멀젼이 열류층에 의해 유류를 밀어올리고 기름과 함께 비산하는 현상은 프로스오버이다. ○│×

045
원유를 분별 증류하면 끓는점이 **낮은** 휘발유 성분이 먼저 분리되고 하부 쪽으로 갈수록 끓는점이 **높은** 등유, 경유, 중유 순으로 분리된다.

045 〔기출〕
원유를 분별 증류하면 끓는점이 높은 휘발유 성분이 먼저 분리되고 하부 쪽으로 갈수록 끓는점이 낮은 등유, 경유, 중유 순으로 분리된다. ○│×

046
링파이어는 탱크의 벽면이 가열된 상태에서 포를 방출하는 경우 가열된 벽면 부분에서 포가 열화되어 안정성이 저하된 상태에서 증발된 유류가스가 발포되어 있는 유화층을 뚫고 상승되어 유류가스에서 불이 붙는 현상이다.

046 〔기출〕
슬롭오버는 탱크의 벽면이 가열된 상태에서 포를 방출하는 경우 가열된 벽면 부분에서 포가 열화되어 안정성이 저하된 상태에서 증발된 유류가스가 발포되어 있는 유화층을 뚫고 상승되어 유류가스에서 불이 붙는 현상이다. ○│×

〔정답〕
041 ○   042 ○   043 ○   044 ×
045 ×   046 ×

047 링파이어(Ring fire)란 액화가스 저장 탱크의 외부화재로 탱크가 장시간 과열되면 내부 액화가스의 급격한 비등·팽창으로 탱크 내부 압력이 급격히 증가되고, 최종적으로 탱크의 설계압력 초과로 탱크가 폭발하는 현상이다. O│X

해설
047 블레비란 액화가스 저장 탱크의 외부화재로 탱크가 장시간 과열되면 내부 액화가스의 급격한 비등·팽창으로 탱크 내부 압력이 급격히 증가되고, 최종적으로 탱크의 설계압력 초과로 탱크가 폭발하는 현상이다.

정답
047 ×

3 기타 화재

LINK 96~97p

048 산림화재는 임목화재와 임지화재로 나뉘며 임목의 가지부분에서 화재가 나는 것은 지중화이다. O│X

해설
048 산림화재는 임목화재와 임지화재로 나뉘며 임목의 가지부분에서 화재가 나는 것은 수관화이다.

정답
048 ×

CHAPTER 02 화재조사

SIMPLE 핵심 이론 빈칸 넣기

1 이론

1 목적
① 화재에 의한 피해를 알리고 유사화재의 방지와 피해의 경감에 이바지한다.
② 발화원인을 규명하고 '예방행정의' 자료로 한다.
③ 화재확대 및 화재원인을 규명해 '예방 및 진압 대책상의' 자료로 한다.
④ 사상자의 발생원인과 방화의 상황을 규명하여 '인명구조 및 안전대책의' 자료로 한다.
⑤ 화재의 발생상황, 원인, 손해상황 등을 통계화함으로써 소방정보를 수집하고 행정정책의 자료로 한다.

2 특징
① **현장성**: 화재조사는 화재현장에서 실시하여야 한다.
② **①   **: 시간이 지날수록 증거 및 자료를 찾기 어려워지기 때문에 신속성이 요구된다.
③ **보존성**: 화재조사를 정확하게 하기 위해서는 증거물을 잘 보존하여야 한다.
④ **안전성**: 화재조사는 소화활동과 동시에 실시되기 때문에 안전사고에 대비한다.
⑤ **②   **: 관계인에게 동의를 얻기 어려운 경우 강제성이 요구된다.
⑥ **프리즘**: 화재조사는 다양한 각도에서 시행되어야 한다.
⑦ **정밀과학성**: 정확한 판단을 위해 정밀한 과학성이 요구된다.

3 발화부(출화부) 추정방법
① **③   **: 화재의 진행방향에 따른 연소속도는 수평방향으로의 속도를 1이라고 할 때 상향으로는 20, 하향으로는 0.3이 되어 V자 형태를 이루기 때문에 이를 V-Pattern이라고 한다. 화염은 서 있는 가연물을 따라 상승하고 옆쪽과 밑으로는 연소속도가 대단히 완만하다.
② **탄화심도 비교법**: 탄화심도는 발화부에 가까울수록 깊어지는 경향이 있다.
③ **도괴방향법**: 출화 건물의 기둥, 보, 벽, 가구류는 ④   를 향하여 사방으로부터 도괴하는 경향이 있다.
④ **용융흔**: 유리 등과 같은 재료의 용융으로 화재 시 온도를 추정한다(유리는 250도에서 균열하고 850도에서 용융).
⑤ **주연흔, ⑤   **: 천장의 수열흔적 또는 연기방향 흔적을 확인한다. 주연흔은 구조체의 천장이나 내·외벽체에 연기 색상으로 만들어지며 연소가 진행되어 가는 방향 쪽에 형성된다. 주염흔은 화열을 발산하는 가연물이 연소 시 내·외벽에 형성하는 흔적이다. 주염흔은 처음부터 형성되는 경우보다 주연흔 형성 이후 나타나는 경우가 대부분이다.

정답

① 신속성
② 강제성

③ 연소상승법
④ 발화부
⑤ 주염흔

⑥ 목재표면의 균열흔(연소흔)

완소흔	나무가 대략 ① _____ ℃ 정도에서 비교적 천천히 더디게 타고난 후 표면에 남는 갈라진 흔적(탄화홈이 얕고 사각 또는 삼각형을 형성)
강소흔	불의 영향을 강하게 받아 심하게 탄 흔적으로 약 ② _____ ℃ 수준의 불에 탄 나무 표면층에서 나타나는 흔적(탄화홈이 깊고 만두 모양으로 요철형(계란판)의 모양
열소흔	나무가 약 ③ _____ ℃ 수준의 온도에서 탈 때 표면이 갈라지는 현상(여러 흔적 중 가장 깊고 반원형 모양)

정답
① 700~800
② 900
③ 1,100

④ 화재 패턴

(1) 인화성 액체의 화재패턴

종류	내용
④	액체 가연물이 쏟아진 부분과 쏟아지지 않은 부분의 뚜렷한 탄화경계 흔적
⑤	인화성 액체가 쏟아지면서 주변으로 튄 액체가 포어패턴의 미연소 부분에서 국부적으로 점처럼 연소된 흔적
⑥	플래시오버와 같은 강한 복사열에서 발생하는 현상 타일 아래의 바닥에 타일 등 바닥재의 틈새모양으로 변색되고 박리되기도 하는데, 이 때 바닥에서 보이는 흔적
⑦	바닥이 아닌 마감재 표면에서 나타나며, 단순히 인화성 액체의 연소라는 점, 주로 화재초기에 나타남
⑧	인화성 액체가 웅덩이처럼 고여 있을 경우 발생하는 패턴
⑨	물 위에 뜨는 기름띠의 모습이 광택을 내는 무지개처럼 보임

④ 포어패턴
⑤ 스플래시패턴
⑥ 고스트마크
⑦ 틈새연소패턴
⑧ 도넛패턴
⑨ 레인보우이펙트

2 화재조사 및 보고규정

① 화재조사 용어

① ⑩ _____ : 화재원인의 판정을 위하여 전문적인 지식, 기술 및 경험을 활용하여 주로 시각에 의한 종합적인 판단으로 구체적인 사실관계를 명확하게 규명하는 것을 말한다.

② ⑪ _____ : 화재와 관계되는 물건의 형상, 구조, 재질, 성분, 성질 등 이와 관련된 모든 현상에 대하여 과학적 방법에 의한 필요한 실험을 행하고 그 결과를 근거로 화재원인을 밝히는 자료를 얻는 것을 말한다.

③ **발화**: 열원에 의하여 가연물질에 지속적으로 불이 붙는 현상을 말한다.
④ **발화열원**: 발화의 최초 원인이 된 불꽃 또는 열을 말한다.
⑤ **발화지점**: 열원과 가연물이 상호작용하여 화재가 시작된 지점을 말한다.
⑥ **발화장소**: 화재가 발생한 장소를 말한다.
⑦ ⑫ _____ : 발화열원에 의해 불이 붙은 최초의 가연물을 말한다.
⑧ **발화요인**: 발화열원에 의하여 발화로 이어진 연소현상에 영향을 준 ⑬ _____ 인 요인을 말한다.

⑩ 감식
⑪ 감정
⑫ 최초착화물
⑬ 인적 · 물적 · 자연적

⑨ **발화관련 기기**: 발화에 관련된 ① [불꽃 또는 열] 을 발생시킨 기기 또는 장치나 제품을 말한다.
⑩ **동력원**: 발화관련 기기나 제품을 작동 또는 연소시킬 때 사용되어진 ② [연료 또는 에너지] 를 말한다.
⑪ **연소확대물**: 연소가 확대되는 데 있어 결정적 영향을 미친 가연물을 말한다.
⑫ **재구입비**: 화재 당시의 피해물과 같거나 비슷한 것을 재건축(설계 감리비를 포함한다) 또는 재취득하는데 필요한 ③ [금액] 을 말한다.
⑬ **내용연수**: 고정자산을 경제적으로 사용할 수 있는 ④ [연수] 를 말한다.
⑭ **손해율**: 피해물의 종류, 손상 상태 및 정도에 따라 ⑤ [피해금액] 을 적정화시키는 일정한 비율을 말한다.
⑮ **잔가율**: 화재 당시에 피해물의 재구입비에 대한 현재가의 ⑥ [비율] 을 말한다.
⑯ **최종잔가율**: ⑦ [피해물] 의 내용연수가 다한 경우 잔존하는 가치의 재구입비에 대한 ⑧ [비율] 을 말한다.
⑰ **화재현장**: 화재가 발생하여 소방대 및 관계인 등에 의해 소화활동이 행하여지고 있거나 행하여진 장소를 말한다.
⑱ **접수**: 119종합상황실에서 유·무선 전화 또는 다매체를 통하여 화재 등의 신고를 받는 것을 말한다.
⑲ **출동**: 화재를 접수하고 상황실로부터 출동지령을 받아 소방대가 차고 등에서 출발하는 것을 말한다.
⑳ **도착**: 출동지령을 받고 출동한 소방대가 현장에 도착하는 것을 말한다.
㉑ **선착대**: 화재현장에 가장 먼저 도착한 소방대를 말한다.
㉒ **초진**: 소방대의 소화활동으로 화재확대의 위험이 현저하게 줄어들거나 없어진 상태를 말한다.
㉓ ⑨ [잔불정리] : 화재 초진 후 잔불을 점검하고 처리하는 것을 말한다. 이 단계에서는 열에 의한 수증기나 화염 없이 연기만 발생하는 연소현상이 포함될 수 있다.
㉔ **완진**: 소방대에 의한 소화활동의 필요성이 사라진 것을 말한다.
㉕ **철수**: 진화가 끝난 후, 소방대가 화재현장에서 복귀하는 것을 말한다.
㉖ ⑩ [재발화감시] : 화재를 진화한 후 화재가 재발되지 않도록 감시조를 편성하여 일정 시간 동안 감시하는 것을 말한다.

2 화재조사 개시 및 원칙

① 화재조사관은 ⑪ [화재발생 사실을 인지하는 즉시] 화재조사를 시작해야 한다.
② 소방관서장은 조사관을 근무 교대조별로 ⑫ [2인] 이상 배치하고, 장비·시설을 기준 이상으로 확보하여 조사업무를 수행하도록 하여야 한다.
③ 조사는 물적 증거를 바탕으로 과학적인 방법을 통해 합리적인 사실의 규명을 원칙으로 한다.

3 화재출동대원 협조

① 화재현장에 출동하는 소방대원은 조사에 도움이 되는 사항을 확인하고, 화재현장에서도 소방활동 중에 파악한 정보를 조사관에게 알려주어야 한다.

② 화재현장의 ① [　　　] 선임자는 철수 후 지체없이 ② [　　　] 에 화재현장출동보고서를 작성·입력해야 한다.

4 화재유형

구분	내용
건축·구조물 화재	건축물, 구조물 또는 그 수용물이 소손된 것
③ [　　　] 화재	자동차, 철도차량 및 피견인 차량 또는 그 적재물이 소손된 것
위험물·가스제조소등 화재	위험물제조소등, 가스제조·저장·취급시설 등이 소손된 것
④ [　　　] 화재	선박, 항공기 또는 그 적재물이 소손된 것
임야화재	산림, 야산, 들판의 수목, 잡초, 경작물 등이 소손된 것
기타화재	기타화재 위의 각 부분에 해당되지 않는 화재

① 위 표의 화재가 복합되어 발생한 경우에는 화재의 구분을 ⑤ [　　　] 이 큰 것으로 한다.

② ⑥ [　　　] 으로 구분하는 것이 사회관념상 적당하지 않을 경우에는 ⑦ [　　　] 로 화재를 구분한다.

5 화재건수 결정

① 1건의 화재란 1개의 ⑧ [　　　] 에서 확대된 것으로 ⑨ [　　　] 까지를 말한다.

② 동일범이 아닌 각기 다른 사람에 의한 방화, 불장난은 ⑩ [　　　] 에서 발화했더라도 ⑪ [　　　] 의 화재로 한다.

③ ⑫ [　　　] 의 발화점이 2개소 이상 있는 다음의 화재는 ⑬ [　　　] 의 화재로 한다.
- 누전점이 동일한 누전에 의한 화재
- 지진, 낙뢰 등 자연현상에 의한 다발화재

④ 발화지점이 한 곳인 화재현장이 둘 이상의 관할구역에 걸친 화재는 ⑭ [　　　] 소방서에서 ⑮ [　　　] 의 화재로 산정한다. 다만, 발화지점 확인이 어려운 경우에는 ⑯ [　　　] 이 큰 관할구역 소방서의 화재 건수로 산정한다.

6 사상자

사상자는 화재현장에서 사망한 사람과 부상당한 사람을 말한다. 다만, 화재현장에서 부상을 당한 후 ⑰ [　　　] 이내에 사망한 경우에는 당해 화재로 인한 사망으로 본다.

정답

① 선착대
② 국가화재정보시스템

③ 자동차·철도차량
④ 선박·항공기

⑤ 화재피해금액
⑥ 화재피해금액
⑦ 발화장소

⑧ 발화지점
⑨ 발화부터 진화
⑩ 동일 대상물
⑪ 각각 별건
⑫ 동일 소방대상물
⑬ 1건
⑭ 발화지점이 속한
⑮ 1건
⑯ 화재피해금액

⑰ 72시간

7 부상자 분류

부상의 정도는 의사의 진단을 기초로 한다.

① **중상**: ① [　　　] 이상의 입원치료를 필요로 하는 부상을 말한다.

② **경상**: 중상 이외의 부상(입원치료를 필요로 하지 않는 것도 ② [　　　]한다)을 말한다. 다만, 병원 치료를 필요로 하지 않고 단순하게 연기를 흡입한 사람은 ③ [　　　]한다.

8 건물 동수 산정

① 주요구조부가 하나로 연결되어 있는 것은 ④ [　　　]으로 한다. 다만, 건널 복도 등으로 2이상의 동에 연결되어 있는 것은 그 부분을 절반으로 분리하여 ⑤ [　　　]으로 본다.

② 건물의 외벽을 이용하여 실을 만들어 헛간, 목욕탕, 작업실, 사무실 및 기타 건물 용도로 사용하고 있는 것은 주건물과 ⑥ [　　　]으로 본다.

③ 구조에 관계없이 지붕 및 실이 하나로 연결되어 있는 것은 ⑦ [　　　]으로 본다.

④ 목조 또는 내화조 건물의 경우 격벽으로 방화구획이 되어 있는 경우도 ⑧ [　　　]으로 한다.

⑤ 독립된 건물과 건물 사이에 차광막, 비막이 등의 덮개를 설치하고 그 밑을 통로 등으로 사용하는 경우는 ⑨ [　　　]으로 한다.

⑥ 내화조 건물의 옥상에 목조 또는 방화구조 건물이 별도 설치되어 있는 경우는 ⑩ [　　　]으로 한다. 다만, 이들 건물의 기능상 하나인 경우(옥내 계단이 있는 경우)는 ⑪ [　　　]으로 한다.

⑦ 내화조 건물의 외벽을 이용하여 목조 또는 방화구조건물이 별도 설치되어 있고 건물 내부와 구획되어 있는 경우 ⑫ [　　　]으로 한다. 다만, 주된 건물에 부착된 건물이 옥내로 출입구가 연결되어 있는 경우와 기계설비 등이 쌍방에 연결되어 있는 경우 등 건물 기능상 하나인 경우는 ⑬ [　　　]으로 한다.

9 소실정도

전소	건물의 ⑭ [　　　] 이상 ⑮ [　　　]에 대한 비율)이 소실되었거나 또는 그 미만이라도 잔존부분을 보수하여도 재사용이 불가능한 것
반소	건물의 ⑯ [　　　] 이상 ⑰ [　　　] 미만이 소실된 것
부분소	전소, 반소화재에 해당되지 아니하는 것

10 소실면적 산정

건물의 소실면적 산정은 소실 ⑱ [　　　]으로 산정한다.

정답

① 3주
② 포함
③ 제외

④ 1동
⑤ 각 동
⑥ 같은 동
⑦ 같은 동
⑧ 같은 동
⑨ 다른 동
⑩ 다른 동
⑪ 같은 동
⑫ 다른 동
⑬ 같은 동

⑭ 70%
⑮ 입체면적
⑯ 30%
⑰ 70%

⑱ 바닥면적

11 화재피해금액 산정

건물 등 자산에 대한 최종잔가율은 건물·부대설비·구축물·가재도구는 ① _____ 로 하며, 그 이외의 자산은 ② _____ 로 정한다.

12 화재합동조사단 운영 및 종료

소방청장	사상자가 ③ _____ 이상이거나 2개 ④ _____ 이상에 걸쳐 발생한 화재(임야화재는 제외)
소방본부장	사상자가 ⑤ _____ 이상이거나 2개 ⑥ _____ 이상에 발생한 화재(임야화재는 제외)
소방서장	사망자가 ⑦ _____ 이상이거나 사상자가 ⑧ _____ 이상 또는 재산피해액이 ⑨ _____ 이상 발생한 화재(임야화재는 제외)

① 소방관서장은 단장 ⑩ _____ 과 단원 ⑪ _____ 이상을 화재합동조사단원으로 임명하거나 위촉할 수 있다.

13 조사관의 교육훈련

① 교육과목별 시간과 방법은 소방본부장, 소방서장 또는 교육훈련기관의 장이 정한다. 다만, 의무 보수교육 시간은 ⑫ _____ 이상으로 한다.

② 소방관서장은 조사관에 대하여 연구과제 부여, 학술대회 개최, 조사 관련 전문기관에 위탁훈련·교육을 실시하는 등 조사능력 향상에 노력하여야 한다.

3 현장대응활동 검토회의

① 현장대응활동 검토회의란 시·도 ⑬ _____ 이 화재의 진압활동을 종료한 후 관계관의 소집 하에 해당 진압활동상황을 분석 검토하여 화재예방 및 진압활동의 자료로 활용하고자 하는 회의를 말한다.

② 검토회의는 사고발생일부터 ⑭ _____ 이내에 개최한다.

정답

① 20%
② 10%
③ 30명
④ 시·도
⑤ 20명
⑥ 시·군·구
⑦ 5명
⑧ 10명
⑨ 100억원
⑩ 1명
⑪ 4명
⑫ 4시간
⑬ 소방본부장 또는 소방서장
⑭ 20일

DETAIL 핵심지문 OX

LINK 98~112p

1 이론

LINK 98~101p

해설

001
화재조사는 강제성, 신속성, 현장성, **일체성**, 프리즘, **경제성**, 보존성, 정밀과학성, **증거성**, **안전성**의 특징을 가지고 있다.

기출
001 화재조사는 강제성, 신속성, 현장성, 일체성, 프리즘, 경제성, 보존성, 정밀과학성, 증거성의 특징을 가지고 있다. O|X

예상
002 출화 건물의 기둥, 보, 벽, 가구류는 발화부를 향하여 사방으로부터 도괴하는 경향이 있다. O|X

003
목재표면의 연소흔은 발화부에 가까울수록 가늘어지는 경향이 있으며, 700~800℃에서는 완소흔, 900℃에서는 **강소흔**, 1,100℃에서는 **열소흔**이 나타난다.

예상
003 목재표면의 연소흔은 발화부에 가까울수록 가늘어지는 경향이 있으며, 700~800℃에서는 완소흔, 900℃에서는 열소흔, 1,100℃에서는 강소흔이 나타난다. O|X

기출
004 인화성 액체가 쏟아지면서 주변으로 튀거나, 연소되면서 발생하는 열에 의해 가열되어 액면에서 끓고, 주변으로 튄 액체가 포어패턴(Pour pattern)의 미연소 부분에서 국부적으로 점처럼 연소된 흔적을 스플래시패턴이라고 한다. O|X

정답
001 × 002 ○ 003 × 004 ○

2 화재조사 및 보고규정

LINK 101~111p

005 〔기출〕 감식이란 화재와 관계되는 물건의 형상, 구조, 재질, 성분, 성질 등 이와 관련된 모든 현상에 대하여 과학적 방법에 의한 필요한 실험을 행하고 그 결과를 근거로 화재원인을 밝히는 자료를 얻는 것을 말한다. O | X

006 〔기출〕 최초착화물이란 발화열원에 의해 불이 붙은 최초의 가연물을 말한다. O | X

007 〔기출〕 동력원이란 발화관련 기기나 제품을 작동 또는 연소시킬 때 사용되어진 연료 또는 에너지를 말한다. O | X

008 〔기출〕 발화열원이란 발화의 최초 원인이 된 불꽃 또는 열을 말한다. O | X

009 〔기출〕 발화지점이란 열원과 가연물이 상호작용하여 화재가 시작된 지점을 말한다. O | X

010 〔기출〕 잔가율이란 화재 당시에 피해물의 재구입비에 대한 현재가의 금액을 말한다. O | X

011 〔기출〕 손해율이란 피해물의 종류, 손상 상태 및 정도에 따라 피해금액을 적정화시키는 일정한 비율을 말한다. O | X

해설

005 **감정**이란 화재와 관계되는 물건의 형상, 구조, 재질, 성분, 성질 등 이와 관련된 모든 현상에 대하여 과학적 방법에 의한 필요한 실험을 행하고 그 결과를 근거로 화재원인을 밝히는 자료를 얻는 것을 말한다.

010 잔가율이란 화재 당시에 피해물의 재구입비에 대한 현재가의 **비율**을 말한다.

정답
005 × 006 O 007 O 008 O
009 O 010 × 011 O

012 재구입비란 화재 당시의 피해물과 같거나 비슷한 것을 재건축(설계 감리비 포함) 또는 재취득하는데 필요한 금액을 말한다. O|X

013 내용연수란 고정자산을 경제적으로 사용할 수 있는 연수를 말한다. O|X

014 재발화감시란 화재를 진화한 후 화재가 재발되지 않도록 감시조를 편성하여 일정 시간 동안 감시하는 것을 말한다. O|X

015 소방관서장은 조사관을 근무 교대조별로 5인 이상 배치하고, 장비·시설을 기준 이상으로 확보하여 조사업무를 수행하도록 하여야 한다. O|X

> **해설**
> **015** 소방관서장은 조사관을 근무 교대조별로 **2인** 이상 배치하고, 장비·시설을 기준 이상으로 확보하여 조사업무를 수행하도록 하여야 한다.

016 화재현장의 후착대 선임자는 철수 후 지체없이 국가화재정보시스템에 화재현장출동보고서를 작성·입력해야 한다. O|X

> **016** 화재현장의 **선착대** 선임자는 철수 후 지체없이 국가화재정보시스템에 화재현장출동보고서를 작성·입력해야 한다.

017 1건의 화재란 1개의 발화지점에서 확대된 것으로 발화부터 진화까지를 말한다. O|X

정답
012 O 013 O 014 O 015 ×
016 × 017 O

> 해설

018 기출
동일 소방대상물의 발화점이 2개소 이상 있는 누전점이 동일한 누전에 의한 화재는 2건의 화재로 한다. O | X

018
동일 소방대상물의 발화점이 2개소 이상 있는 누전점이 동일한 누전에 의한 화재는 **1건**의 화재로 한다.

019 기출
동일 소방대상물의 발화점이 2개소 이상 있는 누전점이 동일한 누전에 의한 화재 및 지진, 낙뢰 등 자연현상에 의한 다발화재는 1건의 화재로 한다. O | X

020 기출
동일범이 아닌 각기 다른 사람에 의한 방화, 불장난은 동일 대상물에서 발화했더라도 각각 별건의 화재로 한다. O | X

021 기출
발화지점이 한 곳인 화재현장이 둘 이상의 관할구역에 걸친 화재는 발화지점이 속한 소방서에서 1건의 화재로 산정한다. O | X

022 기출
내화조 건물의 외벽을 이용하여 목조 또는 방화구조 건물이 별도 설치되어 있고 건물 내부와 구획되어 있는 경우 다른 동으로 한다. O | X

023 기출
목조 또는 내화조 건물의 경우 격벽으로 방화구획이 되어 있는 경우도 다른 동으로 한다. O | X

023
목조 또는 내화조 건물의 경우 격벽으로 방화구획이 되어 있는 경우도 **같은 동**으로 한다.

024 기출
주요 구조부가 하나로 연결되어 있는 것은 1동으로 한다. 다만 건널 복도 등으로 2 이상의 동에 연결되어 있는 것은 그 부분을 절반으로 분리하여 각 동으로 본다. O | X

> 정답

018 ✕ 019 O 020 O 021 O
022 O 023 ✕ 024 O

해설

025
독립된 건물과 건물 사이에 차광막, 비막이 등의 덮개를 설치하고 그 밑을 통로 등으로 사용하는 경우 **다른 동**으로 한다.

026
건물의 외벽을 이용하여 실을 만들어 헛간, 목욕탕, 작업실, 사무실 및 기타 건물 용도로 사용하고 있는 것은 주건물과 **같은 동**으로 본다.

028
화재 발생 후 소실정도를 산정할 때 **입체면적**으로 한다.

030
반소는 30% 이상 70% 미만이 소실된 것, **부분소는 전소와 반소 화재에 해당하지 않는 것, 전소는 건물의 70% 이상이 소실되었거나 또는 그 미만이라도 잔존부분을 보수하여도 재사용이 불가능한 것**을 말한다.

정답
025 × 026 × 027 ○ 028 ×
029 ○ 030 ×

---

025 [기출] 독립된 건물과 건물 사이에 차광막, 비막이 등의 덮개를 설치하고 그 밑을 통로 등으로 사용하는 경우 같은 동으로 한다. ○ | ×

026 [기출] 건물의 외벽을 이용하여 실을 만들어 헛간, 목욕탕, 작업실, 사무실 및 기타 건물 용도로 사용하고 있는 것은 주건물과 다른 동으로 본다. ○ | ×

027 [기출] 구조에 관계없이 지붕 및 실이 하나로 연결되어 있는 것은 같은 동으로 본다. ○ | ×

028 [기출] 화재 발생 후 소실정도를 산정할 때 바닥면적으로 한다. ○ | ×

029 [기출] 화재의 소실정도 중 전소란 건물의 70% 이상이 소실되었거나 또는 그 미만이라도 잔존부분을 보수하여도 재사용이 불가능한 것을 말한다. ○ | ×

030 [기출] 반소는 30% 이상 70% 미만이 소실된 것, 부분소는 30% 미만의 소실 또는 재사용 할 수 없는 것을 말한다. ○ | ×

031 건물 등 자산에 대한 최종잔가율은 건물·부대설비·구축물·가재도구는 20%로 하며, 그 이외의 자산은 10%로 정한다. O|X

032 화재조사관은 화재발생 사실을 인지하는 즉시 화재조사를 시작해야 한다. O|X

033 사상자는 화재현장에서 사망 또는 부상당한 사람을 말하며, 화재현장에서 부상을 당한 후 48시간 이내에 사망한 경우에는 당해 화재로 인한 사망으로 본다. O|X

034 화재조사 시 화재의 유형을 건축·구조물 화재, 자동차·철도차량 화재, 위험물·가스제조소등 화재, 선박·항공기화재, 임야화재, 기타화재로 구분한다. O|X

035 화재가 복합되어 발생한 경우에는 화재의 구분을 발화장소로 하고, 발화장소로 구분하는 것이 사회관념상 적당하지 않을 경우에는 화재피해금액이 큰 것으로 화재를 구분한다. O|X

036 발화일시의 결정은 관계인등의 화재발견 상황통보(인지)시간 및 화재발생 건물의 구조, 재질 상태와 화기취급 등의 상황을 종합적으로 검토하여 결정한다. 다만, 자체진화 등 사후인지 화재로 그 결정이 곤란한 경우에는 발화시간을 추정할 수 있다. O|X

037 사상자가 30명 이상이거나 2개 시·도 이상에 걸쳐 발생한 화재의 경우 소방본부장이 화재합동조사단을 운영한다. O|X

해설

033 사상자는 화재현장에서 사망 또는 부상당한 사람을 말하며, 화재현장에서 부상을 당한 후 **72시간** 이내에 사망한 경우에는 당해 화재로 인한 사망으로 본다.

035 화재가 복합되어 발생한 경우에는 화재의 구분을 **화재피해금액이 큰 것**으로 하고, **화재피해금액**으로 구분하는 것이 사회관념상 적당하지 않을 경우에는 **발화장소**로 화재를 구분한다.

037 사상자가 30명 이상이거나 2개 시·도 이상에 걸쳐 발생한 화재의 경우 **소방청장**이 화재합동조사단을 운영한다.

정답
031 O 032 O 033 X 034 O
035 X 036 O 037 X

해설

038
소방본부장 운영: 사상자가 20명 이상이거나 2개 시·군·구 이상에 발생한 화재 (임야화재는 제외)

039
소방관서장은 단장 1명과 단원 **4명** 이상을 화재합동조사단원으로 임명하거나 위촉할 수 있다.

040
화재조사 관련 교육과목별 시간과 방법은 **소방본부장**, **소방서장** 또는 교육훈련기관의 장이 정한다. 다만, 의무 보수교육 시간은 4시간 이상으로 한다.

정답
038 ✕   039 ✕   040 ✕

☐☐☐ (예상)
038 소방본부장은 사상자가 20명 이상인 임야화재가 발생할 경우 화재합동조사단을 운영한다. ○│✕

☐☐☐ (예상)
039 소방관서장은 단장 1명과 단원 5명 이상을 화재합동조사단원으로 임명하거나 위촉할 수 있다. ○│✕

☐☐☐ (기출)
040 화재조사 관련 교육과목별 시간과 방법은 소방관서장 또는 교육훈련기관의 장이 정한다. 다만, 의무 보수교육 시간은 4시간 이상으로 한다. ○│✕

---

3 현장대응활동 검토회의 (현장대응활동 검토회의 운영규정)   🔗LINK 112p

해설

041
현장대응활동 검토회의란 시·도 소방본부장 또는 소방서장이 화재의 진압활동을 종료한 후 관계관의 소집 하에 해당 진압활동상황을 분석 검토하여 화재예방 및 진압활동의 자료로 활용하고자 하는 회의를 말한다.

정답
041 ✕

☐☐☐ (기출)
041 화재예방대책회의란 시·도 소방본부장 또는 소방서장이 화재의 진압활동을 종료한 후 관계관의 소집 하에 해당 진압활동상황을 분석 검토하여 화재예방 및 진압활동의 자료로 활용하고자 하는 회의를 말한다. ○│✕

4　소방의 화재조사에 관한 법률

LINK 118p

042 〔기출〕 소방관서장은 화재조사관, 국가기술자격의 직무분야 중 안전관리 분야에서 기능사 자격을 취득한 사람을 화재합동조사단의 단원으로 임명 또는 위촉할 수 있다.　○ ×

해설

042
소방관서장은 화재조사관, 국가기술자격의 직무분야 중 안전관리분야에서 **산업기사 이상**의 자격을 취득한 사람을 화재합동조사단의 단원으로 임명 또는 위촉 할 수 있다.

정답
042 ×

PART IV

건축물 화재 및 방재

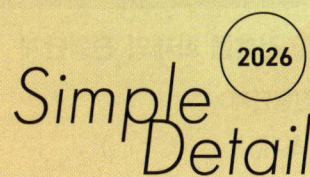

CHAPTER 01   건축물의 화재

CHAPTER 02   건축방재

CHAPTER 01 건축물의 화재

SIMPLE 핵심 이론 빈칸 넣기

1 건축물 화재의 진행단계

1 진행단계

(1) 초기(① _____)
① 가연물이 공기 중에서 산소와 반응해 열과 빛을 내는 초기단계이다.
② 발화시점에서 화재는 규모가 작고 일반적으로 처음 발화된 가연물에 한정되며, 개방된 곳이나 구획실이나 모든 화재는 발화의 한 형태로서 발생한다.
③ 건물 내의 가구 등이 독립 연소하고 있으며, 다른 동으로의 연소 위험은 없다.
④ 초기에는 다량의 ② _____ 가 발생한다.
⑤ 산소공급이 원활하지 않은 경우 ③ _____ 화재를 나타낸다.

(2) 성장기(성숙기, 중기)
① 화재의 진행변화가 급속하게 이루어진다(상황변화가 격렬하고 다양하다).
② 개구부에서 ④ _____ 가 분출한다.
③ 인접 건물로 연소 확대 우려가 있다.
④ 공기 공급이 충분한 ⑤ _____ 화재 형태를 보인다.
⑤ 최성기 직전에 ⑥ _____ 가 발생한다.
⑥ 화염온도: 벽 근처 가연물 [⑦] 구석에 있는 가연물

(3) 최성기
① 연소가 가장 격렬한 시기이며 열 분출속도는 ⑧ _____ 하고, 발연량은 ⑨ _____ 한다.
② ⑩ _____ 로 인해 인접건물로의 연소 확대 위험이 증가한다.
③ 천장이나 벽 등 구조물의 낙하 위험이 있다.
④ 공기 공급이 부족하면 ⑪ _____ 화재로 전이될 수 있다.
⑤ 산소가 부족하여 연소되지 않는 가스가 다량 발생한다.
⑥ 연소하지 않은 뜨거운 연소 생성 가스는 발원지에서 인접한 공간이나 구획실로 흘러 들어가게 되며, 보다 풍부한 양의 산소와 만나면 발화하게 된다.

(4) 감쇠기(감퇴기, 쇠퇴기, 종기)
① 지붕, 기둥 벽체 등이 무너져 떨어진다.
② 구획실 내에 있는 가연물을 소모함에 따라, 연소확대 우려가 없다.
③ 연기는 검은색에서 ⑫ _____ 이 된다.
④ 다량의 공기 유입 시 ⑬ _____ 발생 우려가 있다.

정답

① 발화기
② 백색 연기
③ 훈소성

④ 검은색 연기
⑤ 연료지배형
⑥ 플래시오버(Flash over)
⑦ <

⑧ 증가
⑨ 감소
⑩ 복사열
⑪ 환기지배형

⑫ 백색
⑬ 백드래프트(Back draft)

2 연료·환기지배형 화재

연료지배형	① 일반적으로 Flash over 발생 ① _____ 의 화재 형태이다. ② ② _____ 에 지배받는 화재이다. ③ 화재 초기에는 ③ _____ 이 충분하므로 ④ _____ 의 종류나 특성에 따라 화재진행속도가 결정된다. ④ ⑤ _____ 에서 발생한다.(목조건축물)
환기지배형	① 일반적으로 Flash over 발생 ⑥ _____ 의 화재 형태이다. ② ⑦ _____ 에 지배받는 화재이다. ③ 산소량이 부족하고 연료량이 충분한 경우 산소량에 따라 화재진행속도가 결정된다. ④ ⑧ _____ 에서 발생한다.(내화구조, 지하층·무창층) ⑤ 공기부족으로 ⑨ _____ 가 될 수 있고, ⑩ _____ 나 폭발의 위험성이 증가한다. • 환기요소: $A\sqrt{H}$ (A: 개구부 단면적, H: 개구부 높이) ① 환기요소는 개구부의 ⑪ _____ 하고, 높이의 ⑫ _____ 한다. ② 환기요소가 클수록 온도는 ⑬ _____, 지속시간은 ⑭ _____.

정답
① 전
② 재료의 특성
③ 산소량
④ 연료
⑤ 개방된 공간
⑥ 후
⑦ 환기요소($A\sqrt{H}$)
⑧ 밀폐된 공간
⑨ 불완전연소
⑩ 백드래프트
⑪ 면적과 비례
⑫ 제곱근에 비례
⑬ 높아지고
⑭ 짧아진다

2 건축물 화재의 특수 현상

1 롤오버(Roll over)
① 연소과정에서 발생된 가연성 가스가 공기 중 산소와 혼합되어 천장 부분에 집적된 상태에서 발화함으로서 화재의 ⑮ _____ 이 매우 빠르게 확대되어 가는 현상이다.

② 연소의 과정에서 천장 부근에서 산발적으로 연소가 확대되는 것을 말하며, 불덩어리가 천장을 굴러다니는 것처럼 뿜어져 나오는 현상을 지칭하는 소방현장 용어이다.

⑮ 선단 부분

2 플래임오버(Flame over)
① ⑯ _____ 공간에서 ⑰ _____ 의 가연물에 화염이 급속하게 확산되는 현상이다.

② ⑱ _____ 에 설치된 가연성 물질이 화재에 의해 가열되면 전체 물질 표면을 갑자기 점화할 수 있는 연기와 가연성 가스가 만들어지고 이때 매우 빠른 속도로 화재가 확대될 수 있다.

⑯ 복도와 같은 통로
⑰ 벽, 바닥표면
⑱ 벽, 바닥 또는 천장

3 플래시오버(⑲ _____)
① 가연물의 착화와 열분해 시 생성된 가연성 가스가 천장 아래에 축적되고(대류 현상), 천장 아래에 축적된 연기층의 온도가 상승하며, 이로 인해 바닥면의 복사 수열량이 증가될 때 순간적으로 방 전체가 급격하게 타오르는 화재확대현상이다.

② ⑳ _____ 화재에서 ㉑ _____ 화재로 급격히 전이되는 화재 상황으로 구획내 가연성 재료의 전표면이 불로 덮이는 현상이다.

⑲ 순발연소
⑳ 국부적·연료지배형
㉑ 전면적·환기지배형
㉒ Roll over 현상

(1) 발생징후
① 고온의 연기가 발생한다.
② ㉒ _____ 이 관찰된다.

③ 두껍고 뜨거운 진한 연기가 천장 아래로 쌓인다.
④ 일정공간 내에서 전면적인 ① 　　　　　가 일어난다.
⑤ 일정공간 내에서의 계속적인 열집적이 있다.(다른 물질의 동시가열)

(2) 영향조건
① **개구부 크기**: 개구율이 ② 　　　　　빠르게 진행된다.
(개구율이 $\frac{1}{8}$일 때 가장 느리고, $\frac{1}{2}$ 또는 $\frac{1}{3}$일 때 가장 빠르다)
② **내장재의 재료**: 불연재료＜난연재료＜가연재료로 갈수록 빠르게 진행된다.
③ **발열량**: 초기 가연물의 발열량이 ③ 　　　　　빠르게 진행된다.
④ **열전도율**: 열전도율이 ④ 　　　　　빠르게 진행된다.
⑤ **건축물의 형태**: 연소실이 ⑤ 　　　　　, 층고가 ⑥ 　　　　　빠르게 진행된다.
⑥ **화원의 크기**: 화원이 ⑦ 　　　　　빠르게 진행된다.
⑦ **산소분압**: 산소분압이 ⑧ 　　　　　빠르게 진행된다.
⑧ ⑨ 　　　　　보다 ⑩ 　　　　　의 재료가 플래시오버에 영향이 더 크다.

(3) 대응전술

⑪	분말소화기 등 이동식 소화기를 분사하여 일시적으로 온도를 낮출 수 있으며 플래시오버를 지연시키고 관창호스를 연결할 시간을 벌 수 있다.
⑫	창문 등 개구부를 개방하여 배연함으로써 공간 내부에 쌓인 열을 방출시켜 플래시오버를 지연시킬 수 있으며 또한 가시성도 향상시킬 수 있다.
⑬	배연법과 반대로 개구부를 닫아 산소를 감소시킴으로써 연소 속도를 줄여 지연시킬 수 있다. 이 방법은 관창호스 연결이 지연되거나 모든 사람이 대피했다는 것이 확인된 경우에 적합한 방법이다.

④ 백드래프트
① 공기 부족으로 ⑭ 　　　　　에 있을 때, 불완전 연소된 가연성 가스와 열이 집적된 상태에서 일시에 다량의 공기(산소)가 공급될 때 순간적으로 연소, 폭발하는 현상이다.
② 백드래프트의 발생시점은 ⑮ 　　　　　와 ⑯ 　　　　　이며, ⑰ 　　　　　에서 주로 발생한다.

> **참고**
>
> **훈소**
> 유염착화에 이르기에는 온도가 낮거나 산소가 부족하여 화염없이 가연물의 표면에서 작열하며 소극적으로 연소하는 현상이다. 구획실 화재에서는 내부 산소 소진에 의해 종종 발생한다.
> 훈소는 고체가연물 중 ⑱ 　　　　　과정을 통해 연소하는 가연물에서 발생하며, ⑲ 　　　　　과정을 거쳐 연소하게 되는 가연물에서는 발생하지 않는다.
> ① 진행속도는 약 0.001~0.01[cm/s] 또는 1~5[mm/min]이다.
> ② 불완전연소 형태로 가연물의 10[%]가 ⑳ 　　　　　로 변한다.
> ③ 연기입자가 크며 ㉑ 　　　　　미립자가 다량 포함되어 있다.
> ④ ㉒ 　　　　　연소과정으로 작열과 탄화현상이 일어난다.
> ⑤ 연쇄반응은 ㉓ 　　　　　.

정답
① 자유연소
② 클수록
③ 클수록
④ 작을수록
⑤ 작을수록
⑥ 낮을수록
⑦ 클수록
⑧ 높을수록
⑨ 벽
⑩ 천장
⑪ 냉각지연법
⑫ 배연지연법
⑬ 공기차단지연법
⑭ 훈소 상태
⑮ 성장기
⑯ 감쇠기
⑰ 감쇠기
⑱ 분해
⑲ 용융－증발
⑳ 일산화탄소
㉑ 액체
㉒ 느린
㉓ 일어나지 않는다

⑥ 불꽃연소에 비해 온도가 ① _____ 발연량은 ② _____.
⑦ 연기의 ③ _____ 가능성이 있다.
⑧ 공기유입이 충족될 경우 ④ _____ 로 전이가 가능하다.

구분	표면연소	훈소
연소형태	작열연소(불꽃×)	작열연소(불꽃×)
발생원인	⑤	⑥
화학반응	⑦	⑧
가연성 증기발생	⑨	⑩
불꽃연소 가능성	전이 ⑪	조건에 따라 전이 ⑫
연기	⑬	⑭

(1) 발생징후

① ⑮ _____ 은 거의 보이지 않으나 창문과 문은 뜨겁다.
② 압력 차이로 외부공기가 내부로 빨려 들어가면서 ⑯ _____ 또는 ⑰ _____ 이 발생한다.
③ 개구부 틈새로 빨려 들어가는 공기의 영향으로 연기가 건물 내부에서 ⑱ _____ 치거나 맴돈다.
④ 짙은 ⑲ _____ 으로 변하는 검은 연기가 관찰된다.
⑤ 창문에 농연 응축물이 흘러내리거나 얼룩진 자국이 관찰된다.

(2) 대응전술

⑳	연소 중인 건물 지붕의 채광창을 개방하여 환기시키는 것은 백드래프트의 위험으로부터 소방관을 보호할 수 있는 가장 효과적인 방법 중 하나이다. 상황이 허락된다면 지붕에 개구부를 만들어 환기한다.
㉑	화재가 발생된 밀폐 공간의 출입구에 완벽한 보호 장비를 갖춘 집중 방수팀을 배치하고 출입구를 개방하는 즉시 바로 방수함으로써 폭발 직전의 기류를 급냉시키는 방법이다.
㉒	화재가 발생된 밀폐 공간의 개구부 인근에서 이용 가능한 벽 뒤에 숨어있다가 출입구가 개방되자마자 개구부 입구를 측면공격하고 화재 공간에 집중 방수함으로써 백드래프트 현상을 방지하는 방법이다.

참고
F.O와 B.D 비교

구분	플래시오버	백드래프트
발생시기	㉓	㉔
연소형태	㉕	㉖
공급요인	㉗	㉘
폭풍 또는 충격파	㉙	㉚

정답

① 낮고
② 높다
③ 단층화
④ 불꽃연소
⑤ 가연성 증기가 없음
⑥ 온도가 낮거나 산소부족
⑦ 표면반응
⑧ 표면반응
⑨ ×
⑩ ○
⑪ 불가능
⑫ 가능
⑬ 발생하지 않음
⑭ 많이 발생함

⑮ 화염
⑯ 휘파람 소리
⑰ 진동
⑱ 소용돌이
⑲ 회황색

⑳ 배연(지붕환기)법
㉑ 급냉법
㉒ 측면공격법

㉓ 성장기 이후 최성기 직전
㉔ 감쇠기, 성장기
㉕ 자유연소(산소량 충분)
㉖ 훈소상태(불완전연소, 산소량 부족)
㉗ 복사열
㉘ 외부에서 공기(산소)의 공급
㉙ ×
㉚ ○

3 목조 · 내화건축물 화재

1 목조건축물 화재

(1) 목조건축물 화재 특성

① 화재 진행시간은 약 ① [_____] 분 정도이다.

② 화재 후 약 7~8분 후 최성기에 도달하는데 최성기 도달 시 최고온도는 약 ② [_____] [℃]로 내화건축물 화재보다 높으며, 화세도 강하다.

③ ③ [_____] 의 특징을 나타낸다.

(2) 목조건축물 화재 진행과정

화재원인 → ④ [____] → ⑤ [____] → ⑥ [____] → ⑦ [____] → 연소낙하 → 진화

(3) 목조건축물 화재 확대요인

접촉	화염 또는 열의 직접적인 접촉이다.
비화	화재로 인해 불티가 바람에 날아가 발화하는 것이다.
복사열	매질 없이 전자파 형태로 열전달하는 것이다. 화재 시 가장 크게 작용한다.

2 내화건축물 화재

(1) 내화건축물 화재 특성

① 화재 진행시간은 약 ⑧ [_____] 정도이다.

② 화재 후 약 10~30분 후 실내온도는 급격하게 상승하며, 최성기 도달 시 최고 온도는 약 ⑨ [_____] [℃]를 지속한 후 서서히 낮아진다.

③ ⑩ [_____] 의 특징을 나타낸다.

(2) 내화건축물 화재 진행과정

초기 → 성장기 → 최성기 → 감쇠기

> **참고**
>
> 내화건축물의 표준화재 온도
>
> | 시간 | 온도[℃] |
> |---|---|
> | 30분 | 840 |
> | 1시간 | 925 |
> | 2시간 | 1,010 |
> | 3시간 | 1,050 |

정답

① 30~40
② 1,100~1,300
③ 고온 단기형, 연료지배형

④ 무염착화
⑤ 발염착화
⑥ 출화(발화)
⑦ 최성기

⑧ 2~3시간
⑨ 900~1,000
⑩ 저온 장기형, 환기지배형

3 목조건축물 화재 vs 내화건축물 화재

구분	목조건축물	내화건축물
화재시간	약 30~40분	약 2~3시간
최성기 온도	약 1,100~1,300[℃]	약 900~1,000[℃]
화재성상	고온 단기형	저온 장기형
그래프		

4 화재 용어

화재강도 (①   )

① 화재실의 ②   이다.
② 화재강도가 크면 ③   이 크므로 ④   이 높아져야 한다.
  (1) 화재강도 영향인자
   • 가연물의 비표면적이 ⑤
   • 가연물의 연소열(발열량)이 ⑥
   • 가연물의 배열상태
   • 공기(산소)의 공급이 ⑦
   • 화재실의 벽, 천장, 바닥의 단열이 ⑧

화재하중 (⑨   )

① 화재실의 ⑩   으로, 실제로 존재하는 가연물의 ⑪   을 ⑫   으로 환산한 것이다.
② 화재하중이 크면 ⑬   이 길어지므로 ⑭   이 길어져야 한다.

$$Q = \frac{\sum G_i \cdot H_i}{H \cdot A} = \frac{\sum Q_t}{4,500 A} [\text{kg/m}^2]$$

• Q : 화재하중[kg/m²]
• G_i : 가연물의 양[kg]
• H_i : 단위중량당 발열량[kcal/kg]
• H : 목재의 단위중량당 발열량[⑮   ]
• A : ⑯
• $\sum Q_t$: ⑰

화재가혹도 (⑱   )

① 발생한 화재가 당해 건물과 그 내부 수용재산 등을 파괴하거나 손상을 입히는 능력의 정도이다.
② 화재가혹도는 ⑲   를 말하며, 손실과는 ⑳   관계로 화재가혹도가 크면 건축물과 수용재산의 손실은 ㉑   , 화재가혹도가 작으면 건축물과 수용재산의 손실도 ㉒   .
③ ㉓   × ㉔   으로 표현한다. ㉕   의 판단의 중요 요소이다.

정답

① 최고온도
② 단위 시간당 축적되는 열의 양(열 축적률)
③ 열축적
④ 주수율($l/\min \cdot m^2$)
⑤ 넓을수록
⑥ 클수록
⑦ 잘 될수록
⑧ 좋을수록
⑨ 지속시간
⑩ 단위 면적당 가연물의 중량
⑪ 발열량
⑫ 등가목재중량
⑬ 연소시간
⑭ 주수시간(min)
⑮ 4,500kcal/kg
⑯ 화재실의 바닥면적[m²]
⑰ 화재실 내 가연물의 전 발열량[kcal]
⑱ 화재심도
⑲ 화재의 세기
⑳ 비례
㉑ 커지고
㉒ 작아진다
㉓ 최고온도(질적개념)
㉔ 지속시간(양적개념)
㉕ 화재가혹도(주수량, l/m^2)

DETAIL 핵심지문 OX

LINK 132~143p

1 건축물 화재의 진행단계
LINK 132~134p

해설

001
최성기 직전에 플래시오버가 발생한다.

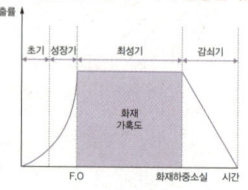

002
내화건축물 화재 시 과정 : **연료지배형** – 열대류 – 열복사 – **환기지배형**

003
화재 **성장기**에는 실내온도가 급격하게 상승하기 시작한다.

005
┌ 초기: 백색 연기
└ 성장기: 흑색 연기

007
성장기 때 자세를 낮게 하고 신속하게 행동하며 **풍상방향**으로 대피한다.

정답
001 × 002 × 003 × 004 ○
005 ○ 006 ○ 007 ×

---

001 [기출] 실내화재의 진행순서 : 발화기 → 성장기 → 최성기 → 플래시오버 → 감퇴기   O X

002 [기출] 내화건축물 화재 시 과정 : 환기지배형–열대류–열복사–연료지배형   O X

003 [기출] 화재 초기에는 실내 온도가 급격하게 상승하기 시작한다.   O X

004 [기출] 제2성장기는 화재의 상황변화가 격렬하고 다양하게 변화하는 시기이다.   O X

005 [기출] 발화기란 초기를 거치며 크게 상승하지 않는 발화단계로 건물 내의 가구 등이 독립 연소하고 있으며 다른 동(棟)으로의 연소 위험은 없으며 백색연기가 나온다.   O X

006 [기출] 화재 초기 단계에서는 가연물이 열분해되어 가연성가스가 발생하는 시기이다   O X

007 [예상] 성장기 때 자세를 낮게 하고 신속하게 행동하며 풍하방향으로 대피한다.   O X

136 PART Ⅳ 건축물 화재 및 방재

008 화재 성장기 단계에서는 실내에 있는 내장재에 착화하여 롤오버 등이 발생하며 개구부에 진한 백색연기가 강하게 분출한다. O|X

해설

008
화재 성장기 단계에서는 실내에 있는 내장재에 착화하여 롤오버 등이 발생하며 개구부에 진한 **흑색**연기가 강하게 분출한다.

009 성장기에는 급속한 연소 진행으로 환기지배형 화재 양상이 나타난다. O|X

009
성장기에는 급속한 연소 진행으로 **연료지배형 화재** 양상이 나타난다.

010 화재의 진행이 급속히 이루어지고 개구부에서는 검은 연기가 분출되는 시기는 종기이다. O|X

010
화재의 진행이 급속히 이루어지고 개구부에서는 검은 연기가 분출되는 시기는 **중기**(성장기)이다.

011 최성기 이후에 플래시오버 현상이 발생하며, 이후 실내에 있는 가연물 또는 내장재가 격렬하게 연소되는 단계로서 실내온도가 최고온도에 이르는 시기이다. O|X

011
최성기 **이전**에 플래시오버 현상이 발생하며, 이후 실내에 있는 가연물 또는 내장재가 격렬하게 연소되는 단계로서 실내온도가 최고온도에 이르는 시기이다.

012 최성기는 연소가 가장 격렬한 시기이며 불완전 연소가스가 발생하는 시기에는 복사열로 인해 인근 건물로 화재가 번질 우려가 없다. O|X

012
최성기는 연소가 가장 격렬한 시기이며 불완전 연소가스가 발생하는 시기에는 복사열로 인해 인근 건물로 화재가 번질 우려가 **있다.**

013 최성기 때에는 산소가 부족하여 연소되지 않은 가스가 다량 발생된다. O|X

013
공기공급이 부족한 경우 환기지배형 화재의 형태를 보인다.

정답
008 × 009 × 010 × 011 ×
012 × 013 ○

해설

015
감퇴기 때에는 지붕이나 벽체, 대들보나 기둥도 무너져 떨어지고 열 발산율은 **감소하기** 시작한다.

016
감쇠기에는 화염의 급격한 소멸로 훈소 상태가 되어 백드래프트의 **위험이 있다.**
→ 백드래프트 발생시기: 성장기, 감쇠기

019
환기지배형 화재는 연료지배형 화재에 비해 폭발성 및 역화현상이 **크다.**

020
환기지배형 화재는 **밀폐된 공간**으로 **환기인자**가 영향을 미치는 화재이며 연료지배형 화재보다 연소가스가 더 많이 생성된다.

정답
014 ○ 015 × 016 × 017 ○
018 ○ 019 × 020 ×

---

014 〔기출〕 최성기에는 실내 화염이 최고조에 도달하나 실내 산소 부족으로 연소 속도가 느려진다. ○ ×

015 〔기출〕 감퇴기 때에는 지붕이나 벽체, 대들보나 기둥도 무너져 떨어지고 열 발산율은 증가하기 시작한다. ○ ×

016 〔기출〕 감쇠기에는 화염의 급격한 소멸로 훈소 상태가 되어 백드래프트의 위험이 없다. ○ ×

017 〔예상〕 구획실 내에서 화재 발생 시 벽 근처에 있는 가연물들은 비교적 적은 공기를 흡수하여 보다 높은 화염온도를 지니고 구석에 있는 가연물들은 더욱더 적은 공기를 흡수하기 때문에, 가장 높은 화염온도를 지닌다. ○ ×

018 〔기출〕 건물화재 현상으로 환기지배형과 연료지배형이 있다. ○ ×

019 〔기출〕 환기지배형 화재는 연료지배형 화재에 비해 폭발성 및 역화현상이 적다. ○ ×

020 〔기출〕 환기지배형 화재는 개방된 공간으로 가연물의 양이 영향을 미치는 화재이며 연료지배형 화재보다 연소가스가 더 많이 생성된다. ○ ×

021 연료지배형 화재는 주로 큰 창문이나 개방된 공간에서, 환기지배형 화재는 내화구조 및 콘크리트 지하층에서 발생하기 쉽다. O | X

022 화재초기 실내가연물의 양, 가연물의 연소특성에 따라 환기지배형 화재로 되어 산소가 원활하게 공급되며 연소속도가 빨라진다. 반면 지하층, 무창층 및 밀폐된 실내는 산소가 부족하며 환기가 좋지 않아 공기의 공급 상태에 지배되는 화재를 연료지배형 화재라 한다. O | X

023 연소속도는 분해·증발률에 비례한다. O | X

024 화세가 약한 초기에는 산소량이 원활하므로 화재는 공기량보다 실내의 가연물에 의해 지배되는 연료지배형의 연소형태를 갖는다. O | X

025 일반적으로 플래시오버 전에는 환기지배형 화재가, 이후에는 연료지배형 화재가 지배적이다. O | X

026 연소속도는 환기요소에 비례한다. F.O(Flash Over)에 이르러서 실내 온도가 급격히 상승하여 가연물의 열분해가 진행되고 화세가 강하게 되면 산소량이 급격히 소진되어 환기가 잘되지 않으며 연소현상은 연료지배형에서 환기량에 지배되는 환기지배형으로 전환된다. O | X

027 환기가 잘되지 않으면 환기지배형 화재에서 연료지배형 화재로 바뀌며 연기 발생이 줄어든다. O | X

해설

022
화재초기 실내가연물의 양, 가연물의 연소특성에 따라 **연료지배형 화재**로 되어 산소가 원활하게 공급되며 연소속도가 빨라진다. 반면 지하층, 무창층 및 밀폐된 실내는 산소가 부족하며 환기가 좋지 않아 공기의 공급 상태에 지배되는 화재를 **환기지배형 화재**라 한다.

025
일반적으로 플래시오버 전에는 **연료지배형 화재**가, 이후에는 **환기지배형 화재**가 지배적이다.

026
환기요소: $A\sqrt{H}$
환기요소는 개구부의 면적과 비례하고, 높이의 제곱근에 비례한다.

027
환기가 잘되지 않으면 **연료지배형 화재**에서 **환기지배형 화재**로 바뀌며 연기 발생이 **늘어난다**.

정답
021 O 022 × 023 O 024 O
025 × 026 O 027 ×

해설		기출
	028	연료지배형 화재는 구획실 내 가연물의 연소에 필요한 산소가 충분히 공급되는 조건의 화재이다. O│X

029
개구부 면적이 작으면 화재가 **느리고** 개구부 면적이 크면 화재가 **빠르다**.

	기출
029	개구부 면적이 작으면 화재가 빠르고 개구부 면적이 크면 화재가 느리다. O│X

030
평방근=제곱근
환기요소는 개구부의 면적과 비례하고, 높이의 제곱근에 비례한다.

	기출
030	환기인자는 개구부 A(면적)과 H(높이)의 평방근에 모두 비례한다. O│X

	예상
031	환기요소는 화재실의 공기 유출입량을 결정하는 요소이며 구획화재에서 실내온도 및 화재지속시간 등을 결정한다. O│X

032
같은 면적이라도 개구부의 폭보다 개구부 높이의 영향을 많이 받으므로 **횡장창**보다는 **종장창**에서의 환기요소가 크다.

	예상
032	같은 면적이라도 개구부의 폭보다 개구부 높이의 영향을 많이 받으므로 종장창보다는 횡장창에서의 환기요소가 크다. O│X

033
개구부의 크기가 클수록 **연소속도가 빨라지므로** 구획실 내 화재의 지속시간은 **짧아진다**.

	예상
033	개구부의 크기가 클수록 구획실 화재의 지속시간은 길어진다. O│X

034
화재 시 배연구 및 환기구 면적은 온도에 **비례**하고 지속시간에 **반비례**한다.

	기출
034	화재 시 배연구 및 환기구 면적은 온도에 반비례하고 지속시간에 비례한다. O│X

정답
028 O 029 × 030 O 031 O
032 × 033 × 034 ×

2 건축물 화재의 특수 현상

LINK 135~138p

035 플래시오버는 일반적으로 중기에 발생한다. O|X

036 성장기에는 천장 부분에서 축적된 뜨거운 가스층이 발화원으로부터 떨어져 있는 가연성 물질에 복사열을 공급하여 플래시오버를 초래할 수 있다. O|X

037 플래시오버가 발생할 때, 뜨거운 가스층으로부터 발산하는 복사에너지는 일반적으로 20[kW/m²]를 초과한다. O|X

038 Flash over란 화재구역 내 가연성재료의 전 표면이 불로 덮이는 전이현상으로서 천장면으로부터 복사열에 의하여 바닥면 전체가 화염으로 덮이게 되는 현상이다. O|X

039 Flash over는 실내화재 시 천장류에서 방출되는 복사열에 의하여 실내에 있는 모든 가연물이 분해되어 가연성 증기를 발생하게 됨으로써 실내 전체가 순간적으로 연소가 확대된다. O|X

040 플래시오버 발생 이후 롤오버(Roll over) 현상이 관찰될 수 있다. O|X

041 플래시오버는 공간 내 전체 가연물에서 동시에 발화하는 것으로 롤오버 시 발생되는 복사열보다 약하다. O|X

해설

035 플래시오버 발생시기: 성장기(중기)

036 플래시오버 발생요인: 복사열

039 플래시오버를 순발연소라고도 한다.

040 플래시오버의 전조 현상으로 롤오버(Roll over)현상이 관찰될 수 있다.

041 플래시오버는 공간 내 전체 가연물에서 동시에 발화하는 것으로 롤오버 시 발생되는 복사열보다 강하다.

정답
035 O 036 O 037 O 038 O
039 O 040 × 041 ×

해설

043
플래시오버는 착화한 천장부의 화염에서 실내 **전체로** 복사열이 전달되어 **전체의** 가연물이 가열되어 어느 순간 실 전체가 화염에 휩싸이는 순간적인 착화현상이다.

044
구획실 내의 산소가 부족하여 훈소 상태에서 공기가 갑자기 다량 공급될 때 가연성 가스가 순간적으로 폭발하듯 발화하는 현상은 **백드래프트**이다.

048
플래시오버(Flash over)는 일반적으로 가연재료, 난연재료, 준불연재료, 불연재료 순으로 발생하며 연소확대 주요원인은 **복사열**이다.

정답
042 ○   043 ✕   044 ○   045 ○
046 ○   047 ○   048 ✕

---

042 [기출] 플래시오버는 일정 공간 안에 가연성 가스가 축적된 상태에서 폭발적으로 실 전체가 화염에 휩싸이는 현상으로 순발적인 연소확대현상이라고도 한다. ○ ✕

043 [기출] 플래시오버는 착화한 천장부의 화염에서 실내 선단으로 복사열이 전달되어 선단의 가연물이 가열되어 어느 순간 실 전체가 화염에 휩싸이는 순간적인 착화현상이다. ○ ✕

044 [기출] 구획실 내의 산소가 부족하여 훈소 상태에서 공기가 갑자기 다량 공급될 때 가연성 가스가 순간적으로 폭발하듯 발화하는 현상은 플래시오버이다. ○ ✕

045 [기출] Roll over란 화재초기에 가연성 물질에서 발생된 가연성 가스가 천장 부근에 축적되고, 이 축적된 가연성 증기가 인화점에 도달하여 연소하는 현상으로 불덩어리가 천장을 굴러다니는 것처럼 뿜어져 나오는 현상이다. ○ ✕

046 [기출] 롤오버는 실의 상부에 있는 가연성 가스가 발화온도 이상 도달했을 때 발화하는 현상이다. ○ ✕

047 [기출] 롤오버는 화염이 선단부에서 주변 공간으로 확대된다. ○ ✕

048 [기출] 플래시오버(Flash over)는 일반적으로 가연재료, 난연재료, 준불연재료, 불연재료 순으로 발생하며 연소확대 주요원인은 급격한 산소공급이다. ○ ✕

049 준불연성이나 불연성의 내장재를 사용할 경우 플래시오버 발생까지의 소요시간이 길어진다.

050 화원의 크기가 클수록, 천장높이가 낮을수록, 내장재의 열전도율이 적을수록, 개구부가 적을수록 플래시오버에 도달하는 시각이 짧아진다.

해설

050
화원의 크기가 클수록, 천장높이가 낮을수록, 내장재의 열전도율이 적을수록, 개구부가 **많을수록** 플래시오버에 도달하는 시각이 짧아진다.

051 플래시오버는 벽면보다 천장이 더 영향을 미친다.

052 플래시오버 현상은 점화원의 위치와 크기, 가연물의 양과 성질, 개구부의 크기, 실내 마감재 등에 영향을 받는다.

053 플래시오버가 발생하기 전 열기 때문에 소방대원이 낮은 자세로 진입할 수 밖에 없고 뜨거운 열기가 느껴지면서 농연(두텁고 진한 연기)이 소용돌이치는 모습이 보인다.

053
플래시오버가 발생하기 전 열기 때문에 소방대원이 낮은 자세로 진입할 수 밖에 없고 뜨거운 열기가 느껴진다.
→ 농연(두텁고 진한 연기)이 소용돌이치는 모습이 보이는 것은 백드래프트의 발생징후이다.

054 플래시오버를 지연시키기 위한 소방전술로 배연지연법, 공기차단지연법, 제거소화지연법이 있다.

054
플래시오버를 지연시키기 위한 소방전술로 배연지연법, 공기차단지연법, **냉각지연법**이 있다.

055 플래시오버란 갑자기 산소가 새로 유입될 때 화염이 폭풍을 동반하며 충격파의 생성으로 구조물을 파괴할 수 있다.

055
백드래프트란 갑자기 산소가 새로 유입될 때 화염이 폭풍을 동반하며 충격파의 생성으로 구조물을 파괴할 수 있다.

정답
049 ○ 050 × 051 ○ 052 ○
053 × 054 × 055 ×

해설

056

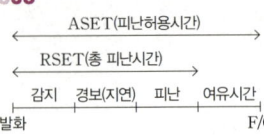

057 훈소 원인
① 온도가 낮은 경우
② 산소 공급이 부족한 경우

060 백드래프트란 열의 집적과 적절하게 배연되지 않는 상태에서 불완전 연소된 가연성 가스가 인화점 **이상**의 상태에서 산소가 결핍된 실내에 소방관이 소방활동이나 구조 활동 중에 문을 갑자기 개방함으로써 신선한 공기가 유입되어 실내의 화염이 폭발과 함께 분출하는 현상이다.

정답
056 ○ 057 ○ 058 ○ 059 ○
060 ×

---

056 [기출] 플래시오버는 천장의 복사열로 인해 주변 가연물이 자연발화에 도달하는 현상으로, 이 현상이 발생되기 전에 피난이 종료되어야 한다.   ○ | ×

057 [기출] 낮은 산소분압에서 화재가 발생하였을 때 초기에 화염 없이 일어나는 연소를 훈소연소라 한다.   ○ | ×

058 [기출] 훈소란 불완전한 연소상태로서 불꽃이 없고 느린 연소이며, 구획실 화재 초기에 고체 가연물에서 많이 발생하는 것으로 외부 공기가 갑자기 유입될 때에는 급격한 연소가 일어날 수 있는 상태이다.   ○ | ×

059 [예상] 훈소는 느린 연소과정으로 연기의 단층화, 작열과 탄화현상이 일어난다. 연기입자가 크며 액체 미립자가 다량 포함되어 있다.   ○ | ×

060 [기출] 백드래프트란 열의 집적과 적절하게 배연되지 않는 상태에서 불완전 연소된 가연성 가스가 인화점 미만의 상태에서 산소가 결핍된 실내에 소방관이 소방활동이나 구조 활동 중에 문을 갑자기 개방함으로써 신선한 공기가 유입되어 실내의 화염이 폭발과 함께 분출하는 현상이다.   ○ | ×

061
백드래프트란 밀폐된 건물에 가연물, 충분한 산소, 점화원의 영향에 의하여 일어나는 폭발현상이다. O | X

해설 061
백드래프트란 밀폐된 건물에 가연물, **부족한 산소(유입되는 산소)**, 점화원의 영향에 의하여 일어나는 폭발현상이다.
→ 해당 내용은 가장 옳지 않은 것을 고르는 문제로 출제된 것으로써 백드래프트는 산소가 부족한 상태에서 유입되는 공기(산소)에 따라 발생할 수 있는 현상으로 해석하여 접근해야 했던 문제이다.

062
백드래프트란 불완전연소에 의해 발생된 일산화탄소가 가연물로 작용하여 폭발하는 현상이다. 밀폐된 실내에서 발생되는 현상으로, 출입문을 한번에 완전히 개방하여 연기를 일순간에 배출해야 폭발력을 억제할 수 있다. O | X

062
백드래프트란 불완전연소에 의해 발생된 일산화탄소가 가연물로 작용하여 폭발하는 현상이다. 밀폐된 실내에서 발생되는 현상으로, 출입문을 **천천히** 개방하여 연기를 **조금씩** 배출해야 폭발력을 억제할 수 있다.

063
백드래프트란 연료지배형 화재가 진행되고 있는 공간에 산소가 일시적으로 다량 공급됨에 따라 가연성가스가 폭발적으로 연소하는 현상이다. O | X

063
백드래프트란 **환기지배형** 화재가 진행되고 있는 공간에 산소가 일시적으로 다량 공급됨에 따라 가연성가스가 폭발적으로 연소하는 현상이다.

064
백드래프트의 폭발이 일어나기 전 과도한 열의 축적, 짙은 회황색으로 변하는 검은 연기, 연기로 얼룩진 창문, 개구부를 통하여 분출되는 화염이 보인다. O | X

064
백드래프트의 폭발이 일어나기 전 과도한 열의 축적, 짙은 회황색으로 변하는 검은 연기, 연기로 얼룩진 창문이 보인다.
→ 백드래프트 발생 전은 훈소상태로 화염이 거의 보이지 않는다.

065
백드래프트가 발생하기 전 균열된 틈이나 작은 구멍을 통하여 건물 밖으로 연기가 밀려나오는 것을 볼 수 있다. O | X

065
백드래프트가 발생하기 전 균열된 틈이나 작은 구멍을 통하여 빨려들어가는 공기의 영향으로 **건물 안으로 연기가 빨려들어가는** 것을 볼 수 있다.

066
백드래프트란 가연성 증기가 연소점에 도달하여 불덩어리가 천장을 따라 굴러다니는 현상이다. O | X

066
롤오버란 가연성 증기가 연소점에 도달하여 불덩어리가 천장을 따라 굴러다니는 현상이다.

정답
061 × 062 × 063 × 064 ×
065 × 066 ×

해설

068
백드래프트가 발생하기 전에 농연 등이 발생한다.
→ 심한 벽면파괴는 백드래프트(폭발) 발생 후 나타나는 현상이다.

069
구획실의 창문과 문손잡이의 온도로 백드래프트의 발생 가능성을 예측할 수 있다.

070
플래시오버는 중기(성장기)에 발생하고 충격파를 수반하지 않으며, 백드래프트는 종기(감쇠기)에 발생하고 충격파를 수반한다.

071
백드래프트보다 플래시오버의 발생빈도가 높다.

073
백드래프트의 발생원인은 공기이며, 플래시오버는 열이 원인으로 작용한다.

정답
067 ○ 068 × 069 × 070 ×
071 × 072 ○ 073 ×

---

067 [기출] 백드래프트가 발생하면 화염이 폭풍을 동반하며 건축물의 도벽을 파괴할 수 있다. ○|×

068 [기출] 백드래프트가 발생하기 전에 농연, 심한 벽면파괴 현상 등이 발생한다. ○|×

069 [기출] 구획실의 창문과 문손잡이의 온도로 백드래프트의 발생 가능성을 예측할 수 없다. ○|×

070 [기출] 플래시오버는 종기에 발생하고 충격파를 수반하지 않으며, 백드래프트는 중기에 발생하고 충격파를 수반한다. ○|×

071 [기출] 플래시오버보다 백드래프트의 발생빈도가 높다. ○|×

072 [예상] 플래임오버란 복도와 같은 통로 공간에서 벽, 바닥 표면의 가연물에 화염이 급속하게 확산되는 현상이다. ○|×

073 [기출] 백드래프트의 발생원인은 열이며, 플래시오버는 공기가 원인으로 작용한다. ○|×

3 목조·내화건축물 화재

LINK 138~141p

074 〔기출〕 목조건축물 화재는 유류나 가스 화재와는 달리 일반적으로 무염착화 없이 발염착화로 이어진다. ○ ✕

해설
074 목조건축물 화재는 유류나 가스 화재와는 달리 **무염착화 후** 발염착화로 이어진다.

075 〔기출〕 목조건축물 : 발화 → 무염착화 → 발염착화 → 최성기 ○ ✕

075 목조건축물 : 화재원인 → 무염착화 → 발염착화 → **발화**(출화) → 최성기 → 연소낙하 → 진화

076 〔기출〕 발염착화에서 발화: 연기의 색이 백색에서 흑색으로 변하며, 개구부가 파괴되어 공기가 공급되면서 급격한 연소가 이루어져 연기가 개구부로 분출하게 되는 시기 ○ ✕

076 출화(발화)에서 최성기 시기의 내용이다.

077 〔예상〕 옥내출화의 경우 가옥구조의 천장면, 외부의 벽, 창 등에서 발염착화 하는 것을 말한다. ○ ✕

077 옥내출화의 경우 가옥구조의 천장면 등에서 발염착화하는 것을 말한다.
→ 외부의 벽·창 등에서 발염착화하는 것은 옥외출화라고 한다.

078 〔예상〕 열팽창은 건물 붕괴 요인이 되므로 목조건축물 화재 시 일반 콘크리트 건축물의 화재보다 붕괴확률이 크다. ○ ✕

078 열팽창은 건물 붕괴 요인이 되므로 목조건축물 화재 시 일반 콘크리트건축물의 화재보다 붕괴확률이 **적다.**

079 〔예상〕 목재의 수분이 적은 상태일수록 연소가 더 잘되고, 수분함량이 15[%] 이상이면 고온을 장시간 접촉해도 착화가 어렵다. ○ ✕

정답
074 ✕   075 ✕   076 ✕   077 ✕
078 ✕   079 ○

CHAPTER 01 건축물의 화재   **147**

해설

080
저밀도의 목재는 고밀도의 목재보다 발화점이 낮다.
→ 저밀도의 목재는 다공성을 가진다. 다공성일수록 산소와의 접촉면적이 크므로 쉽게 발화된다.

081
목조건축물은 건축물 자체에 개구부가 많아 공기의 유통이 원활하여 격심한 연소현상을 나타내며, 고온단기형이다.

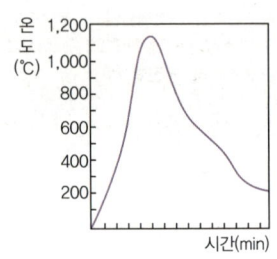

084
내화건축물(저온장기형)

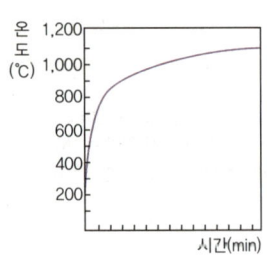

정답
080 × 081 × 082 ○ 083 ○
084 ○ 085 ○

---

080 〔예상〕 고밀도의 목재는 저밀도의 목재보다 발화점이 낮다. ○ ×

081 〔기출〕 목조건축물은 건축물 자체에 개구부가 많아 공기의 유통이 원활하여 격심한 연소현상을 나타내며, 저온장기형이다. ○ ×

082 〔예상〕 목조건축물은 접촉, 비화, 복사열로 인해 화재가 확대된다. ○ ×

083 〔기출〕 목조건축물은 화재가 발생되면 최고온도가 1,100도 이상이고, 내화구조에 비해 플래시오버가 더 빨리 일어난다. ○ ×

084 〔기출〕 내화건축물은 목조건축물에 비해 공기 유통조건이 일정하며 화재진행시간도 길고, 저온장기형이다. ○ ×

085 〔기출〕 내화구조에 비해 목조건물은 환기가 더 잘되어 화재진행이 빠르다. ○ ×

4 화재용어

086 화재하중이란 건축물이나 구조물 등의 화재에서 화재실의 입체면적당 가연물질의 양을 말한다. ○|×

087 화재하중은 화재 시 예상 가능한 최대 가연물질의 양을 뜻하고 실내 내장재를 불연화하면 화재하중이 감소된다. ○|×

088 화재하중 산출요소
① 가연물의 배열상태 ○|×
② 가연물의 질량 ○|×
③ 가연물의 단위발열량 ○|×
④ 목재의 단위발열량 ○|×
⑤ 화재실의 바닥면적 ○|×

089 화재하중 산정시 목재의 화재하중[$4,500 kg/m^2$]과 건축물의 연면적[m^2] 필요하다. ○|×

090 가연물의 비표면적이 클수록, 화재실의 열방출률이 클수록 화재실의 단열성이 좋을수록 화재강도는 증가한다. ○|×

091 화재강도는 화재실의 구조나 개구부 면적에 영향을 받지 않는다. ○|×

092 화재강도는 연소열이 클수록 높아지며, 가연물의 배열상태에 영향을 받는다. ○|×

해설

086 화재하중이란 건축물이나 구조물 등의 화재에서 화재실의 **단위면적당 가연물질의 양(중량)**을 말한다.
→ 화재하중 단위: kg/m^2

088 ① 가연물의 배열상태 → **화재강도 영향인자**

089 화재하중 산정시 **목재의 단위발열량 [4,500kcal/kg]**과 화재실의 바닥면적 [m^2]이 필요하다.

091 화재강도는 화재실의 구조나 개구부 면적에 영향을 **받는다.**

정답
086 × 087 ○
088 ① × ② ○ ③ ○ ④ ○ ⑤ ○
089 × 090 ○ 091 × 092 ○

해설

093 화재강도가 크면 열축적이 크므로 주수율이 높아져야 한다.

094 화재가혹도
= 최고온도(질적 개념)
  ×지속시간(양적 개념)

095 전체 가연물의 양(발열량)이 동일할 때 화재실의 바닥면적이 작아지면 화재하중은 증가한다.

096 화재가혹도란 화재심도라고도 불리우며 화재 시 건물 내 수용재산 및 건물 자체에 손상을 주는 정도로서 최고온도×지속시간이다.

100 화재가혹도에 영향을 미치는 환기요소는 개구부 면적에 비례하고, 개구부 높이의 제곱근에 비례한다.

---

093 〔기출〕 화재강도가 크면 열축적이 크므로 주수시간이 길어져야 한다. ○ | ✕

094 〔기출〕 최고온도에서 연소시간이 지속될수록 화재가혹도는 높아진다. ○ | ✕

095 〔기출〕 전체 가연물의 양(발열량)이 동일할 때 화재실의 바닥면적이 커지면 화재하중은 증가한다. ○ | ✕

096 〔기출〕 화재강도란 화재심도라고도 불리우며 화재 시 건물 내 수용재산 및 건물 자체에 손상을 주는 정도로서 최고온도×지속시간이다. ○ | ✕

097 〔기출〕 최고온도는 화재가혹도의 질적 개념으로 화재강도와 관련이 있고 지속시간은 화재가혹도의 양적 개념으로 화재하중과 관련이 있다. ○ | ✕

098 〔기출〕 화재실의 환기요소는 화재가혹도에 영향을 준다. ○ | ✕

099 〔예상〕 화재가혹도는 화재의 세기를 말하며, 손실과는 비례관계이다. ○ | ✕

100 〔기출〕 화재가혹도에 영향을 미치는 환기요소는 개구부 면적의 제곱근에 비례하고 개구부 높이에 비례한다. ○ | ✕

정답
093 ✕ 094 ○ 095 ✕ 096 ✕
097 ○ 098 ○ 099 ○ 100 ✕

101 내화구조물의 화재가혹도 판단을 위한 주요 요소 중 화재 지속시간을 산정하기 위한 인자로는 화재실의 바닥면적, 화재실의 최고온도, 화재실의 개구부 높이, 화재실의 개구부 면적이 있다. O X

102 화재가혹도는 화재실이나 화재구획의 단열성에 영향을 받지 않는다. O X

해설

101 내화구조물의 화재가혹도 판단을 위한 주요 요소 중 화재 지속시간을 산정하기 위한 인자로는 화재실의 바닥면적, 화재실의 최고온도, 화재실의 개구부 높이, 화재실의 개구부 면적이 있다.

102 화재가혹도는 화재실이나 화재구획의 단열성에 영향을 받는다.

정답
101 × 102 ×

CHAPTER 02 건축방재

SIMPLE 핵심 이론 빈칸 넣기

1 건축물의 구조

① 내화구조
① 화재 시 일정 시간 동안 건물의 강도 및 그 성능을 유지할 수 있는(쉽게 연소되지 않는) 구조
② 화재가 진화된 후 간단한 수선으로 재사용이 ①_____

② 방화구조
① 일정 시간 동안 일정 구획에서 화재를 한정시킬 수 있는(화염 확산을 막을 수 있는) 성능을 가진 구조
② 화재가 진화된 후 재사용이 ②_____

③ 주요구조부
건축물의 구조 내력상의 주요한 부분
① ③_____ (최하층 바닥 제외) / ② ④_____ (차양 제외)
③ ⑤_____ (작은 보 제외) / ④ ⑥_____ (칸막이벽, 간벽 제외)
⑤ ⑦_____ (보조계단, 옥외계단 제외) / ⑥ ⑧_____ (사잇기둥 제외)

2 건축물의 방화구획 및 방화설비

① 방화구획: 화재 발생 시 인접구역의 화염, 열, 연기 확산을 방지하기 위해 공간을 구획하는 것이다.

(1) 설치대상: 주요구조부가 ⑨_____ 로 된 건축물로서 연면적이 ⑩_____ 이상인 건축물

(2) 방화구획 기준

구획의 종류	구획의 기준	구획의 구조
면적별	① 10층 이하: 바닥면적 ⑪_____ 마다 구획 ② 11층 이상: 바닥면적 ⑫_____ 마다 구획 　(⑬_____ 로 마감한 경우 ⑭_____ 마다 구획) 　*⑮_____ 를 설치한 경우 위 면적 ⑯_____ 적용	내화구조의 바닥, 벽 60＋방화문 60분 방화문 자동방화셔터
층별	매 층마다 구획 (지하1층에서 지상으로 직접 연결하는 경사로 부위 제외)	
용도별	주요구조부를 내화구조로 해야 하는 대상 부분과 기타 부분 사이의 구획	

정답
① 가능
② 불가능
③ 바닥
④ 지붕틀
⑤ 보
⑥ 내력벽
⑦ 주계단
⑧ 기둥
⑨ 내화구조 또는 불연재료
⑩ 1,000[m²]
⑪ 1,000[m²] 이내
⑫ 200[m²] 이내
⑬ 불연재료
⑭ 500[m²] 이내
⑮ 자동소화설비
⑯ 3배

2 방화벽: 화재 발생 시 화염확산을 방지하기 위해 공간을 구획하는 것이다.

(1) **대상**: 주요구조부가 ① _____ 가 아닌 건축물로 연면적이 ② _____ 이상인 건축물

(2) **구획의 기준**

바닥면적 ③ _____ 마다 구획한다.

(3) **방화벽 구조**

① ④ _____ 로서 홀로 설 수 있는 구조일 것

② 방화벽의 양쪽 끝과 윗쪽 끝을 건축물의 외벽면 및 지붕면으로부터 ⑤ _____ 이상 튀어 나오게 할 것

③ 방화벽에 설치하는 출입문의 너비 및 높이는 각각 ⑥ _____ 이하로 하고, 해당 출입문은 ⑦ _____ 또는 ⑧ _____ 을 설치할 것

3 방화문

① **60분+ 방화문**: 연기 및 불꽃을 차단할 수 있는 시간이 60분 이상이고, 열을 차단할 수 있는 시간이 ⑨ _____ 분 이상인 방화문

② **60분 방화문**: 연기 및 불꽃을 차단할 수 있는 시간이 60분 이상인 방화문

③ **30분 방화문**: 연기 및 불꽃을 차단할 수 있는 시간이 30분 이상 60분 미만인 방화문

3 건축물의 용어

1 피난층: ⑩ _____ 으로 갈 수 있는 출입구가 있는 층

2 지하층: 건축물의 바닥이 지표면 아래에 있는 층으로서 바닥에서 지표면까지 평균높이가 해당 층 높이의 ⑪ _____ 인 것을 말한다.

3 무창층: 지상층 중 개구부의 요건을 모두 갖춘 개구부의 면적 합계가 해당 층 바닥면적의 ⑫ _____ 가 되는 층을 말한다.

(1) **개구부의 요건**

① 크기는 지름 ⑬ _____ 이상의 원이 통과할 수 있을 것

② 해당 층 바닥에서 개구부 밑부분까지의 높이가 ⑭ _____ 이내일 것

③ 도로 또는 차량이 진입할 수 있는 빈터를 향할 것

④ 화재 시 건축물로부터 쉽게 피난할 수 있도록 창살이나 그 밖의 장애물이 설치되지 아니할 것

⑤ 내부 또는 외부에서 쉽게 부수거나 열 수 있을 것

정답

① 내화구조 또는 불연재료
② 1,000[m²]
③ 1,000[m²] 미만
④ 내화구조
⑤ 0.5[m]
⑥ 2.5[m]
⑦ 60+ 방화문
⑧ 60분 방화문

⑨ 30

⑩ 곧바로 지상

⑪ $\frac{1}{2}$ 이상

⑫ $\frac{1}{30}$ 이하

⑬ 50[cm]
⑭ 1.2[m]

4 직통계단, 피난계단, 특별피난계단

직통계단	피난층, 지상에 직통으로 통하는 계단
피난계단	① 직통계단에 내화구조, 불연재료로 설치한 계단 ② ① _____ 이상 또는 지하 ② _____ 이하인 층에 설치
특별피난계단	① 부속실을 거쳐 계단실에 도달할 수 있도록 한 계단으로 피난계단보다 더 높은 수준의 화재안전성능을 지닌 계단 ② ③ _____ (공동주택의 경우에는 ④ _____) 이상 또는 지하 ⑤ _____ 이하인 층으로부터 피난층 또는 지상층으로 통하는 직통계단에 설치

정답
① 5층
② 2층
③ 11층
④ 16층
⑤ 3층

4 건축물의 방재계획

1 공간적 대응

⑥	① 화재의 성상에 대항하여 저항하는 성능 또는 항력을 의미한다. ② 방화구획, 방연구획, 내화재료 등을 사용하여 초기소화에 대응력 등이 해당된다.
⑦	① 출화 또는 연소 확대 등을 감소시키고자 하는 예방적 조치 또는 상황을 의미한다. ② 불연화, 난연화, 내장재의 제한, 방화구획의 세분화, 방화훈련 및 불조심 등이 해당된다.
⑧	① 화재장소로부터 피난층으로 원활하게 피난할 수 있는 안전한 공간성과 구조를 의미한다. ② 피난계단, 복도, 통로, 피난안전구역 등이 해당된다.

⑥ 대항성
⑦ 회피성
⑧ 도피성

2 설비적 대응

공간적 대응을 보완하는 것으로 대항성에 대하여 스프링클러, 제연설비, 방화문, 방화셔터 등, 도피성으로는 유도등, 피난설비 등을 설치하여 보조하는 것이다.

5 건축물의 피난계획

1 피난경로의 구성(안전구획)

① 1차 안전구획: ① _____
② 2차 안전구획: ② _____
③ 3차 안전구획: ③ _____

2 피난계획의 일반원칙

① 피난경로는 간단명료해야 한다.
② 피난수단은 ④ _____ 방법으로 한다.
③ 피난시설은 ⑤ _____ 설비를 위주로 한다.
④ 2방향 이상의 피난로를 확보하며, 그 말단은 화재로부터 ⑥ _____ 이어야 한다.
⑤ 상호 반대방향으로 다수의 출구와 연결되는 것이 좋다.
⑥ 피난 대책은 fool-proof와 fail-safe 원칙에 의한다.
⑦ 피난경로에 따라 일정한 zone을 형성하고 각 zone의 안정성을 높일 것

3 인간의 본능적 피난행동

① **귀소본능**: 인간은 비상시 늘 사용하던 익숙한 경로를 따라 대피하는 본능이다.
② ⑦ _____ : 화재나 정전 시 주위가 어두워지면 밝은 쪽으로 피난하는 본능이다.
③ **추종본능**: 위험한 상황에서 한 사람의 리더를 추종하는 본능이다.
④ ⑧ _____ : 화염, 연기에 대한 공포감으로 발화의 반대방향으로 이동하는 본능이다.
⑤ ⑨ _____ : ⑩ _____ 과 시계 ⑪ _____ 으로 회전하는 본능이다. 오른손잡이는 ⑫ _____ 을 축으로 ⑬ _____ 으로 행동한다.

정답

① 복도
② 부속실
③ 계단

④ 원시적
⑤ 고정식
⑥ 안전한 장소

⑦ 지광본능
⑧ 퇴피본능
⑨ 좌회본능
⑩ 좌측통행
⑪ 반대방향
⑫ 오른발
⑬ 좌측

DETAIL 핵심지문 OX

LINK 144~153p

1 건축물의 구조

LINK 144~147p

해설

001
③ 발연량을 측정하는 경우 최대 연기밀도는 400 이하

기출

001 방염성능기준
① 버너의 불꽃을 제거한 때부터 불꽃을 올리며 연소하는 상태가 그칠 때까지 시간은 20초 이내 O X
② 탄화한 면적은 50cm² 이내, 탄화한 길이는 20cm 이내 O X
③ 발연량을 측정하는 경우 최대 연기밀도는 500 이하 O X
④ 불꽃에 의하여 완전히 녹을 때까지 불꽃의 접촉횟수는 3회 이상 O X

002
보, 내력벽, 기둥, 캐구부, 바닥, 지붕틀, 주계단은 주요구조부에 해당한다.

기출

002 보, 내력벽, 기둥, 개구부, 바닥은 주요구조부에 해당한다. O X

003
내화구조는 화재 시 일정 시간동안 건물의 강도 및 그 성능을 유지할 수 있는 구조로 화재 진화 후 간단한 수선으로 재사용이 가능하다.

예상

003 방화구조는 화재 시 일정 시간동안 건물의 강도 및 그 성능을 유지할 수 있는 구조로 화재 진화 후 간단한 수선으로 재사용이 가능하다. O X

정답
001 ① O ② O ③ × ④ O
002 × 003 ×

2 건축물의 방화구획 및 방화설비

LINK 147~148p

해설

004
방화구획이란 실내화재 발생 시 하중지지력, 차염성, 차열성을 확보하기 위하여 설정하는 구획을 말한다.

기출

004 방연구획이란 실내화재 발생 시 하중지지력, 차염성, 차열성을 확보하기 위하여 설정하는 구획을 말한다. O X

정답
004 ×

005 방화구획은 연면적이 1,000[m²] 넘는 건축물에 해당하며, 내화구조로 된 바닥·벽, 60+방화문 또는 60분 방화문으로 구획되어야 한다. ○ ✕

006 자동식소화설비가 설치되고 내부마감을 불연재료로 한 11층 이상의 층은 3,000[m²] 이내마다 방화구획한다. ○ ✕

006
자동식소화설비가 설치되고 내부마감을 불연재료로 한 11층 이상의 층은 **1,500[m²]** 이내마다 방화구획한다.

007 목재구조로 된 연면적 1,000[m²] 이상의 건축물은 방화벽을 설치하여야 한다. ○ ✕

007
방화벽 설치대상: 주요구조부가 내화구조 또는 불연재료가 아닌 건축물로 연면적이 1,000[m²] 이상인 건축물

008 연기 및 불꽃을 차단할 수 있는 시간이 60분 이상인 성능은 60분 방화문으로 본다. ○ ✕

009 연기 및 불꽃을 차단할 수 있는 시간이 30분 이상이고, 열을 차단할 수 있는 시간이 60분 이상인 성능은 60분+방화문으로 본다. ○ ✕

009
연기 및 불꽃을 차단할 수 있는 시간이 **60분** 이상이고, 열을 차단할 수 있는 시간이 **30분** 이상인 성능은 60분+방화문으로 본다.

010 방화구획의 60분 방화문 및 60분+방화문은 언제나 닫힌 상태이거나 화재 시 연기·온도에 의하여 수동으로 닫히는 구조로 하여야 한다. ○ ✕

010
방화구획의 60분 방화문 및 60분+방화문은 언제나 닫힌 상태이거나 화재 시 연기·온도에 의하여 **자동**으로 닫히는 구조로 하여야 한다.

정답
005 ○ 006 ✕ 007 ○ 008 ○
009 ✕ 010 ✕

3 건축물의 용어

LINK 149~150p

해설

011 기출
무창층이란 지상층 중 개구부가 바닥면적의 1/30 이하가 되는 층을 말한다. O | X

012
특별피난계단: 11층(공동주택의 경우에는 16층) 이상 또는 지하 3층 이하인 층에 설치

012 기출
지하 3층에서 지상으로 통하는 계단은 특별피난계단으로 하여야 한다. O | X

정답
011 O 012 O

4 건축물의 방재계획

LINK 150~151p

해설

013
방화의 기본사항 중 공간적 대응으로 **구조성**, 대항성, 도피성, 회피성이 있다.

013 기출
방화의 기본사항 중 공간적 대응으로 구조성, 대항성, 도피성, 회피성이 있다. O | X

정답
013 ✕

5 건축물의 피난계획

LINK 152~153p

해설

014
피난설비는 **이동식 설비**보다 **고정식 설비** 위주로 설치한다.

014 기출
피난설비는 고정식 설비보다 이동식 설비 위주로 설치한다. O | X

015 기출
피난 경로는 간단·명료하게 하도록 하고 피난 수단은 원시적인 방법에 의한 것을 원칙으로 한다. O | X

정답
014 ✕ 015 O

016 피난설비는 가반식이어야 하고 상용의 직통계단을 사용한다. ○ ✕

017 피난통로는 2방향이고 화재발생구역과 멀어야 한다. ○ ✕

018 피난통로는 2개 이상 나누고 피난의 마지막 종단에는 충분한 공간이 있어야 한다. ○ ✕

019 좌회본능이란 오른손잡이는 오른발을 축으로 우측으로 행동하는 습성을 말한다. ○ ✕

020 지광본능에 따라 거주인원은 가능한 개구부나 조명부 등의 밝은 곳으로 이동하게 된다. ○ ✕

021 화재가 발생하면 각자 나름대로 편한 방법으로 행동하려하는 인간의 피난본능이 있다. ○ ✕

해설

016 피난설비는 **고정식**이어야 하고 **피난계단**을 사용한다.

017 피난통로는 2방향이고 그 말단은 화재로부터 안전한 장소이어야 한다.

019 좌회본능이란 오른손잡이는 오른발을 축으로 **좌측으로** 행동하는 습성을 말한다.

021 화재가 발생하면 **한 사람의 리더를 추종하는** 인간의 피난본능이 있다.

정답
016 ✕ 017 ✕ 018 ○ 019 ✕
020 ○ 021 ✕

Simtail

PART

V

소화

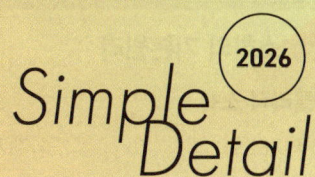

CHAPTER 01 　　소화이론

CHAPTER 02 　　소화약제

CHAPTER 01 소화이론

SIMPLE 핵심 이론 빈칸 넣기

1 소화의 기본원리

1 물리적 소화

(1) **제거소화**: ① _____ 을 제거하거나 공급중단에 의한 소화이다.

① 가연물

참고

제거소화 방법
① 산림화재: 진행방향(풍하측)의 나무를 잘라 제거한다.(방화선 구축)
② 전기화재: 전원을 차단하여 전기 공급을 중단시킨다.
③ 유류화재: 유류탱크 화재 시 질소폭탄으로 폭풍을 일으켜 증기를 날려 보낸다.
④ 양초화재: 양초의 가연물(가스)을 불어서 날려보낸다.
⑤ 가스화재: 밸브를 차단시켜 가스공급을 중단한다.
⑥ 수용성 액체(② _____): 알코올 등과 같은 수용성 가연물에 다량의 물을 주입하여 연소농도를 낮춰 소화하는 방법이다.

② 희석소화

(2) **냉각소화**: ③ _____ 를 차단하여 방열과 발열의 균형을 깨뜨려 소화하는 방법이다.

③ 점화원 또는 점화에너지

(3) **질식소화**: ④ _____ 을 차단하는 소화방법이다.

④ 산소공급원

참고

질식소화 방법
① ⑤ _____ : 가연물이 들어 있는 용기를 밀폐하여 공기를 완전 차단하여 소화하는 방법이다.
② ⑥ _____ : 불활성 기체(N_2, Ar 등)를 첨가하여 산소농도를 15% 이하로 낮춰 소화하는 방법이다.
③ ⑦ _____ : 공기보다 비중이 큰 소화약제를 사용하여 가연물의 주위를 피복하여 소화하는 방법이다.
④ ⑧ _____ : 가연성 액체(중질유) 화재 시 물을 무상으로 방사하거나 포 소화약제를 방사하여 유류표면에 얇은 층(유화층)을 형성시켜 유류의 증기압을 떨어뜨려 소화하는 방법이다.
(⑨ _____ 효과)

⑤ 차단질식
⑥ 희석질식
⑦ 피복소화
⑧ 유화소화
⑨ 에멀젼

2 화학적 소화

① ⑩ _____ 을 차단하는 소화방법이다.
② 활성화에너지를 ⑪ _____ 작용을 한다.
③ 연쇄반응이란 화학적 반응에서 지속적으로 활성라디칼(OH^-, H^+)이 발생되어 반응이 지속되는 과정이다. 화학적 소화는 이런 연쇄 전달체의 발생을 억제하여 연쇄반응을 차단함으로 소화하는 것을 말한다.

⑩ 연쇄반응
⑪ 높이는

DETAIL 핵심지문 OX

LINK 156~158p

1 소화의 기본원리

LINK 156p

001 〔기출〕 화재의 기본적인 소화방법으로 냉각소화, 질식소화, 촉매소화, 연쇄반응 차단이 있다. O | X

해설
001 화재의 기본적인 소화방법으로 냉각소화, 질식소화, **제거소화**, 연쇄반응 차단(**부촉매 소화**)이 있다.

정답
001 ×

2 물리적 소화방법

LINK 157p

002 〔기출〕 제거소화는 가연물을 제거하여 소화하는 방법으로 촛불을 입으로 불어서 끄는 것, 유전 표면의 증기를 날려보내는 것 등이 있으며, 냉각소화는 연소 중의 가연물에 물을 주수하여 열 방출량을 낮추는 소화방법을 말한다. O | X

해설
002

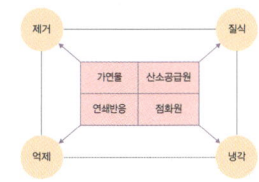

003 〔기출〕 질식소화는 산소의 농도를 떨어뜨려 소화하는 방법으로 밀폐된 공간의 소화에 효과적이지 못하다. O | X

003 질식소화는 산소의 농도를 떨어뜨려 소화하는 방법으로 밀폐된 공간의 소화에 **효과적이다**.

004 〔기출〕 질식소화는 연소하기 위해서 반드시 필요한 산소공급원의 공급을 차단하여 연소를 중단시키는 방법으로 물질마다 차이는 있지만 액체의 경우는 산소농도가 15% 이하일 때 불이 꺼진다. O | X

005 〔기출〕 유화소화란 에멀젼(emulsion) 효과를 이용하여 소화하는 방법을 말한다. O | X

정답
002 O 003 × 004 O 005 O

CHAPTER 01 소화이론 **163**

해설

006
유화효과를 높이기 위해서 질식 효과의 물방울입자 크기보단 약간 크게 하고 고압으로 방사해야 한다.

008
유류탱크 화재 시 탱크 밑으로 기름을 빼내는 방법, 연소물이나 화원을 제거하여 소화하는 것은 **제거소화**에 해당한다.

010
다량의 물을 주입하여 알코올의 농도를 낮춰(희석시켜) 소화하는 방법이다.

011
제거소화는 가스화재 시 가스공급을 차단하여 소화하는 방법을 말한다.

정답
006 ○ 007 ○ 008 × 009 ○
010 ○ 011 ×

□□□ 〔기출〕
006 유화효과는 물보다 비중이 큰 중유 등 비수용성의 유류화재 시 포 소화약제를 방사하거나 무상주수로 유류표면을 두드려서 증기발생을 억제함으로써 연소성을 상실시키는 소화효과이다. ○│×

□□□ 〔기출〕
007 유화소화란 비중이 물보다 큰 유류 등 비수용성 유류화재 시 무상주수하거나 포 소화약제를 방사하여 유류표면에 얇은 층이 형성되어 공기의 산소공급을 차단시켜 소화하는 방법을 말한다. ○│×

□□□ 〔기출〕
008 유류탱크 화재 시 탱크 밑으로 기름을 빼내는 방법, 연소물이나 화원을 제거하여 소화하는 것은 냉각소화에 해당한다. ○│×

□□□ 〔기출〕
009 제거소화는 연소반응이 일어나고 있는 연소물이나 화원을 제거하여 연소반응을 중지시켜 소화하는 방법을 말한다. ○│×

□□□ 〔기출〕
010 희석소화란 알코올 화재 시 대량의 물로 소화하는 것이다. ○│×

□□□ 〔기출〕
011 부촉매소화는 가스화재 시 가스공급을 차단하여 소화하는 방법을 말한다. ○│×

012 화재의 소화작업에 주로 물을 사용하는 이유는 물의 비중을 이용하기 위해서이다. ○|✕

해설
012 화재의 소화작업에 주로 물을 사용하는 이유는 물의 **증발잠열**을 이용하기 위해서이다.

013 냉각소화로 많이 이용되는 물은 비열, 증발잠열의 값이 다른 물질에 비해 커서 가연성 물질을 발화점 또는 인화점 이하로 냉각하는 효과가 있다. ○|✕

014 제거소화방법
① 전기화재 시 전원 차단 ○|✕
② 가스화재 시 가스공급 차단 ○|✕
③ 일반화재 시 옥내소화전 사용 ○|✕
④ 유류화재 시 포소화약제 사용 ○|✕
⑤ 산불화재 시 방화선(도로) 구축 ○|✕
⑥ 프라이팬에 있는 식용유에 불이 붙어서 상온의 식용유를 사용 ○|✕
⑦ 식용유 화재 시 주변의 야채를 집어 넣어 소화 ○|✕

014
③ **냉각소화**
④ **질식소화**
⑥ **냉각소화**
⑦ **냉각소화**

015 산림화재 시 화재 진행의 반대방향으로 나무를 벌목하는 것은 제거소화의 방법 중 하나이다. ○|✕

015 산림화재 시 화재 **진행방향**(풍하측)으로 나무를 벌목하는 것은 제거소화의 방법 중 하나이다.

016 물 등을 이용하여 가연성 연소분해물의 생성열을 흡수, 열을 흡수하여 연소반응의 속도를 지연, 점화원 이하의 에너지 상태로 가연물을 유지하는 것은 모두 냉각소화 방법에 해당되며, 냉각소화가 가능한 약제로는 물, 강화액, CO_2, 할론 등이 있다. ○|✕

정답
012 ✕   013 ○
014 ① ○ ② ○ ③ ✕ ④ ✕ ⑤ ○
    ⑥ ✕ ⑦ ✕
015 ✕   016 ○

해설

017
발화점 이하의 에너지 상태로 가연물을 유지, 열을 흡수하여 가연성 연소생성물의 생성을 억제, ~~화학적 연소반응의 속도를 지연시키는 것~~은 모두 냉각소화 방법에 해당하며, 봉상주수는 냉각소화 효과가 있는 주수방법이다.
→ 화학적 연소반응의 속도를 지연시키는 것은 부촉매 소화방법에 해당한다.

021
유화소화는 비중이 물보다 큰 비수용성 유류화재 시 무상주수하여 소화하는 방법을 말한다.

022
희석소화란 알코올과 같은 수용성 액체의 화재 발생 시 다량의 물을 주입하여 연소농도를 낮추어 소화하는 것이다.

---

017 〔기출〕
발화점 이하의 에너지 상태로 가연물을 유지, 열을 흡수하여 가연성 연소생성물의 생성을 억제, 화학적 연소반응의 속도를 지연시키는 것은 모두 냉각소화 방법에 해당하며, 봉상주수는 냉각소화 효과가 있는 주수방법이다. ○│✕

018 〔기출〕
유류화재에 물을 무상(안개형태)으로 방사하여 소화하는 것을 질식소화라 한다. ○│✕

019 〔기출〕
질식소화는 일반적으로 공기 중 산소 농도를 낮추어 소화하는 방법을 말한다. ○│✕

020 〔기출〕
중질유화재에 무상주수 시 질식소화, 유화소화 효과가 있다. ○│✕

021 〔기출〕
피복소화는 비중이 물보다 큰 비수용성 유류화재 시 무상주수하여 소화하는 방법을 말한다. ○│✕

022 〔기출〕
억제소화란 알코올과 같은 수용성 액체의 화재 발생 시 다량의 물을 주입하여 연소농도를 낮추어 소화하는 것이다. ○│✕

정답
017 ✕ 018 ○ 019 ○ 020 ○
021 ✕ 022 ✕

3 화학적 소화방법

023 〔기출〕 부촉매 소화는 연소반응속도를 조절하여 화학적으로 소화하는 것이다. O X

024 〔기출〕 부촉매 소화는 활성화에너지를 낮추어 소화하는 방법이다. O X

025 〔예상〕 연쇄반응이란 화학적 반응에서 지속적으로 활성라디칼이 발생되어 반응이 지속되는 과정인데 화학적 소화는 이런 연쇄 전달체의 발생을 촉진하여 소화하는 것을 말한다. O X

026 〔기출〕 활성화된 수소기와 수산기의 작용을 차단하여 소화하는 방법은 산소의 농도를 15% 이하로 낮춰 소화하는 원리와 동일하다. O X

027 〔기출〕 강화액 소화약제, 분말 소화약제, 수성막포 소화약제, 할론 소화약제를 사용하면 가연물의 화학적 연쇄반응 속도를 줄여 소화할 수 있다. O X

해설

023

024 부촉매 소화는 활성화에너지를 **높여서** 소화하는 방법이다.

025 연쇄반응이란 화학적 반응에서 지속적으로 활성라디칼이 발생되어 반응이 지속되는 과정인데 화학적 소화는 이런 연쇄 전달체의 발생을 **억제**하여 소화하는 것을 말한다.

026 활성화된 수소기와 수산기의 작용을 차단하여 소화하는 방법은 **부촉매 소화 방법**이고, 산소의 농도를 15% 이하로 낮춰 소화하는 방법은 **질식소화 방법**이므로 원리가 **다르다**.

027 강화액 소화약제, 분말 소화약제, ~~수성막포 소화약제~~, 할론 소화약제를 사용하면 가연물의 화학적 연쇄반응 속도를 줄여 소화할 수 있다.
→ 수성막포 소화약제의 주된 소화효과는 질식·냉각이다.

정답
023 O 024 × 025 × 026 ×
027 ×

CHAPTER 02 소화약제

SIMPLE 핵심 이론 빈칸 넣기

1 물 소화약제

① 물의 화학적 성질

① 물 분자는 ①_____ 와 ②_____ 가 공유결합하고 있는 분자이다.

② 물은 극성분자이기 때문에 ③_____ 은 쌍극자–쌍극자 힘에 의한 수소결합이다.

정답
① 1개의 산소원자
② 2개의 수소원자
③ 분자 간의 결합

② 물 소화약제의 특성

① 표면장력(72[dyne/cm, mN/m])이 ④_____.

② ⑤_____ 이 커서 물 입자가 많은 열량을 흡수한다.

③ ⑥_____ 이 커서 증발 시 많은 열량을 흡수한다.

④ 물은 수증기로 변하면 약 1,700배 부피 팽창하여 ⑦_____ 효과가 있다.

⑤ ⑧_____ 이므로 압력이나 유속의 변화에 따라 체적이 변하지 않는다.(밀도의 변화를 무시할 수 있는 정도)

⑥ 물은 ⑨_____ 일 때 밀도가 가장 높고(부피는 ⑩_____), 가장 ⑪_____.

⑦ 대기압이 낮아지면, 끓는점이 ⑫_____.

④ 크다
⑤ 비열(1[kcal/kg · ℃])
⑥ 증발잠열(539[kcal/kg])
⑦ 질식소화
⑧ 비압축성
⑨ 4[℃]
⑩ 작다
⑪ 무겁다
⑫ 낮아진다

③ 주수방법

⑬	① 물이 긴 봉의 형태를 가지는 주수 형태이다. ② 열용량이 큰 일반 고체가연물의 대규모 화재에 유효하다. ex 옥내소화전설비, 옥외소화전설비, 연결송수관설비 등
⑭	① 물방울 형태를 가지는 주수 형태로 물방울의 평균 직경이 0.3~4[mm] 정도 된다. ② 일반적으로 실내 고체가연물 화재에 사용한다. ex 스프링클러설비, 연결살수설비 등
⑮	① 물이 안개모양 형태를 가지는 주수 형태로 물방울의 평균 직경이 0.01~1[mm] 정도 된다. ② 전기 전도성이 좋지 않기 때문에 전기화재(C급 화재)에 사용이 가능하며, 유류화재(B급 화재)에도 사용이 가능하다. ex 물분무소화설비, 미분무소화설비 등

⑬ 봉상
⑭ 적상
⑮ 무상

④ 소화효과: ⑯_____, ⑰_____, ⑱_____, ⑲_____, 타격 및 파괴효과

⑯ 냉각작용
⑰ 질식작용
⑱ 유화작용
⑲ 희석작용

5 첨가제 종류

부동액(Antifreeze agent)	① 물의 어는점을 0[℃] 이하로 낮추어 ①_____를 위한 첨가제이다. ② 약제: 글리세린, 프로필렌글리콜, 에틸렌글리콜, 염화나트륨, 염화칼슘
침투제(Wetting agent)	① 물의 표면장력을 ②_____시켜 가연물에 대해 ③_____을 향상시키기 위한 첨가제이다. ② 물의 침투가 용이하지 않은 원면화재, 심부화재에 효과적이다.
유화제(Emulsifier)	① 가연물 표면상에 물과 기름의 에멀전을 형성하여 ④_____ 형성을 돕기 위한 첨가제이다. ② 열류층을 형성하는 ⑤_____ 화재에 효과적이다.
증점제(Viscosity agent)	① 물의 점성을 높여 ⑥_____을 증가시켜 소화수 유실을 최소화하기 위한 첨가제이다. ② 산림화재에 효과적이다. ③ 점도를 증가시키면 ⑦_____은 감소된다.
유동화제(Rapid water)	소방용수의 ⑧_____를 높이기 위해 물에 섞는 소화용수용 약제이다.

정답
① 동결 방지
② 감소
③ 침투성
④ 유화층
⑤ 중질유
⑥ 흡착력(부착력)
⑦ 침투성
⑧ 유출 속도

2 포 소화약제

1 소화효과: ⑨_____, ⑩_____, ⑪_____(수용성 물질)

2 구비조건

① 포의 안전성이 좋아야 한다.
② 포의 내유성, 유동성이 좋아야 한다.
③ 포의 내열성이 좋아야 한다(소포성이 적어야 한다).
④ 유류와의 점착성(부착성)이 좋고 유류의 표면에 잘 분산되어야 한다.
⑤ 독성이 없어 인체에 무해해야 한다.

3 포 소화약제 분류

(1) 생성원리에 따른 분류

- 화학포 소화약제: 탄산수소나트륨(중조, 중탄산나트륨($NaHCO_3$))+황산알루미늄($Al_2(SO_4)_3$)
- 기계포(공기포) 소화약제: 단백포, 수성막포, 불화단백포, 합성계면활성제포, 내알코올포

(2) 팽창비에 따른 분류

$$팽창비 = \frac{발포 후 \text{⑫}\_\_\_\_ 의 체적}{발포 전 \text{⑬}_____ 의 체적}$$

⑨ 냉각작용
⑩ 질식작용
⑪ 희석작용

⑫ 포
⑬ 포 수용액

구분		팽창비	
저발포 (3, 6[%])		① 이하	
고발포 (1, 1.5, 2[%])	제1종 기계포	② 이상	③ 미만
	제2종 기계포	④ 이상	⑤ 미만
	제3종 기계포	⑥ 이상	⑦ 미만

- 국내는 저발포와 고발포로 구분되는데, 저발포에는 기계포의 모든 소화약제가 사용되며 고발포에는 ⑧ 가 사용된다. A, B급 화재에 적합하며 B급 화재의 경우는 저발포보다 다소 적응성이 떨어진다.

④ 기계포(공기포) 소화약제 종류

구분	주성분	내유성	내열성	유동성	고발포
단백포	동물성 단백질 가수분해물질 +안정제(⑨)	⑩	⑪	×	⑫
수성막포	⑬ +안정제	⑭	⑮	○	⑯
불화단백포	단백질 +불소계 계면활성제	⑰	⑱	○	⑲
합성계면활성제포	⑳ +안정제	㉑	㉒	○	㉓
내알코올포	단백포의 가수분해물질 +금속비누	○	○	○	㉔

(1) 단백포

① 동물성 단백질의 가수분해물질에 포 안정제(㉕   )를 첨가하여 만든 소화약제이다.
② 특이한 냄새가 나는 흑갈색 액체이다.
③ 내열성(내화성)이 좋아 환원시간이 ㉖   포의 안전성이 크고, ㉗   이 좋아 유류탱크 화재에 적합하다.
④ 물과 기름 모두 친한 ㉘   으로 점착력이 ㉙   유동성이 ㉚   소화시간이 길어져 화재진압이 느리다.
⑤ 내유성이 ㉛   기름오염으로 소화능력이 저하된다.
⑥ 다른 포약제에 비해 ㉜   이 크다.

(2) 수성막포

① 불소계 계면활성제를 주성분으로 하며, 표면장력을 ㉝   유동성을 향상시킨 약제이다.
② 거품에서 환원된 불소계 계면활성제 수용액이 기름 표면에 얇은 수성막을 형성하여 유면으로부터 가연성 증기 발생을 억제하며 Light water 또는 AFFF(Aqueous film forming foam)이라고도 한다.
③ 유류화재 진압용으로 가장 우수하다.

정답

① 20배
② 80배
③ 250배
④ 250배
⑤ 500배
⑥ 500배
⑦ 1,000배
⑧ 합성계면활성제포

⑨ 제1철염
⑩ ×
⑪ ○
⑫ ×
⑬ 합성계면활성제(불소계)
⑭ ○ (표면하주입방식)
⑮ × (윤화현상)
⑯ ○
⑰ ○ (표면하주입방식)
⑱ ○
⑲ ×
⑳ 합성계면활성제(탄화수소계)
㉑ ×
㉒ × (윤화현상)
㉓ ○
㉔ ×
㉕ 제1철염
㉖ 길어
㉗ 유면봉쇄성
㉘ 양친매성
㉙ 좋으므로
㉚ 작아
㉛ 낮아
㉜ 부식성

㉝ 낮추어

④ 내유성, 내유염성이 좋아 ① [   ]이 가능하다.
⑤ 단친매성으로 ② [   ]이 좋고 수성막이 형성되어 초기소화 속도가 빨라서 유출화재와 같은 유층이 얇은 화재에 효과가 우수하다.
⑥ ③ [   ]이 좋아 ④ [   ]와 Twin Agent System이 가능하다.
⑦ 내열성이 약해 ⑤ [   ] 발생 우려가 있으며, 대형화재 또는 고온화재(1,000℃ 이상) 시 수성막 생성이 곤란한 단점이 있다.

(3) 불화단백포

① ⑥ [   ](내유성↓, 유동성↓)와 ⑦ [   ](내열성↓)의 단점을 보완한 약제이다.
② 물하고만 친한 ⑧ [   ]으로 유동성이 좋아 화재를 신속하게 소화할 수 있다.
③ 내유성이 좋아 ⑨ [   ]이 가능하다.
④ 단백포의 제1철염을 줄여 침전물이 거의 생기지 않아 비교적 장기보관이 가능하다.

(4) 합성계면활성제포

① ⑩ [   ]와 ⑪ [   ]까지 팽창범위가 넓다.
② ⑫ [   ]를 건물화재(A급화재)에 사용하는 경우 소화 시 사용수량이 적기 때문에 소화 후 물에 의한 피해가 적다.
③ 고팽창포로 사용하는 경우 ⑬ [   ]가 짧은 것이 문제점이다.
④ 내열성, 유면봉쇄성이 좋지 않기 때문에 다량의 유류화재(가연성 액체 위험물의 저장탱크) 등의 고정소화설비에 사용하는 경우 밀봉성이 떨어져 ⑭ [   ] 발생 우려가 있다.
⑤ 합성계면활성제가 용이하게 분해되지 않기 때문에 세제공해와 같은 환경문제를 일으킨다.

(5) 내알코올포

① ⑮ [   ] 용매가 포 속의 물을 탈취하여 포가 파괴되는 현상(⑯ [   ])을 방지하기 위해 사용하는 포 소화약제로 단백질의 가수분해 생성물질과 합성세제 등을 주성분으로 제조한다.
② 지방산 금속염이 주성분인 금속비누형, 계면활성제에 고분자겔 생성물을 첨가한 고분자겔 생성형, 그리고 단백질 분해액에 불소계 계면활성제를 2~3% 첨가한 불화단백형의 3가지 종류가 있다.
③ 내알코올포 소화약제의 전반적인 특징은 저발포이며 석유류 뿐만 아니라 수용성 액체 가연물의 화재시에도 사용할 수 있다.(⑰ [   ] 소화약제)

3 강화액 소화약제

① 소화효과: 물이 갖는 ⑱ [   ]와 첨가제가 갖는 ⑲ [   ]를 합한 효과이다.

② 특징

① 물이 소화력을 높이기 위해 화재에 어제효과가 있는 연류를 첨가하여 만든 소화약제이다.

정답
① 표면하주입방식
② 유동성
③ 내약품성
④ 분말소화약제
⑤ 윤화현상(Ring fire)

⑥ 단백포
⑦ 수성막포
⑧ 단친매성
⑨ 표면하주입방식

⑩ 저팽창포
⑪ 고팽창포
⑫ 고팽창포
⑬ 사정거리
⑭ 윤화현상(Ring fire)

⑮ 수용성
⑯ 파포현상
⑰ 양용형

⑱ 냉각·질식효과
⑲ 부촉매효과

② ①_____으로 인해 금속에 대한 부식성이 있다.
③ 무색 또는 황색으로 약간의 점성이 있는 액체이다.
④ 어는점이 −20[℃] 이하로 낮기 때문에 한랭지역에서도 사용이 가능하다.
⑤ 첨가약제: 알칼리 금속염 [②_____, 인산암모늄(NH_4^+), 황산암모늄(NH_4^+)]
⑥ 일반화재(A급 화재)에 적용되며 ③_____으로 방사할 경우 유류화재(B급 화재), 전기화재(C급 화재)에도 적응성이 있다.

4 이산화탄소 소화약제

1 소화효과: ④_____, ⑤_____, ⑥_____

2 특징

① 이산화탄소는 더 이상 산소와 반응하지 않는 불연성 물질이기 때문에 가스계 소화약제로 널리 이용되고 있다.
② 공기 비중 약 1.52배로 가연물 내부까지 침투하는 ⑦_____에 적응성이 있다.
③ 물에 녹을 수 있으며, 녹은 물은 ⑧_____이 된다.
④ 상온에서는 기체이지만 압력을 가하면 액화되므로 고압가스 용기 속에서 액화시켜 보관한다.(이산화탄소 가스는 임계온도 ⑨_____ 이하에서 압축하면 용이하게 액화된다.)
⑤ 액화 이산화탄소는 ⑩_____이 매우 높기 때문에 다른 ⑪_____의 도움 없이 ⑫_____으로 방사가 가능하다.
⑥ 전기적으로 비전도성으로 ⑬_____에도 적응성이 좋다.
⑦ 방사 시 소음이 크다.
⑧ 온실가스로 ⑭_____에 영향을 미칠 수 있다.
⑨ 기화 시 급냉하여 동상의 우려가 있다.

3 최소소화농도

이산화탄소 소화약제를 방사하여 공기 중의 산소농도 21[%]를 산소농도 15[%] 이하로 저하시켜 소화한다.

$$CO_2[\%] = \frac{21 - ⑮}{⑯} \times 100$$

> **참고**
>
> **최소설계농도**
> 이론농도는 질식소화하는 데 필요한 최소의 농도이므로 누설손실 등을 고려하여 안전율을 곱하여 계산한 것을 설계농도라 한다.
> 최소설계농도는 이론적으로 구한 최소소화농도에 여유분(20[%])을 더해서 구한다.
>
> 최소설계농도 = 최소소화농도 × ⑰_____

정답

① 알칼리성
② 탄산칼륨(K^+)
③ 무상

④ 질식작용
⑤ 냉각작용
⑥ 피복작용

⑦ 심부화재
⑧ 약산성
⑨ 31.35[℃]
⑩ 자체 증기압
⑪ 가압원
⑫ 자체 압력
⑬ 전기화재(C급 화재)
⑭ 지구온난화

⑮ O_2
⑯ 21

⑰ 1.2

4 설치제외

① 방재실·제어실 등 사람이 상시 근무하는 장소
② 나이트로셀룰로스·셀룰로이드제품 등 자기연소성물질을 저장·취급하는 장소
③ 나트륨·칼륨·칼슘 등 활성금속물질을 저장·취급하는 장소
④ 전시장 등의 관람을 위하여 다수인이 출입·통행하는 통로 및 전시실 등

5 분말 소화약제

1 소화효과: 질식작용, 냉각작용, ① _____, 방사열차단효과, 탄화·탈수효과(② ___종), 방진효과(③ ___종), 비누화효과(④ ___종)

① **탄화·탈수 효과**: 반응과정에서 생성된 ⑤ _____에 의해 종이, 목재, 섬유 등을 구성하고 있는 섬유소를 탄화·탈수작용(연소하기 어려운 탄소로 급격히 변화시키는 작용)에 의하여 섬유소를 난연성의 탄소와 물로 분해하여 연소반응을 차단시킨다.

② **방진효과**: 섬유소를 탄화·탈수시킨 오르소인산은 다시 고온에서 2차 분해되면 최종적으로 가장 안정된 유리상의 ⑥ _____이 된다. 반응과정에서 생성된 ⑦ _____은 연소표면에 유리피막을 형성하여 가연물을 피복하여 연소에 필요한 산소의 유입을 차단하므로 재연소 방지효과가 커서 ⑧ _____에도 사용이 가능하다.

③ **비누화 반응**: 일반적인 요리용 기름이나 지방질 기름의 화재 시에 이들 물질과 결합하여 비누화 반응(에스테르가 알칼리작용으로 가수분해 되어 알코올과 산의 알칼리염이 생성되는 반응)을 일으킨다. 이때 생성된 비누상 물질은 가연성 액체의 표면을 덮어 질식소화 효과와 함께 재발화 억제효과를 나타내어 ⑨ _____에 적용할 수 있다.

2 특징

① 탄산수소나트륨($NaHCO_3$), 탄산수소칼륨($KHCO_3$), 제1인산암모늄($NH_4H_2PO_4$) 등의 물질을 미세한 분말로 만들어 유동성을 높인 후 이를 가스압으로 분출시켜 소화하는 약제로 분말의 입자는 10~70[μm] 범위이며 최적의 소화효과를 나타내는 입자는 ⑩ _____[μm]이다.

② 보통 유류화재(B급 화재), 전기화재(C급 화재)에 주로 사용되며 ⑪ _____ 분말 소화약제는 ⑫ _____에 의해 일반화재(A급 화재)에도 사용이 가능하다.

③ ⑬ _____ 분말 소화약제는 비누화 반응을 일으켜 식용유화재(K급 화재)에도 적용할 수 있다.

④ ⑭ _____ 분말 소화약제의 소화능력이 가장 우수하다.

⑤ 제1종 분말 소화약제와 제2종 분말소화약제의 소화효과는 거의 비슷하나 소화능력은 ⑮ _____ 분말 소화약제보다 ⑯ _____ 분말 소화약제가 약 2배 우수하다.

⑥ 안식각을 ⑰ _____ 하여 유동성을 높인다.

⑦ 유동성을 높이기 위해 ⑱ _____를 사용한다.

정답

① 부촉매효과
② 3
③ 3
④ 1
⑤ 오르소인산(H_3PO_4)
⑥ 메타인산(HPO_3)
⑦ 메타인산(HPO_3)
⑧ 일반화재(A급 화재)
⑨ 식용유화재(K급 화재)

⑩ 20~25
⑪ 제3종
⑫ 메타인산의 방진효과
⑬ 제1종
⑭ 제4종
⑮ 제1종
⑯ 제2종
⑰ 작게
⑱ 분산제

③ 분말 소화약제 종류

종류	주성분	분자식	착색	적응화재
제1종	탄산수소나트륨 (중탄산나트륨)	①	②	③
제2종	탄산수소칼륨 (중탄산칼륨)	④	담회색, 보라색(담자색)	B, C급
제3종	제1인산암모늄	$NH_4H_2PO_4$	담홍색, 황색	⑤
제4종	탄산수소칼륨+요소	$KHCO_3+(NH_2)_2CO$	⑥	B, C급

④ 열분해 반응식

① 제1종 분말소화약제: $2NaHCO_3 \rightarrow Na_2CO_3 + H_2O + CO_2$
② 제2종 분말소화약제: $2KHCO_3 \rightarrow K_2CO_3 + H_2O + CO_2$
③ 제3종 분말소화약제: $NH_4H_2PO_4 \rightarrow NH_3 + H_3PO_4$ (⑦),
　　　　　　　　　　　$H_4P_2O_7 \rightarrow 2HPO_3 + H_2O$ (⑧),
　　　(제3종: $NH_4H_2PO_4 \rightarrow HPO_3 + NH_3 + H_2O$)
④ 제4종 분말소화약제: $2KHCO_3 + (NH_2)_2CO \rightarrow K_2CO_3 + 2NH_3 + 2CO_2$

⑤ 기타 분말 소화약제

① CDC(Compatible Dry Chemical) 분말 소화약제
- 포 소화약제의 단점인 화재진압시간과 분말 소화약제의 단점인 재발화 위험성을 보완하고자 만든 약제이다.
- ⑨ + ⑩ =트윈 에이전트 시스템(Twin Agent System)
- CDC 분말 소화약제를 소포성이 적은 분말소화약제 또는 겸용성이 있는 분말소화약제라고도 한다.

6 할론 소화약제

① 소화효과: 질식효과, 냉각효과, ⑪

② 할론 소화약제의 종류

(1) 할론 1301[CF_3Br]
① 상온·상압에서 ⑫ 로 존재하고 있으며 무색·무취로 공기보다 약 5.1배 정도 무겁다.
② 전체 할론 중에서 가장 소화 효과가 ⑬ 독성이 가장 ⑭ .
③ 오존파괴지수(ODP)가 가장 ⑮ 소화약제이다.

(2) 할론 1211[CF_2ClBr]
① 상온·상압에서 ⑯ 로 존재하고 있으며 무색·무취로 공기보다 약 5.7배 정도 무겁다.
② 오존파괴지수(ODP)가 가장 ⑰ .
③ 소화기용 소화약제로 사용할 경우 ⑱ 에 적응성이 있다.

정답

① $NaHCO_3$
② 백색
③ B, C, K급
④ $KHCO_3$
⑤ A, B, C급
⑥ 회색

⑦ 오르소인산
⑧ 메타인산

⑨ 제3종 분말 소화약제
⑩ 수성막포 소화약제

⑪ 부촉매효과

⑫ 기체
⑬ 크고
⑭ 적다
⑮ 높은

⑯ 기체
⑰ 낮다
⑱ 일반화재(A급 화재)

(3) 할론 2402 [$C_2F_4Br_2$]

① 할론 소화약제 중 유일하게 ①[   ]에서 치환된 것이다.

② 공기보다 약 9배 정도 무겁고, 상온·상압에서 ②[   ]이므로 자체 증기압에 의해 방사할 수 없어 별도의 가압원이 필요하여 가압식 용기에 저장한다.

③ 독성이 있기 때문에 주로 사람이 없는 옥외시설물에 국한되어 사용한다.

3 강도비교

(1) 전기음성도(안정성)

③[   ] > ④[   ] > ⑤[   ] > ⑥[   ]

(2) 소화효과

⑦[   ] > ⑧[   ] > ⑨[   ]

(3) 오존파괴지수(ODP)

⑩[   ] > ⑪[   ] > ⑫[   ]

7 할로겐화합물 및 불활성기체 소화약제

1 소화효과

① 할로겐화합물: ⑬[   ]

② 불활성기체: ⑭[   ]

2 특징

할로겐화합물(할론 1301, 1211, 2402 ⑮[   ]) or 불활성기체 소화약제로 화재진화 후 잔사가 남지 않으며 전기적으로 비전도성인 소화약제이다.

(1) 할로겐화합물 소화약제: 불소(F), 염소(Cl), 브롬(Br), 요오드(I) 중 하나 이상의 원소를 포함하고 있는 유기화합물을 기본성분으로 하는 소화약제를 말한다.

계열	종류	화학식	NOAEL[%]	ODP
FC	FC-3-1-10	C_4F_{10}	40	0
	FK-5-1-12	$CF_3CF_2C(O)CF(CF_3)_2$	10	0
HCFC	HCFC BLEND A	• HCFC-123($CHCl_2CF_3$): ⑯[ ] • HCFC-22($CHClF_2$): ⑰[ ] • HCFC-124($CHClFCF_3$): ⑱[ ] • $C_{10}H_{16}$: ⑲[ ]	10	0.044
	HCFC-124	C_2HF_4Cl	1.0	0.022
HFC	HFC-125	⑳[ ]	11.5	0
	HFC-227ea	C_3HF_7	10.5	0
	HFC-23	㉑[ ]	30	0
	HFC-236fa	$CF_3CH_2CF_3$	12.5	0
	FIC-13I1	㉒[ ]	0.3	0.0001

정답

① 에탄(C_2H_6)
② 액상

③ F
④ Cl
⑤ Br
⑥ I
⑦ 1301
⑧ 1211
⑨ 2402
⑩ 1301
⑪ 2402
⑫ 1211

⑬ 물리적 소화, 화학적 소화
⑭ 물리적 소화

⑮ 제외

⑯ 4.75%
⑰ 82%
⑱ 9.5%
⑲ 3.75%
⑳ C_2HF_5
㉑ CHF_3
㉒ CF_3I

(2) **불활성기체 소화약제**: 헬륨(He), 네온(Ne), 아르곤(Ar), 질소(N_2) 중 하나 이상의 원소를 기본성분으로 하는 소화약제를 말한다.

계열	종류	화학식	NOAEL[%]	ODP
IG	IG-01	①	43	0
	IG-100	②	43	0
	IG-541	③	43	0
	IG-55	④	43	0

- IG-01, 55, 100(**불연성·불활성 기체 혼합가스**)
  ALT, GWP, ODP가 0이다. 주로 밀폐된 공간에서 산소농도를 낮춰 소화한다.

- IG-541(**불연성·불활성 기체 혼합가스**)
  IG-541은 질소 52%, 아르곤 40%, 이산화탄소 8%로, Inergen 약제라고 하며 주로 밀폐된 공간에서 산소농도를 낮춰 소화한다. 이 소화약제는 소화성능을 발휘할 수 있는 약제의 농도에서도 사람의 호흡에 문제가 없어 사람이 있는 곳에서도 사용이 가능하다(소화에 필요한 소화농도에 도달하는 데 있어 다른 소화약제는 10초 미만이지만 IG-541은 적어도 1분이 소요된다. 따라서 사람이 있는 곳에서도 사용 가능하나 30초 이내에 도망가야 한다).

3 구비조건

① **소화성능**: 소화성능이 우수해야 한다.
② **독성**: 독성이 적어 인체에 무해해야 한다.
③ **환경영향성**: 오존층파괴지수(ODP), 지구온난화지수(GWP), 대기잔존시간(ALT)이 낮아야 한다.
④ **경제성**: 가격이 적당하며 다른 소화설비보다 소화약제량이 많아 넓은 저장공간이 필요하다.

4 설치제외

① 사람이 상주하는 곳으로서 ⑤ _____ 를 초과하는 장소
② ⑥ _____ 위험물 및 ⑦ _____ 위험물을 사용하는 장소. 다만, 소화성능이 인정되는 위험물은 제외한다.

정답

① Ar
② N_2
③ N_2 52[%] + Ar 40[%] + CO_2 8[%]
④ N_2 50[%] + Ar 50[%]

⑤ 최대허용설계농도(NOAEL)
⑥ 제3류
⑦ 제5류

DETAIL 핵심지문 OX

LINK 159~181p

001 〔기출〕 소화약제가 되기 위해서는 연소의 요소 중 한 가지 이상을 제거 또는 차단할 수 있어야 하며, 고가인 가격, 인체에 무독성이고 환경에 대한 오염이 적어야 하며 저장에 있어 변질이 발생하지 않고 안정성이 있어야 한다. O | X

해설
001 소화약제가 되기 위해서는 연소의 요소 중 한 가지 이상을 제거 또는 차단할 수 있어야 하며, **저렴한 가격(경제적)**, 인체에 무독성이고 환경에 대한 오염이 적어야 하며 저장에 있어 변질이 발생하지 않고 안정성이 있어야 한다.

002 〔기출〕 가스계 소화약제에는 이산화탄소 소화약제, 할론 소화약제, 분말 소화약제, 강화액 소화약제가 있으며, 수계 소화약제에는 공기포 소화약제, 물 소화약제가 있다. O | X

002 가스계 소화약제에는 이산화탄소 소화약제, 할론 소화약제, 분말 소화약제가 있으며, **수계 소화약제에는 강화액 소화약제**, 공기포 소화약제, 물 소화약제가 있다.

003 〔기출〕 가스계 소화약제에는 이산화탄소 소화약제, 할론 소화약제, 강화액 소화약제가 있으며 모두 부촉매, 냉각, 질식의 소화효과를 가지고 있다. O | X

003 가스계 소화약제에는 ~~이산화탄소 소화약제~~, 할론 소화약제, ~~강화액 소화약제~~가 있으며 **모두** 부촉매, 냉각, 질식의 소화효과를 가지고 있다.
→ 이산화탄소 소화약제는 부촉매 효과가 없다.
→ 강화액 소화약제는 부촉매, 냉각, 질식의 소화효과를 가지고 있으나 수계 소화액제이다.

정답
001 × 002 × 003 ×

1 물 소화약제

LINK 159~163p

004 〔기출〕 물은 분자 내에서는 수소결합을, 분자 간에는 극성공유결합을 하여 소화약제로써의 효과가 뛰어나다. O | X

해설
004 물은 분자 내에서는 **극성공유결합**을, 분자 간에는 **수소결합**을 하여 소화약제로써의 효과가 뛰어나다.

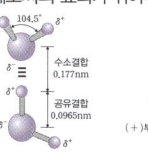
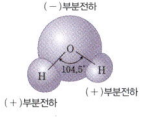

정답
004 ×

해설

006
물은 비교적 큰 표면장력을 가지고 있으며, 1기압에서 기화열이 539[cal/g]로 다른 물질보다 커서 냉각소화 효과가 아주 뛰어나다.

007
물의 표면장력은 온도가 상승하면 작아진다.

009
물의 비중은 1기압, 4[℃]에서 가장 크다.
→ 물은 4[℃]일 때 밀도가 가장 높고 가장 무겁다.

011
물의 비열은 대기압 상태에서 1[cal/g·℃]이다.

---

005 (기출) 물 소화약제는 주수 방법에 따라 냉각효과 및 질식효과가 있으며, 분무 방사 시 B급 화재 및 C급 화재에도 적응성이 있다. O | X

006 (기출) 물은 비교적 큰 표면장력을 가지고 있으며, 1기압에서 기화열이 1[cal/g]로 다른 물질보다 커서 냉각소화 효과가 아주 뛰어나다. O | X

007 (기출) 물의 표면장력은 온도가 상승하면 커진다. O | X

008 (기출) 물은 비압축성이므로 압력이나 유속의 변화에 따라 체적이 변하지 않는다. O | X

009 (기출) 물의 비중은 1기압, 0[℃]에서 가장 크다. O | X

010 (기출) 물은 기화잠열이 539[kcal/kg]이며 물은 증발하면 약 1,700배 부피가 팽창하고 질식효과가 있다. O | X

011 (기출) 물의 비열은 대기압 상태에서 0.5[cal/g·℃]이다. O | X

012 (기출) 물 소화약제를 무상주수하게 되면 냉각효과뿐만 아니라 수증기의 급격한 팽창에 의한 산소농도를 감소시켜 질식효과를 기대할 수 있다. O | X

정답
005 O 006 × 007 × 008 O
009 × 010 O 011 × 012 O

013 물 소화약제는 자기 자신이 가지고 있는 비열 및 기화열의 값이 다른 소화약제에 비하여 높고, 장기간 저장해도 소화약제로서의 기능이 상실되지 않는다. O | X

014 물은 압력을 가하면 압축이 가능하고 경제적이며 모든 종류의 소화에 적합하다. O | X

해설

014
물은 압력을 가하면 압축이 **불가능하고(비압축성)** 경제적이며 ~~모든 종류의~~ 소화에 적합하다.
→ 유류화재, 전기화재, 금속화재 시 물 소화약제 사용이 어렵다.
→ 유류화재와 전기화재 시 무상주수 가능

015 물분무소화설비는 봉상주수와 적상주수보다 질식효과가 더 좋고, 파괴력이 있다. O | X

015
물분무소화설비는 봉상주수와 적상주수보다 질식효과가 더 좋고, 파괴력이 **적다.**

016 무상주수 시 화원주위에 복사열 증진효과가 있다. O | X

016
무상주수시 화원주위에 복사열 **차단** 효과가 있다.

017 무상주수는 열의 차폐에도 유효하여 가스화재 및 폭발제어 설비로도 사용된다. O | X

018 냉각소화와 질식작용에 가장 큰 효과를 낼 수 있는 것은 봉상주수이다. O | X

018
냉각소화와 질식작용에 가장 큰 효과를 낼 수 있는 것은 **무상주수**이다.

019 물의 입자크기가 크게 되면 표면적이 증가해서 열을 흡수하여 기화가 용이하게 되므로 입경이 클수록 냉각효과가 크다. O | X

019
물의 입자크기가 **작게** 되면 표면적이 증가해서 열을 흡수하여 기화가 용이하게 되므로 입경이 **작을수록** 냉각효과가 크다.

정답
013 O 014 × 015 × 016 ×
017 O 018 × 019 ×

해설

020
일반적으로 유류화재 시 물을 사용하면 연소면이 확대되기 때문에 물을 사용할 수 없다.

021
유류화재시 **봉상주수**하는 경우 연소면 확대 우려가 있어 **사용 불가능하다**.
→ 무상주수는 가능하다.

024
물을 무상으로 방사하는 경우 봉상보다 질식·유화작용 및 ~~타격·파괴효과~~가 좋다.

025
물 소화약제는 제4류 위험물 중 중질유인 중유 화재 시 **무상주수**에 의해서 유화층을 형성하여 질식·냉각 및 유화소화작용을 일으켜 신속하게 소화하는 기능을 갖는다.

---

020 〔기출〕 물은 B급 화재(유류화재)에서는 오히려 화재가 확대될 수 있다. O | X

021 〔기출〕 봉상주수는 유류화재에 가능하다. O | X

022 〔기출〕 유화효과를 높이기 위해서 질식 효과의 물방울 입자크기보단 약간 크게 하고 고압으로 방사해야 한다. O | X

023 〔기출〕 물 소화약제는 화재에 대하여 냉각·질식·유화·희석소화작용과 고압으로 주수 시 화재의 화세를 제압하거나 이웃한 소방대상물로의 연소 방지 기능 등 여러 가지의 소화작용을 가지고 있다. O | X

024 〔예상〕 물을 무상으로 방사하는 경우 봉상보다 질식·유화작용 및 타격·파괴효과가 좋다. O | X

025 〔기출〕 물 소화약제는 제4류 위험물 중 중질유인 중유 화재 시 봉상주수에 의해서 유화층을 형성하여 질식·냉각 및 유화소화작용을 일으켜 신속하게 소화하는 기능을 갖는다. O | X

026 〔기출〕 중질유화재에 물을 무상으로 주수 시 급속한 증발에 의한 질식효과와 함께 에멀젼(emulsion) 형성에 의한 유화효과가 있다. O | X

정답

020 O   021 ×   022 O   023 O
024 ×   025 ×   026 O

027 물 소화약제 첨가제 중 증점제는 주요 기능이 물의 표면장력을 작게하여 심부화재에 대한 적응성을 높여준다. O | X

해설

027
물 소화약제 첨가제 중 **침투제**는 주요 기능이 물의 표면장력을 작게하여 심부화재에 대한 적응성을 높여준다.

028 Viscosity Agent는 물의 유실방지 및 소방대상물의 표면에 오랫동안 잔류하면서 무상주수 시 물체의 표면에서 점성의 효력을 올려주는 약제이다. O | X

028
Viscosity agent = 증점제

029 부동제는 물의 어는점(1기압, 0℃) 이하에서 동파 및 응고현상을 방지하기 위하여 첨가하는 물질로써 종류로는 염화칼슘, 글리세린, 프로필렌글리콜, 폴리에틸렌옥사이드가 있다. O | X

029
부동제는 물의 어는점(1기압, 0℃) 이하에서 동파 및 응고현상을 방지하기 위하여 첨가하는 물질로써 종류로는 염화칼슘, 글리세린, 프로필렌글리콜, ~~폴리에틸렌옥사이드~~가 있다.
→ 폴리에틸렌옥사이드 : 유동화제

030 물에 침투제를 첨가하는 이유는 표면장력을 증가시켜 소화능력을 향상하기 위함이다. O | X

030
물에 침투제를 첨가하는 이유는 표면장력을 **감소**시켜 소화능력을 향상하기 위함이다.

031 유동화제는 소방용수의 유출 속도를 낮추기 위해 물에 섞는 소화 용수용 액체이다. O | X

031
유동화제는 소방용수의 유출 속도를 **높이기** 위해 물에 섞는 소화 용수용 액체이다.

032 물은 수소결합으로 안정성이 높아 각종 약제를 혼합하여 사용이 가능하다는 장점이 있으며 친환경적이다. O | X

정답
027 ×   028 ○   029 ×   030 ×
031 ×   032 ○

2 포 소화약제

LINK 164~168p

해설

033 포 소화약제의 주 소화효과는 질식과 냉각이다. O|X

034
포 소화약제의 구비조건으로 안정성, 내유성, 유동성, 내열성, 소포성이 좋아야 한다.
→ 소포성은 적어야 한다.

034 포 소화약제의 구비조건으로 안정성, 내유성, 유동성, 내열성, 소포성이 좋아야 한다. O|X

035 폼(form)을 방사하는 경우 화원의 표면을 덮음으로써 유류표면에 물로 형성된 층은 물과 기름의 얇은 막을 만들며 공기차단하는 질식소화 효과가 있다. O|X

036 포는 기계포와 화학포로 나누는 데 화학포는 일반적으로 사용하고 있지 않다. O|X

037
팽창비란 최종 발생한 포 체적을 원래 포 수용액 체적으로 나눈 값을 말한다.
팽창비 = 발포 후 포의 체적 / 발포 전 포 수용액의 체적

037 팽창비란 최종 발생한 포 수용액 체적을 원래 포 체적으로 나눈 값을 말한다. O|X

038 팽창비율에 따른 포의 종류로서 팽창비가 20 이하인 것을 저발포라 하고, 팽창비가 80 이상 1,000 미만인 것을 고발포라 한다. O|X

039
포소화설비에서 고발포로서 제2종 기계포의 거품 팽창비율은 250배 이상 500배 미만이다.

039 포소화설비에서 고발포로서 제2종 기계포의 거품 팽창비율은 80배 이상 250배 미만이다. O|X

정답
033 O 034 × 035 O 036 O
037 × 038 O 039 ×

해설

040 발포배율이 다양하여 고발포 및 저발포로서 소화가 가능한 것은 **합성계면활성제포**이다.

040 발포배율이 다양하여 고발포 및 저발포로서 소화가 가능한 것은 불화단백포이다. O X

041 합성계면활성제포 소화약제는 유동성과 저장성이 우수하며 저팽창포부터 고팽창포까지 사용할 수 있다. O X

042 단백포 소화약제는 유동성과 유면 봉쇄성은 좋으나 내열성이 나쁘고 유류를 오염시키는 단점이 있다. O X

042 단백포 소화약제는 **내열성**과 유면 봉쇄성은 좋으나 **유동성**이 나쁘고 유류를 오염시키는 단점이 있다.

043 단백포와 불화단백포는 단친매성이고, 수성막포와 합성계면활성제포는 양친매성이다. O X

043 **수성막포**와 불화단백포는 단친매성이고, **단백포**와 합성계면활성제포는 양친매성이다.

044 단백포와 합성계면활성제포는 친수성, 친유성이다. O X

045 수성막포와 단백포는 내열성이 약해 윤화현상(Ring fire) 발생 우려가 있다. O X

045 수성막포와 **합성계면활성제포**는 내열성이 약해 윤화현상(Ring fire) 발생 우려가 있다.

046 불화단백포 소화약제는 불소계 계면활성제를 첨가하여 단백포 소화약제의 단점인 유동성을 보완하였다. O X

정답
040 ×　041 ○　042 ×　043 ×
044 ○　045 ×　046 ○

해설

049
수성막포는 기름 표면에 얇은 수성막을 형성하여 유면으로부터 가연성 증기 발생을 억제하며, Light water 또는 AFFF(Aqueous film forming foam)이라고도 한다.

050
탄화수소계 계면활성제를 함유하고 있는 합성계면활성제포는 친수성이고 유동성이 좋으며 내유성은 좋지 않다.

051
고발포를 건물화재(A급화재)에 사용하는 경우 물 소화약제에 비해 사용수량이 적어 소화 후 물에 의한 피해가 적다.

052
단백포는 동물의 뿔, 발톱, 동물의 피 등으로서 만들며 내열성과 점착성이 좋으며, 유동성은 좋지 않다.

정답
047 ○ 048 ○ 049 × 050 ×
051 × 052 ×

---

047 불화단백포 및 수성막포는 내유성이 좋아 표면하주입방식에 사용할 수 있다. ○ | ×

048 수성막포 소화약제는 내유성이 있어 탱크 하부에서 발포하는 표면하주입방식이 가능하며 분말소화약제와 함께 사용 시 소화능력이 강화된다. ○ | ×

049 단백포는 기름 표면에 얇은 수성막을 형성하여 유면으로부터 가연성 증기 발생을 억제하며, Light water 또는 AFFF(Aqueous film forming foam)이라고도 한다. ○ | ×

050 불소를 함유하고 있는 합성계면활성제포는 친수성이고 유동성과 내유성이 좋다. ○ | ×

051 고발포를 건물화재(A급화재)에 사용하는 경우 물 소화약제에 비해 사용수량이 많아 소화 후 물에 의한 피해가 크다. ○ | ×

052 단백포는 동물의 뿔, 발톱, 동물의 피 등으로서 만들며 내열성과 점착성, 유동성이 우수하다. ○ | ×

053 내알코올포란 수용성 용매가 포 속의 물을 탈취하여 포가 파괴되는 현상(파포현상)을 방지하기 위해 사용하는 포 소화약제로 단백질의 가수분해 생성물질과 합성세제 등을 주성분으로 제조한 것이다. O | X

054 내알코올포는 알코올류, 케톤류, 에스터류 등과 같은 수용성 위험물 화재에 소화 적응성이 아주 우수하다. O | X

055 알콜형포는 파포현상을 방지하기 위해 단백포의 가수분해물질, 계면활성제에 금속비누 등을 첨가하여 유화·분산시키는 소화약제로 비누화 현상을 일으킨다. O | X

056 알콜형포 사용 시 비누화현상이 일어나면 소화능력이 떨어진다. O | X

057 수성막포 소화약제는 불소계 계면활성제를 주성분으로 드라이케미컬과 혼합 시 소화력이 7~8배 상승효과를 갖는 포 소화약제이다. O | X

058 수성막포 소화약제는 불소계 계면활성제를 주성분으로 한 것으로 안정성이 좋아 장기보존이 가능하다. O | X

059 환원시간은 방출된 포가 파포되어 원래의 포수용액으로 환원되는데 걸리는 시간이다. 단백포와 수성막포의 25% 환원시간은 60초이고 합성계면활성제포는 120초이어야 한다. O | X

해설

056 알콜형포 사용 시 비누화현상이 일어나면 소화능력이 **좋아진다**.

057 CDC(Compatible Dry Chemical) 분말 소화약제
＝제3종 분말소화약제＋수성막포 소화약제

059 환원시간은 방출된 포가 파포되어 원래의 포수용액으로 환원되는데 걸리는 시간이다. 단백포와 수성막포의 25% 환원시간은 60초이고 합성계면활성제포는 **180초**이어야 한다.

정답
053 O 054 O 055 O 056 ×
057 O 058 O 059 ×

3 강화액 소화약제

해설

060
물과 탄산칼륨이 혼합되어 있는 강화액 소화약제는 냉각소화작용을 하는데 소량의 K⁺가 생성되어 부촉매효과를 가진다.

060 〔기출〕 물과 탄화칼륨이 혼합되어 있는 강화액 소화약제는 냉각소화작용을 하는데 소량의 H^+가 생성되어 부촉매효과를 가진다. ○|×

061 〔예상〕 강화액 소화약제는 물의 소화력을 높이기 위해 화재에 억제효과가 있는 염류를 첨가하여 만든 소화약제로 어는점이 −20[℃] 이하로 낮기 때문에 한랭지역에서도 사용이 가능하다. ○|×

062
강화액 소화약제는 일반화재에 주로 적용되며, 유류화재나 전기화재에도 무상주수 시에는 적응성이 있다.

062 〔예상〕 강화액 소화약제는 일반화재에 주로 적용되며, 무상주수시에도 유류화재나 전기화재에 적응성이 없다. ○|×

정답
059 × 061 ○ 062 ×

4 산·알칼리 소화약제

해설

063
$2NaHCO_3 + H_2SO_4 \rightarrow Na_2SO_4 + 2CO_2 + 2H_2O$
탄산수소나트륨 황산   황산나트륨 이산화탄소 물

063 〔예상〕 산·알칼리 소화약제는 탄산수소나트륨의 수용액과 황산이 혼합하며 발생하는 이산화탄소 가스의 압력에 의해 작용하여 방사되는 약제이다. ○|×

정답
063 ○

5 이산화탄소 소화약제

LINK 169~171p

064 〔기출〕 이산화탄소 소화약제는 무색, 무취로 전도성이며 독성이 있다. ○ ✕

해설
064
이산화탄소 소화약제는 무색, 무취로 **비전도성**이며 **독성이 없다.**

065 〔기출〕 이산화탄소는 더이상 산소와 반응하지 않는 불연성 물질이기 때문에 소화약제에 쓰이고 유류화재 및 전기화재에 주로 사용되며 일반화재에는 사용이 불가능하다. ○ ✕

065
이산화탄소는 더이상 산소와 반응하지 않는 불연성 물질이기 때문에 소화약제에 쓰이고 유류화재 및 전기화재에 주로 사용되며 일반화재에도 사용이 **가능하다.**(밀폐된 경우)

066 〔기출〕 이산화탄소 소화약제는 소화 후 소화약제에 의한 오손이 없고, 비전도성이다. 또한 자체 압력으로 방출이 가능하고, 불연성 기체로서 주된 소화효과는 질식효과이다. ○ ✕

067 〔기출〕 이산화탄소 저압식 저장용기에는 압력계가 필요없다. ○ ✕

067
이산화탄소 저압식 저장용기에는 압력계가 **필요하다.**

068 〔기출〕 액화 이산화탄소는 자체증기압이 매우 높기 때문에 다른 가압원의 도움 없이 자체 압력으로 방사가 가능하다. ○ ✕

069 〔기출〕 이산화탄소 소화약제는 표면화재에 우수한 효과를 나타내며 전기화재 시에도 사용 가능하지만 심부화재에는 적응성이 없다. ○ ✕

069
이산화탄소 소화약제는 표면화재에 우수한 효과를 나타내며 전기화재 시에도 사용 가능하고, 심부화재에도 적응성이 **있다.**

정답
064 ✕ 065 ✕ 066 ○ 067 ✕
068 ○ 069 ✕

해설

□□□ (예상)
070 이산화탄소는 심부화재에 사용하는 경우 재발화 위험성이 있다. 따라서 심부화재의 경우에는 고농도의 이산화탄소를 방출시켜 소화농도의 분위기를 비교적 장시간 유지시켜 줌으로써 일차적인 소화는 물론 재발화의 가능성도 제거해 줄 필요가 있다. O|X

071 이산화탄소 소화약제는 제3류 위험물과 제5류위험물의 소화에 **사용할 수 없다.**

□□□ (기출)
071 이산화탄소 소화약제는 제3류 위험물과 제5류 위험물의 소화에 사용한다. O|X

072 자체적으로 산소를 함유하는 물질의 장소, 전시장 등의 관람을 위하여 다수인이 출입·통행하는 통로 및 전시실, ~~제4류 위험물 인화성 액체가 있는 장소~~에는 이산화탄소 소화설비를 설치할 수 없다.

□□□ (기출)
072 자체적으로 산소를 함유하는 물질의 장소, 전시장 등의 관람을 위하여 다수인이 출입·통행하는 통로 및 전시실, 제4류 위험물 인화성 액체가 있는 장소에는 이산화탄소 소화설비를 설치할 수 없다. O|X

□□□ (기출)
073 이산화탄소는 상온 21[℃]에서 공기 비중이 1이라면 이산화탄소의 비중은 약 1.52배이다. 이산화탄소는 공기보다 무거워 방출 시 가연물이나 화염 표면을 덮어 공기의 공급을 차단시켜 버리는 피복작용 효과가 있다. O|X

□□□ (예상)
074 이산화탄소 소화약제는 질식소화 효과와 기화열 흡수에 의한 냉각효과가 있다. O|X

075 이산화탄소 소화약제는 나트륨, 칼륨 등 활성금속물질에서 화재 시 **사용할 수 없다.**

□□□ (예상)
075 이산화탄소 소화약제는 나트륨, 칼륨 등 활성금속물질에서 화재 시 우수한 소화효과를 나타낸다. O|X

정답
070 O 071 × 072 × 073 O
074 O 075 ×

076 화재 시 CO_2를 방출하여 산소의 농도를 14[%]로 낮추어 소화하려면 CO_2의 최소설계농도는 33.33[%] 이상으로 설계해야 한다. O|X

해설
076
화재 시 CO_2를 방출하여 산소의 농도를 14[%]로 낮추어 소화하려면 CO_2의 최소설계농도는 **40[%]** 이상으로 설계해야 한다.
$$\left(\frac{21-14}{21} \times 100\right) \times 1.2 = 40$$
∴ 최소설계농도는 최소 34[%] 이상이다.

정답
076 ×

6 분말 소화약제
🔗 LINK 171~175p

077 분말소화약제 사용 시 부촉매효과, 질식효과, 냉각효과, 방사열차단효과, 유화효과가 있다. O|X

해설
077
분말소화약제 사용 시 부촉매효과, 질식효과, 냉각효과, 방사열차단효과, ~~유화효과~~가 있다.

078 분말은 미세할수록 소화효과가 크며 화염 속으로의 침투성도 좋아진다. O|X

078
분말은 20~25μm일 때 **최적의 소화효과를 나타내며** 화염 속으로의 침투성도 좋아진다.
→ 분말 소화약제의 입자는 너무 커도, 미세해도 좋지 않다.

079 분말의 방습이 좋지 않으면 소화효과가 떨어지기 때문에 방습제를 사용한다. O|X

080 분말은 유동성이 좋아야 소화효과가 높아진다. O|X

080
안식각을 작게하면 유동성이 높아진다.

정답
077 × 078 × 079 ○ 080 ○

해설

081
분말소화약제는 전기절연성이 높아 고전압의 전기화재에 적합하다.
→ 자기연소성 물질은 냉각소화한다.

082
탄산수소나트륨, 탄산수소칼륨, 제1인산암모늄, 인산나트륨은 분말 소화약제로 사용된다.

083
칼륨이온이 나트륨이온보다 반응성이 크기 때문에 제2종 분말소화약제가 제1종 분말소화약제보다 소화능력이 약 2배 우수하다.

084
제2종 분말소화약제의 주성분은 $KHCO_3$(탄산수소칼륨)이다.

085
제4종 분말소화약제의 성분은 중탄산칼륨+요소이다.

086
제3종 분말 소화약제는 메타인산의 방진효과에 의해 일반화재(A급 화재)에도 사용이 가능하다.

---

081 〔기출〕
분말소화약제는 전기절연성이 높아 고전압의 전기화재에도 적합하며, 자기연소성 물질의 화재에도 강한 소화력을 가지고 있다. O | X

082 〔기출〕
탄산수소나트륨, 탄산수소칼륨, 제1인산암모늄, 인산나트륨은 분말 소화약제로 사용된다. O | X

083 〔예상〕
나트륨이온이 칼륨이온보다 반응성이 크기 때문에 제1종 분말소화약제가 제2종 분말소화약제보다 소화능력이 약 2배 우수하다. O | X

084 〔기출〕
제3종 분말소화약제의 주성분은 $KHCO_3$이다. O | X

085 〔기출〕
제4종 분말소화약제의 성분은 중탄산나트륨+요소이다. O | X

086 〔기출〕
제3종 분말소화약제는 현재 생산되고 있는 분말소화약제의 대부분을 차지하고 있으며, ABC급 분말소화약제라고도 부른다. O | X

087 〔기출〕
제1종 분말소화약제는 질식효과, 냉각효과, 비누화반응이 있다. O | X

정답
081 × 082 × 083 × 084 ×
085 × 086 ○ 087 ○

088 제1종 분말소화약제와 제2종 분말소화약제가 방사되었을 때 O_2와 CO_2가 생성된다. O|X

해설

088 제1종 분말소화약제와 제2종 분말소화약제가 방사되었을 때 H_2O와 CO_2가 생성된다.

089 제1·2·3종 분말소화약제는 열분해 반응에서 CO_2가 생성된다. O|X

089 제1·2종 분말소화약제는 열분해 반응에서 CO_2가 생성된다.

090 제2종 분말소화약제의 착색은 담홍색이다. O|X

090 제2종 분말소화약제의 착색은 담회색이다.
→ 제3종 분말소화약제의 착색: 담홍색

091 제3종 분말소화약제의 반응과정에서 생성된 오르소인산은 연소표면에 유리피막을 형성하여 가연물을 피복하여 연소에 필요한 산소의 유입을 차단하므로 재연소 방지효과가 커서 일반화재(A급 화재)에도 사용이 가능하다. O|X

091 제3종 분말소화약제의 반응과정에서 생성된 메타인산은 연소표면에 유리피막을 형성하여 가연물을 피복하여 연소에 필요한 산소의 유입을 차단하므로 재연소 방지효과가 커서 일반화재(A급 화재)에도 사용이 가능하다.

092 제3종 분말소화약제의 열분해 결과로 생성되는 물질인 NH_3는 부촉매 작용을 한다. O|X

092 제3종 분말소화약제의 열분해 결과로 생성되는 물질인 NH_4^+는 부촉매 작용을 한다.
→ NH_3 : 질식작용

093 $NaHCO_3$이 주된 성분인 분말소화약제는 B·C급 화재에 사용하고 분말 색상은 담회색이다. O|X

093 $NaHCO_3$(탄산수소나트륨)이 주된 성분인 분말소화약제(제1종 분말소화약제)는 B·C급 화재에 사용하고 분말 색상은 백색이다.

094 $NH_4H_2PO_4$이 주된 성분인 분말소화약제는 A·B·C급 화재에 유효하고 비누화현상이 일어나지 않는다. O|X

정답
088 × 089 × 090 × 091 ×
092 × 093 × 094 O

해설

095
CDC 분말 소화약제는 포 소화약제의 단점인 화재진압시간과 분말 소화약제의 단점인 재발화 위험성을 보완하고자 만든 약제로 **제3종** 분말소화약제와 수성막포 소화약제를 활용한 것이다.

095 (예상)
CDC 분말 소화약제는 포 소화약제의 단점인 화재진압시간과 분말 소화약제의 단점인 재발화 위험성을 보완하고자 만든 약제로 제1종 분말소화약제와 수성막포 소화약제를 활용한 것이다. O | X

096 (예상)
소화약제 자체는 인체에 무해하나 열분해 시에 유해성 가스를 발생하는 것도 있다. O | X

정답
095 ×   096 ○

---

7 할론 소화약제 🔗 LINK 175~178p

해설

097
할론 소화약제란 지방족 탄화수소인 메탄, 에탄 등의 수소원자가 주기율표 17족 원소인 불소(F), 염소(Cl), 취소(Br), 옥소(I)로 치환된 화합물이며, 할론 **2402**은 에탄에서 치환된 것이다.

097 (기출)
할론 소화약제란 지방족 탄화수소인 메탄, 에탄 등의 수소원자가 주기율표 17족 원소인 불소(F), 염소(Cl), 취소(Br), 옥소(I)로 치환된 화합물이며, 할론 1301은 에탄에서 치환된 것이다. O | X

098 (예상)
옥소(I) 화합물은 소화의 강도가 가장 강하나 다른 물질과 쉽게 결합하여 많은 분해부산물을 생성하여 독성이 많아지게 되고 경제성 또한 없어 소화약제로는 잘 사용하지 않는다. O | X

099
할론 원자수는 순서대로 F→Cl→Br →I 이다.

099 (기출)
할론 원자수는 순서대로 F → Br → Cl → I이다. O | X

100
할론 1301, 1211은 상온·상압에서 기체로 존재하며 유류화재, 전기화재에는 적응성이 있으나 **금속의 수소화합물, 유기과산화물에는 적응성이 없다.**

100 (기출)
할론 1301, 1211은 상온·상압에서 기체로 존재하며 유류화재, 전기화재, 금속의 수소화합물, 유기과산화물에 적응성이 있다. O | X

정답
097 × 098 ○ 099 × 100 ×

101 Halon 2402는 상온, 상압에서 액체로 존재하며 자체적인 독성은 없지만 열분해 시 독성가스를 발생시킨다. ○|×

해설

101 Halon 2402는 상온, 상압에서 액체로 존재하며 **자체적인 독성이 있기 때문에** 주로 사람이 없는 옥외시설물에 국한되어 사용한다.
→ 할론 1301, 1211은 상온, 상압에서 기체로 존재한다.

102 Halon 1211은 자체 증기압이 낮아 저장용기에 저장할 때 소화약제의 원활한 방출을 위해 질소가스로 가압한다. ○|×

103 할론 소화약제는 물이나 이산화탄소 소화약제에 비하여 냉각효과가 약하나 모든 위험물에 적응이 가능하다. ○|×

103 할론 소화약제는 물이나 이산화탄소 소화약제에 비하여 냉각효과가 약하나 **모든 위험물**에 적응이 가능하다.
→ 금속물질과 제5류 위험물 화재시 할론 소화약제 사용이 어렵다.

104 오존파괴지수: 할론 1301 > 할론 1211 > 할론 2402 ○|×

104 오존파괴지수:
할론 1301 > 할론 2402 > 할론 1211

105 염소가 함유되어 있지 않은 할론 1301은 우수한 소화력에도 불구하고 A급 화재에서는 일반적으로 적응력이 없다. ○|×

105 할론 소화약제는 보통 유류화재(B급 화재), 전기화재(C급화재)에 주로 사용되며 밀폐상태(전역방출방식) 에서 방출되는 경우 일반화재(A급 화재)에도 사용이 가능하다.

106 할론 소화약제의 주된 소화효과는 질식이며, 그 외에 냉각효과, 억제효과, 유화효과가 있다. ○|×

106 할론 소화약제의 주된 소화효과는 **부촉매 소화**이며, 그 외에 냉각효과, 질식효과, 유화효과가 있다.

정답
101 × 102 ○ 103 × 104 ×
105 ○ 106 ×

8 할로겐화합물 및 불활성기체 소화약제

107 할로겐화합물(할론 1301, 1211, 2402 제외) 및 불활성기체 소화약제는 화재진화 후 잔사가 남지 않으며 전기적으로 비전도성인 소화약제이다. O | X

108 할론 소화약제를 포함한 할로겐화합물 및 불활성기체이다. O | X

해설
108 할론 소화약제를 제외한 할로겐화합물 및 불활성기체이다.

109 할로겐화합물 소화약제 중 HFC-23(트리플루오르메탄)의 화학식은 CHF_3이다. O | X

110 HCFC BLEND A는 HCFC-123 : 4.75%, HCFC-22 : 82%, HCFC-124 : 9.5%, $C_{10}H_{16}$: 3.75%로 구성되어 있다. O | X

111 할로겐화합물 소화약제는 불소, 염소, 브롬 또는 요오드 중 하나 이상의 원소를 포함하고 있는 유기화합물을 기본성분으로 하는 소화약제를 말한다. O | X

112 "할로겐화합물 및 불활성기체 소화약제" 중 불활성기체 소화약제는 헬륨(He), 네온(Ne), 아르곤(Ar), 옥소(I) 중 하나 이상의 원소를 기본성분으로 하는 소화약제이다. O | X

112 "할로겐화합물 및 불활성기체 소화약제" 중 불활성기체 소화약제는 헬륨(He), 네온(Ne), 아르곤(Ar), 질소(N_2) 중 하나 이상의 원소를 기본 성분으로 하는 소화약제이다.

113 할로겐화합물 소화약제의 ODP를 현저하게 낮추기 위하여 취소(Br)를 배제한다. O | X

정답
107 O 108 × 109 O 110
111 O 112 × 113 O

114 할로겐화합물 및 불활성기체 소화약제는 환경영향성(오존파괴지수, 지구온난화지수, 대기 중 소멸성, 전기절연성)을 고려한 것으로 오존파괴지수와 지구온난화지수가 할론과 이산화탄소에 비해 무시할 정도로 낮다. O | X

해설

114
할로겐화합물 및 불활성기체 소화약제는 환경영향성(오존파괴지수, 지구온난화지수, 대기 중 소멸성, 전기절연성)을 고려한 것으로 오존파괴지수와 지구온난화지수가 할론과 이산화탄소에 비해 무시할 정도로 낮다.

115 할로겐화합물 및 불활성기체 소화약제는 오존층 보호용인 친환경적 소화약제이고 오존파괴지수(ODP)와 지구온난화지수(GWP)가 제로에 가깝다. O | X

116 할로겐화합물 및 불활성기체 소화약제 방출시 할론이나 이산화탄소와 같이 산소의 농도를 급격하게 저하시키지 않고 화재를 소화하는 동안 피연소물질에 물리적·화학적 변화나 재산상의 피해를 주지 않으며, 소화가 완료된 후 특별한 물질이나 지방성 부산물을 발생시키는 단점이 있다. O | X

116
할로겐화합물 및 불활성기체 소화약제 방출시 할론이나 이산화탄소와 같이 산소의 농도를 급격하게 저하시키지 않고 화재를 소화하는 동안 피연소물질에 물리적·화학적 변화나 재산상의 피해를 주지 않으며, 소화가 완료된 후 특별한 물질이나 지방성 부산물을 **발생시키지 않는다.**

117 소화약제는 대기 중에 잔존 시간이 길수록 좋다. O | X

117
소화약제는 대기 중에 잔존 시간이 **짧을수록** 좋다.

118 오존파괴지수(ODP)의 기준물질은 CFC-11이며, 지구온난화지수(GWP)의 기준물질은 CO_2이다. O | X

118
CFC-11(CCl_3F): 삼염화불화탄소

119 할로겐화합물 및 불활성기체 소화약제는 화재에 대하여 질식·냉각 소화 기능 및 억제소화 기능이 우수하다. O | X

정답
114 × 115 ○ 116 × 117 ×
118 ○ 119 ○

해설

120
불활성기체 소화약제는 화학적 소화성능이 없고, 분말 소화약제는 화학적 소화성능이 있다.

121
불활성기체 소화약제의 주된 소화효과는 질식소화이다.

122
사람이 있는 곳에서도 사용 가능하나 30초 이내에 도망가야 한다.

123
IG-541은 N_2: 52%, Ar: 40%, CO_2: 8%에 해당한다.

124

종류	화학식
IG-01	Ar
IG-100	N_2
IG-541	N_2 52[%] Ar 40[%] CO_2 8[%]
IG-55	N_2 50[%] Ar 50[%]

126
최소허용설계농도(LOAEL)란 농도를 감소시킬 때 악영향을 감지할 수 있는 최소농도를 말한다.

정답
120 × 121 × 122 ○ 123 ×
124 × 125 ○ 126 ×

---

120 (기출) 불활성기체 소화약제와 분말 소화약제는 화학적 소화성능을 가지고 있다. O|X

121 (기출) 불활성기체 소화약제의 주된 소화효과는 연쇄반응을 차단하는 부촉매 소화이다. O|X

122 (기출) IG-541은 사람이 있는 곳에서도 사용할 수 있고, ODP가 0%이다. O|X

123 (기출) IG-541은 N_2: 52%, Ar: 40%, Ne: 8%에 해당한다. O|X

124 (기출) IG-01, IG-55, IG-100, IG-541 중 질소를 포함하지 않은 약제는 IG-100이다. O|X

125 (예상) 할로겐화합물 및 불활성기체 소화약제는 사람이 상주하는 곳으로서 최대허용설계농도를 초과하는 장소, 제3류 및 제5류 위험물을 사용하는 장소에는 설치 제외된다. O|X

126 (예상) 최대허용설계농도(NOAEL)란 농도를 감소시킬 때 악영향을 감지할 수 있는 최소농도를 말한다. O|X

Simple
Detail
2026

Simtail

PART

VI

위험물

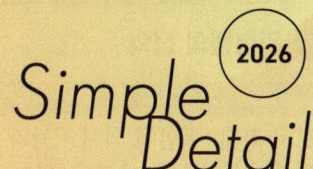

CHAPTER 01 위험물이론

CHAPTER 02 위험물안전관리법

CHAPTER 03 특수가연물

CHAPTER 01 위험물이론

SIMPLE 핵심 이론 빈칸 넣기

1 위험물의 정의

① _____ 또는 ② _____ 등의 성질을 가지는 대통령령이 정하는 물품으로서 화재·폭발에 의해 사람과 재산의 피해를 주는 물질이다. 「위험물안전관리법」에서는 위험물을 1류부터 6류까지 분류하여 각 류별 특성대책을 수립하고 있다.

정답
① 인화성
② 발화성

2 위험물의 분류

1 제1류 위험물(산화성 고체)

"산화성고체"라 함은 고체로서 ③ _____ 의 잠재적인 위험성 또는 ④ _____ 에 대한 민감성을 판단하기 위하여 소방청장이 정하여 고시하는 시험에서 고시로 정하는 성질과 상태를 나타내는 것을 말한다.

③ 산화력
④ 충격

품명	지정수량	위험등급
아염소산염류, 염소산염류, 과염소산염류, 무기과산화물	⑤	⑥
브로민산염류, 질산염류, 아이오딘산염류	⑦	⑧
과망가니즈산염류, 다이크로뮴산염류	⑨	⑩

* 행정안전부령으로 정하는 것: 과아이오딘산염류, 과아이오딘산, 크로뮴·납 또는 아이오딘의 산화물, 아질산염류, 차아염소산염류, 염소화아이소사이아누르산, 퍼옥소이황산염류, 퍼옥소붕산염류

⑤ 50kg
⑥ 1
⑦ 300kg
⑧ 2
⑨ 1,000kg
⑩ 3

(1) 일반성질 및 위험성

① ⑪ _____ 로 분해 시 산소를 방출한다.
② 자신은 ⑫ _____ 이며 다른 가연물의 연소를 돕는 ⑬ _____ 물질이다.
③ 대부분 무색결정 또는 ⑭ _____ 이다.
④ 대부분 ⑮ _____ 화합물이다.
⑤ 비중이 1보다 ⑯ _____ 물에 녹는 것(⑰ _____)이 많다.
⑥ ⑱ _____ 이 있는 것이 있으며, 수용액 상태에서도 ⑲ _____ 이 있다.
⑦ 가열, 충격, 마찰 등에 분해하면서 ⑳ _____ 를 발생한다.
⑧ 가연물과 혼합하면 연소·폭발 위험성이 있다.
⑨ 무기과산화물(알칼리금속의 과산화물)은 물과 급격한 ㉑ _____ 을 하며 ㉒ _____ 를 방출한다.

⑪ 강산화제
⑫ 불연성
⑬ 조연성(지연성)
⑭ 백색 분말
⑮ 무기
⑯ 크며
⑰ 수용성
⑱ 조해성
⑲ 산화성
⑳ 산소
㉑ 발열반응
㉒ 산소

(2) 소화대책

① 산화제의 분해온도를 낮추기 위한 물을 주수소화하는 ① _____ 효과가 우수하다.
② 무기과산화물류(알칼리금속의 과산화물)는 물과 급격히 발열반응하며 산소를 방출하므로 ② _____ 의 분말소화기, 건조사(마른모래, 팽창질석, 팽창진주암 등)에 의한 ③ _____ 한다. (주수소화 절대엄금)

❷ 제2류 위험물(가연성 고체)

"가연성고체"라 함은 고체로서 ④ _____ 에 의한 ⑤ _____ 의 위험성 또는 ⑥ _____ 의 위험성을 판단하기 위하여 고시로 정하는 시험에서 고시로 정하는 성질과 상태를 나타내는 것을 말한다.

품명		지정수량	위험등급
황화인	삼황화인, 오황화인, 칠황화인	⑧	⑨
적린			
황	단사황, 사방황, 고무상황(모두 황의 동소체) 순도가 ⑦ _____ [wt%] 이상인 것을 말한다. 이 경우 순도측정에 있어서 불순물은 활석 등 불연성 물질과 수분에 한한다.		
철분	철의 분말로서 ⑩ _____ [μm]의 표준체를 통과하는 것이 ⑪ _____ [wt%] 미만인 것은 제외한다.	⑱	㉑
금속분	알루미늄분, 아연분, 티탄(티타늄)분 알칼리금속·알칼리토류금속·철 및 마그네슘 외의 금속의 분말을 말하고, ⑫ _____ 및 ⑬ _____ [μm]의 체를 통과하는 것이 ⑭ _____ [wt%] 미만인 것은 제외한다.		
마그네슘	마그네슘 및 마그네슘을 함유한 것에 있어서는 다음 각 목의 1에 해당하는 것은 제외한다. ① ⑮ _____ [mm]의 체를 통과하지 아니하는 ⑯ _____ 상태의 것 ② 직경 ⑰ _____ [mm] 이상의 막대 모양의 것		
인화성 고체	메타알데히드, 제삼부틸알코올 고형알코올 그 밖에 1기압에서 인화점이 섭씨 ⑲ _____ [℃] 미만인 고체를 말한다.	⑳	

(1) 일반성질 및 위험성

① 산소를 함유하고 있지 않은 ㉒ _____ 이다.
② ㉓ _____ 와의 결합이 용이하고 연소가 잘된다.
③ 대부분 산화되기 쉽다.
④ 대부분 비중이 1보다 ㉔ _____ 물에 녹지 않는다.(비수용성)
⑤ 비교적 낮은 온도에서 착화되기 쉬운 물질이다.
⑥ 착화되면 연소속도가 매우 빠르고(속연성, 이연성) 연소온도가 높고 연소열이 크다.

정답

① 냉각소화
② 탄산수소염류
③ 질식소화(피복효과)

④ 화염
⑤ 발화
⑥ 인화

⑦ 60
⑧ 100kg
⑨ 2
⑩ 53
⑪ 50
⑫ 구리분·니켈분
⑬ 150
⑭ 50
⑮ 2
⑯ 덩어리
⑰ 2
⑱ 500kg
⑲ 40
⑳ 1,000kg
㉑ 3

㉒ 강환원제
㉓ 산소
㉔ 크고

⑦ 자체가 독성을 가지고 있거나 연소 시 유독가스가 발생한다.

⑧ ①_____ 은 물(뜨거운 물)과 ②_____ 의 접촉 시 ③_____ 를 발생하고 발열한다.

(2) 소화대책

① 물을 주수하는 ④_____ 가 효과적이다.

② 철분, 마그네슘, 금속분 등은 물과 급격히 발열반응하므로 ⑤_____ (마른모래, 팽창질석, 팽창진주암 등)나 ⑥_____ 분말소화약제에 의한 ⑦_____ 한다. (주수소화 절대엄금)

③ 황화인은 물과 접촉시 유독성가스인 ⑧_____ 를 발생하므로 건조사(마른모래, 팽창질석, 팽창진주암 등)에 의한 ⑨_____ 한다.

❸ 제3류 위험물(자연발화성 및 금수성 물질)

"자연발화성물질 및 금수성물질"이라 함은 고체 또는 액체로서 공기 중에서 ⑩_____ 의 위험성이 있거나 물과 접촉하여 ⑪_____ 하거나 ⑫_____ 를 발생하는 위험성이 있는 것을 말한다.

품명	지정수량	위험등급
칼륨, 나트륨, 알킬알루미늄, 알킬리튬	⑬	⑮
황린	⑭	
알칼리금속(K, Na제외) 및 알칼리토금속	⑯	⑰
유기금속화합물(알킬알루미늄·알킬리튬 제외)		
금속의 수소화물, 금속의 인화물, 칼슘 또는 알루미늄의 탄화물	⑱	⑲

* 행정안전부령으로 정하는 것: 염소화규소화합물

(1) 일반성질 및 위험성

① 가열하거나 강산화성 물질, 강산류와 접촉하면 위험성이 현저하게 증가한다.

② 대부분 무기질의 고체이며, ⑳_____ 과 같은 액체도 있다.

③ 금수성 물질은 물과 접촉 시 발열반응 및 가연성 가스를 발생한다.

④ ㉑_____ 은 자연발화성 물질로 발화점이 매우 낮으며 화학적으로 활성이 크고, 공기 중 산소와 산화할 때 ㉒_____ 이 크기 때문에 공기 중 노출되어 방치하면 ㉓_____ 되면서 자연발화한다.

⑤ ㉔_____ 을 제외하고 나머지 물질은 물보다 무겁다.

⑥ 칼륨, 나트륨은 연소속도가 빠르므로 취급에 주의한다.(㉕_____ 속에 넣어 보관한다.)

⑦ 황린은 ㉖_____ 이 강하기 때문에 공기 중에서 산화 방지를 위해 pH9 이하의 ㉗_____ 에 저장한다.

⑧ 알킬리튬과 알킬알루미늄은 물 또는 공기와 접촉하는 경우 폭발하므로 ㉘_____ 를 사용하여 저장한다.

⑨ 보호액 속에 저장하는 경우 위험물이 보호액 표면에 누출되지 않도록 주의한다.

정답

① 철분, 마그네슘, 금속분
② 산
③ 수소

④ 냉각소화
⑤ 건조사
⑥ 금속화재용
⑦ 질식소화(피복효과)
⑧ 황화수소(H_2S)
⑨ 질식소화

⑩ 발화
⑪ 발화
⑫ 가연성가스

⑬ 10kg
⑭ 20kg
⑮ 1
⑯ 50kg
⑰ 2
⑱ 300kg
⑲ 3

⑳ 알킬알루미늄이나 알킬리튬
㉑ 황린
㉒ 산화열
㉓ 액화
㉔ 칼륨, 나트륨, 알킬알루미늄, 알킬리튬
㉕ 석유류
㉖ 환원력
㉗ 약알칼리성 물 속
㉘ 벤젠이나 헥산의 희석제

(2) 소화대책
- 자연발화성(황린)
  ① 물을 주수하는 ①_____ 가 효과적이다.
- 금수성
  ① 황린을 제외한 물질은 금수성 물질이므로 주수소화가 불가능하다.
  ② 주수소화 시에는 발화·폭발을 일으키고, 이산화탄소 소화약제와는 심하게 반응하므로 사용하지 말아야 한다.
  ③ ②_____ (마른모래, 팽창질석, 팽창진주암) 등을 사용하여 질식소화한다.
  ④ ③_____ 분말 소화약제를 사용하여 질식소화한다.

(3) 주수소화 시 발생하는 가연성 가스
  ① 탄화칼슘(카바이드): ④_____
  ② 탄화알루미늄: ⑤_____
  ③ 인화칼슘, 인화알루미늄, 인화아연: ⑥_____
  ④ 수소화리튬, 수소화나트륨, 수소화칼슘: ⑦_____
  ⑤ 트리에틸알루미늄: ⑧_____
  ⑥ 트리메틸알루미늄: ⑨_____
  ⑦ 트리프로필알루미늄: ⑩_____
  ⑧ 트리부틸알루미늄: ⑪_____

4 제4류 위험물(인화성 액체)

"인화성 액체"라 함은 ⑫_____ 로서 ⑬_____ 이 있는 것을 말한다.

품명		지정수량	위험등급
특수인화물	⑭_____ 1기압에서 발화점이 섭씨 ⑮_____ 이하인 것 또는 인화점이 섭씨 ⑯_____ 이하이고 비점이 섭씨 ⑰_____ 이하인 것	⑱	⑲
제1석유류	⑳_____ 1기압에서 인화점이 섭씨 ㉑_____ 도 미만인 것	비수용성 ㉒ 수용성 ㉓	
알코올류	1분자를 구성하는 탄소원자의 수가 ㉔_____ 부터 ㉕_____ 까지인 포화1가 알코올(변성알코올을 ㉖_____ 한다). 다음 각 목 1에 해당하는 경우 제외 ① 1분자를 구성하는 탄소원자의 수가 1개 내지 3개의 포화1가 알코올의 함유량이 ㉗_____ [wt %] 미만인 수용액 ② 가연성액체량이 ㉘_____ [wt %] 미만이고 ㉙_____ 및 ㉚_____ 이 에틸알코올 ㉛_____ [wt %] 수용액의 인화점 및 연소점을 초과하는 것	㉜	㉝

정답

① 냉각소화

② 건조사
③ 금속화재용(탄산수소염류)
④ 아세틸렌
⑤ 메탄
⑥ 포스핀(인화수소)
⑦ 수소
⑧ 에탄
⑨ 메탄
⑩ 프로판
⑪ 부탄

⑫ 액체
⑬ 인화의 위험성

⑭ 이황화탄소, 디에틸에테르
⑮ 100도
⑯ 영하 20도
⑰ 40도
⑱ 50*l*
⑲ 1
⑳ 아세톤, 휘발유(가솔린)
㉑ 21
㉒ 200*l*
㉓ 400*l*
㉔ 1개
㉕ 3개
㉖ 포함
㉗ 60
㉘ 60
㉙ 인화점
㉚ 연소점
㉛ 60
㉜ 400*l*
㉝ 2

품명		지정수량	위험등급
제2석유류	① _____ 1기압에서 인화점이 섭씨 ② _____ 이상 ③ _____ 미만인 것. 다만, 도료류 그 밖의 물품에 있어서 가연성 액체량이 ④ _____ 중량퍼센트 이하이면서 인화점이 섭씨 ⑤ _____ 도 이상인 동시에 연소점이 섭씨 ⑥ _____ 도 이상인 것은 제외	비수용성 ⑦ _____ 수용성 ⑧ _____	
제3석유류	⑨ _____ 1기압에서 인화점이 섭씨 ⑩ _____ 이상 섭씨 ⑪ _____ 미만인 것. 다만, 도료류 그 밖의 물품은 가연성 액체량이 ⑫ _____ 중량퍼센트 이하인 것은 제외	비수용성 ⑬ _____ 수용성 ⑭ _____	㉒ _____
제4석유류	⑮ _____ 1기압에서 인화점이 섭씨 ⑯ _____ 이상 섭씨 ⑰ _____ 미만의 것. 다만, 도료류 그 밖의 물품은 가연성 액체량이 ⑱ _____ 중량퍼센트 이하인 것은 제외	⑲ _____	
동식물유류	동물의 지육 등 또는 식물의 종자나 과육으로부터 추출한 것으로서 1기압에서 인화점이 섭씨 ⑳ _____ 미만인 것	㉑ _____	

정답
① 등유, 경유
② 21도
③ 70도
④ 40
⑤ 40
⑥ 60
⑦ 1,000l
⑧ 2,000l
⑨ 중유, 크레오소트유
⑩ 70도
⑪ 200도
⑫ 40
⑬ 2,000l
⑭ 4,000l
⑮ 기어유, 실린더유
⑯ 200도
⑰ 250도
⑱ 40
⑲ 6,000l
⑳ 250도
㉑ 10,000l
㉒ 3

(1) **일반성질 및 위험성**
① 인화점이 낮아 연소하기 쉽다.
② 대부분이 ㉓ _____ 화합물이다.
③ 대부분 물질은 비중이 1보다 ㉔ _____ 물보다 가볍고 물에 잘 녹지 않는다.
④ 무독성이지만 증기는 공기보다 무거워 낮은 곳에 체류한다(㉕ _____ 의 증기는 공기보다 가볍다).
⑤ 공기와 접촉 시 가연성 혼합기를 형성한다.
⑥ 전기적으로 ㉖ _____ 이며 정전기 축적이 용이하여 인화의 위험이 있다.
⑦ 액체는 유동성이 있고 화재 확대의 위험이 있다.

(2) **소화대책**
① 주수소화는 화재면이 확대될 위험이 있으므로 적당하지 않다.
② 일부 수용성(알코올류 등)은 주수소화가 가능하다.
③ 초기 또는 소규모 화재 시 가스계 소화설비(CO_2, 분말, 할론)에 의한 ㉗ _____ 한다.
④ 대형화재의 경우 포 소화약제에 의한 ㉘ _____ 한다.

㉓ 유기
㉔ 작아
㉕ 시안화수소(HCN)
㉖ 부도체

㉗ 질식소화
㉘ 질식 또는 냉각소화

5 제5류 위험물(자기반응성물질)

"자기반응성물질"이라 함은 고체 또는 액체로서 ① _____ 의 위험성 또는 ② _____ 의 격렬함을 판단하기 위하여 고시로 정하는 시험에서 고시로 정하는 성질과 상태를 나타내는 것을 말하며, 위험성 유무와 등급에 따라 제1종 또는 제2종으로 분류한다.

품명	지정수량	위험등급
유기과산화물, 질산에스터류	제1종 : ③	10kg : ⑤
하이드록실아민, 하이드록실아민염류		
나이트로화합물, 나이트로소화합물, 아조화합물, 다이아조화합물, 하이드라진유도체	제2종 : ④	그 외 : ⑥

* 행정안전부령으로 정하는 것: 금속의 아지화합물, 질산구아니딘

정답
① 폭발
② 가열분해

③ 10kg
④ 100kg
⑤ 1
⑥ 2

(1) 일반성질 및 위험성

① 대부분 유기화합물(⑦ _____ : 무기화합물)로 가연성 액체 또는 고체이다.
② 유기화합물 중 ⑧ _____ 을 제외하고는 질소를 함유한 유기질소화합물이다.
③ 물질자체가 산소를 함유하고 있어 외부의 ⑨ _____ 공급 없이 연소가능하다.
④ 자기연소(내부연소)성 물질이다.
⑤ 가연성 물질로 연소속도가 빠르고 폭발적 연소한다.
⑥ 가열, 마찰, 충격에 의하여 폭발한다.
⑦ 대부분 물에 잘 녹지 않으며 물과 반응하지 않는다.
⑧ 유기질소화합물은 불안정하여 분해가 용이하고, 공기 중 장시간에 걸쳐 ⑩ _____ 이 축적되면 ⑪ _____ 하는 것도 있다.
⑨ 나이트로화합물은 나이트로기가 ⑫ _____ 분해가 용이하다.
⑩ 강산화제, 강산류와 혼합한 것은 발화를 촉진시켜 위험성이 증가한다.

⑦ 하이드라진유도체
⑧ 유기과산화물
⑨ 산소
⑩ 분해열
⑪ 자연발화
⑫ 많을수록

(2) 소화대책

① 물질자체에 산소를 함유하고 있으므로 ⑬ _____ 효과가 없다.
② 다량의 물을 주수하여 ⑭ _____ 한다.
③ 액상인 것은 일부 마른 모래나 건조분말로 소화할 수 있고, 화재 초기 또는 소량화재인 경우 화염 제거를 위해 건조분말로 소화할 수 있으나 최종적으로는 다량의 물을 이용한 냉각소화 하여야 한다.

⑬ 질식소화
⑭ 냉각소화

6 제6류 위험물(산화성 액체)

"산화성액체"라 함은 액체로서 ① [　　　]의 잠재적인 위험성을 판단하기 위하여 고시로 정하는 시험에서 고시로 정하는 성질과 상태를 나타내는 것을 말한다.

품명		지정수량	위험등급
과염소산			
과산화수소	그 농도가 ② [　　　] 중량퍼센트 이상인 것에 한한다.	④	⑤
질산	그 비중이 ③ [　　　] 이상인 것이다.		

* 행정안전부령으로 정하는 것: 할로젠간화합물

(1) 일반성질 및 위험성

① ⑥ [　　　]로 분해 시 산소를 방출한다.
② 자신은 ⑦ [　　　]이며 다른 가연물의 연소를 돕는 ⑧ [　　　] 물질이다.
③ 모두 ⑨ [　　　] 화합물이며, 비중이 1보다 ⑩ [　　　] 물에 잘 녹는다.
④ ⑪ [　　　]를 제외하고 물과 접촉 시 발열한다.
⑤ ⑫ [　　　]를 제외하고 분해하여 유해성 가스를 발생하며 부식성이 강하다.
⑥ ⑬ [　　　]를 제외하고 강산성 물질이며, 수용액도 강산작용을 나타낸다.

(2) 소화대책

① 대량 화재 시 ⑭ [　　　](마른모래, 팽창질석, 팽창진주암)나 ⑮ [　　　]의 분말로 소화한다.
② 물과 발열하여 반응하기 때문에 주수소화가 불가능하나 ⑯ [　　　] 시에는 다량의 물로 소화한다.

7 소화방법

제1류	• 산화제의 분해온도를 낮추기 위해 물을 주수하여 ⑰ [　　　]한다. • ⑱ [　　　]는 물과 급격히 발열반응하여 산소를 방출하므로 건조사에 의한 질식소화한다.
제2류	• 물을 주수하여 ⑲ [　　　]한다. • ⑳ [　　　]은 물과 급격히 발열반응하여 수소가스를 발생하므로 건조사나 금속화재용 분말소화약제에 의한 질식소화한다. • ㉑ [　　　]은 물과 접촉 시 유독성 가스인 황화수소를 발생하므로 건조사에 의한 질식소화한다.
제3류	• ㉒ [　　　]을 제외한 나머지 금수성 물질은 주수소화가 불가능하여 건조사, 금속화재용 분말소화약제에 의한 ㉓ [　　　]한다. • ㉔ [　　　]은 물을 주수하여 냉각소화한다.

정답

① 산화력

② 36
③ 1.49
④ 300kg
⑤ 1

⑥ 강산화제
⑦ 불연성
⑧ 조연성(지연성)
⑨ 무기
⑩ 크며
⑪ 과산화수소
⑫ 과산화수소
⑬ 과산화수소

⑭ 건조사
⑮ 인산염류
⑯ 소량(초기) 화재

⑰ 냉각소화
⑱ 무기과산화물류(알칼리 금속의 과산화물)
⑲ 냉각소화
⑳ 철분, 금속분, 마그네슘
㉑ 황화인
㉒ 황린
㉓ 질식소화
㉔ 황린

제4류	• 주수소화 시 화재면이 확대될 위험이 있으므로 일부 수용성을 제외하고 ① _____ 한다.	
제5류	• 물질자체에 산소를 함유하고 있으므로 ② _____ 는 불가능하며 다량의 물을 주수하여 ③ _____ 한다.	
제6류	• 다량 화재 시 건조사나 인산염류의 분말로 ④ _____ 한다. • 물과 발열하여 반응하기 때문에 ⑤ _____ 가 불가능하나 소량 화재 시 다량의 ⑥ _____ 로 소화한다.	

정답

① 질식소화
② 질식소화
③ 냉각소화
④ 질식소화
⑤ 주수소화
⑥ 물

8 위험물의 보호액 및 저장방법

① 황린, 이황화탄소: ⑦ _____ 에 저장한다.
② 나이트로셀룰로오스: ⑧ _____ 이나 ⑨ _____ 로 습면시킨다.
③ 칼륨, 나트륨: ⑩ _____ 속에 저장한다.
④ 알킬리튬, 알킬알루미늄: ⑪ _____ 이나 ⑫ _____ 의 희석제를 사용한다.
⑤ ⑬ _____ : 다공성 물질(석면, 규조토)에 다이메틸폼아미드(DMF), 아세톤을 흡수시키고 여기에 ⑭ _____ 을 다시 용해시켜 저장한다.
⑥ 아세트알데하이드, 산화프로필렌: 용기에 불연성 가스를 봉입하여 저장한다.
(⑮ _____ 접촉금지)

⑦ 물속
⑧ 물
⑨ 알코올
⑩ 석유류(등유, 경유, 파라핀)
⑪ 벤젠
⑫ 헥산
⑬ 아세틸렌
⑭ 아세틸렌
⑮ 은, 수은, 구리, 마그네슘

9 위험물의 혼재 기준

(1) 위험물의 혼재가능

① 제1류 위험물 + ⑯ _____ 위험물
② 제2류 위험물 + ⑰ _____ 위험물
③ 제2류 위험물 + ⑱ _____ 위험물
④ 제3류 위험물 + ⑲ _____ 위험물
⑤ 제4류 위험물 + ⑳ _____ 위험물

⑯ 제6류
⑰ 제4류
⑱ 제5류
⑲ 제4류
⑳ 제5류

(2) 지정수량의 배수

둘 이상의 위험물을 같은 장소에서 저장 또는 취급하는 경우에 있어서 당해 장소에서 ㉑ _____ 을 그 위험물의 ㉒ _____ 으로 각각 나누어 얻은 수의 합계가 ㉓ _____ 이상인 경우 당해 위험물은 지정수량 이상의 위험물로 본다.

㉑ 저장 또는 취급하는 각 위험물의 수량
㉒ 지정수량
㉓ 1
㉔ 저장수량
㉕ 지정수량
㉖ 저장수량
㉗ 지정수량

DETAIL 핵심지문 OX

LINK 184~197p

1 위험물의 정의

LINK 184p

해설

001
위험물이라 함은 **인화성** 또는 발화성 등의 성질을 가지는 것으로서 **대통령령**이 정하는 물품을 말한다.

002
위험물이란 대통령령이 정하는 인화성·**발화성** 등의 물품을 말한다.

004
지정수량은 위험물의 종류별로 위험성을 고려하여 대통령령이 정하는 수량으로서 제조소등의 설치허가 등에 있어서 **최저**의 기준이 되는 수량이다.

001 (기출)
위험물이라 함은 가연성 또는 발화성 등의 성질을 가지는 것으로서 행정안전부령이 정하는 물품을 말한다. O X

002 (기출)
위험물이란 대통령령이 정하는 인화성·연소성 등의 물품을 말한다. O X

003 (기출)
위험물이란 인화성 또는 발화성 등의 위험성이 있는 물질로서 대통령령으로 정해놓은 것을 말한다. O X

004 (기출)
지정수량은 위험물의 종류별로 위험성을 고려하여 대통령령이 정하는 수량으로서 제조소등의 설치허가 등에 있어서 최대의 기준이 되는 수량이다. O X

정답
001 × 002 × 003 ○ 004 ×

2 위험물의 분류

LINK 184~197p

해설

005 (예상)
산화성고체라 함은 고체로서 산화력의 잠재적인 위험성 또는 충격에 대한 민감성을 판단하기 위하여 소방청장이 정하여 고시하는 시험에서 고시로 정하는 성질과 상태를 나타내는 것을 말한다. O X

정답
005 ○

006 가연성고체라 함은 고체로서 충격에 의한 발화의 위험성 또는 인화의 위험성을 판단하기 위하여 고시로 정하는 시험에서 고시로 정하는 성질과 상태를 나타내는 것을 말한다. ○|×

해설

006 가연성고체라 함은 고체로서 **화염**에 의한 발화의 위험성 또는 인화의 위험성을 판단하기 위하여 고시로 정하는 시험에서 고시로 정하는 성질과 상태를 나타내는 것을 말한다.

007 자연발화성 및 금수성물질이라 함은 고체 또는 액체로서 공기 중에서 발화의 위험성이 있거나 물과 접촉하여 발화하거나 가연성가스를 발생하는 위험성이 있는 것을 말한다. ○|×

008 인화성액체라 함은 액체로서 인화의 위험성이 있는 것을 말한다. ○|×

009 자기반응성물질이라 함은 고체 또는 액체로서 폭발의 위험성 또는 폭발분해의 격렬함을 판단하기 위하여 고시로 정하는 시험에서 고시로 정하는 성질과 상태를 나타내는 것을 말한다. ○|×

009 자기반응성물질이라 함은 고체 또는 액체로서 폭발의 위험성 또는 **가열**분해의 격렬함을 판단하기 위하여 고시로 정하는 시험에서 고시로 정하는 성질과 상태를 나타내는 것을 말한다.

010 산화성액체라 함은 액체로서 산화력의 잠재적인 위험성을 판단하기 위하여 고시로 정하는 시험에서 고시로 정하는 성질과 상태를 나타내는 것을 말한다. ○|×

011 제1류 위험물 및 제6류 위험물의 공통적인 특징은 산화성이다. ○|×

012 제1류 위험물은 물질의 분해에 의해서 산소를 발생하는 산화성 액체이며 불연성이다. 산소를 함유하고 있으며 물보다 무겁다. ○|×

012 **제6류** 위험물은 물질의 분해에 의해서 산소를 발생하는 산화성 액체이며 불연성이다. 산소를 함유하고 있으며 물보다 무겁다.

정답
006 × 007 ○ 008 ○ 009 ×
010 ○ 011 ○ 012 ×

해설

013
제1류 위험물은 산화성고체이며 물보다 **무겁고** 물에 잘 녹는다.

014
조해성이란 공기 중에 있는 수분을 흡수하여 스스로 녹는 현상을 말한다.

015
불연성 물질인 제1류 위험물은 대부분 무기화합물이며, 다른 가연물의 연소를 돕는 지연성 물질로서 **산화제**이다.

016
제1류 위험물 중 알칼리금속의 과산화물은 물과 반응하여 **산소**를 발생한다.

018
제4류 위험물은 인화성액체로 인화위험이 높고, 비교적 발화점이 낮으며 증기비중이 공기보다 무겁다.

---

013 (기출) 제1류 위험물은 산화성고체이며 물보다 가볍고 물에 잘 녹는다. O | X

014 (예상) 제1류 위험물은 조해성이 있으며, 수용액 상태에서도 산화성이 있다. O | X

015 (기출) 불연성 물질인 제1류 위험물은 대부분 무기화합물이며, 다른 가연물의 연소를 돕는 지연성 물질로서 환원제이다. O | X

016 (기출) 제1류 위험물 중 알칼리금속의 과산화물은 물과 반응하여 수소를 발생한다. O | X

017 (기출) 제1류 위험물은 가열·충격·마찰 등으로 분해되어 쉽게 산소를 발생하고 대부분 무색결정 또는 백색분말이다. O | X

018 (기출) 제1류 위험물은 인화성액체로 인화위험이 높고, 비교적 발화점이 낮으며 증기비중이 공기보다 무겁다. O | X

019 (기출) 제1류 위험물 중 염소산염류의 지정수량은 50kg이며, 가열·충격·강산성과의 혼합으로 폭발한다. O | X

정답
013 × 014 O 015 × 016 ×
017 O 018 × 019 O

020 제1류 위험물은 자신은 불연성이나 산소를 방출하여 다른 가연물의 연소를 돕는 조연성 물질이다. O│X

021 제1류 위험물 중 질산염류는 연소속도가 빨라 폭발적으로 연소한다. O│X

021
제5류 위험물은 연소속도가 빨라 폭발적으로 연소한다.

022 아염소산나트륨은 불연성, 조해성, 수용성이며, 무색 또는 백색의 결정성 분말 형태이다. O│X

023 과산화나트륨은 물과 반응하여 산소를 발생시킨다. O│X

023
무기과산화물(알칼리금속의 과산화물)은 물과 급격한 발열반응을 하며 산소를 방출한다.

024 황린, 적린, 황은 「위험물안전관리법」상 위험물의 분류 중 가연성 고체에 해당한다. O│X

024
적린, 황은 「위험물안전관리법」상 위험물의 분류 중 가연성 고체(제2류)에 해당한다.
→ 황린은 제3류 위험물(자연발화성 및 금수성 물질)이다.

025 황린은 공기 중 상온에 노출되면 액화되면서 자연발화를 일으킨다. O│X

026 제2류 위험물은 산소를 함유하고 있지 않은 강력한 환원성 물질이며 대부분 금수성 물질로 물과 접촉시 가연성 가스를 발생한다. O│X

026
제2류 위험물은 산소를 함유하고 있지 않은 강력한 환원성 물질이다.
→ 대부분 금수성 물질로 물과 접촉시 가연성 가스를 발생하는 것은 제3류 위험물 특징이다.

정답
020 O 021 X 022 O 023 O
024 X 025 O 026 X

해설

027
철분, 금속분, 마그네슘에서 화재 발생시 주수소화하는 경우 **수소가스**가 발생하므로 물을 사용하면 안된다.

028
인화성고체는 위험물게시판에 '**화기엄금**'이라고 표기를 한다.

029
인화성고체라 함은 고형알코올 그 밖에 1기압에서 인화점이 섭씨 **40도** 미만인 고체를 말한다.

032
철분, 금속분에서 화재시 주수소화가 불가능하다.
→ 적린은 주수소화 한다.

033
황화인은 물과 접촉시 유독성가스인 **황화수소**를 발생하므로 건조사(마른모래, 팽창질석, 팽창진주암 등)에 의한 질식소화한다.

034
적린(P)과 황린(P_4)의 연소생성물은 오산화인(P_2O_5)으로 동소체이다.

---

027 〔기출〕 철분, 금속분, 마그네슘에서 화재 발생시 주수소화하는 경우 포스겐가스가 발생하므로 물을 사용하면 안된다. ○|✗

028 〔기출〕 인화성고체는 위험물게시판에 '화기주의'라고 표기를 한다. ○|✗

029 〔기출〕 인화성고체라 함은 고형알코올 그 밖에 1기압에서 인화점이 섭씨 20도 미만인 고체를 말한다. ○|✗

030 〔기출〕 제2류 위험물은 저장용기를 밀폐하고 위험물의 누출을 방지하며 통풍이 잘되는 냉암소에 저장하며 금속분의 경우는 물 또는 산과의 접촉을 피한다. ○|✗

031 〔기출〕 철분이라 함은 철의 분말로서 53마이크로미터의 표준체를 통과하는 것이 50중량퍼센트 미만인 것은 제외한다. ○|✗

032 〔기출〕 철분, 적린, 금속분에서 화재시 주수소화가 불가능하다. ○|✗

033 〔예상〕 황화인은 물과 접촉시 유독성가스인 아황산가스를 발생하므로 건조사(마른모래, 팽창질석, 팽창진주암 등)에 의한 질식소화한다. ○|✗

034 〔예상〕 적린과 황린은 연소생성물이 같으므로 동소체이다. ○|✗

〔정답〕
027 ✗ 028 ✗ 029 ✗ 030 ○
031 ○ 032 ✗ 033 ✗ 034 ○

035 자연발화성 물질 및 금수성 물질이라 함은 고체 또는 액체로서 공기 중에서 발화의 위험성이 있거나 산과 접촉하여 발화하거나 고압 수증기를 발생하는 위험성이 있는 것을 말한다. O | X

해설

035
자연발화성 물질 및 금수성 물질이라 함은 고체 또는 액체로서 공기 중에서 발화의 위험성이 있거나 **물**과 접촉하여 발화하거나 **가연성 가스**를 발생하는 위험성이 있는 것을 말한다.

036 제3류 위험물은 자연발화성 및 금수성 물질로 금수성 물질은 물과 반응하여 가연성 가스를 발생하는 물질이다. O | X

037 제3류 위험물 중 금수성 물질은 물과 접촉시 가연성 가스가 발생하므로 초기에 건조사나 건조분말로 소화한다. O | X

038 제3류 위험물 중 황린은 가열, 충격, 마찰에 의해 분해되어 산소가 발생하므로 가연물과의 접촉을 피한다. O | X

038
제1류 위험물은 가열, 충격, 마찰에 의해 분해되어 산소가 발생하므로 가연물과의 접촉을 피한다.

039 황린은 미분상으로 존재할 경우 발화점은 34℃이며, 백색 또는 담황색의 고체이다. O | X

039
• 황린 발화점
  미분상: 34℃
  고형상: 60℃

040 모든 제3류 위험물은 물로 소화를 하면 안 된다. O | X

040
제3류 위험물 중 금수성 물질은 물로 소화를 하면 안 되고, **제3류 위험물 중 황린은 주수소화한다.**

041 CO_2·할론 등 소화약제는 일반적으로 제3류 위험물에 사용하지 않는다. O | X

042 칼륨, 나트륨은 지정수량 10kg이며, 취급 시 석유류 속에 넣어 보관한다. O | X

정답
035 ✕ 036 ○ 037 ○ 038 ✕
039 ○ 040 ✕ 041 ○ 042 ○

해설

043
황린은 물과 반응하지 않으므로 물에 저장하여 보관한다.

044
탄화알루미늄과 물이 반응하는 경우 **메탄 가스**가 발생한다.

045
$(C_2H_5)_3Al + 3H_2O \rightarrow Al(OH)_3 + 3C_2H_6$
트리에틸알루미늄 물   수산화알루미늄 에탄

046
$LiAlH_4 + 4H_2O \rightarrow LiOH + Al(OH)_3 + 4H_2$
수소화알루미늄리튬 수소 수산화리튬 수산화알루미늄 수소

047
$Ca_3P_2 + 6H_2O \rightarrow 3Ca(OH)_2 + 2PH_3$
인화칼슘 물   수산화칼슘 포스핀
$AlP + 3H_2O \rightarrow Al(OH)_3 + PH_3$
인화알루미늄 물 수산화알루미늄 포스핀

048
제3류 위험물 중 금수성물질은 물과 접촉 시 **가연성가스**가 발생한다.

050
제4류 위험물은 대부분 물보다 가볍고 물에 녹지 않는 것이 많고, 발생 증기는 가연성이며, 증기비중은 대부분 공기보다 **무겁다**.

정답
043 ×   044 ×   045 ○   046 ○
047 ○   048 ×   049 ○   050 ×

---

043 (기출) 황린은 연소할 때 오산화인(P_2O_5)의 백색 연기를 내며, 물에 대해 위험한 반응을 초래하는 물질이다. O | X

044 (기출) 탄화알루미늄과 물이 반응하는 경우 아세틸렌 가스가 발생한다. O | X

045 (기출) 트리에틸알루미늄은 물과 반응하는 경우 에테인이 발생한다. O | X

046 (기출) 수소화알루미늄리튬은 물과 반응하는 경우 수소가 발생한다. O | X

047 (예상) 인화칼슘, 인화알루미늄은 물과 반응하는 경우 포스핀이 발생한다. O | X

048 (예상) 제3류 위험물 중 금수성물질은 물과 접촉 시 수소가스가 발생한다. O | X

049 (기출) 칼륨, 나트륨 등은 자연발화성을 포함한다. O | X

050 (기출) 제4류 위험물은 대부분 물보다 가볍고 물에 녹지 않는 것이 많고, 발생 증기는 가연성이며, 증기비중은 대부분 공기보다 가볍다. O | X

051 제4류 위험물 중 사용량이 많은 휘발유, 경유 등은 연소하한계가 매우 낮아 인화하기 쉽다. O | X

052 제4류 위험물은 일반적으로 도체 성질이 강하여 정전기가 축적되지 않는다. O | X

052 제4류 위험물은 일반적으로 **부도체** 성질이 강하여 정전기가 **축적된다**.

053 제4류 위험물은 전기적으로 부도체이므로 정전기 축적이 용이하여 정전기가 점화원으로 작용할 수 있다. O | X

054 제4류 위험물의 대부분 증기는 공기보다 무거워서 체류하기 쉽고(단, 시안화수소는 제외한다) 증기는 공기와 약간만 혼합되어도 연소의 우려가 있으며, 비교적 낮은 발화점을 가진다. O | X

054
- 대부분 물질은 비중이 1보다 작다.
- 증기는 공기보다 무거워 낮은 곳에 체류한다. (시안화수소 제외)

055 제4류 위험물은 모두 가연성의 고체(결정이나 분말) 및 액체로서 연소할 때는 많은 가스를 발생한다. O | X

055 **제5류 위험물**은 모두 가연성의 고체(결정이나 분말) 및 액체로서 연소할 때는 많은 가스를 발생한다.

056 특수인화물이란 1기압에서 발화점이 50℃ 이하인 것을 말한다. O | X

056 특수인화물이란 이황화탄소, 디에틸에테르 그 밖에 1기압에서 **발화점이 섭씨 100도 이하인 것** 또는 인화점이 섭씨 영하 20도 이하이고 비점이 섭씨 40도 이하인 것을 말한다.

057 제4류 위험물 중 제1석유류는 인화점 및 연소하한계가 낮아 적은 양으로도 화재의 위험이 있다. O | X

정답
051 O 052 × 053 O 054 O
055 × 056 × 057 O

해설

058
제1석유류란 아세톤, 휘발유 그 밖에 1기압에서 인화점이 섭씨 21도 미만인 것을 말한다.

059
알코올류란 1분자를 구성하는 탄소원자의 수가 1개부터 3개까지인 포화1가 알코올을 말한다.

060
1분자를 구성하는 탄소원자의 수가 1개부터 3개까지인 포화1가 알코올(변성알코올을 포함한다)의 함유량이 60중량퍼센트 미만인 수용액은 알코올류에서 제외한다.

061
제3석유류: 중유, 크레오소트유
제4석유류: 기어유, 실린더유

062
제2석유류는 등유, 경유 그 밖에 1기압에서 인화점이 섭씨 21도 이상 70도 미만인 것을 말한다. 다만, 도료류 그 밖의 물품에 있어서 가연성 액체량이 40중량퍼센트 이하이면서 인화점이 섭씨 40도 이상인 동시에 연소점이 섭씨 60도 이상인 것은 제외한다.

063
제3석유류란 1기압에서 인화점이 섭씨 70℃ 이상 200℃ 미만인 것을 말한다.

064
실린더유는 제4류 위험물 중 제4석유류에 해당하며 인화점이 200℃ 이상 250℃ 미만인 것을 말한다.
→ 중유는 제3석유류에 해당하며 인화점이 70℃ 이상 200℃ 미만인 것을 말한다.

정답
058 × 059 × 060 × 061 ○
062 × 063 × 064 ×

---

058 〔기출〕 제1석유류란 인화점이 섭씨 20℃ 미만인 것을 말한다. ○ | ×

059 〔기출〕 알코올류란 1분자를 구성하는 탄소원자의 수가 1개부터 4개까지인 포화1가 알코올을 말한다. ○ | ×

060 〔기출〕 1분자를 구성하는 탄소원자의 수가 1개부터 3개까지인 포화1가 알코올(변성알코올을 포함한다)의 함유량이 40중량퍼센트 미만인 수용액은 알코올류에서 제외한다. ○ | ×

061 〔기출〕 제4류 위험물 중 아세톤과 휘발유는 제1석유류에, 등유와 경유는 제2석유류에 해당한다. ○ | ×

062 〔기출〕 제2석유류는 등유, 경유 그 밖에 1기압에서 인화점이 섭씨 20도 이상 70도 미만인 것을 말한다. 다만, 도료류 그 밖의 물품에 있어서 가연성 액체량이 40중량퍼센트 이하이면서 인화점이 섭씨 40도 이상인 동시에 연소점이 섭씨 60도 이상인 것은 제외한다. ○ | ×

063 〔기출〕 제3석유류란 1기압에서 발화점이 섭씨 70℃ 이상 200℃ 미만인 것을 말한다. ○ | ×

064 〔기출〕 중유, 실린더유는 제4류 위험물 중 제4석유류에 해당하며 인화점이 200℃ 이상 250℃ 미만인 것을 말한다. ○ | ×

065 제4류 위험물은 분말소화약제, 분무상의 강화액, CO_2 소화기 등으로 질식소화가 가능하다. O | X

066 수용성 액체 화재의 발생 시에는 다량의 물로 희석소화를 한다. O | X

067 유기금속화합물, 질산에스터류 등은 물질 자체에 산소를 함유하고 있어 공기 중의 산소를 필요로 하지 않고 자기연소한다. O | X

해설

067
질산에스터류(제5류 위험물) 등은 물질 자체에 산소를 함유하고 있어 공기 중의 산소를 필요로 하지 않고 자기연소한다.
→ 유기금속화합물은 제3류 위험물에 해당된다.

068 유기과산화물은 물질 자체에 산소가 함유되어 있어 외부로부터 산소 공급이 없어도 점화원만 있으면 연소·폭발이 가능하고, 가열, 충격, 타격, 마찰 등에 의해서 폭발할 위험성이 높으며 강산화제 또는 강산류와 접촉 시 연소·폭발 가능성이 현저히 증가한다. O | X

068
함산소물질: 유기과산화물, 질산에스터류, 나이트로화합물, 나이트로소화합물

069 제5류 위험물은 충격, 마찰로 발화할 수 있다. O | X

070 제5류 위험물은 모두 가연성의 고체 및 액체로 연소 시 연소속도가 빠르다. O | X

정답
065 O 066 O 067 X 068 O
069 O 070 O

해설

071
제5류 위험물은 대부분 **유기화합물**이며, 가열·충격·마찰에 민감하며 산소공급 없이 연소가능하다.

076
자기반응성 물질은 대부분 물에 **잘 녹지 않으며 물과 반응하지 않는다.**

077
제3류 위험물은 공기 중에 노출되거나 수분과 접촉하면 발화의 위험이 있다.

정답
071 ✗ 072 ○ 073 ○ 074 ○
075 ○ 076 ✗ 077 ✗

---

071 (기출) 제5류 위험물은 대부분 무기화합물이며, 가열·충격·마찰에 민감하며 산소공급 없이 연소가능하다. ○ | ✗

072 (기출) 제5류 위험물 화재시 초기에는 다량의 물로 냉각소화하는 것이 효과적이며, 화재가 확대되면 소화가 어려워 주변 연소를 방지하며 자연진화를 기다리는 방법도 있다. ○ | ✗

073 (기출) 제5류 위험물 화재시 항상 안전거리를 유지하고 접근 할 때에는 엄폐물을 이용한다. 또한 밀폐된 공간에서 화재 시 공기호흡기를 착용하여 질식되지 않도록 주의한다. ○ | ✗

074 (예상) 제5류 위험물은 불안정한 물질로서 공기 중 장기간 저장 시 분해하면서 분해열이 축적되어 자연발화의 위험이 있다. ○ | ✗

075 (예상) 유기질소화합물은 불안정하여 분해가 용이하고, 공기 중 장시간에 걸쳐 분해열이 축적되면 자연발화 하는 것도 있다. ○ | ✗

076 (예상) 자기반응성 물질은 대부분 물에 잘 녹으며 물과 반응하지 않는다. ○ | ✗

077 (기출) 제5류 위험물 중 유기과산화물은 공기 중에 노출되거나 수분과 접촉하면 발화의 위험이 있다. ○ | ✗

078 제5류 자기반응성 물질 중 지정수량이 가장 적은 것은 유기과산화물이다. O | X

079 제6류 위험물은 일반적으로 불연성물질로 산소공급원 역할을 하고 물과 접촉하는 경우 모두 심하게 발열한다. O | X

079
제6류 위험물은 일반적으로 불연성물질로 산소공급원 역할을 하고 물과 접촉하는 경우 과산화수소를 제외하고 심하게 발열한다.

080 제6류 위험물의 증기는 유독하고 부식성이 강하며 다른 물질의 연소를 돕는 조연성 물질이다. O | X

081 과산화수소는 물과 접촉하면 심하게 발열한다. O | X

081
제6류 위험물 중 과산화수소를 제외하고 물과 접촉하면 심하게 발열한다.

082 제6류 위험물은 불연성 물질로 분해 시 산소가 발생하며 대부분 염기성이다. O | X

082
제6류 위험물은 과산화수소를 제외하고 강산성 물질이다.

083 과산화수소는 그 농도가 36중량퍼센트 이상인 것에 한하며, 산화성액체의 성상이 있는 것으로 본다. O | X

084 제6류 위험물(산화성 액체)은 물질의 액체 비중이 1보다 커서 물보다 무겁다. O | X

085 제6류 위험물은 산화성 액체로 불연성이지만 산화성이 커서 다른 물질의 연소를 돕는다. O | X

정답
078 O   079 X   080 O   081 X
082 X   083 O   084 O   085 O

해설

086
제6류 위험물은 모두 무기화합물이며, 비중이 1보다 **크며** 물에 잘 녹는다.

087
제1류 위험물인 알칼리금속의 과산화물은 탄산수소염류의 분말소화기, 건조사(마른모래, 팽창질석, 팽창진주암 등)에 의한 **질식소화한다.**

088
제1류 위험물 중 알칼리금속의 과산화물에 해당하는 과산화나트륨(Na_2O_2)은 **질식소화한다.**

089
제2류 위험물인 마그네슘은 건조사, ~~CO_2~~를 사용하여 질식소화한다.

095
황린을 제외한 제3류 위험물은 주수소화를 **할 수 없다.**

정답
086 × 087 × 088 × 089 ×
090 ○ 091 ○ 092 ○ 093 ○
094 ○ 095 ×

---

086 (예상) 제6류 위험물은 모두 무기화합물이며, 비중이 1보다 작으며 물에 잘 녹는다. O | X

087 (기출) 제1류 위험물인 알칼리금속의 과산화물은 물을 사용하여 소화한다. O | X

088 (기출) 과산화나트륨(Na_2O_2)은 물을 사용하여 냉각소화한다. O | X

089 (기출) 제2류 위험물인 마그네슘은 건조사, CO_2를 사용하여 질식소화한다. O | X

090 (기출) 제3류 위험물인 알킬알루미늄과 탄화알루미늄은 건조사를 이용한 질식소화한다. O | X

091 (기출) 제4류 위험물인 알코올은 내알코올포(泡, foam)를 사용한다. O | X

092 (기출) 아세톤(CH_3COCH_3)은 알코올포 소화약제에 의해 질식소화한다. O | X

093 (기출) 제1류 위험물인 무기과산화물을 제외한 것은 주수소화를 할 수 있다. O | X

094 (기출) 삼황화인(P_4S_3)은 팽창질석 등을 사용하여 질식소화한다. O | X

095 (기출) 황린을 제외한 제3류 위험물은 주수소화를 하여야 한다. O | X

096 제5류 위험물은 모두 주수소화를 금지하도록 한다. O | X

해설

096
제5류 위험물은 모두 **주수소화한다.**

097 하이드록실아민(NH_2OH)은 이산화탄소 소화약제에 의해 질식소화 한다. O | X

097
제5류 위험물인 하이드록실아민(NH_2OH)은 **다량의 물을 주수하여 냉각소화**한다.

098 나트륨, 마그네슘은 할론 소화약제, 이산화탄소 소화약제로 소화한다. O | X

098
나트륨, 마그네슘은 **건조사, 금속전용 약제로 질식소화한다.**

099 과산화나트륨, 트리에틸알루미늄, 휘발유, 나이트로셀룰로오스, 황화인, 질산에스터류, 유기금속화합물, 알칼리금속의 과산화물은 모두 주수소화시 적응성이 있다. O | X

099
~~과산화나트륨~~, ~~트리에틸알루미늄~~, ~~휘발유~~, 나이트로셀룰로오스, ~~황화인~~, 질산에스터류, ~~유기금속화합물~~, ~~알칼리금속의 과산화물~~은 주수소화시 적응성이 있다.

100 탄화칼슘 화재 시 다량의 물로 냉각소화할 수 있다. O | X

100
탄화칼슘 화재 시 다량의 물로 냉각소화할 수 **없다.**

101 알킬알루미늄은 마른모래, 팽창질석, 팽창진주암으로 소화한다. O | X

102 적린은 다량의 물로 냉각소화하며, 소량의 적린인 경우에도 마른모래나 이산화탄소 소화약제는 일시적인 효과가 없다. O | X

102
적린은 다량의 물로 냉각소화하며, 소량의 적린인 경우에도 마른모래나 이산화탄소 소화약제는 일시적인 효과가 **있다.**

103 제6류 위험물 유출사고 시에는 건조사 및 중화제를 사용한다. O | X

103
대량 누출 시 과산화수소는 물로, 나머지는 약알칼리 중화제(소다회, 소석회, 중탄산나트륨 등)로 중화한 후 물로 씻어낸다.

정답
096 ✕ 097 ✕ 098 ✕ 099 ✕
100 ✕ 101 ○ 102 ✕ 103 ○

해설

105
제6류 위험물인 과염소산($HClO_4$)은 건조사나 인산염류의 분말로 소화한다.

108
아세트알데하이드, 산화프로필렌은 은, 수은, 구리, 마그네슘과 접촉하여서는 아니된다.

111
• 위험물의 혼재 가능
① 제1류 위험물＋제6류 위험물
② 제2류 위험물＋제4류 위험물
③ 제2류 위험물＋제5류 위험물
④ 제3류 위험물＋제4류 위험물
⑤ 제4류 위험물＋제5류 위험물

정답
104 ○   105 ×   106 ○   107 ○
108 ×   109 ○   110 ○   111 ○

---

104 (기출) 제6류 위험물 소량 화재 시에는 다량의 물로 희석하는 소화방법을 사용할 수 있다.   O | X

105 (기출) 과염소산($HClO_4$)은 다량의 물에 의해 희석소화(소량 화재 제외)한다.   O | X

106 (기출) 칼륨, 나트륨은 등유 속에 보관한다.   O | X

107 (기출) 이황화탄소와 황린은 물 속에 보관한다.   O | X

108 (기출) 아세트알데하이드, 산화프로필렌은 수은이나 구리의 용기에 저장한다.   O | X

109 (기출) 아세틸렌은 다공성 물질에 아세톤, 다이메틸프롬아미드를 넣고 여기에 아세틸렌을 용해시켜 저장한다.   O | X

110 (예상) 알킬리튬, 알킬알루미늄은 벤젠이나 헥산의 희석제를 사용한다.   O | X

111 (예상) 제1류 위험물은 제6류 위험물과 혼재가 가능하다.   O | X

112 제2류 위험물은 제3류, 제4류, 제5류 위험물과 혼재가 가능하다.

O X

113 제4류 위험물은 제2류, 제3류, 제5류, 제6류와 혼재가 가능하다.

O X

해설

112
제2류 위험물은 ~~제3류~~, 제4류, 제5류 위험물과 혼재가 가능하다.

113
제4류 위험물은 제2류, 제3류, 제5류, ~~제6류~~와 혼재가 가능하다.

정답
112 ✕ 113 ✕

CHAPTER 02 위험물안전관리법

SIMPLE 핵심 이론 빈칸 넣기

1 위험물시설의 안전관리

① 자체소방대

① 자체소방대를 설치하는 경우
- ① _____ 위험물을 취급하는 제조소 또는 일반취급소로서 최대수량의 합이 지정수량의 ② _____ 이상인 것
- ③ _____ 위험물을 저장하는 옥외탱크저장소로서 최대수량이 지정수량의 ④ _____ 이상인 것

② 자체소방대를 설치하는 사업소의 관계인은 규정에 의하여 자체소방대에 ⑤ _____ 및 ⑥ _____ 을 두어야 한다.

사업소의 구분	화학소방자동차	자체소방대원의 수
제조소 또는 일반취급소에서 취급하는 제4류 위험물의 최대수량의 합이 지정 수량의 ⑦ _____ 인 사업소	1대	5인
제조소 또는 일반취급소에서 취급하는 제4류 위험물의 최대수량의 합이 지정 수량의 ⑧ _____ 인 사업소	2대	10인
제조소 또는 일반취급소에서 취급하는 제4류 위험물의 최대수량의 합이 지정 수량의 ⑨ _____ 인 사업소	3대	15인
제조소 또는 일반취급소에서 취급하는 제4류 위험물의 최대수량의 합이 지정 수량의 ⑩ _____ 인 사업소	4대	20인
⑪ _____ 에 저장하는 제4류 위험물의 최대수량이 지정수량의 ⑫ _____ 인 사업소	⑬ _____	⑭ _____

정답

① 제4류
② 3천배
③ 제4류
④ 50만배
⑤ 화학소방자동차
⑥ 자체소방대원

⑦ 3천배 이상 12만배 미만
⑧ 12만배 이상 24만배 미만
⑨ 24만배 이상 48만배 미만
⑩ 48만배 이상
⑪ 옥외탱크저장소
⑫ 50만배 이상
⑬ 2대
⑭ 10인

2 위험물의 운반 및 운송

① 수납하는 위험물에 따른 주의사항

구분		주의
제1류	무기과산화물 (알칼리금속의 과산화물)	① ② ③
	그 밖의 것	④ ⑤
제2류	철분, 금속분, 마그네슘	⑥ ⑦
	인화성 고체	⑧
	그 밖의 것	⑨
제3류	자연발화성 물질	⑩ ⑪
	금수성 물질	⑫
제4류	–	⑬
제5류	–	⑭ ⑮
제6류	–	⑯

정답

① 화기 · 충격주의
② 물기엄금
③ 가연물접촉주의
④ 화기 · 충격주의
⑤ 가연물접촉주의
⑥ 화기주의
⑦ 물기엄금
⑧ 화기엄금
⑨ 화기주의
⑩ 화기엄금
⑪ 공기접촉엄금
⑫ 물기엄금
⑬ 화기엄금
⑭ 화기엄금
⑮ 충격주의
⑯ 가연물접촉주의

> **참고**
>
> **운송책임자의 감독 · 지원을 받아 운송하여야 하는 위험물**
> ① ⑰
> ② ⑱
> ③ ① 또는 ②의 물질을 함유하는 위험물

⑰ 알킬알루미늄
⑱ 알킬리튬

CHAPTER 03 특수가연물

SIMPLE 핵심 이론 빈칸 넣기

1 특수가연물의 종류

품명		수량
면화류		① [kg] 이상
나무껍질 및 대팻밥		② [kg] 이상
넝마 및 종이부스러기		③ [kg] 이상
사류		
볏짚류		
가연성 고체류		④ [kg] 이상
석탄 · 목탄류		⑤ [kg] 이상
가연성 액체류		⑥ [m³] 이상
목재가공품 및 나무부스러기		⑦ [m³] 이상
고무류 · 플라스틱류	발포시킨 것	⑧ [m³] 이상
	그 밖의 것	⑨ [kg] 이상

정답
① 200
② 400
③ 1,000
④ 3,000
⑤ 10,000
⑥ 2
⑦ 10
⑧ 20
⑨ 3,000

(1) 정의

① 가연성 고체류

구분	인화점[℃]	연소열량[kcal/g]	융점[℃]
(1)	섭씨 ⑩ [℃] 이상 ⑪ [℃] 미만		
(2)	섭씨 ⑫ [℃] 이상 ⑬ [℃] 미만	⑭ [kcal/g] 이상	
(3)	섭씨 ⑮ [℃] 이상	⑯ [kcal/g] 이상	⑰ [℃] 미만
(4)	1기압과 섭씨 20[℃] 초과 40[℃] 이하에서 액상인 것으로서 인화점이 섭씨 ⑱ 이거나 (2) 또는 (3)에 해당하는 것		

⑩ 40
⑪ 100
⑫ 100
⑬ 200
⑭ 8
⑮ 200
⑯ 8
⑰ 100
⑱ 70[℃] 이상 섭씨 200[℃] 미만

② 가연성 액체류

구분	압력, 온도, 상태	가연성 액체량	인화점[℃]	연소점[℃]
(1)	1기압과 섭씨 ① [℃] 이하에서 액상인 것	② [Wt%] 이하	섭씨 ③ [℃] 이상 섭씨 ④ [℃] 미만	섭씨 ⑤ [℃] 이상
(2)	1기압과 섭씨 ⑥ [℃]에서 액상인 것	⑦ [Wt%] 이하	섭씨 ⑧ [℃] 이상 섭씨 ⑨ [℃] 미만	
(3)	동물의 기름과 살코기 또는 식물의 씨나 과일의 살로부터 추출한 것으로서 다음에 해당하는 것 ① 1기압과 섭씨 20[℃]에서 액상이고 인화점이 250[℃] 미만인 것으로서 용기기준과 수납·저장기준에 적합하고 용기외부에 물품명·수량 및 "화기엄금" 등의 표시를 한 것 ② 1기압과 섭씨 20[℃]에서 액상이고 인화점이 섭씨 250[℃] 이상인 것			

정답
① 20
② 40
③ 40
④ 70
⑤ 60
⑥ 20
⑦ 40
⑧ 70
⑨ 250

2 특수가연물의 저장 및 취급기준

❶ 특수가연물은 다음 각 목의 기준에 따라 쌓아 저장해야 한다. 다만, 석탄·목탄류를 발전용으로 저장하는 경우는 ⑩ _____ 한다.

① ⑪ _____ 로 구분하여 쌓을 것

② 다음의 기준에 맞게 쌓을 것

구분	살수설비를 설치하거나 방사능력 범위에 해당 특수가연물이 포함되도록 대형수동식소화기를 설치하는 경우	그 밖의 경우
높이	⑫ _____ 이하	⑬ _____ 이하
쌓는 부분의 바닥면적	⑭ _____ (석탄·목탄류의 경우: ⑮ _____) 이하	⑯ _____ (석탄·목탄류의 경우: ⑰ _____) 이하

⑩ 제외
⑪ 품명별

③ 실외에 쌓아 저장하는 경우 쌓는 부분이 대지경계선, 도로 및 인접 건축물과 최소 ⑱ _____ 이상 간격을 둘 것. 다만, 쌓는 높이보다 ⑲ _____ 이상 높은 ⑳ _____ 벽체를 설치한 경우는 그렇지 않다.

④ 실내에 쌓아 저장하는 경우 주요구조부는 ㉑ _____ 이면서 ㉒ _____ 여야 하고, 다른 종류의 특수가연물과 같은 공간에 보관하지 않을 것. 다만, ㉓ _____ 의 벽으로 분리하는 경우는 그렇지 않다.

⑤ 쌓는 부분 바닥면적의 사이는 실내의 경우 ㉔ _____ 또는 ㉕ _____ 중 큰 값 이상으로 간격을 두어야 하며, 실외의 경우 ㉖ _____ 또는 ㉗ _____ 중 큰 값 이상으로 간격을 둘 것

⑫ 15[m]
⑬ 10[m]
⑭ 200[m²]
⑮ 300[m²]
⑯ 50[m²]
⑰ 200[m²]

⑱ 6[m]
⑲ 0.9[m]
⑳ 내화구조
㉑ 내화구조
㉒ 불연재료
㉓ 내화구조
㉔ 1.2[m]
㉕ 쌓는 높이의 $\frac{1}{2}$
㉖ 3[m]
㉗ 쌓는 높이

② 특수가연물 표지

① 특수가연물을 저장 또는 취급하는 장소에는 품명, 최대저장수량, 단위부피당 질량 또는 단위체적당 질량, 관리책임자 성명·직책, 연락처 및 화기취급의 금지표시가 포함된 특수가연물 표지를 설치해야 한다.

② 특수가연물 표지의 규격은 다음과 같다.
- 특수가연물 표지는 한 변의 길이가 ① _____ 이상, 다른 한 변의 길이가 ② _____ 이상인 직사각형으로 할 것
- 특수가연물 표지의 바탕은 ③ _____ 으로, 문자는 ④ _____ 으로 할 것. 다만, "화기엄금" 표시 부분은 제외한다.
- 특수가연물 표지 중 화기엄금 표시 부분의 바탕은 ⑤ _____ 으로, 문자는 ⑥ _____ 으로 할 것

③ 특수가연물 표지는 특수가연물을 저장하거나 취급하는 장소 중 보기 쉬운 곳에 설치해야 한다.

정답
① 0.3[m]
② 0.6[m]
③ 흰색
④ 검은색
⑤ 붉은색
⑥ 백색

Simple Detail 2026

Simtail

PART

VII

소방시설

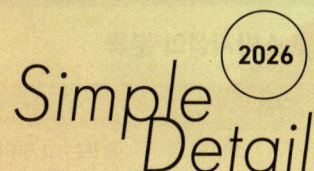

CHAPTER 01	소방시설
CHAPTER 02	소화설비
CHAPTER 03	경보설비
CHAPTER 04	피난구조설비
CHAPTER 05	소화용수설비
CHAPTER 06	소화활동설비

CHAPTER 01 소방시설

SIMPLE 핵심 이론 빈칸 넣기

1 소방시설의 분류

구분	종류	
①	물 또는 그 밖의 소화약제를 사용하여 소화하는 기계·기구 또는 설비	
	① 소화기구 • 소화기 • 간이소화용구 　(에어로졸식 소화용구, 투척용 소화용구, 소공간용 소화용구 및 소화약제 외의 것을 이용한 간이소화용구) • 자동확산소화기 ② 자동소화장치 • 주거용 주방자동소화장치 • 상업용 주방자동소화장치 • 캐비닛형 자동소화장치 • 가스자동소화장치 • 분말자동소화장치 • 고체에어로졸자동소화장치 ③ 옥내소화전설비 　(호스릴옥내소화전설비 포함)	④ 스프링클러설비등 • 스프링클러설비 • 간이스프링클러설비 　(캐비닛형 간이스프링클러설비 포함) • 화재조기진압용 스프링클러설비 ⑤ 물분무등소화설비 • 물분무소화설비 • 미분무소화설비 • 포소화설비 • 이산화탄소소화설비 • 할론소화설비 • 할로겐화합물 및 불활성기체 소화설비 • 분말소화설비 • 강화액소화설비 • 고체에어로졸소화설비 ⑥ 옥외소화전설비
②	화재발생 사실을 통보하는 기계·기구 또는 설비	
	① 단독경보형 감지기 ② 비상경보설비 • 비상벨설비 • 자동식사이렌설비 ③ 시각경보기 ④ 화재알림설비	⑤ 자동화재탐지설비 ⑥ 비상방송설비 ⑦ 자동화재속보설비 ⑧ 통합감시시설 ⑨ 누전경보기 ⑩ 가스누설경보기
③	화재가 발생할 경우 피난하기 위하여 사용하는 기구 또는 설비	
	① 피난기구 • 피난사다리 • 구조대 • 완강기 • 간이완강기 • 화재안전기준으로 정하는 것 ② 인명구조기구 • 방열복, 방화복 　(안전모, 보호장갑, 안전화 포함) • 공기호흡기 • 인공소생기	③ 유도등 • 피난유도선 • 피난구유도등 • 통로유도등 • 객석유도등 • 유도표지 ④ 비상조명등 및 휴대용비상조명등

정답
① 소화설비
② 경보설비
③ 피난구조설비

구분	종류
①	화재를 진압하는 데 필요한 물을 공급하거나 저장하는 설비
	① 상수도소화용수설비 ② 소화수조 · 저수조, 그 밖의 소화용수설비
②	화재를 진압하거나 인명구조활동을 위하여 사용하는 설비
	① 제연설비　　　　　　④ 비상콘센트설비 ② 연결송수관설비　　　⑤ 무선통신보조설비 ③ 연결살수설비　　　　⑥ 연소방지설비

정답

① 소화용수설비

② 소화활동설비

DETAIL 핵심지문 OX

1 소방시설의 분류

001 기출
소화설비란 물 또는 그 밖의 소화약제를 사용하여 소화하는 기계·기구 또는 설비로서 소화기구, 자동소화장치, 옥내·외소화전설비, 스프링클러설비, 물분무등소화설비 등이 있다. O | X

002 기출
경보설비란 화재발생 사실을 통보하는 기계·기구 또는 설비로서 단독경보형감지기, 비상경보설비, 자동화재탐지설비 등이 있다. O | X

003 기출
피난구조설비란 화재가 발생할 경우 피난하기 위하여 사용하는 기구 또는 설비로서 피난기구, 인명구조기구, 유도등, 비상조명등 및 휴대용 비상조명등이 있다. O | X

004 기출
소화용수설비란 화재진압에 필요한 물을 공급하거나 저장하는 설비로서 상수도소화용수설비, 소화수조, 저수조 등이 있다. O | X

005 기출
소화활동설비란 화재를 진압하거나 인명구조활동을 위하여 사용하는 설비로서 비상방송설비, 자동화재속보설비, 피난사다리, 완강기 등이 있다. O | X

해설

005
소화활동설비란 화재를 진압하거나 인명구조활동을 위하여 사용하는 설비로서 ~~비상방송설비, 자동화재속보설비, 피난사다리, 완강기~~ 등이 있다.
→ 비상방송설비, 자동화재속보설비: 경보설비
→ 피난사다리, 완강기: 피난구조설비

정답
001 O 002 O 003 O 004 O
005 ✕

006 〈기출〉 화재를 진압하거나 인명구조를 위하여 사용하는 설비는 제연설비, 인명구조설비, 연결살수설비, 무선통신보조설비 등이 있다. O│X

해설
006
화재를 진압하거나 인명구조를 위하여 사용하는 설비는 제연설비, ~~인명구조설비~~, 연결살수설비, 무선통신보조설비 등이 있다.
→ 인명구조설비는 피난구조설비에 해당한다.

007 〈기출〉 소화설비-옥내소화전설비, 포소화설비, 간이스프링클러설비, 자동소화장치 O│X

008 〈기출〉 경보설비-자동화재속보설비, 자동화재탐지설비, 제연설비 O│X

008
경보설비-자동화재속보설비, 자동화재탐지설비, ~~제연설비~~
→ 제연설비는 소화활동설비에 해당한다.

009 〈기출〉 소화용수설비-상수도소화용수설비, 소화수조, 정화조, 연결살수설비 O│X

009
소화용수설비 - 상수도소화용수설비, 소화수조, ~~정화조~~, ~~연결살수설비~~
→ 정화조는 소방시설이 아니며, 연결살수설비는 소화활동설비에 해당한다.

010 〈예상〉 피난구조설비-피난사다리, 구조대, 완강기, 방화복, 공기호흡기 O│X

011 〈기출〉 소화활동설비-시각경보기, 연결송수관설비, 무선통신보조설비, 비상콘센트설비 O│X

011
소화활동설비 - ~~시각경보기~~, 연결송수관설비, 무선통신보조설비, 비상콘센트설비
→ 시각경보기는 경보설비에 해당한다.

〈정답〉
006 × 007 ○ 008 × 009 ×
010 ○ 011 ×

CHAPTER 02 소화설비

SIMPLE 핵심 이론 빈칸 넣기

1 소화기구

① 소화기

(1) 소화능력단위에 따른 분류

소형소화기	• 능력단위 ① ___ 이상 • 대형소화기 능력단위 미만인 소화기 • 보행거리 ② ___ 이내마다 설치	
대형소화기	• 화재 시 사람이 운반할 수 있도록 운반대와 바퀴 설치 • A급: 능력단위 ③ ___ 이상 • B급: 능력단위 ④ ___ 이상 • 보행거리 ⑤ ___ 이내마다 설치 • 대형소화기 충전량	

소화기 종류	충전량
포 소화기	⑥ ___ [L] 이상
분말 소화기	⑦ ___ [kg] 이상
할로겐화합물 소화기	⑧ ___ [kg] 이상
이산화탄소 소화기	⑨ ___ [kg] 이상
강화액 소화기	⑩ ___ [L] 이상
물 소화기	⑪ ___ [L] 이상

(2) 소화기별 사용온도

구분	사용온도
강화액 소화기	⑫ ___
분말 소화기	
포 소화기	⑬ ___
기타 소화기	⑭ ___

정답

① 1단위
② 20[m]
③ 10단위
④ 20단위
⑤ 30[m]
⑥ 20
⑦ 20
⑧ 30
⑨ 50
⑩ 60
⑪ 80
⑫ −20[℃] ~ 40[℃]
⑬ 5[℃] ~ 40[℃]
⑭ 0[℃] ~ 40[℃]

② 소화기 설치기준

(1) 소화기구의 능력단위 기준

특정소방대상물	능력단위
위락시설	해당 용도의 바닥면적 ① [ ] 마다 능력단위 1단위 이상
공연장 · 집회장 · 관람장 · 문화재 · 장례식장 및 의료시설	해당 용도의 바닥면적 ② [ ] 마다 능력단위 1단위 이상
근린생활시설 · 판매시설 · 운수시설 · 숙박시설 · 노유자시설 · 전시장 · 공동주택 · 업무시설 · 방송통신시설 · 공장 · 창고시설 · 항공기 및 자동차 관련 시설 및 관광 휴게시설	해당 용도의 바닥면적 ③ [ ] 마다 능력단위 1단위 이상
그 밖의 것	해당 용도의 바닥면적 ④ [ ] 마다 능력단위 1단위 이상

정답
① 30[m²]
② 50[m²]
③ 100[m²]
④ 200[m²]

(2) 소화기구(자동확산소화기 제외) 높이: ⑤ [   ] 이하

⑤ 1.5[m]

③ 간이소화용구

수동식 및 자동식 소화기 이외의 것으로 소화약제(물 제외)가 충전되어 소화용으로 사용하는 소화기구이다.

① 에어로졸식 소화용구
② 투척용 소화용구
③ 소공간용 소화용구
④ 소화약제 외의 것을 이용한 간이소화용구
  • 마른모래, 팽창질석, 팽창진주암 등

간이소화용구 종류		능력단위
마른모래	삽을 상비한 ⑥ [ ] 이상의 것 1포	⑧ [ ] 단위
팽창질석, 팽창진주암	삽을 상비한 ⑦ [ ] 이상의 것 1포	

⑥ 50[L]
⑦ 80[L]
⑧ 0.5

④ 자동확산소화기

화재 시 화염이나 열에 의하여 자동으로 소화약제를 방출하여 소화하는 장치를 말한다. 화재를 감지하여 자동으로 소화약제를 방출 확산시켜 ⑨ [   ] 으로 소화하는 소화기이며, 구성은 감지부, 방출구, 방출도관으로 구성되어 있다.

⑨ 국소적

종류	설치장소
일반화재용 자동확산소화기	보일러실, 건조실, 세탁소, 대량화기취급소 등
주방화재용 자동확산소화기	음식점, 다중이용업소, 호텔, 기숙사, 의료시설, 업무시설, 공장 등의 주방
전기설비용 자동확산소화기	변전실, 송전실, 변압기실, 배전반실, 제어반, 분전반 등

2 자동소화장치

소화약제를 자동으로 방사하는 고정된 소화장치로서 형식승인이나 성능인증을 받은 유효설치 범위(설계방호체적, 최대설치높이, 방호면적 등) 이내에 설치하여 소화하는 것을 말한다.
① 주거용 주방자동소화장치
② 상업용 주방자동소화장치
③ 캐비닛형 자동소화장치
④ 가스자동소화장치
⑤ 분말자동소화장치
⑥ 고체에어로졸자동소화장치

3 옥내소화전설비

건물 내에서의 화재 발생 시 당해 소방대상물의 관계자 또는 자위소방대원이 이를 사용하여 발화 초기에 신속하게 진화할 수 있도록 건물 내에 설치하는 ① _____ 의 물(수계) 소화설비이다.

수원, 가압송수장치, 배관, 방수구, 소화전함, 호스, 노즐, 제어반, 배선 등으로 구성되어 있다.

① 수원

① **방수압력**: ② _____ [MPa] 이상 ③ _____ [MPa] 이하
② **방수량**: ④ _____ [L/min] 이상
③ **펌프 토출양**: ⑤ _____ [L/min] × 당해 층 옥내소화전 설치개수
　　　　　(최대 ⑥ _____ 개)
④ **수원의 양**: ⑦ _____ [L/min] × 당해 층 옥내소화전 설치개수
　　　　　(최대 ⑧ _____ 개) × ⑨ _____ 분
⑤ **옥상수조 수원의 양**: 1차 수원으로 산출된 유효수량의 ⑩ _____ 이상

② 송수구 설치기준

① 송수구는 소방차가 쉽게 접근할 수 있는 잘 보이는 장소에 설치한다.
② 송수구로부터 주 배관에 이르는 연결배관에는 개폐밸브를 설치하지 아니한다.
③ 지면으로부터 높이가 ⑪ _____ [m] 이상 ⑫ _____ [m] 이하의 위치에 설치한다.
④ 구경 65[mm]의 쌍구형 또는 단구형으로 한다.
⑤ 송수구의 가까운 부분에 자동배수밸브(또는 직경 5[mm]의 배수공) 및 체크밸브를 설치한다.
⑥ 송수구에는 이물질을 막기 위한 마개를 씌운다.

정답

① 고정식, 수동식

② 0.17
③ 0.7
④ 130
⑤ 130
⑥ 2
⑦ 130
⑧ 2
⑨ 20
⑩ $\frac{1}{3}$

⑪ 0.5
⑫ 1

3 방수구 설치기준

① 특정소방대상물의 층마다 설치한다.
② 특정소방대상물의 각 부분으로부터 하나의 방수구까지의 수평거리는 ①〔m〕(호스릴 옥내소화전설비를 포함) 이하가 되도록 한다.
③ 설치높이는 바닥으로부터 ②〔m〕 이하가 되도록 한다.
④ 호스는 구경 ③〔mm〕(호스릴옥내소화전설비의 경우 ④〔mm〕) 이상의 것으로서 특정소방대상물의 각 부분에 물이 유효하게 뿌려질 수 있는 길이로 설치한다.
⑤ 호스릴옥내소화전설비의 경우 그 노즐에는 노즐을 쉽게 개폐할 수 있는 장치를 부착한다.
⑥ 노즐의 구경은 ⑤〔mm〕이다.

정답
① 25
② 1.5
③ 40
④ 25
⑤ 13

4 가압송수장치

화재 발생 시 물의 토출구에서 규정 방수량(130〔L/min〕 이상)과 방수압력(0.17〔MPa〕 이상)이 소요되는 만큼 얻을 수 있는 가압수를 발생시키는 장치이다.

구분	펌프	고가수조	압력수조	가압수조
비상전원	○	×	×	×
신뢰성	낮다	높다	—	—
부대시설	○	×	○	○
저장제한	×	×	$\frac{2}{3}$ 이하	98〔%〕
방수압 감소	×	×	감소	×

5 펌프방식의 설치기준

펌프의 토출 측에는 ⑥ 를 체크밸브 이전에 펌프토출 측 플랜지에서 가까운 곳에 설치하고, 흡입 측에는 ⑦ 또는 ⑧ 를 설치한다.

⑥ 압력계
⑦ 연성계
⑧ 진공계

(1) 기동용수압개폐장치(압력챔버)

① 소화설비의 배관 내 압력변동을 검지하여 자동적으로 펌프를 기동 및 정지시키는 것으로서 압력챔버 또는 기동용 압력스위치 등을 말한다.
② 용적은 ⑨ 이상의 것으로 한다.

⑨ 100〔L〕

(2) 물올림장치

① 풋밸브에서 펌프 임펠러까지 항상 물을 충전시켜 펌프가 작동하면 물이 흡입될 수 있도록 대비시켜 주는 장치이다.
② 탱크의 유효수량은 ⑩ 이상으로 하되, 구경 ⑪ 이상의 급수배관에 따라 해당 탱크에 물이 계속 보급되도록 한다.

⑩ 100〔L〕
⑪ 15〔mm〕

(3) 성능시험배관

① 정격부하운전 시 펌프의 성능을 시험하기 위한 배관을 설치한다.
② 펌프의 토출측에 설치된 개폐밸브 ① [ ]에서 분기하여 설치하고, 유량측정장치를 기준으로 전단 직관부에 ② [ ], 후단 직관부에는 ③ [ ]를 설치한다.
③ 펌프의 성능은 ④ [ ] 시 정격토출압력의 ⑤ [ ][%]를 초과하지 아니하고, 정격토출량의 ⑥ [ ][%]로 운전 시 정격토출압력의 ⑦ [ ][%] 이상이 되어야 한다.
④ 유량측정장치는 성능시험배관의 직관부에 설치하되, 펌프의 정격토출량의 ⑧ [ ][%] 이상 측정할 수 있는 성능이 있어야 한다.(유량계를 통과하는 수류는 정확한 유량을 측정하기 위하여 ⑨ [ ] 상태가 되어야 한다)

(4) 순환배관(릴리프밸브)

① 가압송수장치에는 체절운전 시 ⑩ [ ]을 방지하기 위한 순환배관을 설치한다.
② 순환배관은 펌프의 토출측 체크밸브 이전에서 분기시켜 ⑪ [ ][mm] 이상의 배관에 ⑫ [ ]에서 개방되는 ⑬ [ ]를 설치하여야 한다.

4 스프링클러설비

소방대상물의 천장, 벽 등에 설치하며, 감지기 또는 폐쇄형 스프링클러 헤드에 의하여 화재 발생 시 화재를 감지하여 펌프가 물탱크의 물을 배관으로 운반하여 헤드에서 물을 방사시켜 화재를 소화하는 ⑭ [ ] 소화설비이다. 화재 발생 시 초기 진화를 주된 목적으로 하는 시설이다.

1 수원

① 방수압력: ⑮ [ ][MPa] 이상 ⑯ [ ][MPa] 이하
② 방수량: ⑰ [ ][L/min] 이상
③ 수원의 양: ⑱ [ ][L/min] × 헤드 기준개수 × ⑲ [ ] 분
④ 헤드 기준개수

설치장소			기준개수
지하층을 제외한 층수가 10층 이하인 특정소방대상물	공장	특수가연물 저장·취급하는 것	⑳
		그 밖의 것	㉑
	근린생활시설·판매시설·운수시설 또는 복합건축물	판매시설 또는 복합건축물(판매시설이 설치되는 복합건축물을 말한다)	㉒
		그 밖의 것	㉓
	그 밖의 것	헤드의 부착높이 8m 이상의 것	㉔
		헤드의 부착높이 8m 미만의 것	㉕
지하층을 제외한 층수가 11층 이상인 특정소방대상물·지하가 또는 지하역사			㉖

정답

① 이전
② 개폐밸브
③ 유량조절밸브
④ 체절운전
⑤ 140
⑥ 150
⑦ 65
⑧ 175
⑨ 층류

⑩ 수온의 상승
⑪ 20
⑫ 체절압력 미만
⑬ 릴리프밸브

⑭ 고정식, 자동식

⑮ 0.1
⑯ 1.2
⑰ 80
⑱ 80
⑲ 20

⑳ 30
㉑ 20
㉒ 30
㉓ 20
㉔ 20
㉕ 10
㉖ 30

2 헤드

(1) 설치장소별 헤드의 수평거리

장소	수평거리
무대부 · 특수가연물 저장 또는 취급하는 장소	① [m] 이하
기타구조	② [m] 이하
내화구조	③ [m] 이하

3 배관

(1) 입상관(수직배관)
① 가압송수장치로부터 각 층을 관통하여 층마다 물을 보급해주는 배관

(2) 수평주행배관
① 당해 층에서 유수검지장치로부터 교차배관까지 물을 보급시켜주는 배관
② 헤드를 향하여 상향으로 기울기 ④ 이상 (⑤ 제외)

(3) 교차배관
① 가지배관을 분기시켜주는 배관(가지배관과 수평으로 설치하거나 또는 가지배관 밑에 설치)
② 최소구경이 ⑥ [mm] 이상

(4) 가지배관
① 스프링클러헤드가 설치되어 있는 배관
② 헤드를 향하여 상향으로 기울기 ⑦ 이상 (⑧ 제외)
③ ⑨ 방식이 아닐 것
④ 한쪽 가지배관에 설치되는 헤드의 개수는 ⑩ 이하

4 스프링클러설비 종류

구분		습식	건식	준비작동식	일제살수식	부압식
사용헤드		폐쇄형	⑪	폐쇄형	⑫	폐쇄형
배관	1차측	가압수	가압수	가압수	가압수	가압수
	2차측	⑬	⑭	⑮	⑯	⑰
경보밸브		⑱	⑲	⑳	㉑	㉒
감지기유무		×	×	○	㉓	㉔
동결우려		㉕	×	㉖	×	㉗
시험장치		㉘	○	㉙	×	㉚

(1) 헤드 종류
① 감열부 유무에 따른 분류
  - 폐쇄형: 감열부가 있다.
  - 개방형: 감열부가 없다.(설치위치: 무대부 또는 연소할 우려가 있는 개구부)

정답

① 1.7
② 2.1
③ 2.3

④ $\frac{1}{500}$
⑤ 습식, 부압식

⑥ 40

⑦ $\frac{1}{250}$
⑧ 습식, 부압식
⑨ 토너먼트
⑩ 8개
⑪ 폐쇄형
⑫ 개방형
⑬ 가압수
⑭ 압축공기
⑮ 대기압(저압공기)
⑯ 대기압
⑰ 부압수
⑱ 알람체크밸브
⑲ 드라이밸브
⑳ 프리액션밸브
㉑ 델류즈밸브
㉒ 프리액션밸브
㉓ ○
㉔ ○
㉕ ○
㉖ ×
㉗ ○
㉘ ○
㉙ ×
㉚ ○

② 부착위치에 의한 분류
- 하향식: ① _____ 살수 목적
- 상향식: ② _____ 살수 목적

> **참고**
>
> **상향식·하향식 헤드**
> ① ③ _____ 스프링클러설비 및 ④ _____ 스프링클러설비: 하향식 헤드
> ② 그 외의 설비: 상향식 헤드
>
> 다만, 다음 각 목의 어느 하나에 해당하는 경우에는 그러하지 아니하다.(하향식 헤드 설치가 가능한 경우)
> ① 드라이펜던트 스프링클러헤드를 사용하는 경우
> ② 스프링클러헤드의 설치장소가 동파의 우려가 없는 곳인 경우
> ③ ⑤ _____ 스프링클러헤드를 사용하는 경우

(2) 설비별 구성

습식	① 리타딩 챔버: ⑥ _____
건식	① 공기압축기: 밸브의 2차측에 압축공기를 채우기 위해 ② ⑦ _____ : 2차측의 압축공기를 대기 중으로 신속하게 배출
준비작동식 일제살수식	① 화재감지기(교차회로방식): ⑧ _____ ② ⑨ _____ : 화재감지기 신호로 작동하여 클래퍼 개방
부압식	① 부압제어반: 진공펌프를 기동시키고 제어 ② 진공펌프: 배관 내의 압력을 진공압으로 유지

5 옥외소화전설비

옥외소화전은 인접 건물에 대한 연소확대의 방지 목적으로 사용된다. 소방대상물의 관계인이나 소방대가 도착한 이후에는 소방대의 연소방지용으로도 사용한다.

① 수원

① 방수압력: ⑩ _____ [MPa] 이상 ⑪ _____ [MPa] 이하
② 방수량: ⑫ _____ [L/min] 이상
③ 펌프 토출양: ⑬ _____ [L/min] × 옥외소화전 설치개수(최대 ⑭ _____ 개)
④ 수원의 양: ⑮ _____ [L/min] × 옥외소화전 설치개수
   (최대 ⑯ _____ 개) × ⑰ _____ 분

정답
① 상방
② 하방

③ 습식
④ 부압식

⑤ 개방형

⑥ 오동작 방지
⑦ 엑셀레이터, 익져스터
⑧ 오동작 방지
⑨ 솔레노이드밸브
   (전자밸브)

⑩ 0.25
⑪ 0.7
⑫ 350
⑬ 350
⑭ 2
⑮ 350
⑯ 2
⑰ 20

❷ 소화전 함 및 배관

(1) 함

옥외소화전의 설치개수	소화전함의 설치개수
10개 이하	옥외소화전마다 ① [　　] 이내의 장소에 1개 이상 설치
11개 이상 30개 이하	② [　　] 이상의 소화전 함을 각각 분산하여 설치
31개 이상	소화전 ③ [　　] 마다 ④ [　　] 이상의 소화전 함을 설치

정답
① 5m
② 11개
③ 3개
④ 1개

(2) 호스접결구

① 호스접결구는 지면으로부터 높이가 ⑤ [　　][m] 이상 ⑥ [　　][m] 이하의 위치

② 하나의 호스 접결구까지의 수평거리는 ⑦ [　　][m] 이하

③ 호스의 구경은 ⑧ [　　][mm]

④ 노즐의 구경은 ⑨ [　　][mm]

⑤ 0.5
⑥ 1
⑦ 40
⑧ 65
⑨ 19

> **참고**
>
> **비교**
>
> | 구분 | 옥내소화전 | 옥외소화전 | 스프링클러 |
> |---|---|---|---|
> | 방사압 | 0.17~0.7[MPa] | 0.25~0.7[MPa] | 0.1~1.2[MPa] |
> | 방수량 | 130[L/min] 이상 | 350[L/min] 이상 | 80[L/min] 이상 |
> | 토출량 | 130[L/min]×N[개] (최대 2개) | 350[L/min]×N[개] (최대 2개) | 80[L/min]×N[개] |
> | 수원 | 20분간 토출 | 20분간 토출 | 20분간 토출 |
> | 호스·노즐의 접결 | 상시 접결 | 주위에 보관 | |
> | 방호반경(수평거리) | 25[m] 이하 | 40[m] 이하 | |
> | 호스구경 | 40[mm] (호스릴 25[mm]) 이상 | 65[mm] | — |
> | 노즐구경 | 13[mm] | 19[mm] | |

6 펌프

1 펌프의 이상현상

(1) 수격현상
① 관내에 물이 가득 차서 흐르는 경우 배관 내의 유체의 흐름을 갑자기 막으면, 유체의 ① [운동] 에너지가 ② [압력] 에너지로 변환되어 급격하게 관내압력 상승하여 펌프에 손상주는 현상이다.
② 일반적으로 수격현상이 문제가 되는 것은 정전 등에 의한 펌프 구동력 차단에 따라 급정지하는 경우가 대부분이다.

(2) 맥동(서징)현상
① 펌프 운전 중에 압력계기의 눈금이 어떤 주기를 가지고 큰 진폭으로 흔들림과 동시에 ③ [토출량] 도 어떤 범위에서 주기적으로 변동이 발생되고, 서징현상이 강할 때에는 극심한 진동과 소음을 수반하게 되는 현상이다.
② 장시간 계속되면 유체 관로를 연결하는 기계나 장치 등의 파손을 초래하게 된다.

(3) 공동현상
흡입 양정이 높거나, 펌프 흡입구에서 유로 변화로 인해 ④ [압력강하] 가 생겨 그 부분의 압력이 포화증기압보다 ⑤ [낮아지면] 표면에 증기가 발생되어 액체와 분리되어 기포로 나타난다. 이 기포의 생성과 소멸이 이루어지는 짧은 시간동안에 국부적으로 충격력이 발생하며 임펠러를 손상시켜 내부 부식을 유발시키기도 하고 영역이 커지면 펌프성능 저하가 일어나는 현상이다.

• 발생원인
① 펌프의 흡입측 수두가 ⑥ [클] 경우
② 펌프의 흡입양정이 ⑦ [높을수록]
③ 펌프의 마찰손실이 ⑧ [클] 경우
④ 펌프의 흡입관경이 너무 ⑨ [작을] 경우
⑤ 이송하는 유체가 ⑩ [고온] 인 경우
⑥ 펌프의 흡입압력이 유체의 증기압보다 ⑪ [낮은] 경우
⑦ 임펠러 속도가 지나치게 ⑫ [클] 경우

• 방지대책
① 펌프의 설치높이를 낮추어 흡입양정을 ⑬ [짧게 한다].
② 양흡입 펌프를 사용한다.
③ 배관을 완만하고 ⑭ [짧게 한다].
④ 흡입관 관경을 ⑮ [크게 한다].
⑤ 임펠러의 속도를 ⑯ [작게 한다].
⑥ 수온을 ⑰ [낮춘다].
⑦ 흡수관측의 손실을 가능한 ⑱ [작게 한다].

정답
① 운동
② 압력

③ 토출량

④ 압력강하
⑤ 낮아지면

⑥ 클
⑦ 높을수록
⑧ 클
⑨ 작을
⑩ 고온
⑪ 낮은
⑫ 클

⑬ 짧게 한다
⑭ 짧게 한다
⑮ 크게 한다
⑯ 작게 한다
⑰ 낮춘다
⑱ 작게 한다

7 물분무등소화설비

1 물분무등소화설비 종류

물분무소화설비, 미분무소화설비, 포소화설비, 이산화탄소소화설비, 할론소화설비, 할로겐화합물 및 불활성기체 소화설비, 분말소화설비, 강화액소화설비, 고체에어로졸소화설비

2 물분무소화설비

(1) **수원의 양:** 바닥면적[m²] × 방수량 × 20분

(2) **방수량 기준**

설치대상 및 기준		방수량[L/min]	방사시간
콘베이어벨트	바닥면적 1m²에 대하여	① [L/min] 이상	20분 이상
절연유 봉입변압기	바닥부분을 제외한 표면적을 합한 면적 1m²에 대하여	② [L/min] 이상	20분 이상
특수가연물을 저장 또는 취급하는 특정소방대상물	바닥면적(최대 방수구역의 바닥면적을 기준으로 하며, 50m² 이하인 경우에는 50m²) 1m²에 대하여	③ [L/min] 이상	20분 이상
케이블트레이, 케이블덕트	투영된 바닥면적 1m²에 대하여	④ [L/min] 이상	20분 이상
차고 또는 주차장	바닥면적(최대 방수구역의 바닥면적을 기준으로 하며, 50m² 이하인 경우에는 50m²) 1m²에 대하여	⑤ [L/min] 이상	20분 이상

3 포 소화설비

(1) **고정포 방출구의 종류**

Ⅰ형 방출구	방출된 포가 액면 위에서 전개될 수 있도록 탱크 내부에 포의 ⑥ 가 있는 설비이다.
Ⅱ형 방출구	방출된 포가 탱크 측판 내부에 흘러내려서 액면에 전개되도록 포의 ⑦ 을 방출구에 설치한 설비이다.
Ⅲ형 방출구	탱크 화재 시 폭발에 의하여 고정방출구가 파괴되는 결점을 보완한 형태이다. 탱크 ⑧ 에서 포를 주입한다. (⑨)
Ⅳ형 방출구	표면하주입방식과 동일하게 탱크저부에서 포를 주입하는 방법으로 ⑩ 를 이용해서 포가 액면에 효과적으로 떠오르게 하는 방법이다. (⑪)
특형 방출구	⑫ 의 측면과 ⑬ 에 의하여 형성된 환상부분에 포를 방출하여 소화작용을 하도록 설치된 설비이다.

정답

① 10
② 10
③ 10
④ 12
⑤ 20

⑥ 통로
⑦ 반사판
⑧ 저부
⑨ 표면하주입방식
⑩ 호스
⑪ 반표면하주입방식
⑫ 플로팅 루프탱크
⑬ 굽도리판

(2) 포 소화약제 혼합방식

라인 프로포셔너 (관로혼합방식)	펌프와 발포기의 중간에 설치된 ① _____ 에 따라 포소화약제를 흡입·혼합하는 방식을 말한다.
② (펌프혼합방식)	펌프의 토출관과 흡입관 사이의 배관 도중에 설치한 흡입기에 펌프에서 토출된 물의 일부를 보내고, 농도 조정밸브에서 조정된 포소화약제의 필요량을 포소화약제 탱크에서 펌프 흡입 측으로 보내어 이를 혼합하는 방식을 말한다. (③ _____ 등에서 사용하는 방식이다)
④ (차압혼합방식)	포소화설비의 가장 일반적인 혼합방식으로 펌프와 발포기의 중간에 설치된 벤츄리관의 벤츄리작용과 펌프 가압수의 포소화약제 저장탱크에 대한 압력에 따라 포소화약제를 흡입·혼합하는 방식을 말한다.
프레져 사이드 프로포셔너 (압입혼합방식)	펌프의 토출관에 압입기를 설치하여 ⑤ _____ 로 포소화약제를 압입시켜 혼합하는 방식을 말한다.
공기압축포 믹싱쳄버방식	압축공기 또는 압축질소를 일정 비율로 포수용액에 강제 주입 혼합하는 방식을 말한다.

정답
① 벤츄리관의 벤츄리 작용
② 펌프 프로포셔너
③ 화학소방자동차
④ 프레져 프로포셔너
⑤ 포소화약제 압입용펌프

8 이산화탄소·할론·할로겐화합물 및 불활성기체 소화설비

(1) 소화약제 방출방식

⑥	화재 시 밀폐된 공간에 고정된 배관 분사헤드를 따라서 저장된 규정량의 탄산가스를 전량 방출하여 산소농도를 저하시켜 연소를 정지시키는 소화방식이다.
⑦	① 위험물이 밀폐되어 있지 않거나 방호구역이 전역방출방식에 맞지 않는 곳에서 인화성 액체, 가스, 얇은 고체에서의 표면화재 소용으로 적합하다. ② 고정된 배관과 분사헤드에서 저장된 탄산가스를 국소연소부분에 직접 분사하여 효과적으로 연소 부분을 덮고 산소공급을 급격히 차단함으로서 소화하는 방식이다.
⑧	① 분사헤드가 배관에 고정되어 있지 않고 소화약제 저장용기에 호스를 연결하여 직접 화점에 방출하는 방식이다. ② 호스릴설비는 이동식 설비로서 화재 발생 시에 감겨져 있는 호스릴의 호스를 당겨서 사람이 조작하는 간이설비이며, 사용자가 직접 사용하는 이동식 수동 소화설비이다.

⑥ 전역방출방식
⑦ 국소방출방식
⑧ 호스릴방출방식

(2) 소화설비 작동순서

① 화재발생
② 화재감지기(⑨ _____) 또는 수동기동장치에 의해 작동
③ 수신기의 화재표시등·지구표시등 점등 및 화재경보
④ 수신기 지연타이머 작동
⑤ 기동용기 솔레노이드밸브(전자밸브) 작동
⑥ 기동용기 가스 방출
⑦ ⑩ _____ 개방
⑧ ⑪ _____ 개방
⑨ 압력스위치가 작동하여 방출표시등 점등
⑩ 소화가스 방사

⑨ 교차회로방식
⑩ 선택밸브
⑪ 저장용기

DETAIL 핵심지문 OX

LINK 213~261p

1 소화기구

LINK 213~218p

001 〔기출〕 소화기 설치시 소화기를 지정구역 내에 비치해두고 사람들의 통행에 방해되는 곳에는 설치하면 안 된다. O|X

002 〔기출〕 소화기를 각각의 보행거리마다 중요 위치에 분산시켜 관리해야 하며 바닥 높이로부터 1.5m 이하에 지정하여 설치한다. O|X

003 〔기출〕 각 층마다 설치하되 특정소방대상물의 각 부분으로부터 1개의 소화기까지 보행거리가 소형소화기의 경우 20m 이내, 대형소화기의 경우에는 30m 이내가 되도록 배치한다. O|X

004 〔기출〕 소화기를 지하구에 설치하는 경우에는 사람의 접근이 어려운 장소에 한하여 설치할 수 있다. O|X

005 〔예상〕 지하구 소화기 설치기준 상 소화기의 능력단위는 A급 화재는 개당 3단위 이상, B급 화재는 개당 5단위 이상 및 C급 화재에 적응성이 있는 것으로 한다. O|X

006 〔기출〕 소화기를 사용할 때는 바람을 등지고 서서 호스를 불쪽으로 향하게 한다. O|X

해설

001 소화기 설치시 소화기를 지정구역 내에 비치해두고 ~~사람들의 통행에 방해되는 곳에는~~ ~~설치하면 안 된다.~~

004 소화기를 지하구에 설치하는 경우에는 사람이 출입할 수 있는 출입구 부근에 5개 이상 설치해야 한다.

정답
001 ✕ 002 ○ 003 ○ 004 ✕
005 ○ 006 ○

CHAPTER 02 소화설비 **247**

해설

007
소형소화기는 능력단위가 1단위 이상이고 대형소화기의 능력단위 미만인 소화기를 말하며 대형소화기는 화재 시 사람이 운반할 수 있도록 운반대와 바퀴가 설치되어 있고 능력단위가 A급 **10단위** 이상, B급 **20단위** 이상인 소화기를 말한다.

008
K급 화재용 소화기는 K급 화재용 소화기의 소화성능시험에 적합하여야 하며, K급 화재에 대한 능력단위는 지정하지 아니한다.

010
① 물 소화기: 80L
② 강화액 소화기: 60L
③ 분말 소화기: 20kg

011
축압식 소화기란 본체용기 중에 소화약제와 함께 소화약제의 방출원이 되는 압축가스(질소 등)를 봉입한 방식의 소화기로 압력계가 부착되어 있다.

012
축압식 소화기(이산화탄소 및 할론 1301 소화약제를 충전한 소화기와 한 번 사용한 후에는 다시 사용할 수 없는 형의 소화기는 제외한다)는 지시압력계를 설치하여야 한다.

정답
007 × 008 × 009 ○
010 ① × ② × ③ × ④ ○ ⑤ ○
011 × 012 ○

---

007 (기출)
소형소화기는 능력단위가 1단위 이상이고 대형소화기의 능력단위 미만인 소화기를 말하며 대형소화기는 화재 시 사람이 운반할 수 있도록 운반대와 바퀴가 설치되어 있고 능력단위가 A급 20단위 이상, B급 30단위 이상인 소화기를 말한다. O│X

008 (예상)
K급 화재용 소화기는 B급 화재용 소화기의 소화성능시험으로 대체하며, K급 화재에 대한 능력단위는 지정하지 아니한다. O│X

009 (기출)
소화기를 특정소방대상물의 각 층이 2 이상의 거실로 구획된 경우에는 각 층마다 설치하는 것 외에 바닥면적이 33m² 이상으로 구획된 각 거실에도 배치한다. O│X

010 (기출)
대형소화기 약제 충전량
① 물 소화기: 50L   O│X
② 강화액 소화기: 50L   O│X
③ 분말 소화기: 10kg   O│X
④ 이산화탄소 소화기: 50kg   O│X
⑤ 포 소화기: 20L   O│X

011 (예상)
가압식 소화기란 본체용기 중에 소화약제와 함께 소화약제의 방출원이 되는 압축가스(질소 등)를 봉입한 방식의 소화기로 압력계가 부착되어 있다. O│X

012 (예상)
이산화탄소 소화약제가 저장되어있는 축압식 소화기의 경우에는 압력계를 설치하지 않아도 된다. O│X

013 할로겐화합물 소화기, 기계포 소화기를 사용하는 경우 화학적인 작용을 이용하여 효과적으로 소화할 수 있다. ⓞⅠⓧ

해설

013
할로겐화합물 소화기, ~~기계포 소화기~~를 사용하는 경우 화학적인 작용을 이용하여 효과적으로 소화할 수 있다.
→ 기계포 소화기는 화학적 소화효과가 없다.

014 강화액 소화기와 포소화기의 각각 저장온도 및 사용온도는 −40~40℃, 0~50℃이다. ⓞⅠⓧ

014

구분	사용온도
강화액소화기	−20℃~40℃
분말소화기	
포소화기	5℃~40℃
기타 소화기	0℃~40℃

015 강화액 소화기는 물에 탄산염류와 같은 알칼리금속염류 등을 첨가한 액체에 압축공기 또는 질소가스를 축압하여 만든다. ⓞⅠⓧ

016 이산화탄소 소화기는 좁고 밀폐된 장소에서 사용시 일반화재에 적응성이 있다. ⓞⅠⓧ

016
이산화탄소 또는 할로겐화합물을 방사하는 소화기구(자동확산소화기를 제외한다)는 지하층이나 무창층 또는 밀폐된 거실로서 그 바닥면적이 20m² 미만의 장소에는 설치할 수 없다.

017 간이소화용구는 소화기 및 자동확산소화기 외 간이소화용으로 사용하는 것을 말한다. ⓞⅠⓧ

018 능력단위가 2단위 이상이 되도록 소화기를 설치하여야 할 특정소방대상물에는 간이소화용구의 능력단위가 전체 능력단위의 3분의 1을 초과하지 않도록 한다. ⓞⅠⓧ

018
능력단위가 2단위 이상이 되도록 소화기를 설치하여야 할 특정소방대상물에는 간이소화용구의 능력단위가 전체 능력단위의 2분의 1을 초과하지 않도록 한다.

019 자동확산소화기는 화재 시 화염이나 열에 따라 소화약제가 확산하여 국소적으로 소화하는 장치를 말한다. ⓞⅠⓧ

정답
013 ✕ 014 ✕ 015 ◯ 016 ✕
017 ◯ 018 ✕ 019 ◯

해설

020 산·알칼리 소화기는 **수계** 소화기로 분류된다.

021 바닥면적 100m² 기준
근린생활시설, 판매시설, 운수시설, 숙박시설, 노유자시설, 전시장, 공동주택, 업무시설, 방송통신시설, 공장, 창고시설, 항공기 및 자동차 관련 시설, 관광 휴게시설

022 위락시설에서 소화기구의 능력단위는 바닥면적 **30제곱미터**마다 1단위 이상이다.

023 소화기구의 능력단위를 산출함에 있어서 건축물의 주요구조부가 내화구조 ~~또는~~ ~~방화구조~~이고, 벽 및 반자의 실내에 면하는 부분이 불연재료·준불연재료 또는 난연재료로 된 특정소방대상물에 있어서는 바닥면적의 2배를 해당 특정소방대상물의 기준면적으로 한다.

---

020 (기출) 산·알칼리 소화기는 가스계 소화기로 분류된다. ○|✗

021 (기출) 판매시설에서 소화기구의 능력단위는 바닥면적 100제곱미터마다 1단위 이상이다. ○|✗

022 (예상) 위락시설에서 소화기구의 능력단위는 바닥면적 50제곱미터마다 1단위 이상이다. ○|✗

023 (예상) 소화기구의 능력단위를 산출함에 있어서 건축물의 주요구조부가 내화구조 또는 방화구조이고, 벽 및 반자의 실내에 면하는 부분이 불연재료·준불연재료 또는 난연재료로 된 특정소방대상물에 있어서는 바닥면적의 2배를 해당 특정소방대상물의 기준면적으로 한다. ○|✗

024 (기출) 옥내소화전설비란 소화설비 중 건축물 내에 설치되는 고정식, 수동식 수계소화설비를 말한다. ○|✗

정답
020 ✗ 021 ○ 022 ✗ 023 ✗
024 ○

2 옥내소화전설비

LINK 220-229p

025 [기출] 옥내소화전은 특정 소방대원이 사용하는 본격소화설비이다. O|X

해설
025 옥내소화전은 관계인이 사용하는 초기소화설비이다.

026 [기출] 옥내소화전의 방수량은 260L/min 이상이다. O|X

026 옥내소화전의 방수량은 130L/min 이상이다.

027 [기출] 옥내소화전의 구성요소는 수원, 펌프, 가압송수장치 등으로 구성된다. O|X

028 [기출] 수원은 고가수조, 압력수조, 가압수조, 지하수조가 있으며 타 소화설비와 수원이 겸용인 경우는 각각의 소화설비의 유효수량을 가산한 양 이상으로 한다. O|X

029 [예상] 옥내소화전 설치 시 건축물의 높이가 지표면으로부터 20m 이하인 경우는 옥상수조를 설치하지 않아도 된다. O|X

029 옥내소화전 설치 시 건축물의 높이가 지표면으로부터 10m 이하인 경우는 옥상수조를 설치하지 않아도 된다.

030 [기출] 옥내소화전 수조의 외측에 수위계를 설치하여야 하며, 수조의 상단이 바닥보다 높은 때에는 수조의 외측에 이동식 사다리를 설치한다. O|X

030 옥내소화전 수조의 외측에 수위계를 설치하여야 하며, 수조의 상단이 바닥보다 높은 때에는 수조의 외측에 고정식 사다리를 설치한다.

031 [기출] 옥내소화전은 유효수량 외 유효수량의 1/3 이상을 옥상수조에 설치하여야 한다. O|X

정답
025 × 026 × 027 ○ 028 ○
029 × 030 × 031 ○

해설

032
- 옥내소화전설비 수원의 양
  130[L/min]×당해 층 옥내소화전 설치개수(최대 2개)×20분
- 옥상수조 수원의 양
  1차수원으로 산출된 유효수량의 $\frac{1}{3}$ 이상

034
옥내소화전설비의 수원을 수조로 설치하는 경우에는 소방설비의 전용수조로 하여야 한다. 다만, 고가수조로부터 옥내소화전설비의 수직배관에 물을 공급하는 급수구를 다른 설비의 급수구보다 **낮은** 위치에 설치한 때는 그러하지 아니하다.

035
옥내소화전 노즐의 방수압력은 **0.17MPa 이상 0.7MPa 이하**이어야 한다.

038
노즐 방사압이 4배가 되었고 관창의 구경을 2배로 늘렸을 때 방수량은 **8배** 증가한다.
→ $Q \propto D^2 \times \sqrt{P}$

정답
032 ○ 033 ○ 034 × 035 ×
036 ○ 037 ○ 038 ×

---

032 〔기출〕 옥내소화전이 1층에 3개, 2층에 4개, 3층에 6개 있는 경우 저수량은 5.2㎥이며, 옥상수조의 최소수원의 양은 1.73㎥이다. ○ | ×

033 〔기출〕 옥내소화전 설치 시 지하층만 있는 건물은 옥상수조를 설치하지 않아도 된다. ○ | ×

034 〔기출〕 옥내소화전설비의 수원을 수조로 설치하는 경우에는 소방설비의 전용수조로 하여야 한다. 다만, 고가수조로부터 옥내소화전설비의 수직배관에 물을 공급하는 급수구를 다른 설비의 급수구보다 높은 위치에 설치한 때는 그러하지 아니하다. ○ | ×

035 〔기출〕 옥내소화전 노즐의 방수압력은 0.7MPa 이상이어야 한다. ○ | ×

036 〔기출〕 옥내소화전에서 가장 많이 사용하는 수조의 저장방식은 펌프방식이다. ○ | ×

037 〔기출〕 특정소방대상물의 각 부분으로부터 하나의 방수구까지의 수평거리는 25[m](호스릴옥내소화전설비를 포함) 이하이다. ○ | ×

038 〔기출〕 노즐 방사압이 4배가 되었고 관창의 구경을 2배로 늘렸을 때 방수량은 4배 증가한다. ○ | ×

039 〔기출〕 자동기동방식의 펌프가 수원의 수위보다 높은 곳에 설치된 옥내소화전설비의 구성요소에는 기동용수압개폐장치, 릴리프밸브, 동력제어반, 솔레노이드밸브, 물올림장치 등이 있다. ○ ✕

해설

039 자동기동방식의 펌프가 수원의 수위보다 높은 곳에 설치된 옥내소화전설비의 구성요소에는 기동용수압개폐장치, 릴리프밸브, 동력제어반, ~~솔레노이드밸브~~, 물올림장치 등이 있다.

040 〔예상〕 풋밸브는 수원이 펌프의 임펠러 위치보다 높은 경우에 설치되는 것으로 체크밸브기능과 여과기능이 있다. ○ ✕

040 풋밸브는 수원이 펌프의 임펠러 위치보다 **낮은** 경우에 설치되는 것으로 체크밸브기능과 여과기능이 있다.

041 〔기출〕 기동용 수압개폐장치의 압력챔버를 사용할 경우 용적은 100L 미만의 것으로 한다. ○ ✕

041 기동용 수압개폐장치의 압력챔버를 사용할 경우 용적은 100L **이상**의 것으로 한다.

042 〔기출〕 가압송수장치인 소방펌프의 체절운전으로 인한 수온상승과 고압으로 배관이 파손되는 경우를 방지하기 위하여 순환배관 및 릴리프밸브를 설치한다. ○ ✕

043 〔예상〕 순환배관은 펌프의 토출측 체크밸브 이전에서 분기시켜 15[mm]이상의 배관에 체절압력 미만에서 개방되는 릴리프밸브를 설치하여야 한다. ○ ✕

043 순환배관은 펌프의 토출측 체크밸브 이전에서 분기시켜 **20[mm]이상**의 배관에 체절압력 미만에서 개방되는 릴리프밸브를 설치하여야 한다.

044 〔예상〕 물올림장치는 풋밸브에서 펌프 임펠러까지 항상 물을 충전시켜 펌프가 작동하면 물이 흡입될 수 있도록 대비시켜 주는 것으로 물올림장치에는 전용의 탱크를 설치해야 하며 탱크의 유효수량은 100[L] 이상으로 하되, 구경 15[mm] 이상의 급수배관에 따라 해당 탱크에 물이 계속 보급되도록 한다. ○ ✕

정답
039 ✕   040 ✕   041 ✕   042 ○
043 ✕   044 ○

해설

046
연성계는 대기압 이상의 압력과 대기압 이하의 압력을 측정하는 계측기를 말한다. 진공압과 양압을 모두 측정할 수 있으며 일반적으로 물의 흡입상태를 확인하기 위해 펌프의 흡입측 배관에 설치한다.

047
가압송수장치에는 정격부하운전 시 펌프의 성능을 시험하기 위한 성능시험배관을 설치해야 하며 **충압펌프는 성능시험배관이 필요하지 않다.**

050
펌프의 성능은 체절운전 시 정격토출압력의 **140%**를 초과하지 아니하고, 정격토출량의 **150%**로 운전 시 정격토출압력의 65% 이상이 되어야 한다.

051
유량측정장치는 성능시험배관의 직관부에 설치하되, 펌프의 정격토출량의 175% 이상 측정할 수 있는 성능이 있어야 하고, 정확한 유량을 측정하기 위해 수류는 **층류**이어야 한다.

정답
045 ○ 046 × 047 × 048 ○
049 ○ 050 × 051 ×

---

045 〔예상〕 배관내에 흐르는 물의 찌꺼기 등 이물질을 여과하기 위해 스트레이너 배관을 설치한다. ○ ×

046 〔예상〕 압력계는 대기압 이상의 압력과 대기압 이하의 압력을 측정하는 계측기를 말한다. 진공압과 양압을 모두 측정할 수 있으며 일반적으로 물의 흡입상태를 확인하기 위해 펌프의 흡입측 배관에 설치한다. ○ ×

047 〔예상〕 가압송수장치에는 정격부하운전 시 펌프의 성능을 시험하기 위한 성능시험배관을 설치해야 하며 충압펌프에도 성능시험배관이 필요하다. ○ ×

048 〔기출〕 연성계란 대기압 이상의 압력과 대기압 이하의 압력을 측정할 수 있는 계측기를 말한다. ○ ×

049 〔기출〕 펌프의 토출측에는 압력계를, 흡입측에는 연성계 또는 진공계를 설치한다. ○ ×

050 〔기출〕 펌프의 성능은 체절운전 시 정격토출압력의 150%를 초과하지 아니하고, 정격토출량의 140%로 운전 시 정격토출압력의 65% 이상이 되어야 한다. ○ ×

051 〔기출〕 유량측정장치는 성능시험배관의 직관부에 설치하되, 펌프의 정격토출량의 175% 이상 측정할 수 있는 성능이 있어야 하고, 정확한 유량을 측정하기 위해 수류는 난류이어야 한다. ○ ×

052 성능시험배관은 펌프의 토출측에 설치된 개폐밸브 이전에서 분기하여 설치하고, 유량측정장치를 기준으로 전단 직관부에 개폐밸브, 후단 직관부에는 유량조절밸브를 설치한다. O|X

해설

정답
052 O

3 스프링클러설비
LINK 230~244p

053 스프링클러설비란 초기소화에 절대적인 효과를 가지고 있으며 조작이 간편하고 안전하여 야간이라도 자동적으로 화재를 감지·경보·소화할 수 있는 설비로 천장이나 벽에 설치하며 화재 열기에 의해 작동하여 물을 분사시키는 소화설비이다. O|X

054 스프링클러설비의 방수압력은 0.1[MPa] 이상 1.2[MPa] 이하이고, 방수량은 80[L/min] 이상이다. O|X

055 지하층을 제외한 층수가 11층 이상인 특정소방대상물·지하가 또는 지하역사에 설치되는 스프링클러설비의 수원의 양을 구할 때 헤드 기준개수를 30으로 한다. O|X

056 스프링클러설비의 헤드를 하향식으로 하는 경우에는 하방 살수 목적을 가지고 있다. O|X

057 비내화구조에 설치하는 스프링클러설비의 수평거리는 2.1[m] 이하이다. O|X

056 스프링클러설비의 헤드를 하향식으로 하는 경우에는 **상방** 살수 목적을 가지고 있다.

057

장소	수평거리
무대부·특수가연물 저장 또는 취급하는 장소	1.7[m] 이하
기타구조	2.1[m] 이하
내화구조	2.3[m] 이하

정답
053 O 054 O 055 O 056 ×
057 O

해설

058
현관 또는 로비 등으로서 바닥으로부터 높이가 20m 이상인 장소, 천장·반자 중 한쪽이 불연재료로 되어 있고 천장과 반자사이의 거리가 **1m** 미만인 부분에는 스프링클러 헤드를 설치하지 아니할 수 있다.

060
~~이산화탄소소화설비, 할론소화설비, 스프링클러설비 등은 모두 토너먼트 방식으로 해서는 아니된다.~~
→ 이산화탄소소화설비, 할론소화설비, 할로겐화합물 및 불활성기체소화설비, 분말소화설비, 압축공기포 소화설비는 토너먼트 방식으로 한다.

061
습식 스프링클러설비 또는 부압식 스프링클러설비 외의 스프링클러설비는 헤드를 향하여 상향으로 수평주행배관의 기울기를 1/500 이상, 가지배관의 기울기를 1/250 이상으로 한다.

063
스프링클러설비 종류에는 습식 스프링클러, 건식 스프링클러, 부압식 스프링클러, **준비작동식 스프링클러, 일제살수식 스프링클러**가 있다.

정답
058 ×　059 ○　060 ×　061 ×
062 ○　063 ×

---

058 (기출)
현관 또는 로비 등으로서 바닥으로부터 높이가 20m 이상인 장소, 천장·반자 중 한쪽이 불연재료로 되어 있고 천장과 반자사이의 거리가 2m 미만인 부분에는 스프링클러 헤드를 설치하지 아니할 수 있다. ○｜×

059 (기출)
스프링클러설비를 구성하는 배관 중 가지배관은 헤드가 설치된 가장 가느다란 배관이며, 교차배관에서 분기되는 지점을 기점으로 한쪽 가지배관에 설치되는 헤드의 개수는 8개 이하로 해야한다. ○｜×

060 (예상)
이산화탄소소화설비, 할론소화설비, 스프링클러설비 등은 모두 토너먼트 방식으로 해서는 아니된다. ○｜×

061 (기출)
습식 스프링클러설비 또는 부압식 스프링클러설비에는 헤드를 향하여 상향으로 수평주행배관의 기울기를 1/250 이상, 가지배관의 기울기를 1/500 이상으로 한다. ○｜×

062 (예상)
하나의 방호구역의 바닥면적은 3,000제곱미터를 초과하지 아니한다. ○｜×

063 (기출)
스프링클러설비 종류에는 습식 스프링클러, 건식 스프링클러, 부압식 스프링클러, 일제작동식 스프링클러가 있다. ○｜×

064 〔기출〕 습식, 건식, 일제살수식, 준비작동식 스프링클러설비는 모두 폐쇄형 헤드를 사용한다. O|X

해설

064
습식, 건식, 일제살수식, 준비작동식 스프링클러설비는 모두 폐쇄형 헤드를 사용한다.
→ 일제살수식 스프링클러설비는 개방형 헤드를 사용한다.

065 〔기출〕 무대부 또는 연소할 우려가 있는 개구부에 있어서는 개방형 스프링클러헤드를 설치한다. O|X

066 〔예상〕 유수검지장치란 습식 유수검지장치, 건식 유수검지장치, 준비작동식 유수검지장치를 말하며 본체 내의 유수현상을 자동적으로 검지하여 신호 또는 경보를 발하는 장치를 말한다. O|X

067 〔기출〕 습식 유수검지장치, 건식 유수검지장치, 준비작동식 유수검지장치에는 시험장치를 설치하여야 한다. O|X

067
습식 유수검지장치, 건식 유수검지장치, **부압식** 유수검지장치에는 시험장치를 설치하여야 한다.

068 〔기출〕 습식 스프링클러설비는 1차측 및 2차측이 모두 가압수로 되어있으며, 건식 스프링클러설비는 한랭지역에서 사용한다. O|X

069 〔예상〕 건식 스프링클러설비에는 2차측의 압축공기를 빠르게 배출시키기 위해 엑셀레이터 또는 익져스터를 설치한다. O|X

070 〔기출〕 준비작동식 스프링클러설비는 가압송수장치부터 폐쇄형 스프링클러헤드까지 배관 내에 물이 가압되어 있다. 화재 시 열로서 폐쇄형 스프링클러헤드를 개방하여 배관 내에서 유수한다. O|X

070
습식 스프링클러설비는 가압송수장치부터 폐쇄형 스프링클러헤드까지 배관 내에 물이 가압되어 있다. 화재 시 열로서 폐쇄형 스프링클러헤드를 개방하여 배관 내에서 유수한다.

〔정답〕
064 × 065 O 066 O 067 ×
068 O 069 O 070 ×

해설

072
준비작동식 스프링클러설비는 주로 난방이 되지 않는 장소에 설치하는 스프링클러설비로서 유수검지장치 1차측까지 배관 내에 항상 물이 가압되어 있고, 2차측에서 스프링클러 헤드까지에는 대기압 상태로 폐쇄형 헤드가 설치되어 있다.

075
일반적으로 습식 스프링클러설비 및 부압식 스프링클러설비 외의 설비에는 상향식 헤드를 설치하여야 한다. 다만, 드라이펜던트 스프링클러헤드를 사용하는 경우, 개방형 스프링클러헤드를 사용하는 경우, ~~건식 스프링클러헤드를 사용하는 경우~~, **스프링클러헤드의 설치장소가 동파의 우려가 없는 곳인 경우**는 하향식 헤드 설치가 가능하다.

076
스프링클러설비는 초기 설치비용은 크지만 소화 후 수손피해가 **크다**.

정답
071 ○ 072 × 073 ○ 074 ○
075 × 076 ×

---

071 준비작동식 스프링클러설비는 가압송수장치에서 클래퍼를 중심으로 1차측까지 배관 내에 항상 물이 가압되어 있고 2차측에서 스프링클러헤드까지 대기압 또는 저압으로 있다가 화재발생 시 감지기의 작동으로 폐쇄형 스프링클러헤드까지 소화용수가 송수되어 폐쇄형 스프링클러헤드가 열에 따라 개방되어 작동하는 스프링클러설비이다. ○ ×

072 일제살수식 스프링클러설비는 주로 난방이 되지 않는 장소에 설치하는 스프링클러설비로서 유수검지장치 1차측까지 배관 내에 항상 물이 가압되어 있고, 2차측에서 스프링클러 헤드까지에는 대기압 상태로 폐쇄형 헤드가 설치되어 있다. ○ ×

073 준비작동식, 일제살수식, 부압식 스프링클러설비는 감지기와 연동하여 작동한다. ○ ×

074 준비작동식 스프링클러설비는 오작동을 줄이기 위해 교차회로방식의 화재감지기를 설치한다. ○ ×

075 일반적으로 습식 스프링클러설비 및 부압식 스프링클러설비 외의 설비에는 상향식 헤드를 설치하여야 한다. 다만, 드라이펜던트 스프링클러헤드를 사용하는 경우, 개방형 스프링클러헤드를 사용하는 경우, 건식 스프링클러헤드를 사용하는 경우에는 하향식 헤드 설치가 가능하다. ○ ×

076 스프링클러설비는 초기 설치비용은 크지만 소화 후 수손피해가 적다. ○ ×

077 준비작동식은 동결우려가 없어서 대형건물, 차고 주차장 등에도 적합하다. ○ | ×

078 일제살수식은 델류즈밸브를 열면 작동하며 일제히 소화되며 초기화재 소화에 적합하다. ○ | ×

079 건식은 동결우려가 있는 곳에 설치하며, 1차측은 가압수, 2차측은 대기압이 차 있다. ○ | ×

079
건식은 동결우려가 있는 곳에 설치하며, 1차측은 가압수, 2차측은 **압축공기**가 차 있다.

080 리타딩챔버는 역류를 방지하기 위해 설치한다. ○ | ×

080
리타딩챔버는 **오작동 방지**를 위해 설치한다.

081 스프링클러설비와 옥내소화전 소화설비는 물로 소화하는 것으로 모든 화재에 합리적이다. ○ | ×

081
스프링클러설비와 옥내소화전 소화설비는 물로 소화하는 것으로 **모든 화재**에 합리적이다.

082 스프링클러설비와 옥내소화전 소화설비는 모두 자동으로 초기소화에 사용된다. ○ | ×

082
스프링클러설비는 자동으로 초기소화에 사용되고, **옥내소화전 소화설비는 수동**으로 초기소화에 사용된다.

083 습식의 경우 슈퍼비조리판넬(Supervisory Panel)이 설치된다. ○ | ×

083
준비작동식의 경우 슈퍼비조리판넬(Supervisory Panel)이 설치된다.

정답
077 ○ 078 ○ 079 × 080 ×
081 × 082 × 083 ×

해설
084
간이스프링클러설비의 종류에는 상수도직결형, 가압수조·**압력수조**·펌프·**캐비닛형** 등의 가압수조장치를 이용한 설비가 있다.

정답
084 ×

084 간이스프링클러설비의 종류에는 상수도직결형, 가압수조 · 압력수조 · 펌프 등의 가압수조장치를 이용한 설비가 있다. O|X

4 옥외소화전설비

LINK 245~246p

해설
085
옥외소화전 1개설치 시 필요한 확보 수원의 양은 **7m³**이다.
→ 350[L/min]×옥외소화전 설치개수(**최대 2개**)×20분

085 옥외소화전 1개설치 시 필요한 확보 수원의 양은 3.5m³이다. O|X

086 옥외소화전의 방수압력은 각 노즐선단 방수압력이 0.25[MPa] 이상 0.7[MPa] 이하가 되어야 한다. O|X

087 옥외소화전 호스 접결구는 소방대상물의 각 부분으로부터 수평거리가 40m 이하가 되도록 한다. O|X

088 옥외소화전마다 5m 이내의 장소에 1개 이상의 소화전 함을 설치한다. O|X

089 옥외소화전이 30개인 경우 11개 이상의 소화전함을 각각 분산하여 설치하여야 한다. O|X

정답
085 ×   086 ○   087 ○   088 ○
089 ○

5 펌프

090 서징현상이란 펌프에서 유체가 이송 시 정전 등으로 펌프가 정지되거나 밸브를 갑자기 닫을 경우 배관 내의 유체의 운동에너지가 압력에너지로 변하여 고압이 발생하거나 유속이 급변하여 압력의 변화를 가져와 배관 내의 벽면을 치는 현상을 말한다. O | X

해설

090 수격현상이란 펌프에서 유체가 이송 시 정전 등으로 펌프가 정지되거나 밸브를 갑자기 닫을 경우 배관 내의 유체의 운동에너지가 압력에너지로 변하여 고압이 발생하거나 유속이 급변하여 압력의 변화를 가져와 배관 내의 벽면을 치는 현상을 말한다.

091 유속이 갑자기 변할 때 배관과 주변 기기에 진동과 소음이 생기는 수격현상을 방지하기 위해 압력챔버를 설치한다. O | X

091 유속이 갑자기 변할 때 배관과 주변 기기에 진동과 소음이 생기는 수격현상을 방지하기 위해 수격방지기를 설치한다.

092 소방펌프 및 관로에서 발생되는 수격현상(water hammering)의 방지책으로는 수격방지기 설치, 관로에 서지 탱크(surge tank) 설치, 플라이휠(flywheel)을 부착하여 펌프의 급격한 속도 변화 억제, 관경의 축소를 통해 유체의 유속을 증가시켜 압력 변동치를 감소시키는 방법이 있다. O | X

092 소방펌프 및 관로에서 발생되는 수격현상(water hammering)의 방지책으로는 수격방지기 설치, 관로에 서지 탱크(surge tank) 설치, 플라이휠(flywheel)을 부착하여 펌프의 급격한 속도 변화 억제, 관경의 확대를 통해 유체의 유속을 감소시켜 압력 변동치를 감소시키는 방법이 있다.

093 맥동현상이란 펌프 운전 시 규칙적으로 양정, 토출양이 변화하는 현상을 말한다. O | X

094 소방펌프 내부 유속의 급속한 변화 또는 와류의 발생 등에 의해 액체의 압력이 증기압 이하로 낮아져 기포가 생성되고, 이로 인해 펌프의 성능이 저하되고 진동과 소음이 발생하는 현상은 공동현상이라고 한다. O | X

정답
090 X   091 X   092 X   093 O
094 O

해설
095
① 펌프의 흡입측 수두가 **클** 경우
③ 펌프의 흡입압력이 유체의 증기압보다 **낮을** 경우
⑥, ⑦ 펌프의 **흡입측**의 관경이 **작을** 경우

기출
095 공동현상 발생원인
① 펌프의 흡입측 수두가 작을 경우
② 펌프의 설치위치가 수원보다 높을 경우
③ 펌프의 흡입압력이 유체의 증기압보다 높을 경우
④ 펌프의 임펠러 속도가 클 경우
⑤ 펌프의 마찰손실이 클 경우
⑥ 펌프의 흡입측의 관경이 클 경우
⑦ 펌프의 토출측 관경이 작은 경우

정답
095 ① × ② ○ ③ × ④ ○ ⑤ ○
⑥ × ⑦ ×

6 물분무소화설비 　　　LINK 248p

해설
096
강화액소화설비, 이산화탄소소화설비, ~~스프링클러소화설비~~, 물분무소화설비, 할론소화설비 등은 물분무등소화설비에 해당한다.

기출
096 강화액소화설비, 이산화탄소소화설비, 스프링클러소화설비, 물분무소화설비, 할론소화설비 등은 물분무등소화설비에 해당한다.

097
특수가연물을 저장 또는 취급하는 특정소방대상물에 설치되는 물분무소화설비의 방수량은 **10[L/min]** 이상이다.

예상
097 특수가연물을 저장 또는 취급하는 특정소방대상물에 설치되는 물분무소화설비의 방수량은 20[L/min] 이상이다.

정답
096 ×　097 ×

7 포소화설비 　　　LINK 250~256p

해설
098
고정포 방출구 중 **I형** 방출구란 방출된 포가 액면 위에서 전개될 수 있도록 탱크 내부에 포의 **통로**가 있는 설비이다.

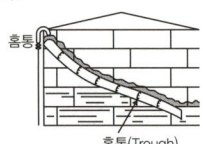
홈통(Trough)

예상
098 고정포 방출구 중 II형 방출구란 방출된 포가 액면 위에서 전개될 수 있도록 탱크 내부에 포의 통로가 있는 설비이다.

정답
098 ×

099 고정포 방출구 중 특형 방출구란 플로팅 루프탱크의 측면과 굽도리판에 의하여 형성된 환상부분에 포를 방출하여 소화작용을 하도록 설치된 설비이다. O│X

100 포소화설비에서 펌프의 토출관에 압입기를 설치하여 포 소화약제 압입용 펌프로 포 소화약제를 압입시켜 혼합하는 방식을 프레져 사이드 프로포셔너 방식이라고 한다. O│X

101 프레져 사이드 프로포셔너 방식은 비행기 격납고, 석유화학 플랜트 등과 같은 대단위 고정식 소화설비에 주로 사용하며, 설치비가 비싸다. O│X

102 라인 프로포셔너 방식이란 포소화약제의 혼합방식 중 펌프와 발포기의 중간에 설치된 벤츄리(Venturi) 관의 벤츄리(Venturi) 작용에 의하여 포소화약제를 흡입·혼합하는 것을 말한다. O│X

103 라인 프로포셔너 방식은 혼합기의 압력손실이 적고, 흡입 가능한 유량의 범위가 넓다. O│X

104 펌프 프로포셔너 방식이란 펌프와 발포기의 중간에 설치된 벤츄리관의 벤츄리작용과 펌프가압수의 포소화약제 저장탱크에 대한 압력에 따라 포소화약제를 흡입·혼합하는 것을 말한다. O│X

105 펌프 프로포셔너 방식은 화학소방차에 주로 사용하는 방식이다. O│X

해설

099

100

102

103 라인 프로포셔너 방식을 혼합기의 압력손실이 **크고** 흡입 가능한 유량의 범위가 **좁다**.

104 **프레져** 프로포셔너 방식이란 펌프와 발포기의 중간에 설치된 벤츄리관의 벤츄리작용과 펌프가압수의 포소화약제 저장탱크에 대한 압력에 따라 포소화약제를 흡입·혼합하는 것을 말한다.

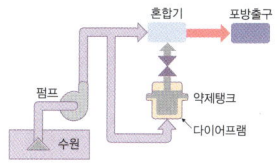

정답
099 O 100 O 101 O 102 O
103 × 104 × 105 O

해설
106
프레져 프로포셔너 방식 중 **압송식**은 약제 원액 잔량을 버리지 않고 계속 사용할 수 있다.

☐☐☐ (기출)
106 프레져 프로포셔너 방식 중 압입식은 약제 원액 잔량을 버리지 않고 계속 사용할 수 있다. ○ ✕

107.
공기압축포 믹싱쳄버방식은 포약제를 물과 공기 또는 질소와 혼합시켜 물의 표면장력을 **감소**시킴으로써 연소물질에 침투되는 침투력을 증가시켜 빠르게 소화를 유도한다.

☐☐☐ (예상)
107 공기압축포 믹싱쳄버방식은 포약제를 물과 공기 또는 질소와 혼합시켜 물의 표면장력을 증가시킴으로서 연소물질에 침투되는 침투력을 증가시켜 빠르게 소화를 유도한다. ○ ✕

108
- 토너먼트 방식
이산화탄소 소화설비, 할론 소화설비, 할로겐화합물 및 불활성기체 소화설비, 분말 소화설비, 압축공기포 소화설비

☐☐☐ (예상)
108 압축공기포 소화설비의 배관은 토너먼트방식으로 해야 하고 소화약제가 균일하게 방출되는 등거리 배관구조로 설치해야 한다. ○ ✕

정답
106 ✕　107 ✕　108 ○

8　이산화탄소 소화설비
🔗 LINK 257~259p

해설
109
가스계 소화약제를 방출하는 방식에는 전역방출방식, **국소방출방식**, 호스릴방출방식이 있다.

☐☐☐ (기출)
109 가스계 소화약제를 방출하는 방식에는 전역방출방식, 집중방출방식, 호스릴방출방식이 있다. ○ ✕

110
국소방출방식이란 소화약제 공급장치에 배관 및 분사헤드 등을 설치하여 직접 화점에 소화약제를 방출하는 방식을 말한다.

☐☐☐ (기출)
110 호스릴방출방식이란 소화약제 공급장치에 배관 및 분사헤드 등을 설치하여 직접 화점에 소화약제를 방출하는 방식을 말한다. ○ ✕

111
이산화탄소 소화설비(고압식)은 20[℃]에서 6.0[MPa]의 압력으로 이산화탄소를 저장하는 방식을 말하며, 2.1[MPa] 이상의 압력으로 방사하기 때문에 압력계가 **필요없다**.

☐☐☐ (예상)
111 이산화탄소 소화설비(고압식)은 20[℃]에서 6.0[MPa]의 압력으로 이산화탄소를 저장하는 방식을 말하며, 2.1[MPa] 이상의 압력으로 방사하기 때문에 압력계가 항시 필요하다. ○ ✕

정답
109 ✕　110 ✕　111 ✕

112 이산화탄소 소화설비의 작동순서: 화재 감지기 작동 → 수신제어반 연결 → 전자밸브 개방 → 선택밸브 및 저장용기 → 기동용기 동작 → CO_2 방사이다. O X

113 이산화탄소 소화설비 작동순서:
기동용기 솔레노이드 동작 → 저장용기밸브 개방 → 선택밸브 개방 → 분사헤드 가스 방출 O X

114 이산화탄소 소화설비의 기동용기 가스는 압력스위치 및 자동폐쇄장치를 작동시키는 역할을 한다. O X

115 전역방출방식에서 환기장치는 이산화탄소가 방사되기 전에 정지되어야 한다. O X

116 전역방출방식의 단위체적·면적당 소화약제가 국소방출방식보다 많이 든다. O X

117 이산화탄소 소화설비 설치 시 방호구역 또는 방호대상물이 있는 구획 안에 있는 자에게 유효하게 경보할 수 있도록 음향경보장치를 설치하고, 소화약제의 방출을 명시하는 표시등을 설치한다. O X

118 CO_2 소화설비는 화재감지기, 선택밸브, 방출표시등, 압력스위치 등으로 구성된다. O X

해설

112 화재 감지기 작동 → 수신제어반 연결 → 전자밸브 개방 → **기동용기 동작** → 선택밸브 및 저장용기 → CO_2 방사이다.

113 기동용기 솔레노이드 동작 → **선택밸브 개방** → **저장용기밸브 개방** → 분사헤드 가스 방출

114 이산화탄소 소화설비의 기동용기 가스는 **선택밸브 및 저장용기**를 작동시키는 역할을 한다.

116 **국소방출방식**의 단위체적·면적당 소화약제가 **전역방출방식**보다 많이 든다.

정답
112 × 113 × 114 × 115 O
116 × 117 O 118 O

해설

119
- 저장용기 설치장소 온도기준
① 40[℃] 이하: CO_2, 분말, 할론
② 55[℃] 이하: 할로겐화합물 및 불활성 기체

정답
119 ×

119 (예상) 할로겐화합물 및 불활성기체 소화설비의 저장용기는 온도가 40[℃] 이하이고, 온도변화가 적은 곳에 설치한다. ○|×

---

9 분말 소화설비
🔗 LINK 260-261p

해설

120 (예상) 분말소화설비의 저장용기에는 저장용기의 내부압력이 설정압력으로 되었을 때 주밸브를 개방하는 정압작동장치를 설치하여야 한다. ○|×

정답
120 ○

CHAPTER 03 경보설비

SIMPLE 핵심 이론 빈칸 넣기

1 자동화재탐지설비

① 화재 초기 단계에서 발생하는 열이나 연기를 자동 또는 수동으로, 건물 내의 관계자에게 발화 장소를 알리고 동시에 경보를 내보내는 설비이다.
② 감지기, 수신기, 발신기, 음향장치, 배선, 전원 등으로 구성되어 있다.

1 발신기: 화재발생 신호를 수신기에 ① _____ 으로 발신하는 장치

② ___ 발신기	① P형 1급: 누름버튼 스위치, 응답등, 전화잭으로 구성 ② P형 2급: 누름버튼 스위치로 구성(응답등, 전화잭 없음)
③ ___ 발신기	수동으로 각 발신기의 공통신호를 수신기에 발신하는 것으로서 발신과 동시에 통화가 가능한 것
④ ___ 발신기	수동으로 각 발신기의 고유신호를 M형 수신기(소방관서에 설치)에 발신하는 것

① 바닥으로부터 ⑤ _____ [m] 이상 ⑥ _____ [m] 이하의 높이에 설치
② 수평거리가 ⑦ _____ [m] 이하, 보행거리가 ⑧ _____ [m] 이상일 경우에는 추가로 설치
③ 위치를 표시하는 표시등은 15[°] 이상의 범위 안에서 10[m] 이내의 어느 곳에서도 쉽게 식별할 수 있는 적색등으로 설치

2 감지기: 화재 시 발생하는 열, 연기, 불꽃 또는 연소생성물을 자동적으로 감지하여 수신기에 발신하는 장치를 말한다.

(1) 열감지기 종류

⑨ ___	주위온도가 ⑩ ___ 이상이 되는 경우에 작동하는 것	스포트형 (1·2종)	공기팽창방식 열기전력 이용방식 열반도체 이용방식
		분포형 (1·2종)	공기관식 열전대식 열반도체식

정답
① 수동
② P형
③ T형
④ M형
⑤ 0.8
⑥ 1.5
⑦ 25
⑧ 40
⑨ 차동식
⑩ 일정 상승률

①	① 주위온도가 ② [ ] 이상이 되는 경우에 작동하는 것 ② 주방·보일러실 등으로서 다량의 화기를 취급하는 장소에 설치하되, 공칭작동온도가 최고주위온도보다 ③ [ ] ℃ 이상 높은 것으로 설치	스포트형 (특·1·2종)	바이메탈 활곡 이용방식 바이메탈 반전 이용방식 금속팽창 계수차 이용방식 액체 또는 기체팽창 이용방식 금속의 용융 이용방식 열반도체 소자 이용방식 가용절연물 이용방식
		감지선형 (특·1·2종)	—
④	① 차동식스포트형감지기와 정온식스포트형감지기의 성능을 겸한 것으로 두 가지 성능 중 어느 한 기능이 작동되면 작동신호를 발하는 것 ② 정온점이 감지기 주위의 평상시 최고온도보다 ⑤ [ ] ℃ 이상 높은 것으로 설치	스포트형 (특·1·2종)	—

정답
① 정온식
② 일정한 온도
③ 20
④ 보상식
⑤ 20

(2) 연기감지기 종류

⑥	연기에 의하여 이온전류가 변화하여 작동하는 것	스포트형
⑦	연기에 의하여 광량이 변화하여 작동하는 것	스포트형
		분리형
		공기흡입형

⑥ 이온화식
⑦ 광전식

• 연기감지기 설치장소
① 계단·경사로 및 에스컬레이터 경사로
② 복도(30m 미만의 것을 제외한다)
③ 엘리베이터 승강로(권상기실이 있는 경우에는 권상기실)·린넨슈트·파이프 피트 및 덕트 기타 이와 유사한 장소
④ 천장 또는 반자의 높이가 15[m] 이상 20[m] 미만의 장소

(3) 불꽃감지기 종류
• 자외선식, 적외선식, 자외선·적외선 겸용식, 불꽃 영상 분석식

3 ⑧ [ ] : 감지기·발신기 또는 전기적 접점 등의 작동에 따른 신호를 받아 수신기의 제어반에 전송하는 장치를 말한다.

⑧ 중계기

4 **경계구역**: 특정소방대상물 중 화재신호를 발신하고 그 신호를 수신 및 유효하게 제어할 수 있는 구역을 말한다.

(1) 수평적 경계구역
① 하나의 경계구역이 2개 이상의 건축물에 미치지 아니하도록 한다.
② 하나의 경계구역이 2개 이상의 층에 미치지 아니하도록 한다.
다만, ⑨ [ ] [m²] 이하의 범위 안에서는 2개의 층을 하나의 경계구역으로 할 수 있다.

⑨ 500

③ 하나의 경계구역의 면적은 ①_____[m²] 이하로 하고 한 변의 길이는 ②_____[m] 이하로 한다. 다만, 해당 특정소방대상물의 주된 출입구에서 그 내부 전체가 보이는 것에 있어서는 한 변의 길이가 ③_____[m]의 범위 내에서 ④_____[m²] 이하로 할 수 있다.

④ 특고압 케이블이 포설된 송·배전 전용의 ⑤_____(공동구 제외) 경우 하나의 경계구역의 길이는 ⑥_____로 한다.

⑤ ⑦_____의 경우 경계구역의 길이는 ⑧_____로 한다.

(2) 수직적 경계구역

① ⑨_____(에스컬레이터 경사로 포함)는 별도의 경계구역으로 높이 ⑩_____[m] 이하로 한다.

② ⑪_____(권상기실이 있는 경우에는 권상기실)·린넨슈트·파이프 피트 및 덕트 기타 이와 유사한 부분에 대하여 별도로 경계구역을 설정한다.

③ ⑫_____의 계단 및 경사로(지하층의 층수가 1일 경우는 제외)는 별도로 하나의 경계구역으로 하여야 한다.

(3) 기타

① 외기에 면하여 상시 개방된 부분이 있는 차고·주차장·창고 등에 있어서는 외기에 면하는 각 부분으로부터 ⑬_____[m] 미만의 범위 안에 있는 부분은 경계구역의 면적에 산입하지 아니한다.

5 수신기: 감지기나 발신기에서 발하는 화재신호를 직접 수신하거나 중계기를 통하여 수신하여 화재의 발생을 표시 및 경보하여 주는 장치를 말한다.

(1) 수신기 종류

구분	P형 수신기	R형 수신기
신호전송 방식	⑭_____ (1:1접점방식)	⑮_____
신호형태	⑯_____	⑰_____
화재표시	적색 램프, 지구등	액정표시(LCD) 이용, 문자표시
경제성	설비는 저렴 공사비 고가	설비는 고가 공사비 저렴
회로 증설·변경	어려움	쉬움
건물 크기	중·소형	대형
유지관리	어려움	쉬움

(2) P형 수신기 기능시험

- 화재표시작동시험, 예비전원시험, 동시작동시험, 공통선시험, 회로도통시험, 저전압시험, 회로저항시험

6 음향장치

(1) 경보방식 분류

① **일제경보방식**: 화재 시 전 층에 경보하는 방식이다.

정답
① 600
② 50
③ 50
④ 1,000
⑤ 지하구
⑥ 700[m] 이하
⑦ 도로터널
⑧ 100[m] 이하

⑨ 계단·경사로
⑩ 45
⑪ 엘리베이터 승강로
⑫ 지하층

⑬ 5

⑭ 개별신호방식
⑮ 다중전송방식
⑯ 공통신호
⑰ 고유신호

② 우선경보방식
- 대상: 층수가 ① [11]층(공동주택의 경우에는 ② [16]층) 이상인 특정소방대상물
- 경보방식

구분	경보 대상
2층 이상	발화층, ③ [직상 4개층]
1층	발화층, ④ [직상 4개층, 지하층]
지하층	발화층, ⑤ [직상층, 기타 지하층]

(2) 설치기준
① 지구음향장치는 특정소방대상물의 층마다 설치한다.
② 특정소방대상물의 각 부분으로부터 하나의 음향장치까지의 수평거리가 ⑥ [25][m] 이하로 한다.

(3) 구조 및 성능
① 정격전압의 ⑦ [80][%] 전압에서 음향을 발할 수 있는 것으로 한다.
② 음량은 부착된 음향장치의 중심으로부터 ⑧ [1][m] 떨어진 위치에서 ⑨ [90][dB] 이상이 되는 것으로 한다.

2 화재알림설비

① **화재알림형 감지기**: 화재 시 발생하는 열, 연기, 불꽃을 자동적으로 감지하는 기능 중 두 가지 이상의 성능을 가진 열·연기 또는 열·연기·불꽃 복합형 감지기로서 화재알림형 수신기에 주위의 온도 또는 연기의 양의 변화에 따라 각각 다른 전류 또는 전압 등(화재정보값)의 출력을 발하고, 불꽃을 감지하는 경우 화재신호를 발신하며, 자체 내장된 음향장치에 의하여 경보하는 것

② **화재알림형 중계기**: 화재알림형 감지기, 발신기 또는 전기적인 접점 등의 작동에 따른 화재정보값 또는 화재신호 등을 받아 이를 화재알림형 수신기에 전송하는 장치

③ **화재알림형 수신기**: 화재알림형 감지기나 발신기에서 발하는 화재정보값 또는 화재신호 등을 직접 수신하거나 화재알림형 중계기를 통해 수신하여 화재의 발생을 표시 및 경보하고, 화재정보값 등을 자동으로 저장하여, 자체 내장된 속보기능에 의해 화재신호를 통신망을 통하여 소방관서에는 음성 등의 방법으로 통보하고, 관계인에게는 문자로 전달할 수 있는 장치

④ **발신기**: ⑩ [수동누름버튼] 등의 작동으로 화재신호를 ⑪ [수신기]에 발신하는 장치

⑤ **화재알림형 비상경보장치**: ⑫ [발신기, 표시등, 지구음향장치(경종 또는 사이렌 등)]를 내장한 것으로 화재발생 상황을 경보하는 장치

⑥ ⑬ [원격감시서버]: 원격지에서 각각의 화재알림설비로부터 수신한 화재정보값 및 화재신호, 상태신호 등을 원격으로 감시하기 위한 서버

DETAIL 핵심지문 OX

1 자동화재탐지설비

001 자동화재탐지설비란 화재에 의해 발생하는 열·연기 및 화염 등을 이용하여 화재발생 사실을 소방대상물의 관계인등에게 알리는 소방시설이다. O X

002 자동화재탐지설비는 감지기, 발신기, 수신기, 음향장치, 송신기 등으로 구성되어 있다. O X

해설 002 자동화재탐지설비는 감지기, 발신기, 수신기, 음향장치, ~~송신기~~ 등으로 구성되어 있다.

003 발신기는 화재발생신호를 수신기 또는 중계기에 수동으로 발신하는 것을 말한다. O X

004 P형 1급발신기의 구성요소에는 전화잭, 다이어프램, 응답램프, 누름스위치 등이 있다. O X

해설 004 P형 1급발신기의 구성요소에는 전화잭, ~~다이어프램~~, 응답램프, 누름스위치 등이 있다.

005 R형 발신기는 고유의 신호를 수신하는 것으로서 숫자 등의 기록 장치에 의해 표시되며 회선수가 매우 많은 건물이나 초고층빌딩, 백화점 등에 사용된다. O X

해설 005 R형 **수신기**는 고유의 신호를 수신하는 것으로서 숫자 등의 기록 장치에 의해 표시되며 회선수가 매우 많은 건물이나 초고층빌딩, 백화점 등에 사용된다.

006 발신기는 설치장소에 따라 옥외형과 옥내형으로, 방폭구조 여부에 따라 방폭형 및 비방폭형으로, 방수성 유무에 따라 방수형 및 비방수형으로 구분한다. O X

정답
001 O   002 X   003 O   004 X
005 X   006 O

해설

007
특정소방대상물의 각 부분으로부터 하나의 발신기까지의 **수평거리**가 25[m] 이하가 되도록 한다. 다만, 복도 또는 별도로 구획된 실로서 **보행거리**가 40[m] 이상일 경우에는 추가로 설치하여야 한다.

008
감지기는 센서기능, 판단기능, 발신기능, **수신기능**이 있다.

012
차동식 분포형 감지기에는 공기관식, 열전대식, 열반도체식이 있다.
→ 광전식은 연기감지기의 종류이다.

013
주위온도가 일정 상승률 이상이 되는 경우에 작동하는 것으로서 일국소의 열효과에 의하여 작동하는 것은 **차동식** 스포트형 감지기를 말한다.

정답
007 ×   008 ×   009 ○   010 ○
011 ○   012 ×   013 ×

---

007 (예상)
특정소방대상물의 각 부분으로부터 하나의 발신기까지의 보행거리가 25[m] 이하가 되도록 한다. 다만, 복도 또는 별도로 구획된 실로서 수평거리가 40[m] 이상일 경우에는 추가로 설치하여야 한다. ○ | ×

008 (기출)
감지기는 센서기능, 판단기능, 발신기능, 수신기능이 있다. ○ | ×

009 (기출)
연기감지기에는 광전식과 이온화식이 있다. ○ | ×

010 (기출)
이온화식 감지기와 광전식 감지기는 연기를 감지하여 화재신호를 발하는 장치이다. ○ | ×

011 (기출)
열감지기에는 차동식, 정온식, 보상식이 있다. ○ | ×

012 (기출)
차동식 분포형 감지기에는 공기관식, 열전대식, 열반도체식, 광전식이 있다. ○ | ×

013 (기출)
주위온도가 일정 상승률 이상이 되는 경우에 작동하는 것으로서 일국소의 열효과에 의하여 작동하는 것은 정온식 스포트형 감지기를 말한다. ○ | ×

014 차동식 분포형 감지기는 주위 온도가 일정 상승률 이상 되는 경우에 작동하는 감지기로서 좁은 범위 내에서 열효과 누적에 의해 작동하는 것이다. ○│✕

해설

014 차동식 분포형 감지기는 주위 온도가 일정 상승률 이상 되는 경우에 작동하는 감지기로서 **넓은 범위** 내에서 열효과 누적에 의해 작동하는 것이다.
→ 차동식 스포트형 감지기: 좁은 범위 내

015 일국소의 주위온도가 일정한 온도 이상이 되는 경우에 작동하는 것으로서 외관이 전선으로 되어있는 것을 정온식 감지선형 감지기라 한다. ○│✕

016 차동식스포트형과 정온식스포트형의 성능을 겸한 것으로서 두 성능 중 어느 하나가 작동되면 화재신호를 발하는 것을 열복합형 감지기라고 한다. ○│✕

016 차동식스포트형과 정온식스포트형의 성능을 겸한 것으로서 두 성능 중 어느 하나가 작동되면 화재신호를 발하는 것을 **보상식 스포트형** 감지기라고 한다.

017 정온식감지기는 주방·보일러실 등으로서 다량의 화기를 취급하는 장소에 설치하되, 공칭작동온도가 최고주위온도보다 10℃ 이상 높은 것으로 설치한다. ○│✕

017 정온식감지기는 주방·보일러실 등으로서 다량의 화기를 취급하는 장소에 설치하되, 공칭작동온도가 최고주위온도보다 **20℃** 이상 높은 것으로 설치한다.

018 자동화재탐지설비 중 열감지기에는 열기전력을 이용한 것, 이온전류가 변화하여 작동하는 것, 공기팽창을 이용한 것, 넓은 범위 내에서의 열 효과 누적에 의하여 작동되는 것 등이 있다. ○│✕

018 자동화재탐지설비 중 열감지기에는 열기전력을 이용한 것, ~~이온전류가 변화하여 작동하는 것~~, 공기팽창을 이용한 것, 넓은 범위 내에서의 열 효과 누적에 의하여 작동되는 것 등이 있다.
→ 이온전류가 변화하여 작동하는 것은 연기감지기의 종류이다.

정답
014 ✕ 015 ○ 016 ✕ 017 ✕
018 ✕

해설

019
불꽃감지기의 종류에는 자외선식, 적외선식, **자외선·적외선 겸용식, 경보식, 불꽃 영상분석식** 등이 있다.

020
자동화재탐지설비 중 연기감지기는 에스컬레이터 경사로나 복도, 천장 또는 반자의 높이가 **15m 이상 20m 미만**인 장소에 설치하여야 한다.

024
계단·경사로(에스컬레이터경사로 포함), 엘리베이터 승강로는 별도의 경계구역으로 높이 45[m] 이하로 한다.
→ 엘리베이터 승강로는 높이 제한 없이 하나의 경계구역으로 한다.

---

019 [기출] 불꽃감지기의 종류에는 자외선식, 적외선식, 경보식 등이 있다. O | X

020 [기출] 자동화재탐지설비 중 연기감지기는 에스컬레이터 경사로나 복도, 천장 또는 반자의 높이가 20m 이상인 장소에 설치하여야 한다. O | X

021 [기출] 경계구역이란 특정소방대상물 중 화재신호를 발신하고 그 신호를 수신 및 유효하게 제어할 수 있는 구역을 말한다. O | X

022 [기출] 자동화재탐지설비의 하나의 경계구역의 면적은 600m² 이하로 하고 한 변의 길이는 50m 이하로 할 것. 다만, 해당 특정소방대상물의 주된 출입구에서 그 내부전체가 보이는 것에 있어서는 한 변의 길이가 50m의 범위 내에서 1,000m² 이하로 할 수 있다. O | X

023 [기출] 하나의 경계구역이 2개 이상의 층, 2개 이상의 건축물에 미치지 아니하도록 한다. O | X

024 [예상] 계단·경사로(에스컬레이터경사로 포함), 엘리베이터 승강로는 별도의 경계구역으로 높이 45[m] 이하로 한다. O | X

025 [예상] 지하층의 계단 및 경사로(지하층의 층수가 1일 경우는 제외)는 별도로 하나의 경계구역으로 하여야 한다. O | X

정답
019 × 020 × 021 ○ 022 ○
023 ○ 024 × 025 ○

026 특고압 케이블이 포설된 송·배전 전용의 지하구(공동구 제외) 경우 하나의 경계구역의 길이는 1,000m 이하로 한다. O|X

해설

026 특고압 케이블이 포설된 송·배전 전용의 지하구(공동구 제외) 경우 하나의 경계구역의 길이는 **700m** 이하로 한다.

027 외기에 면하여 상시 개방된 부분이 있는 차고, 주차장, 창고 등에 있어서는 외기에 면하는 각 부분으로부터 15m 미만의 범위 안에 있는 부분은 경계구역의 면적에 산입하지 않는다. O|X

027 외기에 면하여 상시 개방된 부분이 있는 차고, 주차장, 창고 등에 있어서는 외기에 면하는 각 부분으로부터 **5m** 미만의 범위 안에 있는 부분은 경계구역의 면적에 산입하지 않는다.

028 일반적으로 P형 수신기는 대형건물에 사용되고, R형 수신기는 중·소형건물에 사용한다. O|X

028 일반적으로 **R형** 수신기는 대형건물에 사용되고, **P형** 수신기는 중·소형건물에 사용한다.

029 수신기는 화재 시 발신기 또는 감지기로부터 신호를 직접 또는 중계기를 거쳐 수신하여 건물 관계자에게 표시 및 음향장치로 알려주는 설비이며 고유의 신호로 수신하는 P형과 공통의 신호로 수신하는 R형이 있다. O|X

029 수신기는 화재 시 발신기 또는 감지기로부터 신호를 직접 또는 중계기를 거쳐 수신하여 건물 관계자에게 표시 및 음향장치로 알려주는 설비이며 고유의 신호로 수신하는 **R형**과 공통의 신호로 수신하는 **P형**이 있다.

030 R형 수신기는 감지기 또는 발신기에서 1:1 접점방식으로 전송된 신호를 수신한다. O|X

030 **P형 수신기**는 감지기 또는 발신기에서 1:1 **접점방식**으로 전송된 신호를 수신한다.
→ R형 수신기: 다중전송방식

031 수신기는 AC 220V로 입력, DC 24V로 정류하여 전원을 공급한다. O|X

정답
026 × 027 × 028 × 029 ×
030 × 031 O

해설

035
중계기는 수신형태에 따라 일반적으로 R형 수신기에 사용한다.

037
우선경보방식을 적용해야 하는 경우 2층에서 화재가 발생하였다면 화재안전기준에 따라 발화층, 직상 4개층에 우선경보한다.

038
16층 이상의 공동주택의 경우에는 우선경보방식으로 설치하여야 한다.

---

032 〔기출〕 자동화재탐지설비의 수신기에는 회로도통시험, 동시작동시험, 공통선시험 등의 시험이 있다. ○ | ×

033 〔기출〕 회로도통시험의 목적은 감지기 회로의 단선유무와 기기 등의 접속 상황을 확인하기 위함이다. ○ | ×

034 〔기출〕 발신기는 화재발생신호를 수신기 또는 중계기에 수동으로 발신하는 것을 말한다. ○ | ×

035 〔기출〕 중계기는 수신형태에 따라 일반적으로 P형 수신기에 사용한다. ○ | ×

036 〔기출〕 주음향장치는 수신기 내부 또는 직근에 설치한다. ○ | ×

037 〔기출〕 우선경보방식을 적용해야 하는 경우 2층에서 화재가 발생하였다면 화재안전기준에 따라 발화층, 직상층에 우선경보한다. ○ | ×

038 〔예상〕 11층 이상의 공동주택의 경우에는 우선경보방식으로 설치하여야 한다. ○ | ×

정답
032 ○ 033 ○ 034 ○ 035 ×
036 ○ 037 × 038 ×

2 시각경보기

LINK 271~272p

039 [기출] 시각경보기란 자동화재탐지설비에서 발하는 화재신호를 시각경보기에 전달하여 청각장애인에게 점멸형태의 시각경보를 하는 설비이다.

O | X

040 [예상] 시각경보기는 바닥으로부터 2[m] 이상 2.5[m] 이하의 장소에 설치한다. 다만, 천장의 높이가 2[m] 이하인 경우에는 천장으로부터 0.15[m] 이내의 장소에 설치한다.

O | X

해설

정답
039 O　040 O

---

3 화재알림설비

LINK 272p

041 [기출] 화재알림형 비상경보장치란 화재알림형 감지기, 발신기, 표시등, 지구음향장치(경종 또는 사이렌 등)를 내장한 것으로 화재발생 상황을 경보하는 장치를 말한다.

O | X

042 [기출] 원격감시서버란 원격지에서 각각의 화재알림설비로부터 수신한 화재정보값 및 화재신호, 상태신호 등을 원격으로 감시하기 위한 서버를 말한다.

O | X

해설

041
화재알림형 비상경보장치란 ~~화재알림형 감지기~~, 발신기, 표시등, 지구음향장치(경종 또는 사이렌 등)를 내장한 것으로 화재발생 상황을 경보하는 장치를 말한다.

정답
041 ×　042 O

---

4 단독경보형 감지기

LINK 273p

043 [기출] 단독경보형감지기는 별도의 수신기를 통해 화재발생 상황을 알린다.

O | X

해설

043
단독경보형감지기는 단독으로 감지하여 자체에 내장된 음향장치로 화재발생 상황을 알린다.

정답
043 ×

5 비상경보설비 (비상벨설비, 자동식사이렌설비) LINK 273p

해설
044 비상벨설비는 항상 **수동**으로서 건물 내·외에 있는 사람에게 화재발생 사실을 알린다.

044 비상벨설비는 항상 자동으로서 건물 내·외에 있는 사람에게 화재발생 사실을 알린다. ○|×

정답
044 ×

6 비상방송설비 LINK 273~274p

해설

045 비상방송설비는 수신기에 화재신호가 도달하면 방송으로 화재 사실을 알리는 설비이다. ○|×

046 비상방송설비의 음향장치는 정격전압 **80%** 전압에서도 음향신호를 보낼 수 있다.

046 비상방송설비의 음향장치는 정격전압 90% 전압에서도 음향신호를 보낼 수 있다. ○|×

047 비상방송설비의 확성기는 각 층마다 설치하되, 그 층의 각 부분으로부터 하나의 확성기까지의 수평거리가 **25m** 이하가 되도록 한다.

047 비상방송설비의 확성기는 각 층마다 설치하되, 그 층의 각 부분으로부터 하나의 확성기까지의 수평거리가 30m 이하가 되도록 한다. ○|×

048 비상방송설비의 확성기 음성입력은 실외의 경우 3W 이상(실내는 1W 이상)이어야 한다. ○|×

049 비상방송설비에 음량조정기를 설치하는 경우 음량조정기의 배선은 3선식으로 한다. ○|×

정답
045 ○ 046 × 047 × 048 ○
049 ○

7. 자동화재속보설비

050 (기출) 자동화재속보설비는 자동화재탐지설비로부터 화재신호를 받아 통신망, 음성 등의 방법으로 관계인에게 자동적으로 화재발생 위치를 신속하게 통보해주는 설비이다. O | X

해설
050 자동화재속보설비는 자동화재탐지설비로부터 화재신호를 받아 통신망, 음성 등의 방법으로 소방관서에 자동적으로 화재발생 위치를 신속하게 통보해주는 설비이다.

정답
050 ×

8. 누전경보기

051 (예상) 누전경보기는 변류기, 수신부, 음향장치, 차단기 등으로 구성된다. O | X

정답
051 ○

9. 가스누설경보기

052 (예상) 가스누설경보기는 탐지부, 수신부, 음향장치 등으로 구성된다. O | X

053 (예상) 가스누설경보기 중 분리형 경보기의 탐지부는 가스연소기의 중심으로부터 직선거리 4[m] (공기보다 무거운 가스를 사용하는 경우에는 8[m]) 내에 1개 이상 설치하여야 한다. O | X

해설
053 가스누설경보기 중 분리형 경보기의 탐지부는 가스연소기의 중심으로부터 직선거리 8[m] (공기보다 무거운 가스를 사용하는 경우에는 4[m]) 내에 1개 이상 설치하여야 한다.

054 (예상) 단독형 경보기는 천장으로부터 경보기 하단까지의 거리가 0.3[m] 이하가 되도록 설치한다. 다만, 공기보다 무거운 가스를 사용하는 경우에는 바닥면으로부터 단독형 경보기 상단까지의 거리는 0.3[m] 이하로 한다. O | X

정답
052 ○ 053 × 054 ○

CHAPTER 04 피난구조설비

SIMPLE 핵심 이론 빈칸 넣기

1 피난기구

건물의 내외에서 발생된 사고나 화재로부터 안전한 장소로 탈출하기 위한 기구들을 말한다.

① **피난사다리**: 화재 시 긴급대피를 위해 사용하는 사다리를 말한다.
② **①   **: 사용자의 몸무게에 따라 자동적으로 내려올 수 있는 기구 중 사용자가 교대하여 연속적으로 사용할 수 있는 것을 말한다.
③ **②   **: 사용자의 몸무게에 따라 자동적으로 내려올 수 있는 기구 중 사용자가 연속적으로 사용할 수 없는 것을 말한다.
④ **구조대**: 포지 등을 사용하여 자루형태로 만든 것으로서 화재 시 사용자가 그 내부에 들어가서 내려옴으로써 대피할 수 있는 것을 말한다.
⑤ **공기안전매트**: 화재 발생 시 사람이 건축물 내에서 외부로 긴급히 뛰어내릴 때 충격을 흡수하여 안전하게 지상에 도달할 수 있도록 포지에 공기 등을 주입하는 구조로 되어 있는 것을 말한다.
⑥ **③   **: 화재 시 2인 이상의 피난자가 동시에 해당 층에서 지상 또는 피난층으로 하강하는 피난기구를 말한다.
⑦ **④   **: 사용자의 몸무게에 의하여 자동으로 하강하고 내려서면 스스로 상승하여 연속적으로 사용할 수 있는 무동력 승강식 피난기를 말한다.
⑧ **하향식 피난구용 내림식사다리**: 하향식 피난구 해치에 격납하여 보관하고 사용 시에는 사다리 등이 소방대상물과 접촉되지 아니하는 내림식 사다리를 말한다.
⑨ **미끄럼대**: 사용자가 미끄럼식으로 신속하게 ⑤   으로 이동할 수 있는 피난기구를 말한다.
⑩ **피난교**: 인접 건축물 또는 피난층과 연결된 ⑥   의 피난기구를 말한다.
⑪ **피난용트랩**: 화재층과 ⑦   을 연결하는   의 피난기구를 말한다.

2 인명구조기구

화열, 화염, 유해성가스 등으로부터 인명을 보호하거나 구조하는 데 사용되는 기구를 말한다.

① **방열복**: 고온의 복사열에 가까이 접근하여 소방활동을 수행할 수 있는 내열피복
② **공기호흡기**: 소화활동 시에 화재로 인하여 발생하는 각종 유독가스 중에서 일정시간 사용할 수 있도록 제조된 압축공기식 개인호흡장비(보조마스크를 포함한다)

정답

① 완강기
② 간이완강기
③ 다수인피난장비
④ 승강식 피난기

⑤ 지상 또는 피난층
⑥ 다리형태
⑦ 직상층
⑧ 계단형태

③ **인공소생기**: 호흡 부전 상태인 사람에게 인공호흡을 시켜 환자를 보호하거나 구급하는 기구

④ **방화복**: 화재진압 등의 소방활동을 수행할 수 있는 피복(안전모, 보호장갑, 안전화 포함)

3 유도등

화재 시에 피난을 유도하기 위한 등으로서 정상상태에서는 상용전원에 의하여 켜지고, 상용전원이 정전되는 경우에는 비상전원으로 자동전환되어 켜지는 등을 말한다.

피난구		① ①_____ 바탕, ②_____ 문자 ② 바닥으로부터 높이 ③_____ [m] 이상에 설치
통로	복도	① ④_____ 바탕, ⑤_____ 문자 ② 보행거리 ⑥_____ [m]마다 설치 ③ 바닥으로부터 높이 ⑦_____ [m] 이하에 설치
	거실	① ⑧_____ 바탕, ⑨_____ 문자 ② 보행거리 ⑩_____ [m]마다 설치 ③ 바닥으로부터 높이 ⑪_____ 에 설치 ④ 기둥에 설치된 경우 바닥으로부터 높이 ⑫_____ 에 설치
	계단	① ⑬_____ 바탕, ⑭_____ 문자 ② 경사로 참 또는 계단참마다 설치 ③ 바닥으로부터 높이 ⑮_____ [m] 이하에 설치
객석		① 객석의 ⑯_____ 또는 ⑰_____ 에 설치 ② 설치개수 = $\dfrac{객석통로의 직선부분의 길이[m]}{⑱_____} - 1$

정답
① 녹색
② 백색
③ 1.5
④ 백색
⑤ 녹색
⑥ 20
⑦ 1
⑧ 백색
⑨ 녹색
⑩ 20
⑪ 1.5[m] 이상
⑫ 1.5[m] 이하
⑬ 백색
⑭ 녹색
⑮ 1
⑯ 통로, 바닥
⑰ 벽
⑱ 4

4 휴대용 비상조명등

1 설치장소

① 숙박시설 또는 다중이용업소에는 객실 또는 영업장 안의 구획된 실마다 잘 보이는 곳에 1개 이상 설치한다(외부에 설치 시 출입문 손잡이로부터 1[m] 이내 부분).

② 대규모 점포(지하상가·지하역사 제외)와 영화상영관에는 보행거리 ⑲_____ [m] 이내마다 ⑳_____ 개 이상 설치한다.

③ 지하상가 및 지하역사에는 보행거리 ㉑_____ [m] 이내마다 ㉒_____ 개 이상 설치한다.

⑲ 50
⑳ 3
㉑ 25
㉒ 3

2 설치기준

① 바닥으로부터 0.8[m] 이상 1.5[m] 이하의 높이에 설치한다.
② 어둠 속에서 위치를 확인할 수 있도록 한다.
③ 사용 시 자동으로 점등되는 구조로 해야 한다.

DETAIL 핵심지문 OX

LINK 278~284p

1 피난기구

LINK 278~280p

해설

001 **승강식 피난기**란 사용자의 몸무게에 의하여 자동으로 하강하고 내려서면 스스로 상승하여 연속적으로 사용할 수 있는 무동력 피난기구를 말한다.

002 **간이완강기**란 사용자의 몸무게에 따라 자동적으로 내려올 수 있는 기구 중 사용자가 연속적으로 사용할 수 없는 것을 말한다.

기출

001 구조대란 사용자의 몸무게에 의하여 자동으로 하강하고 내려서면 스스로 상승하여 연속적으로 사용할 수 있는 무동력 피난기구를 말한다. O | X

002 완강기란 사용자의 몸무게에 따라 자동적으로 내려올 수 있는 기구 중 사용자가 연속적으로 사용할 수 없는 것을 말한다. O | X

003 승강식 피난기는 몸무게에 의하여 연속적으로 사용할 수 있는 무동력 승강식 피난기이다. O | X

정답
001 X 002 X 003 O

2 인명구조기구

LINK 281p

해설

004 방열복, 공기호흡기: 인명구조기구

006 인명구조기구는 인공소생기, 방열복, 방화복, 공기안전매트, 공기호흡기가 있다.

기출

004 방열복, 공기호흡기, 비상조명등은 피난구조설비에 해당한다. O | X

005 인공소생기란 호흡 부전 상태인 사람에게 인공호흡을 시켜 환자를 보호하거나 구급하는 기구이다. O | X

006 인명구조기구는 인공소생기, 방열복, 방화복, 공기안전매트가 있다. O | X

정답
004 O 005 O 006 X

3 유도등

007 피난구유도등이란 피난구 또는 피난경로로 사용되는 출입구를 표시하여 피난을 유도하는 등을 말한다. O|X

008 복도통로유도등이란 피난통로가 되는 복도에 설치하는 통로유도등으로서 피난구의 방향을 명시하는 것을 말한다. O|X

009 피난구유도등은 피난구 및 피난경로 출입구의 위치를 표시하는 유도등으로 백색바탕에 녹색문자로 표시한다. O|X

해설

009
피난구유도등은 피난구 및 피난경로 출입구의 위치를 표시하는 유도등으로 **녹색바탕에 백색문자**로 표시한다.

010 피난구유도등의 높이는 바닥으로부터 1.5m 이상에 설치하고, 복도통로유도등은 바닥으로부터 높이 1m 이하, 보행거리 25m마다 설치한다. O|X

010
피난구유도등의 높이는 바닥으로부터 1.5m 이상에 설치하고, 복도통로유도등은 바닥으로부터 높이 1m 이하, 보행거리 **20m**마다 설치한다.

011 객석유도등은 통로, 바닥, 기둥에 설치한다. O|X

011
객석유도등은 통로, 바닥, **벽**에 설치한다.

설치개수 $= \dfrac{\text{객석 통로의 직선 부분의 길이[m]}}{4} - 1$

012 계단통로유도등은 피난통로가 되는 계단이나 경사로에 설치하는 통로유도등으로 바닥면 및 디딤 바닥면을 비추는 계단통로유도등은 각 층의 경사로 참 또는 계단참마다(1개층에 경사로 참 또는 계단참이 2 이상 있는 경우에는 2개의 계단참마다)설치한다. O|X

정답
007 O   008 O   009 ×   010 ×
011 ×   012 O

해설

□□□ 기출
013 공연장, 집회장, 관람장, 운동시설, 유흥주점영업시설에는 객석유도등이 설치되어야 한다. ○|✕

정답
013 ○

4 비상조명등 및 휴대용 비상조명등 🔗 LINK 284p

해설

□□□ 기출
014 휴대용 비상조명등의 설치는 대규모점포와 영화상영관에는 보행거리 50m 이내마다 3개 이상 설치하며 지하상가 및 지하역사에는 보행거리 25m 이내마다 3개 이상 설치한다. ○|✕

정답
014 ○

CHAPTER 05 소화용수설비

SIMPLE 핵심 이론 빈칸 넣기

1 상수도소화용수설비

① 설치기준

① 호칭지름 ①[_____][mm] 이상의 수도배관에 호칭지름 ②[_____][mm] 이상의 소화전을 접속

② 소방자동차 등의 진입이 쉬운 도로변 또는 공지에 설치

③ 특정소방대상물의 수평투영면의 각 부분으로부터 ③[_____][m] 이하가 되도록 설치

2 소화수조 · 저수조

① 설치기준

① 소화수조, 저수조의 채수구 또는 흡수관투입구는 소방차가 ④[_____][m] 이내의 지점까지 접근할 수 있는 위치에 설치하여야 한다.

② 지하에 설치하는 소화용수설비의 흡수관투입구는 그 한변이 ⑤[_____][m] 이상이거나 직경이 ⑥[_____][m] 이상인 것으로 한다.

③ 소화수조 또는 저수조가 지표면으로부터의 깊이가 ⑦[_____][m] 이상인 지하에 있는 경우에는 가압송수장치를 설치해야 한다.

정답

① 75
② 100
③ 140

④ 2
⑤ 0.6
⑥ 0.6
⑦ 4.5

DETAIL 핵심지문 OX

LINK 285p

1 상수도소화용수설비

LINK 285p

해설

001 [기출] 호칭지름 75[mm] 이상의 수도배관에 호칭지름 100[mm] 이상의 소화전을 접속해야 한다. O│X

002 소화전은 특정소방대상물의 수평투영면의 각 부분으로부터 140[m] 이하가 되도록 설치한다.

002 [예상] 소화전은 특정소방대상물의 수평투영면의 각 부분으로부터 180[m] 이하가 되도록 설치한다. O│X

정답
001 O   002 ×

CHAPTER 06 소화활동설비

SIMPLE 핵심 이론 빈칸 넣기

1 제연설비

화재가 발생하였을 때 연기가 피난 경로인 복도, 계단 전실 및 사무실에 침입하는 것을 방지하고, 거주자를 유해한 연기로부터 보호하여 안전하게 피난시킴과 동시에 소화 활동을 유리하게 할 수 있도록 돕는 설비이다.

1 제연구역

① 하나의 제연구역의 면적은 ① [m²] 이내로 한다.
② 거실과 통로(복도를 포함)는 각각 제연구획한다.
③ 통로상의 제연구역은 보행중심선의 길이가 ② [m]를 초과하지 아니한다.
④ 하나의 제연구역은 직경 ③ [m] 원내에 들어갈 수 있도록 한다.
⑤ 하나의 제연구역은 2 이상의 층에 미치지 아니하도록 한다.
⑥ 제연경계는 제연경계의 폭이 ④ [m] 이상이고, 수직거리는 ⑤ [m] 이내이어야 한다.

정답
① 1,000
② 60
③ 60
④ 0.6
⑤ 2

2 제연방식

밀폐제연방식	실을 밀폐하여 연기유출 및 공기유입을 차단하여 제연하는 방식
자연제연방식	창문이나 배기구를 통해 연기를 자연적으로 배출하는 방식
스모크타워제연방식	천장에 루프모니터 등이 바람에 의해 작동되면서 흡인력을 이용하여 제연하는 방식(고층빌딩에 적합)
기계제연방식	제1종	급·배기 모두 ⑥ 제연방식
	제2종	급기 ⑦ 제연방식, 배기 ⑧ 제연방식
	제3종	급기 ⑨ 제연방식, 배기 ⑩ 제연방식

⑥ 기계
⑦ 기계
⑧ 자연
⑨ 자연
⑩ 기계

2 연결송수관설비

건축물의 옥외에 설치된 송수구에 소방차로부터 가압수를 송수하고 소방관이 건축물 내에 설치된 방수구에 방수기구함에 비치된 호스를 연결하여 화재를 진압하는 설비를 말한다.

1 종류

(1) 습식연결송수관설비
① 지면으로부터의 높이가 ⑪ 이상인 특정소방대상물
② 지상 ⑫ 이상인 특정소방대상물
③ ⑬ 의 순으로 설치

⑪ 31[m]
⑫ 11층
⑬ 송수구 – 자동배수밸브 – 체크밸브

(2) 건식연결송수관설비
① ⬜ 의 순으로 설치

❷ 송수구
① 소방차가 쉽게 접근할 수 있고 잘 보이는 장소에 설치
② 지면으로부터 높이가 ② ⬜ [m] 이상 ③ ⬜ [m] 이하의 위치에 설치
③ 구경 ④ ⬜ [mm]의 쌍구형으로 설치

❸ 방수구
① 11층 이상의 부분에 설치하는 방수구는 쌍구형
② 방수구의 호스접결구는 바닥으로부터 높이 ⑤ ⬜ [m] 이상 ⑥ ⬜ [m] 이하의 위치에 설치
③ 연결송수관설비의 전용방수구 또는 옥내소화전방수구로서 구경 ⑦ ⬜ [mm]의 것으로 설치

❹ 배관
① 주배관의 구경은 ⑧ ⬜ [mm] 이상의 것으로 설치
② 주배관의 구경은 ⑨ ⬜ [mm] 이상인 옥내소화전설비의 배관과 겸용 가능

3 연결살수설비
화재 시 열이나 연기가 체류하여 소화활동이 곤란한 지하층이나 1,000[㎡] 이상의 판매시설 등을 대상으로 하여 소방 펌프차에서 송수구를 통해 압력수를 보내고, 살수 헤드에서 살수하여 소화하는 설비로서 살수 헤드에는 폐쇄형과 개방형이 있다.

❶ 송수구
① 구경 ⑩ ⬜ 으로 설치(살수헤드의 수가 10개 이하인 것은 단구형)
② 지면으로부터 높이가 ⑪ ⬜ 의 위치에 설치
③ ⑫ ⬜ 를 사용하는 경우에는 송수구—자동배수밸브—체크밸브의 순으로 설치한다.
④ ⑬ ⬜ 를 사용하는 경우에는 송수구—자동배수밸브의 순으로 설치한다.
⑤ 개방형 헤드를 사용하는 경우에는 하나의 송수구역에 설치하는 살수헤드의 수는 ⑭ ⬜ 이하가 되도록 하여야 한다.

❷ 헤드
① 연결살수설비의 헤드는 연결살수설비 전용헤드 또는 스프링클러 헤드로 설치한다.
② 천장 또는 반자의 각 부분으로부터 하나의 살수헤드까지의 수평거리가 연결살수설비 전용헤드의 경우에는 ⑮ ⬜ [m] 이하, 스프링클러헤드의 경우는 ⑯ ⬜ [m] 이하로 한다.

정답

① 송수구—자동배수밸브—체크밸브—자동배수밸브
② 0.5
③ 1
④ 65

⑤ 0.5
⑥ 1
⑦ 65

⑧ 100
⑨ 100

⑩ 65[mm]의 쌍구형
⑪ 0.5[m] 이상 1[m] 이하
⑫ 폐쇄형 헤드
⑬ 개방형 헤드
⑭ 10개

⑮ 3.7
⑯ 2.3

3 배관의 구경 기준(연결살수설비 전용헤드를 사용하는 경우)

하나의 배관에 부착하는 살수헤드의 개수	1개	2개	3개	4개 또는 5개	6개 이상 10개 이하
배관의 구경[mm]	①	②	③	④	⑤

정답
① 32
② 40
③ 50
④ 65
⑤ 80

4 비상콘센트설비

화재 시 소화활동 등에 필요한 전원을 전용회선으로 공급하는 설비를 말한다.

1 설치기준

① 층수가 ⑥_____층 이상인 특정소방대상물의 경우 ⑦_____층 이상의 층에 설치한다.

② 비상콘센트설비의 전원회로는 단상교류 ⑧_____[V]인 것으로서, 그 공급용량은 ⑨_____[kVA] 이상인 것으로 한다.

⑥ 11
⑦ 11
⑧ 220
⑨ 1.5

5 연소방지설비

⑩_____의 연소방지를 위한 것으로 연소방지 전용헤드나 스프링클러헤드를 천장 또는 벽면에 설치하여 지하구의 화재를 방지하는 설비이다.

⑩ 지하구

1 송수구

① 소방차가 쉽게 접근할 수 있는 노출된 장소에 설치
② 송수구는 구경 ⑪_____[mm]의 쌍구형으로 설치
③ 송수구로부터 ⑫_____[m] 이내에 살수구역 안내표지를 설치
④ 지면으로부터 높이가 ⑬_____[m] 이상 ⑭_____[m] 이하의 위치에 설치

⑪ 65
⑫ 1
⑬ 0.5
⑭ 1

2 헤드

① 천장 또는 벽면에 설치한다.
② 헤드 간의 수평거리는 연소방지설비 전용헤드의 경우에는 ⑮_____[m] 이하, 스프링클러헤드의 경우에는 ⑯_____[m] 이하로 한다.
③ 소방대원의 출입이 가능한 환기구·작업구마다 지하구의 양쪽방향으로 살수헤드를 설정하되, 한쪽 방향의 살수구역의 길이는 ⑰_____[m] 이상으로 할 것. 다만, 환기구 사이의 간격이 ⑱_____[m]를 초과할 경우에는 ⑲_____[m] 이내마다 살수구역을 설정하되, 지하구의 구조를 고려하여 방화벽을 설치한 경우에는 그러하지 아니하다.

⑮ 2
⑯ 1.5
⑰ 3
⑱ 700
⑲ 700

3 배관의 구경 기준(연소방지설비전용헤드를 사용하는 경우)

하나의 배관에 부착하는 살수헤드의 개수	1개	2개	3개	4개 또는 5개	6개 이상 10개 이하
배관의 구경[mm]	⑳	㉑	㉒	㉓	㉔

⑳ 32
㉑ 40
㉒ 50
㉓ 65
㉔ 80

DETAIL 핵심지문 OX

[해설]
001
소화활동설비는 **본격소화**에 해당한다.

[기출] 001 소화활동설비는 초기소화에 해당한다. O|X

[정답]
001 ×

1 제연설비

[해설]

[기출] 002 화재안전기준에서 규정하는 제연설비의 하나의 제연구역 면적은 1,000㎡이고, 하나의 제연구역은 직경 60[m] 원내에 들어갈 수 있도록 한다. O|X

003
밀폐제연방식이란 밀폐도가 많은 벽이나 문으로서 화재가 발생하였을 때 밀폐하여 일시적으로 연기의 유출 및 공기 등의 유입을 차단시켜 제연하는 방식을 말한다.

[기출] 003 자연제연방식이란 밀폐도가 많은 벽이나 문으로서 화재가 발생하였을 때 밀폐하여 일시적으로 연기의 유출 및 공기 등의 유입을 차단시켜 제연하는 방식을 말한다. O|X

004
제3종 기계제연방식이란 자연급기, 기계배기로 사용하는 것이다.

[기출] 004 제2종 기계제연방식이란 자연급기, 기계배기로 사용하는 것이다. O|X

[정답]
002 O 003 × 004 ×

2 연결송수관설비

[해설]

[예상] 005 지면으로부터 높이가 31m 이상이거나 지상 11층 이상인 특정소방대상물에는 습식연결송수관설비를 설치한다. O|X

[정답]
005 O

3. 연결살수설비

006 연결살수설비의 송수구는 폐쇄된 곳에 설치하고 65mm 쌍구형으로 한다. O|X

해설 **006** 연결살수설비의 송수구는 **개방된** 곳에 설치하고 65mm 쌍구형으로 한다.

007 연결살수설비의 송수구는 지면으로부터 높이가 1m 이상 2m 이하의 위치에 설치한다. O|X

007 연결살수설비의 송수구는 지면으로부터 높이가 **0.5m 이상 1m 이하**의 위치에 설치한다.

008 가연성 가스의 저장·취급시설에 설치하는 연결살수설비의 헤드는 연결살수설비 전용의 폐쇄형 헤드를 설치해야 한다. O|X

008 가연성 가스의 저장·취급시설에 설치하는 연결살수설비의 헤드는 연결살수설비 전용의 **개방형** 헤드를 설치해야 한다.

009 연결살수설비에서 살수헤드의 수가 3개인 경우 배관의 구경은 50mm가 된다. O|X

정답
006 ✕ 007 ✕ 008 ✕ 009 O

4. 비상콘센트설비

010 층수가 11층 이상인 특정소방대상물의 경우 전층에 비상콘센트설비를 설치한다. O|X

해설 **010** 층수가 11층 이상인 특정소방대상물의 경우 **11층 이상의 층**에 비상콘센트설비를 설치한다.

011 비상콘센트설비의 전원회로는 단상 교류 220 볼트인 것으로서, 그 공급용량은 1.5 킬로볼트암페어 이상인 것으로 해야 한다. O|X

정답
010 ✕ 011 O

5 무선통신보조설비

해설

012
무선통신보조설비에서 **분파기**란 서로 다른 주파수의 합성된 신호를 분리하기 위해서 사용하는 장치이며, 증폭기란 전압·전류의 진폭을 늘려 감도 등을 개선하는 장치를 말한다.

012 무선통신보조설비에서 분배기란 서로 다른 주파수의 합성된 신호를 분리하기 위해서 사용하는 장치이며, 증폭기란 전압·전류의 진폭을 늘려 감도 등을 개선하는 장치를 말한다.

정답
012 ×

6 연소방지설비

해설

013
헤드 간의 수평거리는 연소방지설비 전용헤드의 경우에는 **2[m] 이하**, 스프링클러헤드의 경우에는 **1.5[m] 이하**로 한다.

013 헤드 간의 수평거리는 연소방지설비 전용헤드의 경우에는 3.7[m] 이하, 스프링클러헤드의 경우에는 2.3[m] 이하로 한다.

014 한쪽 방향의 살수구역의 길이는 3[m] 이상으로 할 것. 다만, 환기구 사이의 간격이 700[m]를 초과할 경우에는 700[m] 이내마다 살수구역을 설정하되, 지하구의 구조를 고려하여 방화벽을 설치한 경우에는 그러하지 아니하다.

정답
013 ×   014 ○

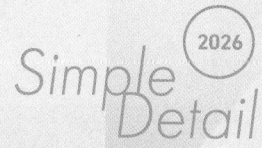

Simtail

PART

VIII

소방조직

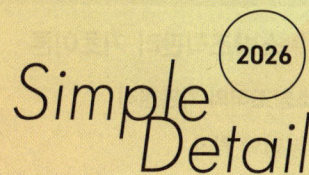

CHAPTER 01   소방조직

CHAPTER 01 소방조직

SIMPLE 핵심 이론 빈칸 넣기

1 소방조직관리 기초이론

1 소방조직의 기본원리

(1) **분업의 원리**

① _____ 또는 ② _____ 라고도 한다. 조직의 업무를 성질별로 나누어 조직 구성원에게 ③ _____ 를 전담시킴으로써 조직의 능률을 향상시키는 원리이다.

(2) ④ _____

한 사람의 부하는 한 사람의 상관으로부터만 명령을 받아야 한다는 원리이다.

(3) **계층제의 원리**

구성원들 간에 ⑤ _____ 하여 명령, 지휘, 감독 체계를 확립하는 원리이다.

(4) ⑥ _____

한 사람의 상관이 감독하는 부하의 수는 그 상관의 통제능력 범위 내로 한정되어야 한다는 원리이다.

(5) ⑦ _____

조직의 공통목표를 달성하기 위해 구성원의 노력을 통합하고 조정하는 원리이다.

(6) **계선의 원리**

특정 사안에 대한 결정에 있어서 의사결정과정에서는 개인의 의견이 참여되지만 결정을 내리는 것은 ⑧ _____ 이 아닌 ⑨ _____ 이다.

2 소방공무원의 특수성

- 긴급성(신속 · 정확성, 신속 · 대응성), 위험성, 결과성, 대기성, 가외성, 전문성, 현장성(대응성), 계층성(일체성), 규제성

정답

① 전문화의 원리
② 기능의 원리
③ 한 가지의 주된 업무
④ 명령계 통일의 원리
⑤ 상 · 하의 계층을 설정
⑥ 통솔범위의 원리
⑦ 조정의 원리
⑧ 개인
⑨ 소속기관의 장

③ 소방행정이론

(1) 법률 행위적 행정행위

① 명령적 행정 행위 중 하명

작위하명	일정한 행위를 하도록 ① _____ 를 명하는 행정행위 • 화재예방조치명령 • 피난 명령 • 화재현장에서 소방종사명령 • 소방대상물의 특별조치명령 • 화재예방강화지구에 대한 명령 • 화재안전조사를 위한 보고 및 자료제출 명령 • 위험물제조소등의 감독명령 • 위험물제조소등의 예방규정 변경명령 • 무허가 위험물 시설의 조치명령 • 소방시설 및 방염에 관한 명령	
부작위하명	일정한 행위를 하지 않도록 하는 ② _____ 를 명하는 행정행위 • 소방용수시설의 불법사용 금지 • 소방대상물의 사용금지 • 화재예방을 위한 부작위 명령(화기취급의 금지)	
급부하명	금전, 노력, 물품 등을 ③ _____ 를 명하는 행정행위 • 각종 인허가의 수수료 납부통지 • 행정대집행법에 의한 대집행 소요비용 • 소방활동 종사명령(작위하명이면서 급부하명에 속한다)	
수인하명	행정주체에 의한 실력행사를 감수하고 이에 ④ _____ 를 명하는 행정행위 • 행정대집행의 집행 • 화재진화를 위한 강제처분 • 소방대의 긴급통행	

② 명령적 행정행위 중 허가

대인허가	특정인의 자격 등 주관적인 사정이 감안되어 허가 • 소방기술사, 소방설비기사
대물허가	물건의 객관적인 사항이 고려되는 대물허가 • 위험물제조소등의 허가
혼합적 허가	대인허가＋대물허가 • 소방시설공사업 등록

③ 명령적 행정행위 중 면제
 • 소방시설의 설치를 면제하는 경우

④ 형성적 행정행위
 • 특허, 변경행위, 인가, 공법상 대리

정답

① 해야 할 의무
② 금지 등의 의무
③ 제공할 의무
④ 저항하지 아니할 의무

(2) 준법률 행위적 행정행위

행위자의 의사와 상관없이 법률이 정하는 바에 따라 행정행위의 효과가 발생하는 것으로 법률이 정하는 바에 따라 효과가 발생하는 것(기속행위)

① **확인**: 소방관련 자격 합격자 결정, 소방안전관리자 자격 인정
② **통지**: 각종 입찰공고, 대집행의 계고, 조세체납자에 대한 독촉
③ **수리**: 각종 허가신청서 원서, 신고의 수리
④ **공증**: 소방시설의 완비증명, 허가 및 자격증의 교부

2 소방의 발전과정

1 소방의 발전과정

삼국시대	통일신라시대
① 화재를 사회적 ①[　　　]으로 인식 • 왕이 친히 이재민을 위문하고 구제했다는 기록	① 화재에 대한 예방의식 • 집을 초옥으로 하지 않고 기와로 했으며 나무를 때지 않고 숯을 써서 밥을 지었다.
고려시대	**조선시대**
① 소방을 ②[　　　]라 부름 ② 금화제도 시작 　• ③[　　　] 배치 　• ④[　　　] 개선 　• ⑤[　　　] 신설 　• ⑥[　　　]에 대한 처벌	① 1417년 금화법령 시행 ② ⑦[　　　]년(세종 8년 2월) 금화도감 설치 　• ⑧[　　　] 아래에 설치 　• 화재의 방지와 개천과 하수구의 수리 및 소통을 담당 　• 상비 소방제도로서의 관서는 아니지만, 우리나라 ⑨[　　　]의 소방기구 　• 관원: 제조 ⑩[　　　], 사 ⑪[　　　], 부사 · 판관 각각 ⑫[　　　] ③ 1426년(세종 8년 6월) ⑬[　　　] 설치 　• ⑭[　　　]과 ⑮[　　　]을 합쳐 수성금화도감으로 하고 ⑯[　　　]에 속하게 함 ④ 5가 작통제 ⑤ 소화기구 　• 1723년(경종)에 중국으로부터 ⑰[　　　]를 도입
갑오개혁(갑오경장)	**일제강점기(1910~1945)**
① ⑱[　　　]을 설치하고, ⑱[　　　] 처무 세칙(1895)에 소방이라는 용어가 처음으로 사용 ② 1908년 최초 화재보험회사 ③ 1908년 ⑲[　　　] 3대 도입 ④ 1909년 수도의 개설로 ⑳[　　　]이 설치	① 상비소방제도 • 상비소방이라는 용어는 일본 용어로 전문적으로 소방을 상설해 놓은 제도 ② ㉑[　　　]년 최초의 소방서인 ㉒[　　　](현 종로소방서)가 설치 ③ 1912년 스웨덴산 휘발유펌프 1대 구입 ④ ㉓[　　　]년 부산 및 평양에 소방서가 개소됨 ⑤ ㉔[　　　]년 용산 · 인천 · 함흥에 소방서가 증설됨

정답

① 재앙

② 소재
③ 금화 관리자
④ 건축 및 시설
⑤ 화통도감
⑥ 실화 및 방화자
⑦ 1426
⑧ 병조
⑨ 최초
⑩ 7인
⑪ 5인
⑫ 6인
⑬ 수성금화도감
⑭ 성문도감
⑮ 금화도감
⑯ 공조
⑰ 수총기

⑱ 경무청
⑲ 완용펌프
⑳ 소화전
㉑ 1925
㉒ 경성소방서
㉓ 1939
㉔ 1944

미군정시대(1946~1948)	정부수립이후(1948~1970)
① ①[자치소방] 체제 • ②[1946] 년 소방부 및 소방위원회를 설치하고 소방행정을 경찰에서 분리하여 자치화 • 중앙: ③[상무부 토목국 중앙소방위원회], 각도: ④[도소방위원회], 시·읍·면: ⑤[소방부] 를 설치 ② 1947년 ⑥[소방청] 설치 • ⑦[중앙소방위원회] 의 집행기구로 소방청을 설치 • 일제말기까지 ⑧[5개] 소방서(북한의 3서 제외)에 불과하였으나 자치소방체제로 전환된 후에는 50여개로 증설	① ⑨[국가소방] 체제 • ⑩[1948] 년 대한민국 정부가 수립되자 경찰기구에 흡수 ② ⑪[1958] 년 소방법 제정 • 제정 당시 소방업무영역은 화재를 포함한 풍수해, 설해의 예방·경계·진압으로 규정돼 있어 자연재해까지 소방업무로 인식 • ⑫[1967] 년 풍수해대책법이 제정되면서 풍수해와 설해는 삭제 ③ 1961년 12월 8일 소방공동시설세 명문화 ④ 1969년 경찰공무원법 적용 • 경찰공무원 신분
발전시기(1970~1992)	**현재(1992~)**
① ⑬[이원적] 소방체제 • ⑭[1972] 년에 서울, 부산에서 각각 소방본부 설치 ② ⑮[1975] 년 민방위기본법 제정 • 내무부 치안국 소방과에서 내무부 소속 민방위본부 소방국으로 개편 ③ ⑯[1977] 년 소방공무원법 제정 • 1973년 2월 8일 지방소방공무원법을 제정하여 서울, 부산은 ⑰[지방소방공무원법], 그 외 지역은 ⑱[경찰공무원법] 적용 • ⑲[1978] 년 3월 1일 독자적 신분법인 소방공무원법이 시행(77년 제정)됨에 따라서 국가, 지방 모두 ⑳[소방공무원법] 을 적용 ④ 소방법 제정 • 1983년 12월 구급업무를 소방영역에 포함 • 1989년 12월 구조업무를 소방영역에 포함	① ㉑[광역자치] 소방체제 • ㉒[1992] 년 모든 시·도에 소방본부를 설치 • ㉓[2003] 년 소방법 폐지, 소방 4분법으로 제정 • ㉔[2004] 년 소방방재청 신설, 「재난 및 안전관리기본법」 제정 • ㉕[2014] 년 국민안전처를 신설하고 소방방재청을 국민안전처로 편입하여 국민안전처 소속 중앙소방본부 • ㉖[2017] 년 국민안전처가 행정자치부(현 행정안전부)에 흡수·통합되면서 행정안전부 산하의 소방청으로 신설 • ㉗[2019] 년 소방공무원의 국가직 전환으로 신분이 국가직으로 변경됨에 따라 시·도 소방공무원의 복무는 국가공무원법의 적용 • ㉘[2022] 년 소방 4개법에서 6개법으로 제·개정되었다.

정답

① 자치소방
② 1946
③ 상무부 토목국 중앙소방위원회
④ 도소방위원회
⑤ 소방부
⑥ 소방청
⑦ 중앙소방위원회
⑧ 5개
⑨ 국가소방
⑩ 1948
⑪ 1958
⑫ 1967
⑬ 이원적
⑭ 1972
⑮ 1975
⑯ 1977
⑰ 지방소방공무원법
⑱ 경찰공무원법
⑲ 1978
⑳ 소방공무원법
㉑ 광역자치
㉒ 1992
㉓ 2003
㉔ 2004
㉕ 2014
㉖ 2017
㉗ 2019
㉘ 2022

② 소방제도 변천과정

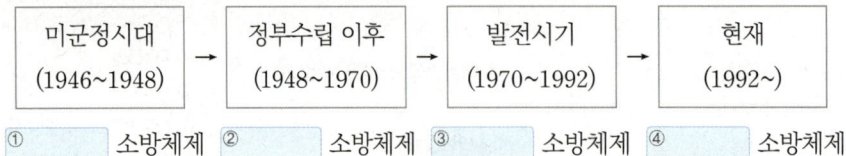

① _____ 소방체제 ② _____ 소방체제 ③ _____ 소방체제 ④ _____ 소방체제

정답
① 자치
② 국가
③ 이원적
④ 광역자치

③ 소방공무원 신분

구분	신분	
1949년 국가공무원법 제정	일반직공무원	
1969년 경찰공무원법 제정	경찰공무원	별정직공무원
1973년 지방소방공무원법 제정	국가직: 경찰공무원	별정직공무원
	지방직: 지방소방공무원	
1977년 소방공무원법 제정	소방공무원	별정직공무원
1983년 소방공무원법 제정	소방공무원	특정직공무원

→ 국가공무원은 경력직공무원과 특수경력직공무원으로 구분한다.

(1) **경력직 공무원**: 실적과 자격에 따라 임용되고 그 신분이 보장되며 평생 동안 공무원으로 근무할 것이 예정되는 공무원을 말하며, 그 종류는 다음 각 호와 같다.

① **일반직공무원**: 기술·연구 또는 행정 일반에 대한 업무를 담당하는 공무원

② ⑤ _____ : 법관, 검사, 외무공무원, 경찰공무원, 소방공무원, 교육공무원, 군인, 군무원, 헌법재판소 헌법연구관, 국가정보원의 직원, 경호공무원과 특수 분야의 업무를 담당하는 공무원으로서 다른 법률에서 특정직공무원으로 지정하는 공무원

⑤ 특정직공무원

(2) **특수경력직 공무원**: 경력직공무원 외의 공무원을 말하며, 그 종류는 다음 각 호와 같다.

① **정무직공무원**
- 선거로 취임하거나 임명할 때 국회의 동의가 필요한 공무원
- 고도의 정책결정 업무를 담당하거나 이러한 업무를 보조하는 공무원으로서 법률이나 대통령령(대통령비서실 및 국가안보실의 조직에 관한 대통령령만 해당한다)에서 정무직으로 지정하는 공무원

② **별정직공무원**: 비서관·비서 등 보좌업무 등을 수행하거나 특정한 업무 수행을 위하여 법령에서 별정직으로 지정하는 공무원

3 소방행정체제

중앙 소방행정조직	지방 소방행정조직	민간 소방행정조직
직접적 • 소방청 • 중앙소방학교 • 중앙119구조본부 • 국립소방연구원 **간접적** • 한국소방안전원 • 한국소방산업기술원 • 대한소방공제회 • 소방산업공제조합	• 소방본부 • 소방서 • 119안전센터, 구조 · 구급센터 • 소방정대, 구조대, 구급대 • 지방소방학교 • 서울종합방재센터 • 의무소방대	• 의용소방대 • 소방안전관리자 • 위험물안전관리자 • 자체소방대 • 자위소방대

4 소방자원관리(인적)

1 용어 정의(소방공무원법)

① ①   : 신규채용 · 승진 · 전보 · 파견 · 강임 · 휴직 · 직위해제 · 정직 · 강등 · 복직 · 면직 · 해임 및 파면을 말한다.

② ②   : 소방공무원의 같은 계급 및 자격 내에서의 근무기관이나 부서를 달리하는 임용을 말한다.

③ ③   : 동종의 직무 내에서 하위의 직위에 임명하는 것을 말한다.

④ ④   : 휴직 · 직위해제 또는 정직(강등에 따른 정직 포함) 중에 있는 소방공무원을 직위에 복귀시키는 것을 말한다.

정답
① 임용
② 전보
③ 강임
④ 복직

❷ 임용

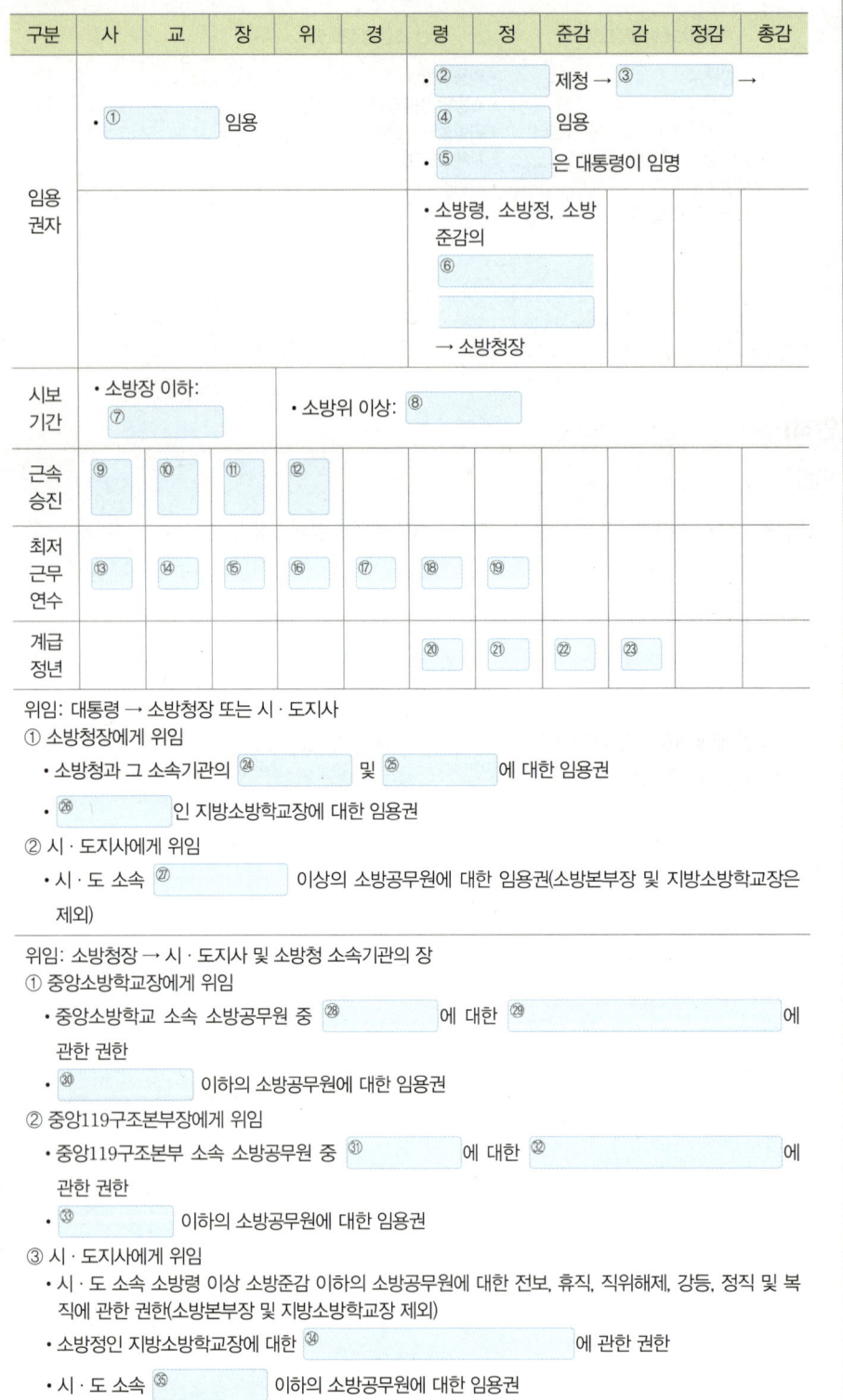

구분	사	교	장	위	경	령	정	준감	감	정감	총감
임용권자	• ① 임용					• ② 제청 → ③ → • ④ 임용 • ⑤ 은 대통령이 임명 • 소방령, 소방정, 소방준감의 ⑥ → 소방청장					
시보기간	• 소방장 이하: ⑦			• 소방위 이상: ⑧							
근속승진	⑨	⑩	⑪	⑫							
최저근무연수	⑬	⑭	⑮	⑯	⑰	⑱	⑲				
계급정년						⑳	㉑	㉒	㉓		

위임: 대통령 → 소방청장 또는 시·도지사
① 소방청장에게 위임
  - 소방청과 그 소속기관의 ㉔ 및 ㉕ 에 대한 임용권
  - ㉖ 인 지방소방학교장에 대한 임용권
② 시·도지사에게 위임
  - 시·도 소속 ㉗ 이상의 소방공무원에 대한 임용권(소방본부장 및 지방소방학교장은 제외)

위임: 소방청장 → 시·도지사 및 소방청 소속기관의 장
① 중앙소방학교장에게 위임
  - 중앙소방학교 소속 소방공무원 중 ㉘ 에 대한 ㉙ 에 관한 권한
  - ㉚ 이하의 소방공무원에 대한 임용권
② 중앙119구조본부장에게 위임
  - 중앙119구조본부 소속 소방공무원 중 ㉛ 에 대한 ㉜ 에 관한 권한
  - ㉝ 이하의 소방공무원에 대한 임용권
③ 시·도지사에게 위임
  - 시·도 소속 소방령 이상 소방준감 이하의 소방공무원에 대한 전보, 휴직, 직위해제, 강등, 정직 및 복직에 관한 권한(소방본부장 및 지방소방학교장 제외)
  - 소방정인 지방소방학교장에 대한 ㉞ 에 관한 권한
  - 시·도 소속 ㉟ 이하의 소방공무원에 대한 임용권

정답
① 소방청장
② 소방청장
③ 국무총리
④ 대통령
⑤ 소방총감
⑥ 전보, 휴직, 직위해제, 강등, 정직, 복직
⑦ 6개월
⑧ 1년
⑨ 4년 이상
⑩ 5년 이상
⑪ 6년 6개월 이상
⑫ 8년 이상
⑬ 1년
⑭ 1년
⑮ 1년
⑯ 1년
⑰ 2년
⑱ 2년
⑲ 3년
⑳ 14년
㉑ 11년
㉒ 6년
㉓ 4년
㉔ 소방정
㉕ 소방령
㉖ 소방정
㉗ 소방령
㉘ 소방령
㉙ 전보·휴직·직위해제·정직 및 복직
㉚ 소방경
㉛ 소방령
㉜ 전보·휴직·직위해제·정직 및 복직
㉝ 소방경
㉞ 휴직·직위해제·정직 및 복직
㉟ 소방경

> **참고**
>
> **소방기관**

소방공무원 임용	소방청, 시·도, 중앙소방학교, 중앙119구조본부, 국립소방연구원, 지방소방학교, 서울종합방재센터, 소방서, 119특수대응단, 소방체험관
소방력 기준에 관한 규칙	소방장비, 소방서, 119안전센터, 119구조대, 119구급대, 119구조구급센터, 119항공대, 소방정대, 119지역대, 119종합상황실, 소방체험관
소방장비 관리법	중앙소방학교, 중앙119구조본부, 소방본부, 소방서, 지방소방학교, 119안전센터, 119구조대, 119구급대, 119구조구급센터, 항공구조구급대, 소방정대, 119지역대, 소방체험관

3 징계

① 중징계: ①
② 경징계: ②

구분	종류	기간	처분	성질	직무	보수	승진제한	기록말소
중징계	파면	—	③ 간 공직제한	배제 징계	—	—	—	—
	해임	—	④ 간 공직제한		—	—	—	—
	강등	⑤	1계급 아래	교정 징계	정지	⑧	18개월	9년 후
	정직	⑥			정지	⑨	18개월	7년 후
경징계	감봉	⑦				⑩	12개월	5년 후
	견책	—			—	—	6개월	3년 후

> **참고**
>
> **공무원 임용 결격사유(국가공무원법 제33조)**
> ① 피성년후견인
> ② 파산선고를 받고 복권되지 아니한 자
> ③ 금고 이상의 실형을 선고받고 그 집행이 끝나거나(집행이 끝난 것으로 보는 경우를 포함한다) 집행이 면제된 날부터 ⑪ 이 지나지 아니한 자
> ④ 금고 이상의 형의 집행유예를 선고받고 그 유예기간이 끝난 날부터 ⑫ 이 지나지 아니한 자
> ⑤ 금고 이상의 형의 선고유예를 받은 경우에 그 선고유예 기간 중에 있는 자
> ⑥ 법원의 판결 또는 다른 법률에 따라 자격이 상실되거나 정지된 자
> ⑦ 공무원으로 재직기간 중 직무와 관련하여 「형법」에 규정된 죄를 범한 자로서 ⑬ 의 벌금형을 선고받고 그 형이 확정된 후 ⑭ 이 지나지 아니한 자

> **정답**
>
> ① 파면, 해임, 강등, 정직
> ② 감봉, 견책
>
> ③ 5년
> ④ 3년
> ⑤ 3개월
> ⑥ 1~3개월
> ⑦ 1~3개월
> ⑧ 전액 감
> ⑨ 전액 감
> ⑩ $\frac{1}{3}$ 감
>
> ⑪ 5년
> ⑫ 2년
> ⑬ 300만원 이상
> ⑭ 2년

⑧ 「성폭력범죄의 처벌 등에 관한 특례법」, 「정보통신망 이용촉진 및 정보보호 등에 관한 법률」, 「스토킹범죄의 처벌 등에 관한 법률」에 규정된 죄를 범한 사람으로서 ① _____ 의 벌금형을 선고받고 그 형이 확정된 후 ② _____ 이 지나지 아니한 사람

⑨ 미성년자에 대하여 「성폭력범죄의 처벌 등에 관한 특례법」 제2조에 따른 성폭력범죄 또는 「아동·청소년의 성보호에 관한 법률」 제2조 제2호에 따른 아동·청소년대상 성범죄를 범한 사람으로서 다음 각 목의 어느 하나에 해당하는 날부터 20년이 지나지 아니한 사람
- 금고 이상의 실형을 선고받고 그 집행이 끝나거나(집행이 끝난 것으로 보는 경우를 포함한다) 집행이 면제된 날
- 금고 이상의 형의 집행유예를 선고받고 그 집행유예가 확정된 날
- 벌금 이하의 형을 선고받고 그 형이 확정된 날
- 치료감호를 선고받고 그 집행이 끝나거나 집행이 면제된 날
- 징계로 파면처분 또는 해임처분을 받은 날

⑩ 징계로 ③ _____ 처분을 받은 때부터 ④ _____ 이 지나지 아니한 자
⑪ 징계로 ⑤ _____ 처분을 받은 때부터 ⑥ _____ 이 지나지 아니한 자

정답

① 100만원 이상
② 3년
③ 파면
④ 5년
⑤ 해임
⑥ 3년

5 소방자원관리(물적)

① 소방장비

소방업무를 효과적으로 수행하기 위하여 필요한 기동장비, 화재진압장비, 구조장비, 구급장비, 정보통신장비, 측정장비, 보호장비, 보조장비를 말한다.

기동장비	소방자동차, 행정지원차, 소방선박, 소방항공기
화재진압장비	소방용수장비, 간이소화장비, 소화보조장비, 배연장비, 소화약제, 원격장비
구조장비	일반구조장비, 산악구조장비, 수난구조장비, 화생방 및 대테러 구조장비, 절단 구조장비, 중량물 작업장비, 탐색 구조장비, 파괴장비
구급장비	환자평가장비, 응급처치장비, 환자이송장비, 구급의약품, 감염방지장비, 활동보조장비, 재난대응장비, 교육실습장비
정보통신장비	기반보호장비, 정보처리장비, 위성통신장비, 무선통신장비, 유선통신장비
측정장비	소방시설 점검장비, 화재조사 및 감식장비, 공통측정장비, 화생방 등 측정장비
보호장비	호흡장비, 보호장구, 안전장구
보조장비	기록보존장비, 영상장비, 정비기구, 현장지휘소 운영장비, 그 밖의 보조장비

② 소방용수시설의 설치기준

① 공통기준
- 주거·상업 및 공업지역에 설치하는 경우: 소방대상물과의 수평거리 ① [_____][m] 이하
- 그 외의 지역에 설치하는 경우: 소방대상물과의 수평거리를 ② [_____][m] 이하

② 소화전
- 상수도와 연결하여 지하식 또는 지상식의 구조
- 소화전의 연결금속구의 구경: ③ [_____][mm]

③ 급수탑
- 급수배관의 구경: ④ [_____][mm] 이상
- 개폐밸브 높이: ⑤ [_____][m] 이상 ⑥ [_____][m] 이하

④ 저수조
- 지면으로부터 낙차가 ⑦ [_____][m] 이하
- 흡수부분의 수심이 ⑧ [_____][m] 이상
- 흡수관의 투입구가 사각 또는 원형의 경우 한 변의 길이 및 지름이 ⑨ [_____][cm] 이상
- 저수조에 물을 공급하는 방법은 상수도에 연결하여 자동으로 급수

정답
① 100
② 140
③ 65
④ 100
⑤ 1.5
⑥ 1.7
⑦ 4.5
⑧ 0.5
⑨ 60

6 소방자원관리(재정적)

① 소방장비 등에 대한 국고보조

(1) 국고보조 대상사업의 범위
  ① 다음 각 목의 소방활동장비와 설비의 구입 및 설치
   - 소방자동차
   - 소방헬리콥터 및 소방정
   - 소방전용통신설비 및 전산설비
   - 그 밖에 방화복 등 소방활동에 필요한 소방장비
  ② 소방관서용 청사의 건축

(2) 국고보조 대상사업의 기준보조율
국고보조 대상사업의 기준보조율은 「보조금 관리에 관한 법률 시행령」에서 정하는 바에 따른다.
- 119 구조장비 확충: ⑩ [_____][%]

⑩ 50

② 소방활동장비 및 설비의 규격 및 종류와 기준가격

(1) 국내조달품: ⑪ [_____]

(2) 수입물품: ⑫ [_____]에서 조사한 해외시장의 시가

(3) 정부고시가격 또는 조달청에서 조사한 해외시장의 시가가 없는 물품: 2 이상의 공신력 있는 물가조사기관에서 조사한 가격의 ⑬ [_____]

⑪ 정부고시가격
⑫ 조달청
⑬ 평균가격

DETAIL 핵심지문 OX

1 소방조직관리 기초이론

해설

001
소방관서는 전통적으로 **준군사적**으로 조직되어 있다. 이것은 소방조직이 다른 조직에 비하여 순응적 조직문화를 가지고 있다는 것을 의미하지만 반대로 자발적이고 상향적 혁신의 장애가 될 수 있다는 것을 의미한다.

002
소방조직의 원리에는 조정의 원리, 계층제의 원리, **명령계 통일의 원리**, 통솔 범위의 원리, 분업의 원리, 계선의 원리가 있다.

003
소방조직의 기본원리 중 **계선의 원리**란 특정사안에 대한 결정에 있어서 의사결정 과정에서는 개인의 의견이 참여되지만, 결정을 내리는 것은 개인이 아닌 소속기관의 장이 한다는 것이다.

004
소방공무원의 특수성: 긴급성(신속·정확성, 신속·대응성), 위험성, 결과성, 대기성, 가외성, 현장성(대응성), 계층성(일체성), 규제성

정답
001 ✕ 002 ✕ 003 ✕ 004 ○

---

001 [기출]
소방관서는 전통적으로 수평적 형식으로 조직되어 있다. 이것은 소방조직이 다른 조직에 비하여 순응적 조직문화를 가지고 있다는 것을 의미하지만 반대로 자발적이고 상향적 혁신의 장애가 될 수 있다는 것을 의미한다. O|X

002 [기출]
소방조직의 원리에는 조정의 원리, 계층제의 원리, 명령 분산의 원리, 통솔 범위의 원리, 분업의 원리, 계선의 원리가 있다. O|X

003 [기출]
소방조직의 기본원리 중 조정의 원리란 특정사안에 대한 결정에 있어서 의사결정 과정에서는 개인의 의견이 참여되지만, 결정을 내리는 것은 개인이 아닌 소속기관의 장이 한다는 것이다. O|X

004 [기출]
소방행정조직의 업무적 특성으로는 가외성, 긴급성, 신속 대응성, 전문성이 있다. O|X

---

2 소방의 발전과정

해설

005
- 삼국시대: 진평왕 18년 영흥사에 불이 나 왕이 친히 이재민을 위문하고 구제했다는 기록
- 통일신라시대: 집을 초옥으로 하지 않고 기와로 했으며 나무를 때지 않고 숯을 써서 밥을 지었다는 기록

정답
005 ○

---

005 [예상]
삼국시대에 화재를 사회적 재앙으로 인식하기 시작하였으며, 통일신라시대 이후 화재에 대한 예방의식이 생기기 시작하였다. O|X

006 고려시대에는 소방(消防)을 소재(消災)라 하였으며, 화통도감을 신설, 금화관리자 배치 등 화재를 담당하는 전문조직은 없었으나, "금화제도"라는 명칭으로 화기를 단속하고 예방하였다. O|X

007 고려 시대에는 소방을 소재(消災)라 하였고, 우리나라 소방행정의 근원이라 볼 수 있는 금화원 제도를 시행하였다. O|X

008 고려시대에 금화도감을 설치하였다. O|X

해설
008
조선시대에 금화도감을 설치하였다.
→ 제조 7명, 사 5명, 부사 6명, 판관 6명으로 구성

009 조선시대인 1426년 2월(세종 8년) 최초의 소방조직인 금화도감을 공조 아래에 설치하여 방화업무를 담당하게 하였다. O|X

009
조선시대인 1426년 2월(세종 8년) 최초의 소방조직인 금화도감을 **병조** 아래에 설치하여 방화업무를 담당하게 하였다.

010 금화도감은 상비 소방제도로서의 관서는 아니지만 화재를 방지하는 문제로 독자적 기구를 갖춘 우리나라 최초의 소방기구이다. O|X

011 최초의 소방관서는 금화도감이다. O|X

012 1426년(세종 8년)에 독자적인 소방 관리를 위해 금화도감을 설치하였으며 이후 성문도감과 병합하여 수성금화도감으로 개편하였다. O|X

012
상시로 다스릴 일이 없는데 모두 설립되어 있어 폐단이 있으니 '병합하자'는 주장이 있어 성문도감과 금화도감을 합쳐 수성금화도감으로 하고 공조에 속하게 했다.

정답
006 O 007 O 008 X 009 X
010 O 011 O 012 O

해설

013
조선 시대에는 5가를 1통으로 묶어 우물을 파고 물통을 준비하도록 하는 5가 작통제를 시행하였다. 아울러 세종 8년 (1426년) 2월에 **금화도감**을 설치하였고, 6월에는 **수성금화도감**으로 개편하였다.

014
갑오개혁 이후 1895년 경무청 처무세칙에 "수화 소방은 난파선 및 출화, 홍수 등 구호에 관한 사항"으로 '소방'이라는 용어가 처음으로 사용되었다.

016
조선시대 1723년(경종 3)에 **청나라**에서 들여온 수총기를 궁정소방대에 처음으로 구비하였다.

017
1925년에 우리나라 최초 소방서인 경성소방서를 설치하였다.

018
1925년 최초 소방서인 경성소방서가 설치되었고, **1958년 소방법이 제정**되었다.

---

013 〔기출〕 조선 시대에는 5가를 1통으로 묶어 우물을 파고 물통을 준비하도록 하는 5가 작통제를 시행하였다. 아울러 세종 8년 (1426년) 2월에 수성금화도감을 설치하였고, 6월에는 금화도감으로 개편하였다. ○ X

014 〔기출〕 조선시대 초기에 '소방'이라는 용어를 최초로 사용하였다. ○ X

015 〔기출〕 1894년에 경무청이 설치되고, '소방'이란 용어가 처음으로 사용되었다. ○ X

016 〔기출〕 조선시대에 일본에서 들여온 수총기를 궁정소방대에 처음으로 구비하였다. ○ X

017 〔기출〕 1915년에 우리나라 최초 소방서인 경성소방서를 설치하였다. ○ X

018 〔기출〕 1925년 최초 소방서인 경성소방서가 설치되었고, 그와 함께 소방법이 제정되었다. ○ X

019 〔기출〕 일제 강점기시대에 우리나라 최초로 소방서를 설치하였다. ○ X

정답
013 ×   014 ×   015 ○   016 ×
017 ×   018 ×   019 ○

020 1925년 최초의 소방서인 경성소방서가 설치되었다. 이후 1938년 부산 및 평양에 소방서가 개소되었으며, 1944년 용산·인천·함흥에 소방서가 증설되었다. O | X

해설

020
1925년 최초의 소방서인 경성소방서가 설치되었다. 이후 **1939년** 부산 및 평양에 소방서가 개소되었으며, 1944년 용산·인천·함흥에 소방서가 증설되었다.
→ 1941년 청진
→ 1944년 용산, 인천, 함흥
→ 1945년 성동

021 일제 강점기시대에 경무부 소속 상비소방수로 상비소방제도를 시행하였다. O | X

022 우리나라에 최초로 독립된 자치소방체제가 성립된 시기는 1948~1970년이다. O | X

022
우리나라에 최초로 독립된 자치소방체제가 성립된 시기는 **1946~1948년**이다.

023 미군정 시대에는 소방을 경찰에서 분리하여 최초로 독립된 자치적 소방제도를 시행하였다. O | X

023
1946년 4월 10일 소방부 및 소방위원회를 설치하고 소방행정을 경찰에서 분리하여 자치화하였다.

024 미군정 시대인 1946년 중앙소방위원회가 설치되었다. O | X

024
• 중앙: 상무부 토목국(1946년 8월 7일부터 토목부로 변경) 중앙소방위원회
• 각 도: 도소방위원회
• 시·읍·면: 소방부

025 1945년에 중앙소방위원회 및 중앙소방청을 설치하였다. O | X

025
1946년에 중앙소방위원회, **1947년** 중앙소방청을 설치하였다.

정답
020 ×   021 ○   022 ×   023 ○
024 ○   025 ×

해설

029
1948년에 대한민국 정부가 수립되고 국가 소방체제로 전환하면서 소방행정조직이 경찰에 흡수되었다.
→ 중앙: 내무부 치안국 소방과
→ 지방: 경찰국 소방과 소방서

030
1958년 소방법이 제정·공포되었다.

031
대한민국 정부 수립 이후인 1958년 소방법이 제정·공포되었다.

034
1948년 대한민국 정부가 수립되었고 1972년 소방본부가 설치되었다.

정답
026 ○ 027 ○ 028 ○ 029 ×
030 × 031 × 032 ○ 033 ○
034 ×

---

026 〔기출〕 자치소방제도 시기에는 중앙에는 중앙소방위원회를 두고, 지방에는 도소방위원회를 두어 독립된 자치소방제도를 시행하였다. O | X

027 〔기출〕 중앙소방위원회 설치(1946) 당시에는 자치소방체제였다. O | X

028 〔기출〕 미군정 시대에는 1946년 소방부 및 소방위원회를 설치하고, 소방 조직 및 업무를 경찰로부터 독립하여 자치소방체제로 전환하였다. 1947년 중앙소방위원회의 집행기구로 소방청이 설치되었다. O | X

029 〔기출〕 1948년에 대한민국 정부가 수립되고 국가 소방체제로 전환하면서 소방행정조직이 경찰에서 분리되었다. O | X

030 〔기출〕 1948년 소방법이 제정·공포되었다. O | X

031 〔기출〕 대한민국 정부 수립 이후인 1948년 소방법이 제정·공포되었다. O | X

032 〔기출〕 정부수립(1948) 당시에는 국가소방체제였다. O | X

033 〔기출〕 1948년 정부 수립 이후 소방법이 제정되었다. O | X

034 〔기출〕 대한민국 정부수립과 동시에 소방본부가 설치되었다. O | X

	해설
035 1958년 소방법 제정 당시 소방업무영역은 화재를 포함한 풍수해, 설해의 예방·경계·진압으로 규정돼 있어 자연재해까지 소방업무로 인식됐다. O X	**035** 1967년 풍수해대책법이 제정되면서 풍수해와 설해는 삭제되었다.
036 1969년 경찰공무원법 제정으로 경찰공무원법의 적용 받았다. O X	
037 정부수립과 함께 자치소방체제를 폐지하고 국가소방체제를 유지하였으나 이후 정부는 서울특별시와 부산광역시에 자치적인 소방본부를 설치하여 이원적 소방행정체제를 갖게 되었다. O X	**037** 1972년에 서울, 부산에서 각각 소방본부가 발족되어 소방사무를 관장하였다. 그러나 다른 도에서는 계속 경찰기구 내에서 소방업무를 관장하였다.
038 1972년 전국 시·도에 소방본부를 설치·운영하고 광역소방행정체제로 전환하였다. O X	**038** 1992년 전국 시·도에 소방본부를 설치·운영하고 광역소방행정체제로 전환하였다.
039 소방학교 설립(1978) 당시에는 국가소방과 자치소방의 이원적 체제였다. O X	
040 1975년 민방위본부가 발족하면서 내무부 치안국 소방과에서 내무부 소속 민방위본부 소방국으로 개편되며 소방조직이 경찰로부터 분리되었다. O X	
041 1977년 지방소방공무원법을 제정하고, 국가공무원은 경찰공무원으로, 지방공무원은 소방공무원으로 그 신분이 이원화되었다. O X	**041** 1973년 지방소방공무원법을 제정하고, 국가공무원은 경찰공무원으로, 지방공무원은 소방공무원으로 그 신분이 이원화되었다.

정답
035 O 036 O 037 O 038 X
039 O 040 O 041 X

해설

042
1978년 3월 1일 독자적 신분법인 소방공무원법이 시행(1977년 제정)됨에 따라서 국가, 지방 모두 소방공무원법을 적용(신분 일원화) 받았다.

043
「정부조직법」 개정으로 국민안전처가 폐지되고, 소방 정책 및 구조·구급 등 소방에 대한 현장 대응 역량을 강화하기 위하여 행정자치부(현 행정안전부)에 흡수·통합되면서 행정안전부 산하의 소방청으로 신설되었다.

046
대구지하철 화재 발생(2003) 당시에는 **광역자치소방체제**였다.

---

042 1977년에 국가·지방소방공무원에 대한 단일신분법이 제정되었다. O | X

043 2017년에 소방청이 설립되었다. O | X

044 2017년에 「정부조직법」 개정으로 국민안전처를 해체하고 소방청을 개설하였다. O | X

045 2003년 대구 지하철 방화사건을 계기로 2004년 3월 11일 「재난 및 안전관리 기본법」이 제정되었으며, 같은 해 5월 소방방재청을 설립하여 6월 1일 개청되었다. O | X

046 대구지하철 화재 발생(2003) 당시에는 국가소방체제였다. O | X

047 2004년에는 소방방재청을 설립하여 소방업무, 민방위 재난·재해업무까지 관장하였다. O | X

048 소방체제는 자치소방체제 → 국가소방체제 → 이원적소방체제 → 광역자치소방체제로 변화되었다. O | X

정답
042 O 043 O 044 O 045 O
046 × 047 O 048 O

049 소방공무원은 공무원 분류상 경력직 공무원 중 특수경력직 공무원에 해당한다. O│X

해설

049
소방공무원은 공무원 분류상 경력직 공무원 중 **특정직** 공무원에 해당한다.

050 소방 조직의 설치: 내무부 소방과 → 내무부 소방국 → 도소방위원회 → 시·도 소방본부 O│X

050
도소방위원회(1946) → 내무부 소방과(1948) → 내무부 소방국(1975) → 시·도소방본부(1992)

051 소방조직의 변천 과정: 내무부 치안국 소방과 → 내무부 소방국 → 소방방재청 → 국민안전처 중앙소방본부 → 소방청 O│X

052 소방조직의 변천 과정: 금화도감 → 경성소방서 → 소방방재청 → 국민안전처 중앙소방본부 O│X

정답
049 × 050 × 051 ○ 052 ○

---

3 소방행정체제

🔗 LINK 314~327p

053 소방청장의 관장사무를 지원하기 위하여 소방청장 소속으로 중앙소방학교 및 중앙119구조본부를 둔다. O│X

해설

054 중앙119구조본부의 업무는 재난유형별 구조기술의 연구·보급 및 구조대원의 교육훈련 등을 담당한다. O│X

055 우리나라 소방조직체계 중 지방소방행정조직에 의용소방대, 자체소방대, 자위소방대 등이 있다. O│X

055
우리나라 소방조직체계 중 **민간**소방행정조직에 의용소방대, 자체소방대, 자위소방대 등이 있다.

정답
053 ○ 054 ○ 055 ×

CHAPTER 01 소방조직

해설		
	056 〔기출〕 한국소방안전원의 설립되는 안전원은 법인으로 하며, 안전원에 관하여 일반적으로 「민법」 중 재단법인 규정을 준용한다. O X	

057
대한소방공제회는 직무수행 중 사망하거나 상이를 입은 사람에 대한 지원사업을 하며 **「대한소방공제회법」**에 명시되어 있다.

057 〔기출〕 대한소방공제회는 직무수행 중 사망하거나 상이를 입은 사람에 대한 지원사업을 하며 「소방기본법」에 명시되어 있다. O X

058 〔기출〕 한국소방산업기술원은 소방산업의 진흥·발전을 효율적으로 지원하기 위하여 설립하며 기술원은 법인으로 하되 「민법」의 재단법인에 관한 규정을 준용한다. O X

059 〔기출〕 소방공무원에 대한 효율적인 공제제도를 확립·운영하고, 직무수행 중 사망하거나 상이를 입은 사람에 대한 지원사업을 함으로써 이들의 생활 안정과 복지 증진에 이바지함을 목적으로 하여 대한소방공제회를 설립한다. O X

060
소방대는 소방공무원, 의무소방원, **의용소방대원**으로 구성되어 있다.

060 〔기출〕 소방대는 소방공무원, 의무소방원, 자체소방대원으로 구성되어 있다. O X

061 〔기출〕 소방본부장 또는 소방서장은 시·도지사의 지휘, 감독을 받는다. O X

062 〔기출〕 소방서는 시·군·구 단위로 설치하되, 소방업무의 효율적인 수행을 위하여 특히 필요한 경우에는 인근 시·군·구를 포함한 지역을 단위로 설치할 수 있다. O X

정답
056 O 057 × 058 O 059 O
060 × 061 O 062 O

063 소방서의 관할구역에 설치된 119지역대의 수가 5개를 초과하는 경우에는 소방서를 추가로 설치할 수 있다. O | X

해설

063
소방서의 관할구역에 설치된 **119안전센터**의 수가 5개를 초과하는 경우에는 소방서를 추가로 설치할 수 있다.

064 석유화학단지·공업단지·주택단지 또는 문화관광단지의 개발 등으로 대형 화재의 위험이 있거나 소방수요가 급증하여 특별한 소방대책이 필요한 경우에는 해당 지역마다 소방서를 설치할 수 있다. O | X

065 119지역대의 설치기준에서 도서·산악지역 등 119안전센터에 소속된 소방공무원이 신속하게 출동하기 곤란한 지역에 설치할 수 있다. O | X

066 소방수요가 급증하여 특별한 소방대책이 필요한 지역이라도 예외기준 없이 소방력 기준에 따른 소방서 설치기준과 증설기준에 따라 설치하여야 한다. O | X

066
소방수요가 급증하여 **특별한 소방대책이 필요한 경우에는 해당지역마다 소방서를 설치할 수 있다.**

067 1958년 소방법 제정 시 의용소방대 설치규정이 마련되었다. O | X

068 민간 소방조직의 변천 과정: 방공단 → 경방단 → 소방대 → 청원소방원 O | X

068
민간 소방조직의 변천 과정:
경방단 → 소방대 → 방공단 → 청원소방원

069 지역에 거주 또는 상주하는 주민 가운데 희망하는 사람으로서 간호사 자격을 가진 사람을 의용소방대원으로 임명될 수 있다. O | X

정답
063 × 064 ○ 065 ○ 066 ×
067 ○ 068 × 069 ○

해설

071
의용소방대는 시·도, 시·읍·면에 둔다.

072
의용소방대의 대장 및 부대장은 소방서장 추천에 따라 시·도지사가 임명한다.

073
의용소방대의 임무에는 화재예방업무의 보조, 구조·구급 업무의 보조, ~~소방시설 점검업무의 보조~~ 등이 있다.

074
민간소방조직 중 자체소방대는 제4류 위험물을 취급하는 제조소 중에서 최대수량의 합이 지정수량의 3,000배 이상인 경우 설치하여야 한다.

075
제4류 위험물을 저장하는 옥외탱크저장소에 저장하는 제4류 위험물의 최대수량이 지정수량의 50만배 이상인 경우 자체소방대를 설치하여야 한다.

정답
070 ○ 071 × 072 × 073 ×
074 × 075 ×

---

070 [기출] 의용소방대원의 정년은 65세로 한다. ○|×

071 [예상] 의용소방대는 시·군·구에 둔다. ○|×

072 [기출] 의용소방대의 대장 및 부대장은 관할 소방서장이 임명한다. ○|×

073 [기출] 의용소방대의 임무에는 화재예방업무의 보조, 구조·구급 업무의 보조, 소방시설 점검업무의 보조 등이 있다. ○|×

074 [기출] 민간소방조직 중 자체소방대는 제4류 위험물을 취급하는 제조소에는 반드시 설치하여야 한다. ○|×

075 [기출] 제4류 위험물을 저장하는 옥외탱크저장소에 저장하는 제4류 위험물의 최대수량이 지정수량의 30만배 이상인 경우 자체소방대를 설치하여야 한다. ○|×

4 소방자원관리(인적)

LINK 328~336p

076 「소방공무원법」상 임용이란 신규채용·승진·전보·파견·강임·휴직·직위해제·정직·강등·복직·면직·해임 및 파면을 말한다. 〔기출〕 O│X

077 「소방공무원법」상 전보란 소방공무원의 같은 계급 및 자격 내에서의 근무기관이나 부서를 달리하는 임용을 말한다. 〔기출〕 O│X

078 「소방공무원법」상 강등이란 동종의 직무 내에서 하위의 직위에 임명하는 것을 말한다. 〔예상〕 O│X

079 「소방공무원법」상 복직이란 휴직·직위해제 또는 정직(강등에 따른 정직을 포함) 중에 있는 소방공무원을 직위에 복귀시키는 것을 말한다. 〔기출〕 O│X

080 「소방공무원법」상 임용에는 신규채용, 파견, 정직, 퇴직 등이 있다. 〔기출〕 O│X

081 소방경 이하는 소방청장이 임용하고, 소방령 이상은 소방청장의 제청으로 국무총리를 거쳐 대통령이 임용한다. 〔기출〕 O│X

082 소방총감은 대통령이 임명한다. 〔예상〕 O│X

해설

078 「소방공무원법」상 **강임**이란 동종의 직무 내에서 하위의 직위에 임명하는 것을 말한다.

080 「소방공무원법」상 임용에는 신규채용, 파견, 정직, ~~퇴직~~ 등이 있다.

정답
076 O 077 O 078 × 079 O
080 × 081 O 082 O

해설

083
시·도 소속 소방공무원은 시·도지사가 임용한다.

085
소방공무원 중 소방령 이상 소방준감 이하의 소방공무원에 대한 전보, 휴직, 직위해제, 강등, 정직 및 복직은 소방청장이 행한다.

087
소방청장은 중앙119구조본부 소속 소방공무원 중 소방령에 대한 전보·휴직·직위해제·정직 및 복직에 관한 권한과 소방경 이하의 소방공무원에 대한 임용권을 중앙119구조본부장에게 위임할 수 있다.

---

083 〔기출〕 시·도 소속 소방공무원은 시·도지사 제청으로 소방청장이 임용한다. O | X

084 〔기출〕 소방령 이상 소방준감 이하의 소방공무원에 대한 전보, 휴직, 직위해제, 강등, 정직 및 복직은 소방청장이 한다. O | X

085 〔기출〕 소방공무원 중 소방령 이상 소방준감 이하의 소방공무원에 대한 전보, 휴직, 직위해제, 강등, 정직 및 복직은 대통령이 행한다. O | X

086 〔기출〕 소방공무원의 계급순은 소방총감, 소방정감, 소방감, 소방준감, 소방정, 소방령, 소방경, 소방위, 소방장, 소방교, 소방사이다. O | X

087 〔기출〕 소방청장은 중앙119구조본부 소속 소방공무원 중 소방령에 대한 전보·휴직·직위해제·정직 및 복직에 관한 권한과 소방경 이하의 소방공무원에 대한 임용권을 중앙119구조본부장에게 위임할 수 없다. O | X

088 〔기출〕 소방공무원을 신규채용할 때에는 소방장 이하는 6개월간 시보로 임용하고, 소방위 이상은 1년간 시보로 임용한다. O | X

정답
083 × 084 O 085 × 086 O
087 × 088 O

□□□ (예상)
089 소방공무원은 연령정년과 계급정년이 있다. ○ ×

□□□ (기출)
090 • 계급정년
① 소방정: 10년 ○ ×
② 소방감: 5년 ○ ×
③ 소방경: 18년 ○ ×
④ 소방준감: 6년 ○ ×

• 근속승진
① 소방사를 소방교로: 4년 이상 근속자 ○ ×
② 소방장을 소방위로: 6년 6개월 이상 근속자 ○ ×
③ 소방위를 소방경으로: 8년 이상 근속자 ○ ×
④ 소방교를 소방장으로: 6년 이상 근속자 ○ ×

□□□ (기출)
091 소방공무원의 징계 중 경징계에는 정직, 감봉, 견책이 있다. ○ ×

□□□ (기출)
092 강등은 중징계의 하나로 1계급 아래로 직급을 내리고 공무원 신분은 보유하나 1~3개월 동안 직무에 종사하지 못하며 그 기간 중 보수의 3분의 2를 감한다. ○ ×

□□□ (예상)
093 감봉이란 1개월 이상 3개월 이하의 기간동안 보수의 3분의 1을 감하는 것을 말한다. ○ ×

해설

090
• 계급정년

소방령	소방정	소방준감	소방감
14년	11년	6년	4년

• 근속승진

소방사	소방교	소방장	소방위
4년 이상	5년 이상	6년 6개월 이상	8년 이상

091
소방공무원의 징계 중 경징계에는 정직, 감봉, 견책이 있다.
→ 중징계: 파면, 해임, 강등, 정직

092
강등은 중징계의 하나로 1계급 아래로 직급을 내리고 공무원 신분은 보유하나 3개월 동안 직무에 종사하지 못하며 그 기간 중 보수의 전액을 감한다.

정답
089 ○
090 계급정년
① × ② × ③ × ④ ○
근속승진
① ○ ② ○ ③ ○ ④ ×
091 × 092 × 093 ○

Simtail

PART

IX

소방기능

Simple Detail 2026

CHAPTER 01 소방기능

CHAPTER 01 소방기능

SIMPLE 핵심 이론 빈칸 넣기

1 화재의 예방과 경계

1 화재의 예방조치

① 조치권자: ① _____   ① 소방관서장

② 조치명령: 위험하다고 인정되는 행위를 하는 사람, 소화활동에 지장이 있다고 인정되는 물건의 관계인
- 모닥불, 흡연 등 화기의 취급
- 풍등 등 소형열기구 날리기
- 용접·용단 등 불꽃을 발생시키는 행위
- 위험물을 방치하는 행위

③ 물건의 소유자, 관리자 또는 점유자를 알 수 없는 경우 소속 공무원으로 하여금 그 물건을 옮기거나 보관하는 등 필요한 조치를 하게 할 수 있다.
- 보관 및 공고: 그 날부터 ② _____ 일 동안 소방관서의 인터넷 홈페이지에 그 사실을 공고   ② 14
- 보관기관 및 보관기간 경과 후 처리
  - 추가 보관기간: 공고하는 기간의 종료일 다음 날부터 ③ _____ 일   ③ 7
  - 보관기간 종료: 매각(보관하고 있는 옮긴 물건 등이 부패·파손 또는 이와 유사한 사유로 정해진 용도로 계속 사용할 수 없는 경우: 폐기할 수 있다)
  - 매각한 경우 「국가 재정법」에 따라 ④ _____ 세입조치   ④ 지체 없이
  - 보상: 소방관서장은 매각되거나 폐기된 위험물 또는 물건의 소유자가 보상을 요구하는 경우 보상금액에 대하여 소유자와 협의하여 보상하여야 한다.

2 화재예방강화지구의 지정 등

① 지정권자: ⑤ _____   ⑤ 시·도지사

② 대상지역(화재 발생 우려가 높거나, 화재가 발생하는 경우 피해가 클 것으로 예상되는 지역)
- 시장지역
- 공장·창고가 밀집한 지역
- 목조건물이 밀집한 지역
- 노후·불량건축물이 밀집한 지역
- 위험물의 저장 및 처리 시설이 밀집한 지역
- 석유화학제품을 생산하는 공장이 있는 지역
- 산업단지
- 소방시설·소방용수시설 또는 소방출동로가 없는 지역
- 물류단지
- 소방관서장이 화재예방강화지구로 지정할 필요가 있다고 인정하는 지역

③ 시·도지사가 화재예방강화지구로 지정할 필요가 있는 지역을 화재예방강화지구로 지정하지 아니하는 경우 ① _____ 은 해당 시·도지사에게 해당 지역의 화재예방강화지구 지정을 요청할 수 있다.

④ 화재예방강화지구 관리
- 화재안전조사(하여야 한다)
  - 조사권자: ② _____
  - 연 ③ _____ 이상
- 훈련 및 교육(실시할 수 있다)
  - 실시권자: ④ _____
  - 연 ⑤ _____ 이상
  - 대상: 화재예방강화지구 안의 관계인(교육 ⑥ _____ 전까지 통보)

정답

① 소방청장

② 소방관서장
③ 1회
④ 소방관서장
⑤ 1회
⑥ 10일

2 소방활동 등

① **소방력 3요소**: 대원(인원), 차량(장비), 소방용수

② **소방대 조직체**: ⑦ _____

③ **소방활동, 소방지원활동, 생활안전활동**

소방활동	⑧ _____ 은 화재, 재난·재해, 그 밖의 위급한 상황이 발생하였을 때에는 소방대를 현장에 신속하게 출동시켜 화재진압과 인명구조·구급 등 소방에 필요한 활동을 하게 하여야 한다.
⑨ _____	· 산불에 대한 예방·진압 등 지원활동 · 자연재해에 따른 급수·배수 및 제설 등 지원활동 · 집회·공연 등 각종 행사 시 사고에 대비한 근접대기 등 지원활동 · 화재, 재난·재해로 인한 피해복구 지원활동 · 군·경찰 등 유관기관에서 실시하는 훈련지원 활동 · 소방시설 오작동 신고에 따른 조치활동 · 방송제작 또는 촬영 관련 지원활동
⑩ _____	· 붕괴, 낙하 등이 우려되는 고드름, 나무, 위험 구조물 등의 제거활동 · 위해동물, 벌 등의 포획 및 퇴치 활동 · 끼임, 고립 등에 따른 위험제거 및 구출 활동 · 단전사고 시 비상전원 또는 조명의 공급 · 그 밖에 방치하면 급박해질 우려가 있는 위험을 예방하기 위한 활동

⑦ 소방공무원, 의무소방원, 의용소방대원

⑧ 소방청장, 소방본부장 또는 소방서장
⑨ 소방지원활동
⑩ 생활안전활동

4 소방대의 권한

(1) 소방활동구역의 설정

① _____은 화재, 재난·재해, 그 밖의 위급한 상황이 발생한 현장에 소방활동구역을 정하여 소방활동에 필요한 사람으로서 대통령령으로 정하는 사람 외에는 그 구역에 출입하는 것을 제한할 수 있다.

- 소방활동구역 안에 있는 소방대상물의 소유자·관리자 또는 점유자
- 전기·가스·수도·통신·교통의 업무에 종사하는 사람으로서 원활한 소방활동을 위하여 필요한 사람
- 의사·간호사 그 밖의 구조·구급업무에 종사하는 사람
- 취재인력 등 보도업무에 종사하는 사람
- 수사업무에 종사하는 사람
- 그 밖에 소방대장이 소방활동을 위하여 출입을 허가한 사람

5 소방신호

종류		타종 신호	사이렌 신호
②	화재예방상 필요하다고 인정되거나 화재위험경보 시 발령	③	④
⑤	화재가 발생한 때 발령	⑥	⑦
⑧	소화활동이 필요 없다고 인정되는 때 발령	⑨	⑩
⑪	훈련상 필요하다고 인정되는 때 발령	⑫	⑬

- 소방신호의 방법은 그 전부 또는 일부를 함께 사용할 수 ⑭_____.
- 게시판을 철거하거나 통풍대 또는 기를 내리는 것으로 소방활동이 해제되었음을 알린다.
- 소방대의 비상소집을 하는 경우에는 ⑮_____를 사용할 수 있다.

3 소방전술

1 화재현장 제반활동 및 인명구조 활동

① **출동준비**: 장비점검, 현장조사, 교육훈련, 근무자세
② **화재출동**: 화재신고, 출동지령, 소방용수확보, 출동
③ **현장도착**: 선착대별활동, 부서배치, 화재상황평가
④ **현장지휘**: 현장지휘, 지휘관획립, 빙면지휘
⑤ **화점확인**: 정보수집, 화점확인
⑥ **진입 및 인명구조**: 옥내진입, 인명검색 및 구조자 운반
⑦ **배연**: 배연, 자연배연, 송풍기배연, 물분무배연, 상황별배연

정답

① 소방대장

② 경계신호
③ 1타와 연2타를 반복
④ 5초 간격을 두고 30초씩 3회
⑤ 발화신호
⑥ 난타
⑦ 5초 간격을 두고 5초씩 3회
⑧ 해제신호
⑨ 상당한 간격을 두고 1타씩 반복
⑩ 1분간 1회
⑪ 훈련신호
⑫ 연3타 반복
⑬ 10초 간격을 두고 1분씩 3회
⑭ 있다
⑮ 훈련신호

⑧ **호스연장**: 호스적재, 호스연장, 호스지지 및 결속
⑨ **관창배치**: 관창배치, 경계 관창배치
⑩ **방수(주수)**: 직사, 고속분무, 중속, 저속, 확산, 반사, 3D주수 등
⑪ **파괴활동**: 파괴기구, 대상별 파괴, 진로확보 및 엄호
⑫ **소방시설활용**: 자동화재탐지시설, 옥내소화전, 스프링클러설비, 이산화탄소소화설비 등
⑬ **기타활동**: 조명작업, 비화경계, 수손방지, 현장보조, 현장홍보

2 전술의 유형

포위전술	관창을 화점에 포위 배치하여 진압하는 전술형태
공격전술	관창을 화점에 진입 배치하는 전술형태
①	주로 인접건물로의 화재확대방지를 위해 적용하는 전술형태로 블록의 4방면 중 확대가능한 면을 동시에 방어하는 전술형태
②	화세(또는 화재범위)에 비해 소방력이 부족하여 전체 화재현장을 모두 커버할 수 없는 경우 사회적, 경제적 혹은 소방상 중요한 시설 또는 대상물을 중점적으로 대응 또는 진압하는 전술형태
③	부대가 일시에 집중적으로 진화하는 작전으로 예를 들면 위험물 옥외저장탱크 화재 등에 사용.

① 블록(Block) 전술
② 중점전술
③ 집중전술

3 도착 순서별 중점 활동사항

(1) 선착대

화재는 시간의 경과와 함께 시시각각으로 상황이 변화하고 있으며 초기의 화재방어 활동에는 정확하고 신속한 대응이 요구된다. 따라서 선착대는 화재상황을 신속하게 파악하여 긴급성이 요구되는 임무부터 처리하여야 한다. 특히 선착대는 화재현장에 가장 가까운 소방서(119안전센터)의 부대이며 지역의 실정에도 정통하므로 화재방어 활동초기의 가장 중요한 임무를 담당한다. 선착대 활동의 원칙은 다음과 같다.

① ④ _____ 우선
② 연소위험이 가장 큰 방면을 포위 부서
③ 화점 직근의 소방용수시설을 점유
④ 사전 대응매뉴얼을 충분히 고려하여 행동
⑤ 신속한 상황보고 및 정보제공

④ 인명검색·구조활동 우선

(2) 후착대

일반적으로 후착대가 현장에 도착할 시점에는 선착대가 화재진압활동을 개시한 후이다. 따라서 후착대는 선착대의 활동을 보완 또는 지원해야 한다. 후착대는 다음 사항에 유의할 필요가 있다.

① 선착대와 적극적으로 연계하여 인명구조 활동 등 중요임무의 수행을 지원
② 화재의 방어는 선착대가 진입하지 않은 담당면, 연소건물 또는 연소건물의 인접건물을 우선
③ 방어 필요가 없는 경우는 지휘자의 명령에 의해 급수, ① [   ] 등의 특정임무를 적극적으로 수행
④ 화재 및 화재진압상황을 정확하게 파악하고 과잉파괴 행동 등 불필요한 활동은 하지 않는다.

4 방수(주수)

(1) 직사주수
① 사정거리가 길고, 다른 방법에 비해 바람의 영향이 적으므로 화세가 강해 접근할 수 없는 경우에 유효하다.
② 파괴력이 강해 창유리, 지붕 기와 등의 파괴, 제거 및 낙하위험이 있는 물건의 제거에도 유효하다.
③ 목표물에 대한 명중성이 있다.
④ 반동력이 커서 방향전환, 이동주수가 용이하지 않다.
⑤ 장애물에 대해서는 주수 범위가 좁아 용이하다.
⑥ 옥외에서 옥내로 또는 지상에서 높은 곳으로 주수하는 경우 반사주수를 실시하면 유효하다. 단, 사정거리 및 사정각도에 주의한다.

(2) 고속분무주수(관창압력 0.6Mpa, 관창 전개각도 10~30°정도를 원칙)
① 주수범위가 직사주수에 비해 넓다.
② 화점에 접근할 수 있는 경우는 소화에 유효하다.
③ 연소저지에 유효하다.
④ 덕트스페이스, 파이프샤프트 내 등의 소화에 유효하다.
⑤ 사정거리는 직사주수보다 짧다.
⑥ 파괴력은 직사주수보다 약하다.
⑦ 감전의 위험은 직사주수보다 적다.
⑧ 전도화염의 저지에 유효하다.
⑨ 반동력이 적다.
⑩ 파괴 시 충격력이 적다.
⑪ 고압으로 유류화재에 질식효과가 있다.

(3) 중속분무주수(관창압력 0.3Mpa이상, 관창 전개각도는 30도 이상)
① 주수범위가 넓다. 따라서 연소실 전체에 주수가 가능하다.
② 분무수막에 의한 냉각효과가 크다.
③ 검색 진입대원의 신체보호에 유효하다.

정답

① 비화경계, 수손 방지

④ 소구획실 내에서의 소화 주수에 유효하다.
⑤ 파괴를 필요로 할 때는 충격력이 약해 부적당하다.
⑥ 전개각도에 의해 시야가 가려 전방의 상황파악이 어렵다.
⑦ 반동력이 적다.
⑧ 사정거리가 짧으므로 화열이 강한 경우는 연소실체에 직접 주수는 곤란하다.
⑨ 바람과 상승기류의 영향을 받는다.
⑩ 용기, 작은 탱크의 냉각에 유효하다.
⑪ 소규모 유류화재, 가스화재의 소화에 유효하다.
⑫ 주수에 의한 감전위험은 비교적 적다.

(4) 저속분무주수

① ①_____ 에 가장 적합한 주수방법이다.
② 주수위치는 개구부의 정면을 피하고, 분출하는 증기에 견딜 수 있도록 방호한다.
③ 연소가 활발한 구역에서는 공간 내의 고열이 있는 상층부를 향해 주수한다.
④ 분출하는 연기가 흑색에서 백색으로 변하고 분출속도가 약해진 때에는 일시 정지하여 내부의 상황을 확인하면서 잔화를 소화한다.
⑤ 입자가 적어서 기류의 영향을 받기 쉬우며 증발이 활발하다.
⑥ 수손이 적고 소화시간이 짧다.

> **참고**
>
> **간접공격법(②_____)**
> 미국 웨스트버지니아주 버커스블시의 전 소방서장이고 제2차대전 중 연안경비대 소방학교 교관으로 있었던 로이드레만(Roid-Lemman)이 제창한 분무소화전법이다. 내화건물 화재 시에 소방활동상 최대의 장애가 되고 있는 것은 연기와 열이며, 이 연기와 열을 제거하기 위해 물의 흡열작용에 의한 냉각과 환기에 의한 열기와 연기의 배출을 보다 유효하게 하는 것을 목적으로 한 것이다.

(5) 확산주수

① 보통 직사 또는 분무주수로 하는 것이 효과적이다.
② 광범위하게 주수하는 것이 가능하다.
③ 소방력이 적을 때의 방어에 유효하다.
④ 낙하물의 제거에 유효하다.
⑤ 냉각에 유효하다.
⑥ 저압의 경우 잔화정리에 유효하다.

정답
① 간접공격법

② 로이드레만전법

(6) 반사주수
① 직사주수 또는 분무주수로 한다.
② 천장 등에 있어서는 반사 확산시켜 목표에 주수한다.
③ 직접 연소실체에 주수할 수 없는 곳(사각)의 소화에 유효하다.
④ 옥외에서 옥내의 사각지점 소화에 유효하다.
⑤ 내화건물 내 축적된 열의 냉각에 효과적이지만 수손방지에 대하여 유의할 필요가 있다.
⑥ 주수효과의 확인이 곤란하므로 효과 없는 주수가 되기 쉬운 결점이 있다.

(7) 사다리를 활용한 주수
① 사다리 설치각도는 ① [ ]도 이하를 원칙으로 한다.   ① 75
② 개구부 부분의 중성대 유무에 따라 직사주수 또는 분무주수를 한다.
③ 배기구의 경우는 직사주수로 하고, 급기구의 경우는 직사주수 또는 분무주수를 한다.
④ 옥외에서 진입이 곤란한 경우라도 개구부에서 직접 옥내에 주수할 수 있고 주수범위가 넓다.
⑤ 연소실체에 직사가 가능하고 반사주수에 의해 효과가 크다.
⑥ 활동높이는 사다리 길이로 결정하되 3층 정도까지로 한다.
⑦ 사다리를 난간 등에 묶지 않은 경우에는 저압주수도 충분한 주의가 필요하다.

(8) 엄호주수
① 대원에 대한 엄호주수
- 관창압력 0.6MPa정도로 분무주수를 한다.
- 관창각도는 60~70°로 하고 관창수 스스로가 차열을 필요로 할 때는 70~90°로 한다.
- 엄호주수는 작업중인 대원의 등 뒤에서 신체 전체를 덮을 수 있도록 분무주수로 한다.
- 강렬한 복사열로부터 대원을 방호할 때는 열원과 대원 사이에 분무주수를 행한다.

② 요구조자에 대한 엄호주수
- 요구조자가 있다고 생각되는 직근의 천장 또는 벽면으로 주수한다.
- 유효사정을 확보하기 위해 고속분무(10~15°)주수한다.
- 주수 종별은 반사주수 또는 상하 확산주수로 수막을 형성하여 차열한다.

4 구조 · 구급 행정관리(119 구조 · 구급에 관한 법률)

1 119구조대의 편성과 운영

일반구조대	시 · 도의 규칙으로 정하는 바에 따라 ① _____ 마다 1개 대 이상 설치하되, 소방서가 없는 시 · 군 · 구의 경우에는 해당 시 · 군 · 구 지역의 중심지에 있는 ② _____ 에 설치할 수 있다.
특수구조대	소방대상물, 지역 특성, 재난 발생 유형 및 빈도 등을 고려하여 시 · 도의 규칙으로 정하는 바에 따라 다음 각 목의 구분에 따른 지역을 관할하는 소방서에 다음 각 목의 구분에 따라 설치한다. 다만, 고속국도구조대는 직할구조대에 설치할 수 있다. ① ③ _____ 구조대: 화학공장이 밀집한 지역 ② ④ _____ 구조대: 「내수면어업법」에 따른 내수면지역 ③ ⑤ _____ 구조대: 「자연공원법」에 따른 자연공원 등 산악지역 ④ ⑥ _____ 구조대: 「도로법」에 따른 고속국도 ⑤ ⑦ _____ 구조대: 「도시철도법」에 따른 도시철도의 역사 및 역 시설
직할구조대	대형 · 특수 재난사고의 구조, 현장지휘 및 테러현장 등의 지원 등을 위하여 ⑧ _____ 또는 ⑨ _____ 에 설치하되, 시 · 도 소방본부에 설치하는 경우에는 시 · 도의 규칙으로 정하는 바에 따른다. • 직할구조대에 설치할 수 있는 것: ⑩ _____
테러대응구조대	테러 및 특수재난에 전문적으로 대응하기 위하여 ⑪ _____ 과 ⑫ _____ 에 각각 설치하며, 시 · 도 소방본부에 설치하는 경우에는 시 · 도의 규칙으로 정하는 바에 따른다.

2 119구급대의 편성과 운영

일반구급대	시 · 도의 규칙으로 정하는 바에 따라 ⑬ _____ 마다 1개 대 이상 설치하되, 소방서가 설치되지 아니한 시 · 군 · 구의 경우에는 해당 시 · 군 · 구 지역의 중심지에 소재한 ⑭ _____ 에 설치할 수 있다.
고속국도구급대	교통사고 발생빈도 등을 고려하여 ⑮ _____ 또는 고속국도를 관할하는 ⑯ _____ 에 설치하되, 시 · 도 소방본부 또는 소방서에 설치하는 경우에는 시 · 도의 규칙으로 정하는 바에 따른다.

3 자격기준

(1) 구조대원의 자격기준

① ⑰ _____ 이 실시하는 인명구조사 교육을 받았거나 인명구조사 시험에 합격한 사람
② 국가 · 지방자치단체 및 「공공기관의 운영에 관한 법률」 제4조에 따른 공공기관의 구조 관련 분야에서 근무한 경력이 ⑱ _____ 년 이상인 사람
③ 「응급의료에 관한 법률」 제36조에 따른 응급구조사 자격을 가진 사람으로서 ⑲ _____ 이 실시하는 구조업무에 관한 교육을 받은 사람

정답

① 소방서
② 119안전센터

③ 화학
④ 수난
⑤ 산악
⑥ 고속국도
⑦ 지하철

⑧ 소방청
⑨ 시 · 도 소방본부
⑩ 고속국도구조대, 국제구조대, 국제구급대, 119항공대
⑪ 소방청
⑫ 시 · 도 소방본부

⑬ 소방서
⑭ 119안전센터
⑮ 소방청, 시 · 도 소방본부
⑯ 소방서

⑰ 소방청장
⑱ 2
⑲ 소방청장

(2) 구급대원의 자격기준
① 「의료법」 제2조 제1항에 따른 의료인
② 「응급의료에 관한 법률」 제36조 제2항에 따라 1급 응급구조사 자격을 취득한 사람
③ 「응급의료에 관한 법률」 제36조 제3항에 따라 2급 응급구조사 자격을 취득한 사람
④ ① _____ 이 실시하는 구급업무에 관한 교육을 받은 사람

다만, ④에 해당하는 구급대원은 구급차 운전과 구급에 관한 보조업무만 할 수 있다.

정답
① 소방청장

5 구조·구급 활동

1 구조활동의 우선순위

인명을 구조하는 과정에 있어서는 요구조자의 생명을 보전하는 것이 가장 중요하므로 ② _____ 을 최우선으로 하고 다음에 신체구출 → 정신적, 육체적 고통경감 → 피해의 최소화의 순으로 구조활동의 우선순위를 결정한다.

② 구명

2 로프매듭

로프는 구조활동 및 훈련에 있어 대원의 진입 및 탈출, 요구조자의 구출, 각종 장비의 운반 및 고정, 장애물의 견인 제거 등 다양한 용도로 활용할 수 있어 구조장비 중에서도 가장 활용도가 높다.

마디짓기(결정)	로프의 끝이나 중간에 마디나 매듭·고리를 만드는 방법 • 옭(엄지)매듭, 두겹(고리)옭매듭, 8자매듭, 두겹8자매듭, 이중8자매듭, 줄사다리매듭, 고정매듭, 두겹고정매듭, 나비매듭
이어매기(연결)	한 로프를 다른 로프와 서로 연결하는 방법 • 바른(맞)매듭, 한겹매듭, 두겹매듭, 8자연결매듭, 피셔맨매듭
움켜매기(결착)	로프를 지지물 또는 특정 물건에 묶는 방법 • 말뚝매기, 절반매듭, 잡아매기, 감아매기, 클램하이스트 매듭

3 구조·구급 요청의 거절

(1) 구조 요청의 거절
① 단순 문 개방의 요청을 받은 경우
② 시설물에 대한 단순 안전조치 및 장애물 단순 제거의 요청을 받은 경우
③ 동물의 단순 처리·포획·구조 요청을 받은 경우
④ 그 밖에 주민생활 불편 해소 차원의 단순 민원 등 구조활동의 필요성이 없다고 인정되는 경우

(2) 구급 요청의 거절
  ① 단순 치통환자
  ② ① _____. 다만, 섭씨 38도 이상의 고열 또는 호흡곤란이 있는 경우는 제외한다.
  ③ 혈압 등 생체징후가 안정된 타박상 환자
  ④ ② _____. 다만, 강한 자극에도 의식이 회복되지 아니하거나 외상이 있는 경우는 제외한다.
  ⑤ 만성질환자로서 검진 또는 입원 목적의 이송 요청자
  ⑥ 단순 열상 또는 찰과상으로 지속적인 출혈이 없는 외상환자
  ⑦ 병원 간 이송 또는 자택으로의 이송 요청자. 다만, 의사가 동승한 응급환자의 병원 간 이송은 제외한다.

정답
① 단순 감기환자
② 술에 취한 사람

6 응급의료

1 응급구조사 자격

(1) 1급 응급구조사
  ① 대학 또는 전문대학에서 응급구조학을 전공하고 졸업한 사람
  ② ③ _____ 이 정하여 고시하는 기준에 해당하는 외국의 응급구조사 자격인정을 받은 사람
  ③ 2급 응급구조사로서 응급구조사의 업무에 ④ _____ 년 이상 종사한 사람

정답
③ 보건복지부장관
④ 3

(2) 2급 응급구조사
  ① 보건복지부장관이 지정하는 응급구조사 양성기관에서 대통령령으로 정하는 양성과정을 마친 사람
  ② 보건복지부장관이 정하여 고시하는 기준에 해당하는 외국의 응급구조사 자격인정을 받은 사람

2 응급구조사 업무

(1) 1급 응급구조사
  ① 심폐소생술의 시행을 위한 ⑤ _____ (기도기(airway)의 삽입, 기도삽관(intubation), 후두마스크 삽관 등을 포함)
  ② 정맥로의 확보
  ③ ⑥ _____ 를 이용한 호흡의 유지
  ④ 약물투여: 저혈당성 혼수 시 포도당의 주입, 흉통 시 니트로글리세린의 혀아래(설하) 투여, 쇼크 시 일정량의 수액투여, 천식발작 시 기관지확장제 흡입
  ⑤ 심정지 시 에피네프린 투여
  ⑥ 아나필락시스 쇼크 시 자동주입펜을 이용한 에피네프린 투여
  ⑦ 정맥로의 확보 시 정맥혈 채혈
  ⑧ 심전도 측정 및 전송(의료기관 안에서는 응급실 내에 한함)
  ⑨ 응급 분만 시 탯줄 결찰 및 절단(현장 및 이송 중에 한하며, 지도의사의 실시간 영상의료지도 하에서만 수행)
  ⑩ 2급 응급구조사의 업무

정답
⑤ 기도유지
⑥ 인공호흡기

(2) 2급 응급구조사
① 구강내 이물질의 제거
② ①_____를 이용한 기도유지
③ 기본 ②_____
④ ③_____
⑤ 부목·척추고정기·공기 등을 이용한 사지 및 척추 등의 고정
⑥ 외부출혈의 지혈 및 창상의 응급처치
⑦ 심박·체온 및 혈압 등의 측정
⑧ 쇼크방지용 하의 등을 이용한 혈압의 유지
⑨ 자동심장충격기를 이용한 규칙적 심박동의 유도
⑩ 흉통 시 니트로글리세린의 혀아래(설하) 투여 및 천식 발작 시 기관지 확장제 흡입(환자가 ④_____ 경우에 한함)

3 심폐소생술(C → A → B)
① **반응확인**: 어깨를 두드리면서 괜찮으세요? 라고 크게 소리쳐서 반응을 확인한다.
② **도움요청**: 주변에 도움 요청 또는 직접 119에 신고한다.
③ **호흡·맥박확인**: 호흡의 유무 및 맥박을 확인한다.
④ **가슴(흉부)압박(Chest compression)**: 분당 ⑤_____회에서 ⑥_____회 속도(15~18초 이내)로 ⑦_____회의 압박을 실시한다.
⑤ **기도개방(Airway)**: 인공호흡하기 전 기도를 개방한다.(머리 젖히고 턱들기)
⑥ **인공호흡(Breathing)**: 기도개방 후 인공호흡 실시(1회에 1초간 총 ⑧_____회)

4 응급환자의 평가

(1) 1차 평가(ABCDE)
환자 발견 후 즉시 생명을 위협하는 어떤 상황을 발견하고 즉각적인 이송과 현장평가 및 현장처치에 대한 우선순위를 결정해야 한다.

① A-airway 기도유지
② B-breathing 호흡평가
③ C-circulation 순환평가
④ D-disability 무능력(의식평가)
- Alert: 의식이 명료한 상태
- Verbal response: 소리에 반응하는 상태
- Pain response: 언어지시에 반응하지 않지만 통증자극에는 반응하는 상태
- Unresponsive: 어떠한 자극에도 무반응 상태

⑤ E-expose 노출

정답
① 기도기(airway)
② 심폐소생술
③ 산소투여
④ 해당약물을 휴대하고 있는
⑤ 100
⑥ 120
⑦ 30
⑧ 2

(2) 2차 평가(SAMPLE)

1차 평가에서 생명의 위협요소가 없는 비교적 안정된 상태지만 치료하지 않으면 위험할 수 있는 세부적인 환자상태를 평가하는 단계이다. 활력징후(맥박, 혈압, 호흡, 체온, 동공)와 신체검진, ① _____ 을 파악한다.

① Signs/Symptoms: 질병의 징후 및 증상
② Allergies: 약물, 음식, 환경 요소 등에 대한 알레르기
③ Medications: 현재 복용 중인 약물
④ Pertinent past medical history: ② _____
⑤ Last oral intake: 마지막 음식물 섭취
⑥ Events: 질병이나 손상을 일으킨 사건

5 중증도 분류

(1) Triage 분류

응급상황 시 치료의 우선순위를 정하기 위한 환자 분류 체계이다.

순서	분류	색깔	심벌(symbol)	증상
1	긴급환자 (Critical)	③	④	• 생명이 위험한 상태로 즉각적인 조치가 필요한 상태 • ⑤ _____ 응급처치를 요구하는 중증환자
2	응급환자 (Urgent)	⑥	⑦	• 생명에는 큰 지장이 없는 부상 상태로 조치가 조금 지체되어도 상관없는 상태 • ⑧ _____ 응급처치를 요구하는 환자
3	비응급환자 (Minor)	⑨	⑩	• 구급을 이송할 필요가 없는 경상인 상태 • ⑪ _____ 치료해도 생명에 지장이 없는 환자
4	지연환자 (Dead)	⑫	⑬	• 사망 또는 구명 불가능한 상태

정답

① 과거병력

② 관련 있는 과거병력

③ 적색(RED)
④ 토끼
⑤ 수분, 수시간 이내
⑥ 황색(YELLOW)
⑦ 거북이
⑧ 수시간 이내
⑨ 녹색(GREEN)
⑩ X표시
⑪ 수시간, 수일 후
⑫ 흑색(BLACK)
⑬ 십자가 표시

DETAIL 핵심지문 OX

LINK 344~368p

해설

001 소방에서 행하는 기능에는 주유취급소 시설에 대한 설치허가, 화재예방강화지구 안의 소방대상물의 위치·구조 및 설비 등에 대하여 화재안전조사, 이상기상의 특보가 있는 때에 화재경보 발령 등이 있다. O | X

정답
001 O

1 소방활동 등

LINK 346~350p

해설

002
소방력의 3요소는 소방대원(인력), **소방장비**, 소방용수이다.

002 소방력의 3요소는 소방대원(인력), 소방시설, 소방용수이다. O | X

003
소방신호의 종류에는 **경계신호**, 발화신호, 훈련신호, 해제신호가 있다.

003 소방신호의 종류에는 경방신호, 발화신호, 훈련신호, 해제신호가 있다. O | X

004
소방신호의 방법으로는 타종신호, 싸이렌신호, **음성신호**가 있다.

004 소방신호의 방법으로는 타종신호, 싸이렌신호, 음성신호가 있다. O | X

005 소방대의 비상소집을 하는 경우에는 훈련신호를 사용할 수 있다. O | X

정답
002 X 003 X 004 X 005 O

☐☐☐ 〔기출〕
006 타종신호로 하는 경우 경계신호는 5초 간격을 두고 30초씩 3회로 한다.
○ | ✕

해설
006
싸이렌신호로 하는 경우 경계신호는 5초 간격을 두고 30초씩 3회로 한다.

☐☐☐ 〔기출〕
007 소방신호의 종류에는 비상신호, 훈련신호, 해제신호, 경계신호가 있다.
○ | ✕

007
소방신호의 종류에는 **발화신호**, 훈련신호, 해제신호, 경계신호가 있다.

〔정답〕
006 ✕ 007 ✕

2 소방전술

🔗 LINK 350~354p

☐☐☐ 〔기출〕
008 화재진압 단계별 활동순서: 현장도착 – 상황판단 – 수관연장 – 방수활동 – 인명구조 – 잔화처리
○ | ✕

해설
008
화재진압 단계별 활동순서: 현장도착–상황판단–**인명구조**–수관연장–방수활동–잔화처리

☐☐☐ 〔기출〕
009 인접 건물의 화재확대방지 차원에서 블록의 4방면 중, 바람이 불어나가는 쪽이나 비화되는 쪽의 경우 화재확대가 가능한 면을 동시에 방어하는 전술을 블록전술이라고 한다.
○ | ✕

☐☐☐ 〔기출〕
010 집중전술은 시설을 보호하며 화세에 비해 소방력이 부족하여 화재진압이 곤란한 상태에서 인명보호를 위한 피난로 피난예방의 확보방법으로 가장 유효한 전술이다.
○ | ✕

010
중점전술은 시설을 보호하며 화세에 비해 소방력이 부족하여 화재진압이 곤란한 상태에서 인명보호를 위한 피난로 피난예방의 확보방법으로 가장 유효한 전술이다.

☐☐☐ 〔기출〕
011 선착대는 도착 즉시 인명검색과 요구조자의 구조활동에 우선하여야 하며, 건축물의 비화경계에 주력하도록 한다.
○ | ✕

011
선착대는 도착 즉시 인명검색과 요구조자의 구조활동에 우선하여야 하며, **건축물의 비화경계는 후착대의 임무이다.**

〔정답〕
008 ✕ 009 ○ 010 ✕ 011 ✕

해설

012
저속분무는 **간접공격**에 용이하고, 고속분무는 분무방수 중 가장 강하다.

015
직사주수는 분무주수에 비하여 소화시간이 **짧다**.

016
저속분무주수는 간접공격법인 로이드레만 전법에 가장 적합하다.

018
산악구조대, **고속국도 구조대**, 화학구조대, 수난구조대, 지하철구조대는 특수구조대에 해당한다.

정답
012 ×   013 ○   014 ○   015 ×
016 ×   017 ○   018 ×

---

012 〔기출〕 저속분무는 직접공격에 용이하고, 고속분무는 분무방수 중 가장 강하다. O | X

013 〔기출〕 직사주수는 원거리 공격, 직접타격, 명중률, 연소물 제거, 물의 침투효과가 있다. O | X

014 〔기출〕 분무주수는 직사주수보다 큰 질식효과, 냉각효과, 배연효과와 배열효과로 인한 소방관의 보호, 수손피해의 감소, 감전위험이 없으며 직사방수보다 빠른 소화효과를 기대한다. O | X

015 〔기출〕 직사주수는 분무주수에 비하여 소화시간이 길다. O | X

016 〔기출〕 중속분무주수는 간접공격법인 로이드레만 전법에 가장 적합하다. O | X

017 〔기출〕 분무방수는 단거리 공격에 해당되며, 실외 등 개방된 공간에는 효과가 적다. O | X

018 〔기출〕 산악구조대, 해양구조대, 화학구조대, 수난구조대, 지하철구조대는 특수구조대에 해당한다. O | X

3 구조·구급 행정관리(119 구조·구급에 관한 법률)

019 구조대, 구급대 편성·운영은 소방청장, 소방본부장, 소방서장이 한다. O|X

020 고속국도구급대는 소방대장, 소방본부장, 소방서장이 교통사고의 발생빈도 등을 고려하여 설치한다. O|X

020 고속국도구급대는 **소방청장**, 소방본부장, 소방서장이 교통사고의 발생빈도 등을 고려하여 설치한다.

021 소방청과 소방본부에 119항공대를 설치할 수 있다. O|X

022 외교부장관은 국외에서 대형재난 등이 발생한 경우 재외국민의 보호 또는 재난발생국의 국민에 대한 인도주의적 구조 활동을 위하여 국제구조대를 편성하여 운영할 수 있다. O|X

022 **소방청장은** 국외에서 대형재난 등이 발생한 경우 재외국민의 보호 또는 재난발생국의 국민에 대한 인도주의적 구조 활동을 위하여 국제구조대를 편성하여 운영할 수 있다.

023 국제구조대는 인명 탐색 및 구조, 안전평가, 상담, 응급처치, 응급이송, 시설관리, 통역 등의 임무를 수행한다. O|X

023 국제구조대는 인명 탐색 및 구조, 안전평가, 상담, 응급처치, 응급이송, 시설관리, **통역**, **공보연락** 등의 임무를 수행한다.

024 적십자사 총재가 실시하는 구급업무의 교육을 받은 자, 1급 응급구조사, 1급 간호사는 119 구급대원이 될 수 있다. O|X

024 **소방청장**이 실시하는 구급업무의 교육을 받은 자, 1급 응급구조사, ~~1급~~ 간호사는 119 구급대원이 될 수 있다.

정답
019 O 020 × 021 O 022 ×
023 × 024 ×

4 구조·구급 활동

LINK 359~363p

해설

025
구조시 사용되는 로프는 매듭 부분의 강도가 저하된다.

025 구조시 사용되는 로프는 매듭 부분의 강도가 커진다. ○ X

026 기구, 장비 등을 통과하기 위해 매듭의 크기는 작게 한다. ○ X

027
구조대원의 인명구조 활동 시 구명을 최우선으로 한다.

027 구조대원의 인명구조 활동 시 신체구출을 최우선으로 한다. ○ X

028
강한 자극에도 의식의 회복이 없거나 외상이 있는 술에 취한 경우 구급요청 시 구급대원이 거절할 수 없다.

028 강한 자극에도 의식의 회복이 없거나 외상이 있는 술에 취한 경우 구급요청 시 구급대원이 거절할 수 있다. ○ X

정답
025 X 026 ○ 027 X 028 X

5 응급의료

LINK 363~368p

해설

029
2급 응급구조사로서 응급구조사의 업무에 3년 이상 종사한 사람, 보건복지부장관이 정하여 고시하는 기준에 해당하는 외국의 응급구조사 자격인정을 받은 사람은 1급 응급구조사의 시험을 볼 수 있다.

029 2급 응급구조사로서 응급구조사의 업무에 2년 이상 종사한 사람, 소방청장이 정하여 고시하는 기준에 해당하는 외국의 응급구조사 자격인정을 받은 사람은 1급 응급구조사의 시험을 볼 수 있다. ○ X

030
기본 심폐소생술 및 산소투여, 구강 내 이물질의 제거, ~~인공호흡기를 이용한 호흡유지~~, 기도기를 이용한 기도유지는 2급 응급구조사의 업무이다.
→ 인공호흡기를 이용한 호흡유지는 1급 응급구조사의 업무이다.

030 기본 심폐소생술 및 산소투여, 구강 내 이물질의 제거, 인공호흡기를 이용한 호흡유지, 기도기를 이용한 기도유지는 2급 응급구조사의 업무이다. ○ X

정답
029 X 030 X

031 성인의 흉부압박과 인공호흡 비율은 30:2이다. O|X

032 압박의 횟수는 성인은 1분당 약 80회 정도이다. O|X

> **해설**
>
> **032**
> 압박의 횟수는 성인은 1분당 약 100~120회 속도로 30회 정도이다.

033 응급환자의 평가 중 환자의 과거병력, 활력징후는 2차 평가에 해당한다. O|X

034 대량 환자 발생 시 현장에서 이송순위가 가장 높은 환자는 지연환자이다. O|X

> **034**
> 대량 환자 발생 시 현장에서 이송순위가 가장 높은 환자는 긴급환자이다.

035 긴급환자는 수분, 수시간 이내 응급처치를 요구하는 중증환자로 적색으로 구분하며 토끼의 심벌을 사용한다. O|X

> **035**
>
> | 분류 | 색깔 | 심벌 (symbol) |
> |---|---|---|
> | 긴급환자 (Critical) | 적색 (RED) | 토끼 |
> | 응급환자 (Urgent) | 황색 (YELLOW) | 거북이 |
> | 비응급환자 (Minor) | 녹색 (GREEN) | X표시 |
> | 지연환자 (Dead) | 흑색 (BLACK) | 십자가 표시 |

036 응급환자는 생명에는 큰 지장이 없는 부상 상태로 조치가 조금 지체되어도 상관없는 상태이다. O|X

037 비응급환자는 수시간, 수일 후 치료해도 생명에 지장이 없는 환자로 × 표시 한다. O|X

> **정답**
> 031 O 032 × 033 O 034 ×
> 035 O 036 O 037 O

해설

038
중증도 분류별 표시방법 중 사망은 흑색, 십자가 표시로 한다.

039
중증도 분류별 표시방법 중 긴급은 적색, 토끼 그림으로 한다.

040
중증도 분류별 표시방법 중 응급은 황색, 거북이 그림으로 한다.

042
중증도 분류별 표시방법 중 비응급은 녹색, 구급차 그림에 × 표시로 한다.

---

038 〔기출〕 중증도 분류별 표시방법 중 사망은 적색, 십자가 표시로 한다. O | X

039 〔기출〕 중증도 분류별 표시방법 중 긴급은 녹색, 토끼 그림으로 한다. O | X

040 〔기출〕 중증도 분류별 표시방법 중 응급은 적색, 거북이 그림으로 한다. O | X

041 〔기출〕 중증도 분류별 표시방법 중 비응급은 녹색, 구급차 그림에 × 표시로 한다. O | X

042 〔기출〕 중증도 분류별 표시방법 중 대기는 황색, 구급차 그림에 × 표시로 한다. O | X

정답
038 × 039 × 040 × 041 O
042 ×

PART X

재난관리

Simple Detail 2026

CHAPTER 01　　재난이론
CHAPTER 02　　재난 및 안전관리 기본법

CHAPTER 01 재난이론

SIMPLE 핵심 이론 빈칸 넣기

1 재난의 분류

1 ① _____ 의 재난분류

자연재해				준자연재해	인위재해
지구물리학적 재해			생물학적 재해		
② ____ 재해	③ ____ 재해	④ ____ 재해		스모그현상 온난화현상 사막화현상 염수화현상 눈사태 산성화 홍수 토양침식 등	공해 광화학연무 폭동 교통사고 폭발사고 태업 전쟁 등
지진 화산 쓰나미 등	산사태 염수토양 등	안개, 눈 해일, 번개 토네이도 폭풍, 태풍 이상기온 가뭄 등	세균질병 유독식물 유독동물 등		

2 ⑤ _____ 의 재난분류

자연재해		인위재해	
⑥ ____ 재해	⑦ ____ 재해	사고성 재해	계획적 재해
태풍	지진 화산폭발 해일	교통사고(자동차, 철도, 항공, 선박사고) 산업사고(건축물 붕괴) 폭발사고(갱도, 가스, 화학, 폭발물), 화재사고 생물학적 재해(박테리아, 바이러스, 독혈증) 화학적 재해(부식성물질, 유독물질) 방사능사고	테러 폭동 전쟁

정답
① 존스
② 지질학적
③ 지형학적
④ 기상학적
⑤ 아네스
⑥ 기후성
⑦ 지진성

2 재난의 특징(자연재난 vs 인적재난)

분류	자연재난	인적재난
예방측면	피해규모를 최소화할 수 있는 여지가 있기는 하나, 근본적으로 ① _____ 불가항력적 특징이 강함	발생 원인이 "인위적"이라는 점에서 근본적인 예방이 ② _____
피해측면	영향범위가 ③ _____ 하고, 재산피해와 사상자 발생이 넓은 지역에서 산발적으로 발생	④ _____ 에서 재산피해와 사상자가 집중적으로 발생
대응측면	상황이 전개되는 시점에서 대응활동과 재난통제가 극히 ⑤ _____ 으로 진행	재난대응활동과 재난통제의 가능성이 상대적으로 ⑥ _____
시간적 측면	⑦ _____ 에 걸쳐 완만히 진행	⑧ _____ 에 걸쳐 급격히 완결

3 사고연쇄반응이론

하인리히의 도미노이론(최초이론)	프랭크 버드 주니어의 최신이론
⑨ _____ (선천적 결함) ↓ ⑩ _____ (인간의 결함) ↓ ⑪ _____ (물리적, 기계적 위험성) ↓ 사고 ↓ 상해	제어의 부족(관리) ↓ ⑫ _____ (기원) ↓ ⑬ _____ (징후) ↓ 사고(접촉) ↓ 재해(손실)
사고발생은 항상 ⑭ _____ 에 기인하며, 이를 제거하면 재해를 수반하는 사고의 대부분은 방지할 수 있다.	하인리히 이론에서는 ⑮ _____ 만 제거하면 재해는 일어나지 않는다고 하였지만, 프랭크 버드 이론에서는 ⑯ _____ 을 제거하는 것만으로는 재해는 다시 일어난다는 것이다. 따라서 직접원인의 배경, 즉 ⑰ _____ 을 반드시 제거해야 재해예방이 된다고 강조했다. 기본원인 4M: ⑱ _____
⑲ _____ 법칙	⑳ _____ 법칙

정답

① 예방할 수 없는
② 가능
③ 광범위
④ 국소지역
⑤ 제한적
⑥ 높음
⑦ 장기간
⑧ 단기간

⑨ 사회적 환경 및 유전적 요소
⑩ 개인적 결함
⑪ 불안전한 행동 및 불안전한 상태
⑫ 기본원인
⑬ 직접원인
⑭ 불안전한 행동과 상태 (직접원인)
⑮ 직접원인
⑯ 직접원인
⑰ 기본원인
⑱ Man(인간), Machine(기계), Media(작업), Management(관리)
⑲ 1(중상) : 29(경상) : 300(무상해 사고)
⑳ 1(중상) : 10(경상) : 30(무상해 사고: 물적재해) : 600(무상해 고장: 위험순간)

4 재난관리 방식별 장·단점 비교

구분	유형별 관리방식	통합관리 방식
성격	① _____ 방식	② _____ 방식
관리 부처 및 기관	③ _____ 부처 및 기관의 단순명령	④ _____ 부처 조정에 따른 병렬적 다수 부처 및 기관
책임 범위와 부담	소관 재난에 대한 관리 책임, 부담 분산	모든 재난에 대한 관리 책임, 과도한 부담 가능성
관련 부처의 활동 범위	특정 재난에 대한 관리활동	모든 재난에 대한 종합적 관리활동과 독립적 활동의 병행
정보 전달 체계	정보 전달의 ⑤ _____	정보 전달의 ⑥ _____
재난 대응	대응 조직 없음	통합대응 / 지휘통제 용이
재난에 대한 인지 능력	미약, 단편적	강력, 종합적
장점	① 한 재해 유형을 한 부처가 지속적으로 담당하므로 경험 축적 및 전문성 제고가 용이 ② 한 사안에 대한 업무의 과다 방지	① 재난 발생 시 총괄적 자원 동원과 신속한 대응성 확보 ② 자원봉사자 등 가용자원을 효과적으로 활용
단점	① 복잡한 재난에 대한 대처 능력에 한계 ② 각 부처 간 업무의 중복 및 연계 미흡 ③ 재원 마련과 배분의 복잡성	① 종합관리 체계를 구축하는 데 많은 어려움이 따름 ② 부처이기주의 및 기존 조직의 반대 가능성이 높고 업무와 책임이 과도하게 한 조직에 집중됨

정답

① 분산관리
② 통합관리
③ 다수
④ 단일
⑤ 다원화
⑥ 일원화

5 재난관리 단계별 주요 활동 내용(Petak, 1985)

구분	단계		주요활동내용
재난발생 ①	②	인간의 생명·재산에 미치는 자연적 또는 인적 위험성 정도를 최소화하거나 제거하기 위한 모든 활동단계이다.	① 위험성 분석 및 위험지도 작성 ② 건축법 제정과 정비 ③ 재해보험 ④ 토지 이용관리 ⑤ 안전관련 법규 제정 및 정비
	③	준비 또는 계획으로 비상시 효과적인 대응을 용이하게 하고 재난대응능력을 향상시키기 위해 취해지는 사전준비 등의 활동단계이다.	① 재난대응 계획수립 ② 비상경보체계 구축 ③ 비상통신망 구축 ④ 유관 기관 협조 체제 유지 ⑤ 비상자원의 확보
재난발생 ④	⑤	재난 발생 직후 또는 재난 발생 중 취해지는 인명구조, 재산손실의 경감 등 재난에 대처하기 위한 응급지원 등의 활동단계이다.	① 재난대응계획의 시행 ② 재해의 긴급대응과 수습 ③ 인명구조·구난활동 전개 ④ 응급의료 체계 운영 ⑤ 환자의 수용과 후송 ⑥ 의약품 및 생필품 제공 등
	⑥	재난 이후 피해지역의 기초적인 생활환경을 회복함과 동시에 재난의 재발을 줄이기 위하여 필요한 수단을 강구하는 활동단계이다.	① 잔해물 제거 ② 전염병 예방 및 방역활동 ③ 이재민 지원 ④ 임시거주지 마련 ⑤ 시설복구 및 피해보상 등

정답

① 이전
② 예방(완화)
③ 대비(준비)

④ 이후
⑤ 대응
⑥ 복구

DETAIL 핵심지문 OX

1 재난의 분류

해설

001
번개, 폭풍, 토네이도는 존스(Jones)의 재해분류 중 기상학적 재해에 해당하고, **쓰나미는 지질학적 재해**에 해당한다.

002
아네스는 자연적 재해는 기후성 재해, 지진성 재해로 분류하며 인위 재해는 고의성 유무에 따라 사고성 재해와 계획성 재해로 분류하였다.

005
존스는 장시간에 걸친 완만한 환경 변화에 따른 재해를 포함하였고, **아네스**는 장시간에 걸쳐 완만하게 전개되고, 인명 피해를 발생시키지 않는 일반행정관리 분야의 재해(수질오염, 대기오염 등)는 제외하였다.

정답
001 ✕   002 ✕   003 ○   004 ○
005 ✕

001 [기출] 번개, 폭풍, 쓰나미, 토네이도는 존스(Jones)의 재해분류 중 기상학적 재해에 해당한다. ○ ✕

002 [기출] 존스는 자연적 재해는 기후성 재해, 지진성 재해로 분류하며 인위 재해는 고의성 유무에 따라 사고성 재해와 계획성 재해로 분류하였다. ○ ✕

003 [기출] 아네스(Br. J. Anesth)는 재난을 크게 자연재난과 인적(인위)재난으로 구분하였다. ○ ✕

004 [기출] 존스(David K. Jones)는 재난을 크게 자연재난, 준자연재난, 인적(인위)재난으로 구분하였다. ○ ✕

005 [기출] 아네스는 장시간에 걸친 완만한 환경 변화에 따른 재해를 포함하였고, 존스는 장시간에 걸쳐 완만하게 전개되고, 인명 피해를 발생시키지 않는 일반행정관리 분야의 재해(수질오염, 대기오염 등)는 제외하였다. ○ ✕

2 재난의 특징 (자연재난 vs 인적재난)

LINK 375p

006 자연재난과 인적재난은 모두 급작스럽게 돌풍적으로 일어나며, 통제 가능성이 없다. O X

해설
006 자연재난과 인적재난은 모두 급작스럽게 돌풍적으로 일어나며, 통제 가능성이 없다.

007 자연재난의 피해는 광범위한 지역에서 발생하고 인적재난의 피해는 국소지역에서 집중적으로 발생된다. O X

008 인적재난은 자연재난에 비해 예방이 불가능하고 피난활동이 어렵다. O X

008 자연재난은 인적재난에 비해 예방이 불가능하고 피난활동이 어렵다.

009 자연재난과 인적재난은 우리생활에 해를 준다. O X

정답
006 × 007 ○ 008 × 009 ○

3 사고연쇄반응이론

LINK 377~378p

010 하인리히(H. W. Heinrich)의 도미노 이론은 재해발생과정을 유전적 요인 및 사회적 환경 → 개인적 결함 → 불안전 행동 및 불안전 상태 → 사고 → 재해(상해)라는 5개 요인의 연쇄작용으로 설명하였다. O X

해설
010

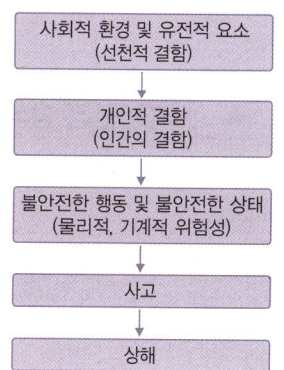

011 하인리히의 도미노 이론 중 2단계의 내용은 개인적인 결함이다. O X

정답
010 ○ 011 ○

해설

012 하인리히는 사고발생은 항상 불안전한 행동과 상태(직접원인)에 기인하며, 이를 제거하면 재해를 수반하는 사고의 대부분은 방지할 수 있다고 하였으나, 프랭크 버드 이론에서는 직접원인을 제거하는 것만으로는 재해는 다시 일어나기 때문에 기본원인을 반드시 제거하여야 한다고 강조했다. O | X

013 프랭크 버드는 재해/발생점유율을 1(중상): 10(경상): 30(무상해 사고: 물적재해): 600(무상해 고장: 위험순간) 법칙으로 정립, 하인리히는 재해/발생점유율을 1(중상): 29(경상): 300(무상해 사고) 법칙으로 정립하였다.

013 하인리히는 재해/발생점유율을 1(중상): 10(경상): 30(무상해 사고: 물적재해): 600(무상해 고장: 위험순간) 법칙으로 정립, 프랭크 버드는 재해/발생점유율을 1(중상): 29(경상): 300(무상해 사고) 법칙으로 정립하였다. O | X

014 재해의 원인을 Man, Machine, Media, Management 요인으로 구분하여 분석하며, 기계·설비의 설계상 결함은 기계적 요인에 작업 정보의 부적절은 작업·환경적 요인에 해당한다.
→ Management: 관리적 요인

014 재해의 원인을 Man, Machine, Manner, Management 요인으로 구분하여 분석하며, 기계·설비의 설계상 결함은 관리적 요인에 작업 정보의 부적절은 작업·환경적 요인에 해당한다. O | X

015 심리적 요인은 인적요인에 해당한다.

015 심리적 요인은 작업·환경적 요인에 해당한다. O | X

정답
012 O 013 × 014 × 015 ×

---

4 재난관리 방식별 장·단점 비교   LINK 380p

해설

016 재난관리 방식 중 분산관리는 재난의 종류에 따라 대응방식의 차이와 대응계획 및 책임기관이 각각 다르게 배정된다.

016 재난관리 방식 중 통합관리는 재난의 종류에 따라 대응방식의 차이와 대응계획 및 책임기관이 각각 다르게 배정된다. O | X

정답
016 ×

017 분산관리방식은 한 재해 유형을 한 부처가 지속적으로 담당하므로 경험 축적 및 전문성 제고가 용이하다는 장점이 있으며, 통합관리방식은 자원봉사자 등 가용자원을 효과적으로 활용할 수 있다는 장점이 있다.

○ | ✕

정답
017 ○

5 재난관리 단계별 주요 활동 내용 (Petak, 1985)   LINK 381p

018 재난의 단계 중 대비란 재난발생확률이 높아진 경우, 재해 발생 후에 효과적으로 대응할 수 있도록 사전에 대응활동을 위한 메커니즘을 구성하는 등 운영적인 장치들을 갖추는 단계를 말한다.

○ | ✕

019 복구는 재산 및 인명보호를 위해 소방이 주도적인 역할을 하는 단계이다.

○ | ✕

019
대응은 재산 및 인명보호를 위해 소방이 주도적인 역할을 하는 단계이다.

정답
018 ○   019 ✕

CHAPTER 02 재난 및 안전관리 기본법

SIMPLE 핵심 이론 빈칸 넣기

1 목적

이 법은 각종 재난으로부터 국토를 보존하고 국민의 생명·신체 및 재산을 보호하기 위하여 ① _____ 의 재난 및 안전관리체제를 확립하고, 재난의 ② _____, 그 밖에 재난 및 안전관리에 필요한 사항을 규정함을 목적으로 한다.

2 용어정리

① 재난이란 국민의 생명·신체·재산과 국가에 피해를 주거나 줄 수 있는 것으로서 다음 각 목의 것을 말한다.

① ③ _____

태풍, 홍수, 호우, 강풍, 풍랑, 해일, 대설, 한파, 낙뢰, 가뭄, 폭염, 지진, 황사, 조류대발생, 조수, 화산활동, 「우주개발 진흥법」에 따른 자연우주물체의 추락·충돌, 그 밖에 이에 준하는 자연현상으로 인하여 발생하는 재해

② ④ _____

화재·붕괴·폭발·교통사고(항공사고 및 해상사고를 포함)·화생방사고·환경오염사고·다중운집인파사고 등으로 인하여 발생하는 대통령령으로 정하는 규모 이상의 피해와 국가핵심기반의 마비, 「감염병의 예방 및 관리에 관한 법률」에 따른 감염병 또는 「가축전염병예방법」에 따른 가축전염병의 확산, 「미세먼지 저감 및 관리에 관한 특별법」에 따른 미세먼지, 「우주개발 진흥법」에 따른 인공우주물체의 추락 충돌 등으로 인한 피해

② ⑤ _____

대한민국의 영역 밖에서 대한민국 국민의 생명·신체 및 재산에 피해를 주거나 줄 수 있는 재난으로서 정부차원에서 대처할 필요가 있는 재난

③ ⑥ _____

재난의 예방·대비·대응 및 ⑦ _____ 를 위하여 하는 모든 활동

④ ⑧ _____

재난이나 그 밖의 각종 사고로부터 사람의 생명·신체 및 재산의 안전을 확보하기 위하여 하는 모든 활동

정답

① 국가와 지방자치단체
② 예방·대비·대응·복구와 안전문화활동

③ 자연재난
④ 사회재난
⑤ 해외재난
⑥ 재난관리
⑦ 복구
⑧ 안전관리

5 안전기준

각종 시설 및 물질 등의 제작, 유지관리 과정에서 안전을 확보할 수 있도록 적용하여야 할 기술적 기준을 체계화한 것을 말하며, 안전기준의 분야, 범위 등에 관하여는 대통령령으로 정한다.

6 재난관리 ① [   ]

① 중앙행정기관 및 지방자치단체
② 지방행정기관·공공기관·공공단체 및 재난관리의 대상이 되는 중요시설의 관리기관 등으로서 대통령령으로 정하는 기관

7 재난관리 ② [   ]

재난이나 그 밖의 각종 사고에 대하여 그 유형별로 예방·대비·대응 및 복구 등의 업무를 주관하여 수행하도록 대통령령으로 정하는 관계 중앙행정기관

8 긴급구조

재난이 발생할 우려가 현저하거나 재난이 발생하였을 때에 국민의 생명·신체 및 재산을 보호하기 위하여 긴급구조기관과 긴급구조지원기관이 하는 인명구조, 응급처치, 그 밖에 필요한 모든 긴급한 조치

9 긴급구조기관

③ [   ]

다만, 해양에서 발생한 재난의 경우에는 ④ [   ]

10 긴급구조지원기관

긴급구조에 필요한 인력·시설 및 장비, 운영체계 등 긴급구조능력을 보유한 기관이나 단체로서 대통령령으로 정하는 기관과 단체

11 국가재난관리기준

모든 유형의 재난에 공통적으로 활용할 수 있도록 재난관리의 전 과정을 통일적으로 단순화·체계화한 것으로서 ⑤ [   ] 이 고시한 것

12 안전문화활동

안전교육, 안전훈련, 홍보 등을 통하여 안전에 관한 가치와 인식을 높이고 안전을 생활화하도록 하는 등 재난이나 그 밖의 각종 사고로부터 안전한 사회를 만들어가기 위한 활동

정답

① 책임기관

② 주관기관

③ 소방청·소방본부 및 소방서
④ 해양경찰청·지방해양경찰청 및 해양경찰서

⑤ 행정안전부장관

13 안전취약계층

어린이, 노인, 장애인, 저소득층 등 신체적·사회적·경제적 요인으로 인하여 재난에 취약한 사람

14 재난관리정보

재난관리를 위하여 필요한 ① _____

15 재난안전의무보험

재난이나 그 밖의 각종 사고로 사람의 생명·신체 또는 재산에 피해가 발생한 경우 그 피해를 보상하기 위한 보험 또는 공제로서 이 법 또는 다른 법률에 따라 일정한 자에 대하여 가입을 강제하는 보험 또는 공제

16 재난안전통신망

재난관리책임기관·긴급구조기관 및 긴급구조지원기관이 재난 및 안전관리업무에 이용하거나 재난현장에서의 통합지휘에 활용하기 위하여 구축·운영하는 통신망

17 국가핵심기반

에너지, 정보통신, 교통수송, 보건의료 등 국가경제, 국민의 안전·건강 및 정부의 핵심기능에 중대한 영향을 미칠 수 있는 시설, 정보기술시스템 및 자산 등

18 재난안전데이터

정보처리능력을 갖춘 장치를 통하여 생성 또는 처리가 가능한 형태로 존재하는 재난 및 안전관리에 관한 정형 또는 비정형의 모든 자료

3 재난관리주관기관

(1) 자연재난 유형별 재난관리주관기관

재난관리주관기관	자연재난 유형
과학기술정보통신부 및 우주항공청	1. ② _____ 의 추락·충돌 등으로 인해 발생하는 재해 2. 우주전파재난
③ _____	1. 자연재해로서 낙뢰, 가뭄, 폭염 및 한파로 인해 발생하는 재해 2. 풍수해(④ _____ 로 인해 발생하는 재해는 제외한다) 3. 지진재해 4. 화산재해
환경부	1. 황사로 인해 발생하는 재해 2. 하천·호소 등의 조류 대발생으로 인해 발생하는 재해

정답

① 재난상황정보, 동원가능
자원정보, 시설물정보,
지리정보

② 자연우주물체
③ 행정안전부
④ 조수

재난관리주관기관	자연재난 유형
①	1. 어업재해 중 적조현상 및 해파리의 대량발생으로 인해 발생하는 수산양식물 및 어업용 시설의 피해 2. 풍수해 중 조수로 인해 발생하는 재해
산림청	산사태로 인해 발생하는 재해
비고 제1호 및 제3호에 따른 중앙행정기관	가목부터 마목까지의 규정에 따른 자연재난 유형 외의 자연재난
비고 제2호 및 제3호에 따른 중앙행정기관	가목부터 바목까지의 규정에 따른 자연재난 유형으로 인해 발생하는 재해로서 각종 시설 및 장소에서 발생하는 재해

정답
① 해양수산부

(2) 사회재난 유형별 재난관리주관기관

재난관리주관기관	사회재난 유형
교육부	1. 교육시설(「연구실 안전환경 조성에 관한 법률」제2조제2호에 따른 연구실은 제외한다)의 화재·붕괴·폭발·다중운집인파사고 등으로 인해 발생하는 국가 또는 지방자치단체 차원의 대처가 필요한 인명 또는 재산의 피해 등 이 영 제2조에 따른 피해(이하 "대규모 피해"라 한다) 2. 어린이집의 화재등으로 인해 발생하는 대규모 피해
과학기술정보통신부	1. 방송통신재난(자연재난은 제외한다) 2. 연구실사고로 인해 발생하는 대규모 피해 3. 전파의 혼신(같은 법 제9조의 주파수분배에 따른 위성항법시스템 관련 전파의 혼신으로 한정한다)으로 인해 발생하는 대규모 피해
②	인공우주물체의 추락·충돌 등으로 인해 발생하는 피해
외교부	1. 해외재난
법무부	1. 다음의 어느 하나에 해당하는 시설 및 그 밖에 이와 유사한 시설의 화재등으로 인해 발생하는 대규모 피해 　가. 교정시설 　나. 보호관찰소 및 같은 법 제65조제3항에 따른 갱생보호시설 　다. 소년원 및 같은 조 제2항에 따른 소년분류심사원 　라. 「치료감호 등에 관한 법률」제16조의2에 따른 치료감호시설 2. 다음의 어느 하나에 해당하는 시설 및 그 밖에 이와 유사한 시설의 화재 등으로 인해 발생하는 대규모 피해 　가. 난민신청자의 주거시설 및 같은 법 제45조에 따른 난민지원시설 　나. 외국인보호실 및 같은 조 제13호에 따른 외국인보호소

② 과학기술정보통신부 및 우주항공청

재난관리주관기관	사회재난 유형	정답
국방부	국방·군사시설의 화재등으로 인해 발생하는 대규모 피해	
행정안전부[4) 및 6)의 경우에는 각각 관계 법령에 따라 해당 정보시스템의 구축·운영에 관한 사무 및 해당 청사의 관리에 관한 사무를 관장하는 중앙행정기관을 말한다]	1. 승강기의 사고 또는 고장으로 인해 발생하는 대규모 피해 2. 「유선 및 도선 사업법」제28조 및 제29조에 따른 사고로 인해 발생하는 대규모 피해 3. 정보시스템(행정안전부장관이 구축·운영하는 정보시스템으로 한정한다)의 장애로 인해 발생하는 대규모 피해 4. 정보시스템(행정안전부장관이 구축·운영하는 정보시스템은 제외한다)의 장애로 인해 발생하는 대규모 피해 5. 「정부청사관리규정」제2조에 따른 청사[6)에 따른 청사는 제외한다]의 화재등으로 인해 발생하는 대규모 피해 6. 「정부청사관리규정」제3조에 따라 행정안전부장관이 관리하지 않는 청사의 화재등으로 인해 발생하는 대규모 피해	
행정안전부 및 경찰청	일반인이 자유로이 모이거나 통행하는 도로, 광장 및 공원의 다중운집인파사고로 인해 발생하는 대규모 피해	
①	1. 소방대상물의 화재로 인해 발생하는 대규모 피해 2. 위험물의 누출·화재·폭발 등으로 인해 발생하는 대규모 피해	① 행정안전부 및 소방청
문화체육관광부	1. 야영장업의 등록을 한 자가 관리하는 야영장의 화재등으로 인해 발생하는 대규모 피해 2. 유기시설 또는 유기기구의 중대한 사고로 인해 발생하는 대규모 피해 3. 공연장의 화재등으로 인해 발생하는 대규모 피해 4. 전문체시설 및 생활체육시설의 화재등으로 인해 발생하는 대규모 피해	
②	1. 가축전염병의 확산으로 인한 피해 2. 농업생산기반시설 중 저수지의 붕괴·파손 등으로 인해 발생하는 대규모 피해 3. 농수산물도매시장(축산물도매시장은 포함하며, 수산물도매시장은 제외한다) 및 농수산물종합유통센터(수산물종합유통센터는 제외한다)의 화재등으로 인해 발생하는 대규모 피해	② 농림축산식품부
③	1. 가스사고로 인해 발생하는 대규모 피해 2. 석유의 정제시설·비축시설 및 주유소의 화재 등으로 인해 발생하는 대규모 피해 3. 에너지의 중대한 수급 차질로 인해 발생하는 대규모 피해 4. 대규모점포의 화재 등으로 인해 발생하는 대규모 피해 5. 전기사고로 인해 발생하는 대규모 피해 6. 제품사고(「어린이제품 안전 특별법」제2조제13호에 따른 안전관리대상어린이제품 및 「전기용품 및 생활용품 안전관리법」제3조제1항제1호에 따른 안전관리대상제품으로 인한 사고로 한정한다)로 인해 발생하는 대규모 피해	③ 산업통상자원부

보건복지부	1. 다음의 어느 하나에 해당하는 시설의 화재 등으로 인해 발생하는 대규모 피해
	  가. 노인복지시설
	  나. 아동복지시설
	  다. 장애인복지시설(「의료법」제3조제2항제3호라목에 따른 요양병원에 해당하는 장애인 의료재활시설은 제외한다)
	2. 병원급 의료기관의 화재등으로 인해 발생하는 대규모 피해	

재난관리주관기관	사회재난 유형	정답
보건복지부 및 질병관리청	① _____ 의 확산으로 인한 피해	① 감염병
환경부	1. 댐[산업통상자원부 소관의 발전(發電)용 댐은 제외한다]의 붕괴·파손 등으로 인해 발생하는 대규모 피해 2. 미세먼지로 인한 피해 3. 수도의 화재등으로 발생하는 대규모 피해 4. 먹는물의 수질오염으로 인해 발생하는 대규모 피해 5. 안전확인대상생활화학제품 및 살생물제 관련 사고(「제품안전기본법」제15조에 따른 제품사고에 해당하는 경우로 한정한다)로 인해 발생하는 대규모 피해 6. 화학사고로 인해 발생하는 대규모 피해 7. 오염물질등으로 인한 환경오염(「먹는물관리법」제3조제1호에 따른 먹는물의 수질오염은 제외한다)으로 인해 발생하는 대규모 피해	
② _____	산업재해 및 중대산업사고로 인해 발생하는 대규모 피해	② 고용노동부
국토교통부[3.의 경우에는 공동구에 공동 수용되는 공급설비 및 통신시설 등으로서 화재등의 원인이 되는 설비·시설 등의 관리에 관한 사무를 관장하는 중앙행정기관을 포함한다]	1. 건축물의 붕괴 전도 등으로 인해 발생하는 대규모 피해 2. 공항의 화재 등으로 인해 발생하는 대규모 피해 3. 공동구의 화재 등으로 인해 발생하는 대규모 피해 4. 도로의 화재 등으로 인해 발생하는 대규모 피해 5. 국토교통부장관에게 등록한 복합물류터미널사업자 및 물류창고업자가 관리하는 물류시설(다른 중앙행정기관 소관의 시설은 제외한다)의 화재 등으로 인해 발생하는 대규모 피해 6. 철도사고로 인해 발생하는 대규모 피해 7. 항공기사고, 경량항공기사고 및 초경량비행장치사고로 인해 발생하는 대규모 피해	
③ _____	1. 농수산물도매시장(수산물도매시장으로 한정한다) 및 농수산물종합유통센터(수산물종합유통센터로 한정한다)의 화재 등으로 인해 발생하는 대규모 피해 2. 항만의 화재 등으로 인해 발생하는 대규모 피해 3. 해수욕장의 안전사고로 인해 발생하는 대규모 피해 4. 해양사고(해양에서 발생한 사고로 한정하며, 해양오염은 제외한다)로 인해 발생하는 대규모 피해	③ 해양수산부
해양수산부 및 해양경찰청	④ _____ 으로 인해 발생하는 대규모 피해	④ 해양오염
중소벤처기업부	전통시장의 화재 등으로 인해 발생하는 대규모 피해	
여성가족부	1. 청소년복지시설의 화재 등으로 인해 발생하는 대규모 피해 2. 청소년수련시설의 화재 등으로 인해 발생하는 대규모 피해	
금융위원회	「금융위원회의 설치 등에 관한 법률」제38조에 따른 기관(이하 "금융기관"이라 한다) 중 「정보통신기반 보호법」제2조 제1호에 따른 정보통신기반시설을 관리하는 금융기관의 화재 등으로 인해 발생하는 대규모 피해	

재난관리주관기관	사회재난 유형
원자력안전위원회	1. 방사능재난 2. 인접 국가의 방사능 누출로 인해 발생하는 대규모 피해
국가유산청	1. 문화유산·보호구역·보호물과 문화유산 보관시설의 화재등으로 인해 발생하는 대규모 피해 2. 자연유산·보호물 및 보호구역의 화재등으로 인해 발생하는 대규모 피해
①	1. 사방시설의 붕괴·파손 등으로 인해 발생하는 대규모 피해 2. 산불로 인해 발생하는 대규모 피해
국가핵심기반을 지정하는 중앙행정기관	국가핵심기반의 마비(「노동조합 및 노동관계조정법」제2조제6호에 따른 쟁의행위 또는 이에 준하는 행위로 인한 마비를 포함한다)로 인한 피해
행사를 주최·주관하는 중앙행정기관(주최·주관하는 중앙행정기관이 다수인 경우에는 주최·주관의 주된 역할을 담당하는 중앙행정기관을 말한다)	중앙행정기관이 주최·주관하는 각종 행사가 개최되는 시설등에서 발생하는 대규모 피해
비고 제1호 및 제3호에 따른 중앙행정기관	가목부터 퍼목까지의 규정에 따른 사회재난 유형란의 시설등 외의 시설에서 발생하는 대규모 피해
비고 제2호 및 제3호에 따른 중앙행정기관	가목부터 허목까지의 규정에 따른 사회재난 유형 외의 사회재난

정답

① 산림청

(3) 그 밖의 각종 사고 유형별 재난관리주관기관

재난관리주관기관	사고유형
제2호 각 목에 따른 해당 중앙행정기관	제2호 각 목에 따른 사회재난 유형으로 인해 발생하거나 해당 시설등에서 발생하는 인명 또는 재산의 피해로서 사회재난에 해당하지 않는 피해

4 안전관리기구 및 기능

정답

① 국무총리
② 국무총리
③ 행정안전부장관
④ 시·도지사
⑤ 시장·군수·구청장

⑥ 행정안전부
⑦ 행정안전부장관
⑧ 외교부장관
⑨ 중앙방사능방재대책본부장
⑩ 시·도지사
⑪ 시장·군수·구청장

1 중앙안전관리위원회

재난 및 안전관리에 관한 다음 각 호의 사항을 심의하기 위하여 ① [　　　] 소속으로 중앙안전관리위원회(중앙위원회)를 둔다.

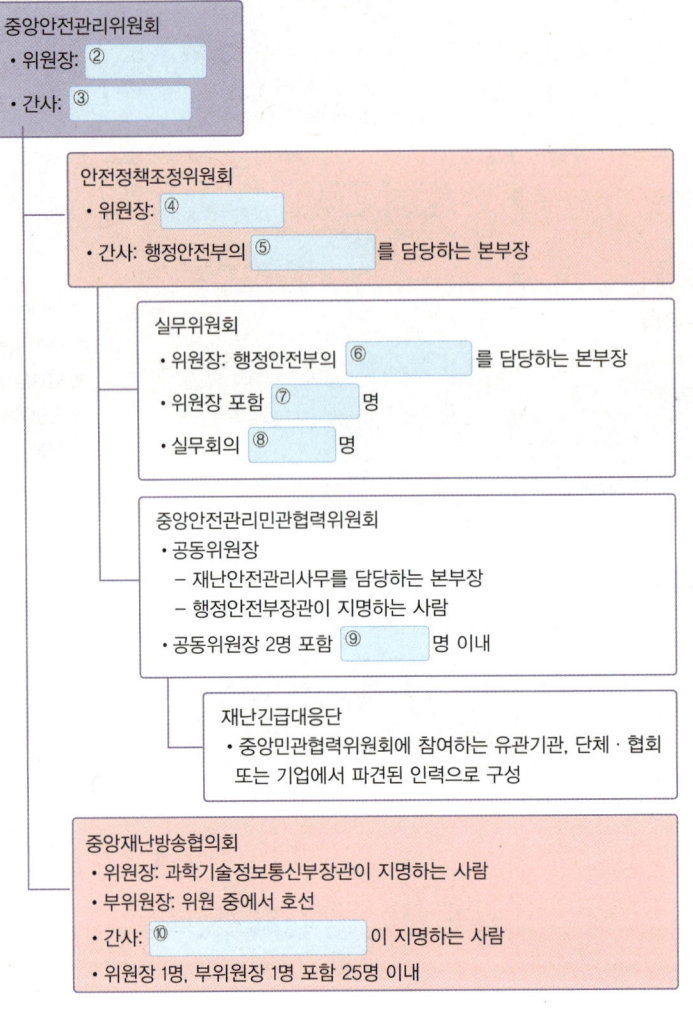

(1) 구성

① 위원장: ⑪ [　　　]

② 위원: 대통령령으로 정하는 중앙행정기관 또는 관계 기관·단체의 장

③ 간사: ⑫ [　　　]

④ 중앙위원회의 위원장이 사고 또는 부득이한 사유로 직무를 수행할 수 없을 때에는 행정안전부장관, 대통령령으로 정하는 중앙행정기관의 장 순으로 위원장의 직무를 대행한다.

⑤ ④에 따라 행정안전부장관 등이 중앙위원회 위원장의 직무를 대행할 때에는 행정안전부의 재난안전관리사무를 담당하는 본부장이 중앙위원회 간사의 직무를 대행한다.

⑥ 중앙위원회의 구성과 운영 등에 필요한 사항은 ⑬ [　　　]으로 정한다.

정답

① 국무총리

② 국무총리
③ 행정안전부장관
④ 행정안전부장관
⑤ 재난안전관리사무
⑥ 재난안전관리사무
⑦ 50
⑧ 25
⑨ 35

⑩ 과학기술정보통신부장관

⑪ 국무총리
⑫ 행정안전부장관
⑬ 대통령령

(2) **심의사항**
① 재난 및 안전관리에 관한 중요 정책에 관한 사항
② ① __국가안전관리기본계획__ 에 관한 사항
③ 재난 및 안전관리 사업 관련 중기사업계획서, 투자우선순위 의견 및 예산요구서에 관한 사항
④ 중앙행정기관의 장이 수립·시행하는 계획, 점검·검사, 교육·훈련, 평가 등 재난 및 안전관리업무의 조정에 관한 사항
⑤ 안전기준관리에 관한 사항
⑥ ② __재난사태__ 의 선포에 관한 사항
⑦ ③ __특별재난지역__ 의 선포에 관한 사항
⑧ 재난이나 그 밖의 각종 사고가 발생하거나 발생할 우려가 있는 경우 이를 수습하기 위한 관계 기관 간 협력에 관한 중요 사항
⑨ 재난안전의무보험의 관리·운용 등에 관한 사항
⑩ 중앙행정기관의 장이 시행하는 대통령령으로 정하는 재난 및 사고의 예방사업 추진에 관한 사항
⑪ 「재난안전산업 진흥법」에 따른 기본계획에 관한 사항
⑫ 위원장이 회의에 부치는 사항

2 안전정책조정위원회

중앙위원회에 상정될 안건을 사전에 검토하고 사무를 수행하기 위하여 ④ __중앙위원회__ 에 안전정책조정위원회(조정위원회)를 둔다.

(1) **구성**
① **위원장**: ⑤ __행정안전부장관__
② **위원**: 대통령령으로 정하는 중앙행정기관의 차관 또는 차관급 공무원과 재난 및 안전관리에 관한 지식과 경험이 풍부한 사람 중에서 위원장이 임명하거나 위촉하는 사람
③ **간사**: 행정안전부의 ⑥ __재난안전관리사무__ 를 담당하는 본부장

정답
① 국가안전관리기본계획
② 재난사태
③ 특별재난지역
④ 중앙위원회
⑤ 행정안전부장관
⑥ 재난안전관리사무

(2) 심의사항
① 아래 사항에 대한 ① _____
- 중앙행정기관의 장이 수립·시행하는 계획, 점검·검사, 교육·훈련, 평가 등 재난 및 안전관리업무의 조정에 관한 사항
- 안전기준관리에 관한 사항
- 재난이나 그 밖의 각종 사고가 발생하거나 발생할 우려가 있는 경우 이를 수습하기 위한 관계 기관 간 협력에 관한 중요 사항
- 재난안전의무보험의 관리·운용 등에 관한 사항
- 중앙행정기관의 장이 시행하는 대통령령으로 정하는 재난 및 사고의 예방사업 추진에 관한 사항

② ② _____ 의 심의
③ 국가핵심기반의 지정에 관한 사항의 심의
④ ③ _____ 의 심의
⑤ 그 밖에 중앙위원회가 위임한 사항

(3) 조정위원회 심의 결과의 중앙위원회 보고
① ④ _____ 의 심의
② ⑤ _____ 의 심의
③ 그 밖에 중앙위원회로부터 위임받아 심의한 사항 중 조정위원회 위원장이 필요하다고 인정하는 사항

❸ 실무위원회
조정위원회의 업무를 효율적으로 처리하기 위하여 조정위원회에 실무위원회를 둘 수 있다.

(1) 구성
- 위원장 1명을 포함하여 ⑥ _____ 명 내외의 위원으로 구성
- 실무위원장: ⑦ _____
- 실무회의는 실무위원장과 실무위원장이 회의마다 지정하는 ⑧ _____ 명 내외의 위원으로 구성

(2) 심의사항
- 재난 및 안전관리를 위하여 관계 중앙행정기관의 장이 수립하는 대책에 관하여 협의·조정이 필요한 사항
- 재난 발생 시 관계 중앙행정기관의 장이 수행하는 재난의 수습에 관하여 협의·조정이 필요한 사항
- 그 밖에 실무위원회의 위원장(실무위원장)이 회의에 부치는 사항

정답

① 사전 조정

② 집행계획
③ 재난 및 안전관리기술 종합계획

④ 집행계획
⑤ 국가핵심기반시설의 지정에 관한 사항

⑥ 50
⑦ 행정안전부의 재난안전관리사무를 담당하는 본부장
⑧ 25

④ **지역위원회(시·도, 시·군·구 소속)**

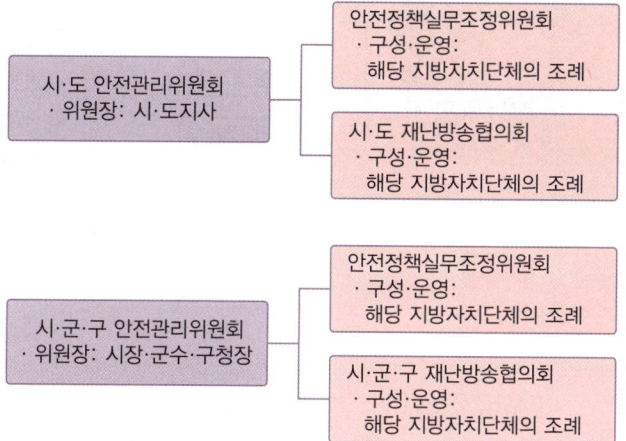

(1) **구성**

① 위원장
- 시·도 안전관리위원회: ①
- 시·군·구 안전관리위원회: ②

② 시·도위원회와 시·군·구위원회(지역위원회)의 회의에 부칠 의안을 검토하고, 재난 및 안전관리에 관한 관계 기관 간의 협의·조정 등을 위하여 지역위원회에 ③ 를 둘 수 있다.

③ 지역위원회 및 안전정책실무조정위원회의 구성과 운영에 필요한 사항은 해당 지방자치단체의 조례로 정한다.

정답
① 시·도지사
② 시장·군수·구청장
③ 안전정책실무조정위원회

5 재난안전대책본부 등

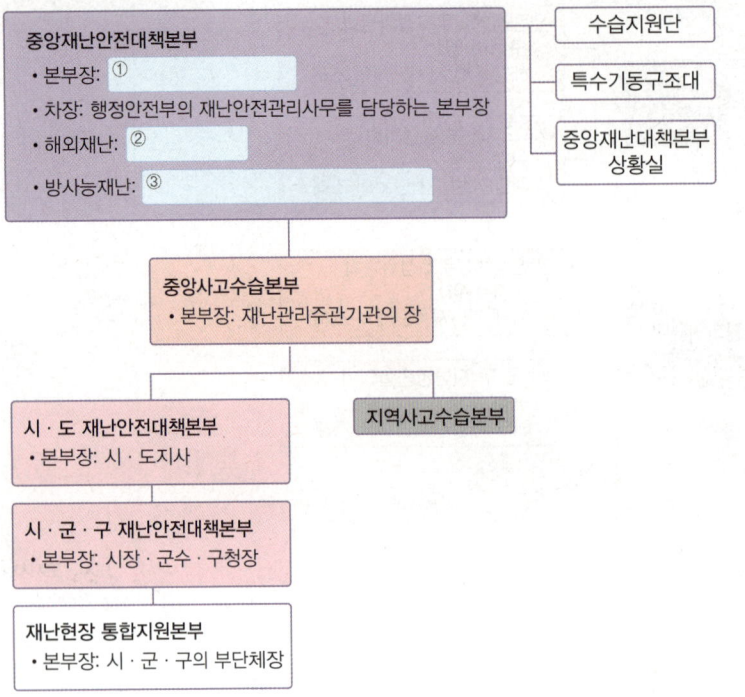

정답

① 행정안전부장관
② 외교부장관
③ 중앙방사능방재대책 본부장

1 중앙재난안전대책본부

대통령령으로 정하는 대규모 재난의 ④ _____ 등에 관한 사항을 총괄·조정하고 필요한 조치를 하기 위하여 행정안전부에 중앙재난안전대책본부(중앙대책본부)를 둔다.

(1) 구성

① 소속: ⑤ _____

② 본부장: ⑥ _____

- 해외재난의 경우: ⑦ _____
- 방사능재난의 경우: ⑧ _____

③ 중앙대책본부의 구성
- 차장, 총괄조정관, 대변인, 통제관, 부대변인, 담당관, 특별대응단장, 특별보좌관

④ 재난의 효과적인 수습을 위하여 ⑨ _____ 가 중앙대책본부장의 권한을 행사할 수 있다. 이 경우 행정안전부장관, 외교부장관 또는 ⑩ _____ 이 차장이 된다.

④ 대응·복구(수습)
⑤ 행정안전부
⑥ 행정안전부장관
⑦ 외교부장관
⑧ 중앙방사능방재 대책본부의 장
⑨ 국무총리
⑩ 원자력안전위원회 위원장

⑤ 심의사항

중앙대책본부회의는 재난복구계획에 관한 사항을 심의·확정하는 외에 다음 각 호의 사항을 협의한다.

① ①   에 관한 사항

② ②   에 관한 사항

③ 국고지원 및 예비비 사용에 관한 사항

④ 그 밖에 중앙대책본부장이 회의에 부치는 사항

2 수습지원단

③   은 국내 또는 해외에서 발생하였거나 발생할 우려가 있는 대규모 재난의 수습을 지원하기 위하여 관계 중앙행정기관 및 관계 기관·단체의 재난관리에 관한 전문가 등으로 수습지원단을 구성하여 현지에 파견할 수 있다.

3 특수기동구조대

④   은 구조·구급·수색 등의 활동을 신속하게 지원하기 위하여 ⑤   또는 ⑥   소속의 전문 인력으로 구성된 특수기동구조대를 편성하여 재난현장에 파견할 수 있다.

4 중앙사고수습본부

⑦   은 재난이 발생하거나 발생할 우려가 있는 경우에는 재난상황을 효율적으로 관리하고 재난을 수습하기 위한 중앙사고수습본부를 신속하게 설치·운영하여야 한다.

5 지역재난안전대책본부

(1) **구성**

① 위원장:
- 시·도 재난안전대책본부: ⑧
- 시·군·구 재난안전대책본부: ⑨

② 시·군·구 대책본부의 장은 재난현장의 총괄·조정 및 지원을 위하여 ⑩   를 설치·운영할 수 있다.

③ 통합지원본부의 장은 관할 시·군·구의 부단체장이 되며, 실무반을 편성하여 운영할 수 있다.

정답

① 재난예방대책
② 재난응급대책

③ 중앙대책본부장

④ 중앙대책본부장
⑤ 행정안전부·소방청
⑥ 해양경찰청

⑦ 재난관리주관기관의 장

⑧ 시·도지사
⑨ 시장·군수·구청장
⑩ 재난현장 통합지원본부

6 재난안전상황실

① 설치 · 운영권자
- 중앙: ①
- 시 · 도, 시 · 군 · 구: ② 및 ③

② ④ 은 소관 업무 분야의 재난상황을 관리하기 위하여 재난안전상황실을 설치 · 운영하거나 재난상황을 관리할 수 있는 체계를 갖추어야 한다.

③ ⑤ 은 재난에 관한 상황관리를 위하여 재난안전상황실을 설치 · 운영할 수 있다.

정답
① 행정안전부장관
② 시 · 도지사
③ 시장 · 군수 · 구청장
④ 중앙행정기관의 장
⑤ 재난관리책임기관의 장

6 안전관리계획

1 국가안전관리기본계획 수립

(1) 기본계획 수립단계

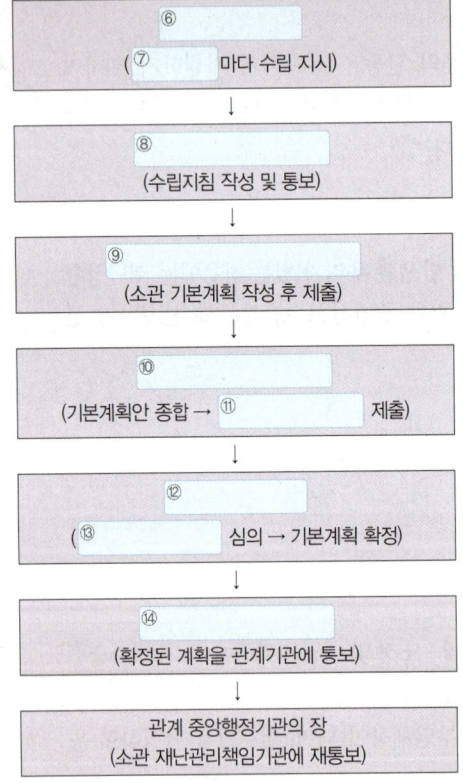

① ⑮ 는 재난 및 사고로부터 국민의 생명 · 신체 및 재산을 보호하기 위하여 ⑯ 마다 국가의 재난 및 안전관리업무에 관한 기본계획(국가안전관리 기본계획)을 수립하여야 한다.

② 국무총리는 행정안전부장관으로 하여금 국가안전관리기본계획의 수립지침을 작성하여 ⑰ 에게 통보하도록 하여야 한다.

③ 관계 중앙행정기관의 장은 수립지침에 따라 ⑱ 마다 그 소관에 속하는 재난 및 안전관리업무에 관한 기본계획을 작성한 후 ⑲ 에게 제출하여야 한다.

⑥ 국무총리
⑦ 5년
⑧ 행정안전부장관
⑨ 관계 중앙행정기관의 장
⑩ 행정안전부장관
⑪ 국무총리
⑫ 국무총리
⑬ 중앙위원회
⑭ 행정안전부장관

⑮ 국무총리
⑯ 5년
⑰ 관계 중앙행정기관의 장
⑱ 5년
⑲ 행정안전부장관

④ 행정안전부장관은 관계 중앙행정기관의 장이 제출한 기본계획을 종합하여 국가안전관리기본계획안을 작성한 후 국무총리에게 제출하고, 국무총리는 ① _____ 의 심의를 거쳐 국가안전관리기본계획을 확정한다.

⑤ 행정안전부장관은 확정된 국가안전관리기본계획을 지체 없이 관계 중앙행정기관의 장에게 통보하여야 한다.

⑥ 관계 중앙행정기관의 장은 통보받은 국가안전관리기본계획 중 그 소관 사항을 ② _____ (중앙행정기관과 지방자치단체는 제외한다)의 장에게 통보하여야 한다.

정답
① 중앙위원회
② 관계 재난관리책임기관

(2) 국가안전관리기본계획의 내용
① 재난 및 안전관리의 중장기 목표 및 기본방향
② 재난 및 안전관리 현황 및 여건 변화, 전망에 관한 사항
③ 재난 및 안전관리를 위한 법령·제도의 마련 등 재난 및 안전관리체계 확립에 관한 사항
④ 재난의 예방·대비·대응 및 복구에 필요한 기반 조성에 관한 사항
⑤ 그 밖에 재난 및 안전관리에 관한 사항으로서 대통령령으로 정하는 사항

(3) 집행계획, 세부집행계획

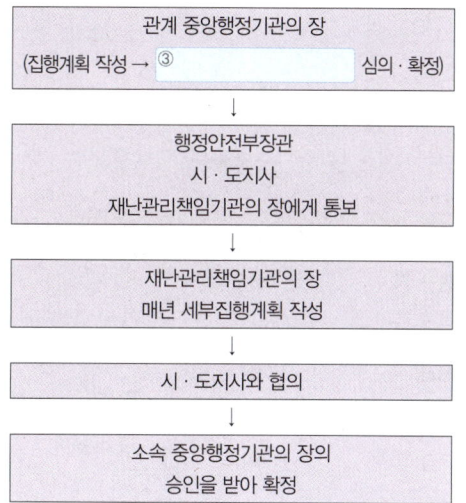

① 관계 중앙행정기관의 장은 통보받은 국가안전관리기본계획에 따라 매년 그 소관 업무에 관한 집행계획을 작성하여 ④ _____ 의 심의를 거쳐 확정한다.

② 관계 중앙행정기관의 장은 확정된 집행계획을 행정안전부장관, 시·도지사 및 재난관리책임기관의 장에게 각각 통보하여야 한다.

③ 재난관리책임기관(「지방공기업법」 제3조 제1항에 따른 지방공기업 등 대통령령으로 정하는 재난관리책임기관은 제외)의 장은 통보받은 집행계획에 따라 매년 세부집행계획을 작성하여 관할 ⑤ _____ 와 협의한 후 소속 중앙행정기관의 장의 승인을 받아 이를 확정하여야 한다. 이 경우 그 재난관리책임기관의 장이 공공기관이나 공공단체의 장인 경우에는 그 내용을 지부 등 지방조직에 통보하여야 한다.

③ 조정위원회

④ 조정위원회

⑤ 시·도지사

7 재난의 4단계

1 예방

(1) 재난관리책임기관의 장의 재난예방조치 등

- 재난관리책임기관의 장은 소관 관리대상 업무의 분야에서 재난 발생을 사전에 방지하기 위하여 다음 각 호의 조치를 하여야 한다.
  ① 재난에 대응할 조직의 구성 및 정비
  ② 재난의 예측 및 예측정보 등의 제공·이용에 관한 체계의 구축
  ③ 재난 발생에 대비한 교육·훈련과 재난관리예방에 관한 홍보
  ④ 재난이 발생할 위험이 높은 분야에 대한 안전관리체계의 구축 및 안전관리규정의 제정
  ⑤ 국가핵심기반의 관리
  ⑥ 특정관리대상지역에 관한 조치
  ⑦ 재난방지시설의 점검·관리
  ⑧ 재난관리자원의 관리
  ⑨ 재난 및 안전관리에 필요한 영상정보처리기기(「개인정보 보호법」 제2조제7호에 따른 고정형 영상정보처리기기 및 같은 조 제7호의2에 따른 이동형 영상정보처리기기를 말한다. 이하 같다)의 설치·운영
  ⑩ 그 밖에 재난을 예방하기 위하여 필요하다고 인정되는 사항

(2) 국가핵심기반의 지정 등

(3) 국가핵심기반의 관리 등

(4) 특정관리대상지역의 지정 및 관리 등

- 특정관리대상지역이 안전등급 및 안전점검

안전등급	정기안전점검
• A등급: 안전도가 우수한 경우 • B등급: 안전도가 양호한 경우 • C등급: 안전도가 보통인 경우 • D등급: 안전도가 미흡한 경우 • E등급: 안전도가 불량한 경우	• A등급: ① _____ 이상 • B등급: ② _____ 이상 • C등급: ③ _____ 이상 • D등급: 월 ④ _____ 이상 • E등급: 월 ⑤ _____ 이상

- 특정관리대상지역에 대한 지정 및 조치 결과 보고:
  행정안전부장관은 매년 ⑥ _____ 이상 특정관리대상지역에 대한 지정 및 조치 현황을 국무총리에게 보고

(5) 지방자치단체에 대한 지원 등

(6) 재난방지시설의 관리

(7) 재난안전분야 종사자 교육

(8) 재난예방을 위한 긴급안전점검 등

정답

① 반기별 1회
② 반기별 1회
③ 반기별 1회
④ 1회
⑤ 2회
⑥ 1회

(9) 재난예방을 위한 안전조치

- 행정안전부장관 또는 재난관리책임기관의 장은 긴급안전점검 결과 재난 발생의 위험이 높다고 인정되는 시설 또는 지역에 대하여는 대통령령으로 정하는 바에 따라 그 소유자·관리자 또는 점유자에게 다음 각 호의 안전조치를 할 것을 명할 수 있다.
  ① [①] (시설만 해당)
  ② [②] 등 정비
  ③ 재난을 발생시킬 위험요인의 제거

(10) 안전취약계층에 대한 안전 환경 지원
(11) 재난안전분야 제도개선
(12) 정부합동 안전 점검
(13) 사법경찰권
(14) 집중 안전점검 기간 운영 등
(15) 안전관리전문기관에 대한 자료요구 등
(16) 재난관리체계 등에 대한 평가 등
(17) 재난관리 실태 공시 등

❷ 대비

(1) 재난관리자원의 관리
(2) 재난현장 긴급통신수단의 마련
(3) 국가재난관리기준의 제정·운용 등
(4) 기능별 재난대응 활동계획의 작성·활용
(5) 재난분야 위기관리 매뉴얼 작성·운용

- ③ [③] 은 재난을 효율적으로 관리하기 위하여 재난유형에 따라 다음 각 호의 위기관리 매뉴얼을 작성·운용하여야 한다. 이 경우 재난대응활동계획과 위기관리 매뉴얼이 서로 연계되도록 하여야 한다.
  ① [④]
  국가적 차원에서 관리가 필요한 재난에 대하여 재난관리 체계와 관계 기관의 임무와 역할을 규정한 문서로 위기대응 실무매뉴얼의 작성 기준이 되며, 재난관리주관기관의 장이 작성한다.
  ② [⑤]
  위기관리 표준매뉴얼에서 규정하는 기능과 역할에 따라 실제 재난대응에 필요한 조치사항 및 절차를 규정한 문서로 재난관리주관기관의 장과 관계 기관의 장이 작성한다.
  ③ [⑥]
  재난현장에서 임무를 직접 수행하는 기관의 행동조치 절차를 구체적으로 수록한 문서로 위기대응 실무매뉴얼을 작성한 기관의 장이 지정한 기관의 장이 작성하되 시장·군수·구청장은, 재난유형별 현장조치 행동매뉴얼을 통합하여 작성할 수 있다.

정답

① 정밀안전진단
② 보수 또는 보강

③ 재난관리책임기관의 장
④ 위기관리 표준매뉴얼
⑤ 위기대응 실무매뉴얼
⑥ 현장조치 행동매뉴얼

(6) 다중이용시설 등의 위기상황 매뉴얼 작성·관리 및 훈련

(7) 안전기준의 등록 및 심의 등

(8) 재난안전통신망의 구축·운영

(9) 재난대비훈련 기본계획 수립

(10) 재난대비훈련 실시

3 대응

- 응급조치

(1) 재난사태 선포

① 선포권자: ①〔　　〕

② ②〔　　　　〕은 대통령령으로 정하는 재난이 발생하거나 발생할 우려가 있는 경우 사람의 생명·신체 및 재산에 미치는 중대한 영향이나 피해를 줄이기 위하여 긴급한 조치가 필요하다고 인정하면 ③〔　　　　〕의 심의를 거쳐 재난사태를 선포할 수 있다.

③ 다만, ④〔　　〕은 재난상황이 긴급하여 ⑤〔　　　　〕의 심의를 거칠 시간적 여유가 없다고 인정하는 경우에는 ⑥〔　　　　〕의 심의를 거치지 아니하고 재난사태를 선포할 수 있다.

④ ⑦〔　　〕은 ③ 단서에 따라 재난사태를 선포한 경우에는 지체 없이 ⑧〔　　　　〕의 승인을 받아야 하고, 승인을 받지 못하면 선포된 재난사태를 즉시 해제하여야 한다.

⑤ ④에도 불구하고 ⑨〔　　　　〕는 관할 구역에서 재난이 발생하거나 발생할 우려가 있는 등 대통령령으로 정하는 경우 사람의 생명·신체 및 재산에 미치는 중대한 영향이나 피해를 줄이기 위하여 긴급한 조치가 필요하다고 인정하면 ⑩〔　　　　〕를 거쳐 재난사태를 선포할 수 있다. 이 경우 ⑪〔　　　　〕는 지체 없이 그 사실을 ⑫〔　　　　〕에게 통보하여야 한다.

⑥ 행정안전부장관 및 지방자치단체의 장은 ②에 따라 재난사태가 선포된 지역에 대하여 다음 각 호의 조치를 할 수 있다.

- 재난경보의 발령, 재난관리자원의 동원, 위험구역 설정, 대피명령, 응급지원 등 이 법에 따른 ⑬〔　　〕
- 해당 지역에 소재하는 행정기관 소속 공무원의 ⑭〔　　〕
- 해당 지역에 대한 여행 등 ⑮〔　　〕
- 「유아교육법」, 「초·중등교육법」 및 「고등교육법」에 따른 휴업명령 및 휴원·휴교 처분의 요청
- 그 밖에 ⑯〔　　　　〕에 필요한 조치

정답

① 행정안전부장관
② 행정안전부장관
③ 중앙위원회
④ 행정안전부장관
⑤ 중앙위원회
⑥ 중앙위원회
⑦ 행정안전부장관
⑧ 중앙위원회
⑨ 시·도지사
⑩ 시·도위원회의 심의
⑪ 시·도지사
⑫ 행정안전부장관
⑬ 응급조치
⑭ 비상소집
⑮ 이동 자제 권고
⑯ 재난예방

(2) 지역통제단장(소방본 · 서장)과 시 · 군 · 구청장의 응급조치

① _____ 및 ② _____ (이하 지역통제단장)과 ③ _____ 은 재난이 발생할 우려가 있거나 재난이 발생하였을 때에는 즉시 관계 법령이나 재난대응활동계획 및 위기관리 매뉴얼에서 정하는 바에 따라 수방 · 진화 · 구조 및 구난, 그 밖에 재난 발생을 예방하거나 피해를 줄이기 위하여 필요한 다음 각 호의 응급조치를 하여야 한다. 다만, ④ _____ 의 경우에는 ⑤ _____ 에 관한 응급조치와 ⑥ _____ 만 하여야 한다.

① 경보의 발령 또는 전달이나 피난의 권고 또는 지시
② 안전조치
③ ⑦ _____ · 수방 · 지진방재, 그 밖의 응급조치와 구호
④ 피해시설의 응급복구 및 방역과 방범, 그 밖의 질서 유지
⑤ ⑧ _____
⑥ 급수 수단의 확보, 긴급피난처 및 구호품의 확보 등 재난관리자원의 확보
⑦ ⑨ _____
⑧ 그 밖에 재난 발생을 예방하거나 줄이기 위하여 필요한 사항으로서 대통령령으로 정하는 사항

(3) 위기경보의 발령 등

(4) 재난 예보 · 경보체계 구축 · 운영 등

(5) 동원명령 등

(6) 대피명령

(7) 위험구역의 설정

(8) 강제대피조치

(9) 통행제한 등

(10) 응원

(11) 응급부담

(12) 시 · 도지사가 실시하는 응급조치 등

(13) 재난관리책임기관의 장의 응급조치

(14) 지역통제단장의 응급조치 등

정답

① 시 · 도 긴급구조통제단
② 시 · 군 · 구 긴급구조통제단의 단장
③ 시장 · 군수 · 구청장
④ 지역통제단장
⑤ ③ 중 진화
⑥ ⑤ 및 ⑦의 응급조치
⑦ 진화
⑧ 긴급수송 및 구조 수단의 확보
⑨ 현장지휘통신체계의 확보

- 긴급구조
  (1) 중앙긴급구조통제단

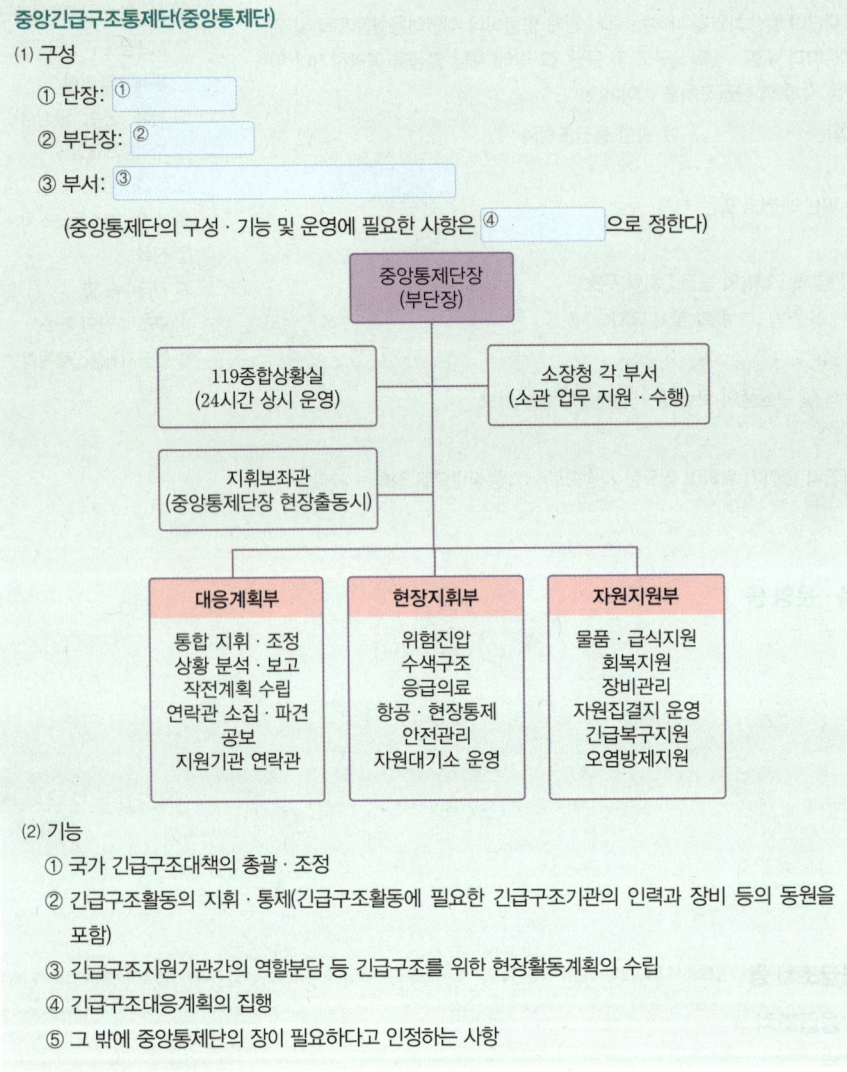

① 소방청장
② 소방청 차장
③ 대응계획부,
   자원지원부,
   현장지휘부
④ 대통령령

(2) 기능
  ① 국가 긴급구조대책의 총괄·조정
  ② 긴급구조활동의 지휘·통제(긴급구조활동에 필요한 긴급구조기관의 인력과 장비 등의 동원을 포함)
  ③ 긴급구조지원기관간의 역할분담 등 긴급구조를 위한 현장활동계획의 수립
  ④ 긴급구조대응계획의 집행
  ⑤ 그 밖에 중앙통제단의 장이 필요하다고 인정하는 사항

(2) 지역긴급구조통제단

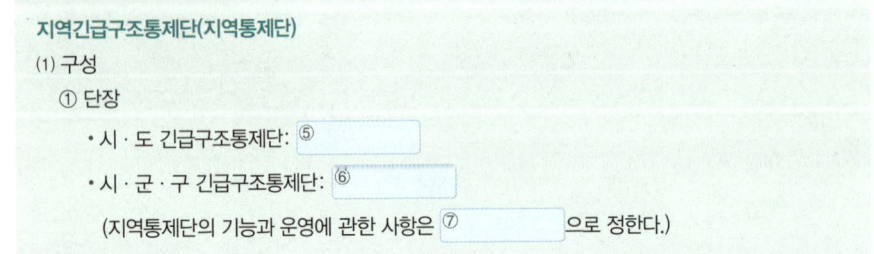

⑤ 소방본부장
⑥ 소방서장
⑦ 대통령령

(3) 긴급구조

(4) 긴급구조 현장지휘

① 긴급구조활동 지휘권자: ① [①시·군·구 긴급구조통제단장] (치안활동과 관련된 사항은 관할 경찰서의 장과 협의)

② ② [시·도 긴급구조통제단장] 은 필요하다고 인정하면 직접 현장지휘를 할 수 있다.

③ ③ [중앙 통제단장] 은 대통령령으로 정하는 대규모 재난이 발생하거나 그 밖에 필요하다고 인정하면 직접 현장 지휘를 할 수 있다.

④ 현장지휘 사항
- 재난현장에서 인명의 탐색·구조
- ④ [긴급구조기관] 및 ⑤ [긴급구조지원기관] 의 긴급구조요원·긴급구조지원요원 및 재난관리자원의 배치와 운용
- 추가 재난의 방지를 위한 ⑥ [응급조치]
- ⑦ [긴급구조지원기관] 및 ⑧ [자원봉사자] 등에 대한 임무의 부여
- 사상자의 ⑨ [응급처치] 및 의료기관으로의 이송
- 긴급구조에 필요한 재난관리자원의 관리
- 현장접근 통제, 현장 주변의 교통정리, 그 밖에 긴급구조활동을 효율적으로 하기 위하여 필요한 사항

정답
① 시·군·구 긴급구조통제단장
② 시·도 긴급구조통제단장
③ 중앙 통제단장
④ 긴급구조기관
⑤ 긴급구조지원기관
⑥ 응급조치
⑦ 긴급구조지원기관
⑧ 자원봉사자
⑨ 응급처치

(5) 긴급대응협력관

(6) 긴급구조활동에 대한 평가

(7) 긴급구조대응계획의 수립

- 기본계획
① 긴급구조대응계획의 목적 및 적용범위
② 긴급구조대응계획의 기본방침과 절차
③ 긴급구조대응계획의 운영책임에 관한 사항

- ⑩ [기능별] 긴급구조대응계획

구분	내용
지휘통제	긴급구조체제 및 중앙통제단과 지역통제단의 운영체계 등에 관한 사항
비상경고	긴급대피, 상황 전파, 비상연락 등에 관한 사항
대중정보	주민보호를 위한 비상방송시스템 가동 등 긴급 공공정보 제공에 관한 사항 및 재난상황 등에 관한 정보 통제에 관한 사항
피해상황분석	재난현장상황 및 피해정보의 수집·분석·보고에 관한 사항
구조·진압	인명 수색 및 구조, 화재진압 등에 관한 사항
응급의료	대량 사상자 발생 시 응급의료서비스 제공에 관한 사항
긴급오염통제	오염 노출 통제, 긴급 감염병 방제 등 재난현장 공중보건에 관한 사항

⑩ 기능별

현장통제	재난현장 접근 통제 및 치안 유지 등에 관한 사항
긴급복구	긴급구조활동을 원활하게 하기 위한 긴급구조차량 접근 도로 복구 등에 관한 사항
긴급구호	긴급구조요원 및 긴급대피 수용주민에 대한 위기 상담, 임시 의식주 제공 등에 관한 사항
재난통신	긴급구조기관 및 긴급구조지원기관 간 정보통신체계 운영 등에 관한 사항

- ① _____ 긴급구조대응계획
  ① 재난 발생 단계별 주요 긴급구조 대응활동 사항
  ② 주요 재난유형별 대응 매뉴얼에 관한 사항
  ③ 비상경고 방송메시지 작성 등에 관한 사항

① 재난유형별

(8) 긴급구조 관련 특수번호 전화서비스의 통합·연계

(9) 재난대비능력 보강

- 통제단이 설치·운영되는 경우 통제단의 해당부서에 배치
  ① 현장지휘요원 → ②_____
  ② 자원지원요원 → ③_____
  ③ 통신지원요원 → ④_____
  ④ 안전관리요원 → ⑤_____
  ⑤ 상황조사요원 → ⑥_____
  ⑥ 구급지휘요원 → ⑦_____

② 현장지휘부
③ 자원지원부
④ 현장지휘부
⑤ 현장지휘부
⑥ 대응계획부
⑦ 현장지휘부

(10) 긴급구조지원기관의 능력에 대한 평가

(11) 해상에서의 긴급구조

(12) 항공기 등 조난사고 시의 긴급구조 등

① ⑧_____은 항공기 조난사고가 발생한 경우 항공기 수색과 인명구조를 위하여 항공기 수색·구조계획을 수립·시행하여야 한다. 다만, 다른 법령에 항공기의 수색·구조에 관한 특별한 규정이 있는 경우에는 그 법령을 따른다.

② 항공기의 수색·구조에 필요한 사항은 ⑨_____으로 정한다.

③ ⑩_____은 항공기나 선박의 조난사고가 발생하면 관계 법령에 따라 긴급구조업무에 책임이 있는 기관의 긴급구조활동에 대한 군의 지원을 신속하게 할 수 있도록 다음의 조치를 취하여야 한다.

- 탐색구조본부의 설치·운영
- 탐색구조부대의 지정 및 출동대기태세의 유지
- 조난 항공기에 관한 정보 제공

④ 제3항제1호에 따른 탐색구조본부의 구성과 운영에 필요한 사항은 ⑪_____으로 정한다.

⑧ 소방청장
⑨ 대통령령
⑩ 국방부장관
⑪ 국방부령

4 복구

(1) 재난피해 신고 및 조사

(2) 재난복구계획의 수립·시행

(3) 재난복구계획에 따라 시행하는 사업의 관리

(4) 특별재난지역의 선포

① 선포목적
- 대통령령이 정하는 규모의 재난이 발생하여 국가의 안녕 및 사회질서의 유지에 중대한 영향을 미치거나 그 재난으로 인한 피해를 효과적으로 수습 및 복구하기 위하여 특별한 조치가 필요하다고 인정하는 경우
- 지역대책본부장으로부터 관할지역의 발생재난으로 특별재난지역의 선포를 건의받았을 때 그 요청이 타당하다고 인정하는 경우

② 선포권자: ① ____

③ 선포건의권자: ② ____ (③ ____ 의 심의)

(5) 특별재난지역에 대한 지원

(6) 비용 부담의 원칙

(7) 응급지원에 필요한 비용

(8) 손실보상

(9) 치료 및 보상

(10) 포상

(11) 재난지역에 대한 국고보조 등의 지원

- 재난지역에 대한 국고보조 등의 지원
  ① 사망자·실종자·부상자 등 피해주민에 대한 구호
  ② 주거용 건축물의 복구비 지원
  ③ ④ ____ 의 학자금 면제
  ④ 자금의 융자, 보증, 상환기한의 연기, 그 이자의 감면 등 관계 법령에서 정하는 금융지원
  ⑤ 세입자 보조 등 생계안정 지원
  ⑥ 소상공인이 피해를 입은 경우에 해당 시설의 복구 및 경영 안정을 위한 지원
  ⑦ 중소기업이 피해를 입은 경우에 해당 시설의 복구 및 경영 안정을 위한 지원
  ⑧ 관계 법령에서 정하는 바에 따라 국세·지방세, 건강보험료·연금보험료, 통신요금, 전기요금, 도시가스요금, 지역난방요금 등의 경감 또는 납부유예 등의 간접지원
  ⑨ 농업·어업·임업·염생산업의 피해에 대한 복구 및 경영 안정을 위한 지원
  ⑩ 공공시설 피해에 대한 복구사업비 지원
  ⑪ 그 밖에 중앙재난안전대책본부회의에서 결정한 지원 또는 지역재난안전대책본부회의에서 결정한 지원

(12) 복구비 등의 선지급

(13) 복구비 등의 반환

정답

① 대통령
② 중앙대책본부장
③ 중앙위원회

④ 고등학생

8 안전문화 진흥

1 안전문화 진흥을 위한 시책의 추진: ① [　　　]과 ② [　　　]은 소관 재난 및 안전관리업무와 관련하여 국민의 안전의식을 높이고 안전문화를 진흥시키기 위한 안전문화활동을 적극 추진하여야 한다.

2 국민안전의 날
① 국민안전의 날: ③ [　　　] (국민 안전의식 수준을 높이기 위하여 필요한 행사 실시)
② 안전점검의 날: ④ [　　　] (재난취약시설에 대한 일제점검, 안전의식 고취 등 안전 관련 행사를 실시)
③ 방재의 날: ⑤ [　　　] (자연재난에 대한 주민의 방재의식을 고취하기 위하여 재난에 대한 교육·홍보 등의 관련 행사를 실시)

9 보칙

1 재난관리기금의 적립
① 지방자치단체는 재난관리에 드는 비용에 충당하기 위하여 매년 재난관리기금을 적립하여야 한다.
② ①에 따른 재난관리기금의 매년도 최저적립액은 최근 ⑥ [　　　] 년 동안의 「지방세법」에 의한 보통세의 수입결산액의 평균연액의 ⑦ [　　　] 에 해당하는 금액으로 한다.

2 재난 및 안전관리기술개발 종합계획의 수립 등
① ⑧ [　　　] 은 재난 및 안전관리에 관한 과학기술의 진흥을 위하여 5년마다 관계중앙행정기관의 재난 및 안전관리기술개발에 관한 계획을 종합하여 조정위원회의 심의와 「국가과학기술자문회의법」에 따른 국가과학기술자문회의의 심의를 거쳐 재난 및 안전관리기술개발 종합계획(개발계획)을 수립하여야 한다.

정답
① 중앙행정기관의 장
② 지방자치단체의 장
③ 4월 16일
④ 매월 4일
⑤ 5월 25일
⑥ 3
⑦ 100분의 1
⑧ 행정안전부장관

DETAIL 핵심지문 OX

LINK 382~441p

1 목적

LINK 382p

기출
001 「재난 및 안전관리 기본법」은 각종 재난으로부터 국토를 보존하고 국민의 생명·신체 및 재산을 보호하기 위하여 국가와 지방자치단체의 재난 및 안전관리체제를 확립하고, 재난의 예방·대비·대응·복구와 안전문화활동, 그 밖의 재난 및 안전관리에 필요한 사항을 규정함을 목적으로 한다. O X

해설

정답
001 O

2 용어 정리

LINK 382~390p

기출
002 「재난 및 안전관리 기본법」 제3조 제1호에 따른 재난은 자연재난, 사회재난, 해외재난으로 구분된다. O X

해설
002
「재난 및 안전관리 기본법」 제3조 제1호에 따른 재난은 자연재난, 사회재난, ~~해외재난~~으로 구분된다.

기출
003 재난의 분류 중 자연재난
① 화산활동 O X
② 황사로 인하여 발생하는 재해 O X
③ 환경오염사고 O X
④ 미세먼지 O X
⑤ 가축전염병확산 O X
⑥ 「우주개발 진흥법」에 따른 자연우주물체의 추락·충돌 O X
⑦ 다중운집인파사고로 인하여 발생하는 대통령령으로 정하는 규모 이상의 피해 O X
⑧ 「감염병의 예방 및 관리에 관한 법률」에 따른 감염병 확산으로 인한 피해 O X

003
③, ④, ⑤, ⑦, ⑧ 사회재난

정답
002 ×
003 ① O ② O ③ × ④ × ⑤ ×
    ⑥ O ⑦ × ⑧ ×

CHAPTER 02 재난 및 안전관리 기본법 **377**

> 해설

005
안전관리란 재난이나 그 밖의 각종 사고로부터 사람의 생명·신체 및 재산의 안전을 확보하기 위하여 하는 모든 활동을 말한다.

008
긴급구조기관이란 소방청, 소방본부, 소방서를 말한다. 다만 해양에서 발생한 재난의 경우에는 **해양경찰청**, 지방해양경찰청, 해양경찰서를 말한다.

004 (기출) 해외재난이란 대한민국의 영역 밖에서 대한민국 국민의 생명·신체 및 재산에 피해를 주거나 줄 수 있는 재난으로서 정부차원에서 대처할 필요가 있는 재난을 말한다. O|X

005 (기출) 재난관리란 재난이나 그 밖의 각종 사고로부터 사람의 생명·신체 및 재산의 안전을 확보하기 위하여 하는 모든 활동을 말한다. O|X

006 (기출) 재난관리책임기관은 중앙행정기관 및 지방자치단체, 지방행정기관·공공기관·공공단체 (공공기관 및 공공단체의 지부 등 지방조직을 포함) 및 재난관리의 대상이 되는 중요시설의 관리기관 등으로서 대통령령으로 정하는 기관을 말한다. O|X

007 (예상) 재난관리주관기관은 재난이나 그 밖의 각종 사고에 대하여 그 유형별로 예방·대비·대응 및 복구 등의 업무를 주관하여 수행하도록 대통령령으로 정하는 관계 중앙행정기관을 말한다. O|X

008 (기출) 긴급구조기관이란 소방청, 소방본부, 소방서를 말한다. 다만 해양에서 발생한 재난의 경우에는 경찰청, 지방해양경찰청, 해양경찰서를 말한다. O|X

009 (기출) 국가재난관리기준은 모든 유형의 재난에 공통적으로 활용할 수 있도록 재난관리의 전 과정을 통일적으로 단순화·체계화한 것으로서 행정안전부장관이 고시한 것을 말한다. O|X

010 (기출) 재난관리정보란 재난관리를 위하여 필요한 재난상황정보, 동원가능자원정보, 시설물정보, 지리정보를 말한다. O|X

> 정답
004 O 005 × 006 O 007 O
008 × 009 O 010 O

011 재난안전통신망은 재난관리책임기관·긴급구조기관 및 긴급구조지원기관이 재난 및 안전관리업무에 이용하거나 재난현장에서의 통합지휘에 활용하기 위하여 구축·운영하는 무선통신망이다. O | X

012 재난안전데이터는 정보처리능력을 갖춘 장치를 통하여 생성 또는 처리가 가능한 형태로 존재하는 재난 및 안전관리에 관한 정형 또는 비정형의 모든 자료이다. O | X

해설

011 재난안전통신망은 재난관리책임기관·긴급구조기관 및 긴급구조지원기관이 재난 및 안전관리업무에 이용하거나 재난현장에서의 통합지휘에 활용하기 위하여 구축·운영하는 **무선통신망**이다.

정답
011 × 012 O

해설

013

① 하천·호소 등의 조류 대발생으로 인해 발생하는 재해: **환경부**
④ 승강기의 사고 또는 고장으로 인해 발생하는 대규모 피해: **행정안전부**
⑦ 위험물의 누출·화재·폭발 등으로 인해 발생하는 대규모 피해: **행정안전부 및 소방청**
⑨ 「정부청사관리규정」에 따른 청사의 화재 등으로 인해 발생하는 대규모 피해: **행정안전부**
⑪ 농수산물도매시장(수산물도매시장으로 한정한다) 및 농수산물종합유통센터(수산물종합유통센터로 한정한다)의 화재 등으로 인해 발생하는 대규모 피해: **해양수산부**
⑫ 전통시장의 화재 등으로 인해 발생하는 대규모 피해: **중소벤처기업부**
⑭ 청소년복지시설의 화재 등으로 인해 발생하는 대규모 피해: **여성가족부**
⑮ 문화유산·보호구역·보호물과 문화유산 보관시설의 화재 등으로 인해 발생하는 대규모 피해: **국가유산청**
⑯ 산업재해 및 중대산업사고로 인해 발생하는 대규모 피해: **고용노동부**
⑲ 병원급 의료기관의 화재 등으로 인해 발생하는 대규모 피해: **보건복지부**

---

013 [기출]

[자연재난 유형별 재난관리주관기관]

① 하천·호소 등의 조류 대발생으로 인해 발생하는 재해: 해양수산부 O|X
② 자연우주물체의 추락·충돌 등으로 인해 발생하는 재해: 과학기술정보통신부 및 우주항공청 O|X
③ 풍수해 중 조수로 인해 발생하는 재해: 해양수산부 O|X

[사회재난 유형별 재난관리주관기관]

④ 승강기의 사고 또는 고장으로 인해 발생하는 대규모 피해: 행정안전부 및 소방청 O|X
⑤ 일반인이 자유로이 모이거나 통행하는 도로, 광장 및 공원의 다중운집인파사고로 인해 발생하는 대규모 피해: 행정안전부 및 경찰청 O|X
⑥ 난민신청자의 주거시설의 화재 등으로 인해 발생하는 대규모 피해: 법무부 O|X
⑦ 위험물의 누출·화재·폭발 등으로 인해 발생하는 대규모 피해: 산업통상자원부 O|X
⑧ 유기시설 또는 유기기구의 중대한 사고로 인해 발생하는 대규모 피해: 문화체육관광부 O|X
⑨ 「정부청사관리규정」에 따른 청사의 화재 등으로 인해 발생하는 대규모 피해: 문화체육관광부 O|X
⑩ 에너지의 중대한 수급 차질로 인해 발생하는 대규모 피해: 산업통상자원부 O|X
⑪ 농수산물도매시장(수산물도매시장으로 한정한다) 및 농수산물 종합유통센터(수산물종합유통센터로 한정한다)의 화재 등으로 인해 발생하는 대규모 피해: 농림축산식품부 O|X
⑫ 전통시장의 화재 등으로 인해 발생하는 대규모 피해: 문화체육관광부 O|X
⑬ 해양오염으로 인해 발생하는 대규모 피해: 해양수산부 및 해양경찰청 O|X
⑭ 청소년복지시설의 화재 등으로 인해 발생하는 대규모 피해: 교육부 O|X
⑮ 문화유산·보호구역·보호물과 문화유산 보관시설의 화재 등으로 인해 발생하는 대규모 피해: 문화체육관광부 O|X
⑯ 산업재해 및 중대산업사고로 인해 발생하는 대규모 피해: 산업통상자원부 O|X
⑰ 공항의 화재 등으로 인해 발생하는 대규모 피해: 국토교통부 O|X
⑱ 인공우주물체의 추락·충돌 등으로 인해 발생하는 피해: 과학기술정보통신부 및 우주항공청 O|X
⑲ 병원급 의료기관의 화재 등으로 인해 발생하는 대규모 피해: 보건복지부 및 질병관리청 O|X
⑳ 사방시설의 붕괴·파손으로 인해 발생하는 대규모 피해: 산림청 O|X

[정답]

013 ① X ② O ③ O ④ X ⑤ O
⑥ O ⑦ X ⑧ O ⑨ X ⑩ O
⑪ X ⑫ X ⑬ O ⑭ X ⑮ X
⑯ X ⑰ O ⑱ O ⑲ X ⑳ O

3 재난 및 안전관리 업무의 총괄·조정

LINK 390p

014 (예상)
국무총리는 국가 및 지방자치단체가 행하는 재난 및 안전관리 업무를 총괄·조정한다. O | X

해설
014
행정안전부장관은 국가 및 지방자치단체가 행하는 재난 및 안전관리 업무를 총괄·조정한다.

정답
014 ×

4 안전관리기구 및 기능

LINK 391~399p

015 (기출)
재난 및 안전관리에 관한 중요 정책을 심의하기 위하여 국무총리 소속으로 중앙안전관리위원회를 둔다. O | X

016 (기출)
중앙위원회 위원장의 간사는 행정안전부차관이 된다. O | X

해설
016
중앙위원회 위원장의 간사는 행정안전부**장관**이 된다.

017 (기출)
중앙위원회의 위원장은 국무총리가 되고, 위원은 대통령령으로 정하는 중앙행정기관의 장이 된다. O | X

018 (기출)
중앙위원회 의결은 재적위원 2/3 출석과 1/2 찬성으로 한다. O | X

018
중앙위원회 의결은 재적위원 **과반수** 출석과 **과반수** 찬성으로 한다.

019 (기출)
중앙안전관리위원회에 상정될 안건을 사전에 검토하기 위해 중앙안전관리위원회에 안전정책조정위원회를 둔다. O | X

정답
015 O 016 × 017 O 018 ×
019 O

020 안전정책조정위원회 위원장은 행정안전부장관이 된다. O│X

해설

021 안전정책조정위원회의 간사는 행정안전부의 재난안전관리사무를 담당하는 본부장이 된다.

021 안전정책조정위원회의 간사는 행정안전부차관이 된다. O│X

022 행정안전부장관은 매년 재난 및 안전관리 사업의 효과성 및 효율성을 평가하고, 그 결과를 관계 중앙행정기관의 장에게 통보하여야 한다. O│X

023
- 시·도 안전관리위원회: 시·도지사
- 시·군·구 안전관리위원회: 시장·군수·구청장

023 지역별 재난 및 안전관리에 관한 사항을 심의·조정하기 위하여 시·도지사 소속으로 시·도 안전관리위원회를 둔다. O│X

024 중앙안전관리위원회는 재난사태의 선포에 관한 사항과 특별재난지역의 선포에 관한 사항을 심의한다.

024 중앙안전관리위원회는 재난사태의 선포에 관한 사항을 심의하고, 안전정책조정위원회는 특별재난지역의 선포에 관한 사항을 심의한다. O│X

025
② 국가 안전관리기본계획에 관한 사항
④ 중앙행정기관의 장이 수립·시행하는 계획, 점검·검사, 교육·훈련, 평가, 안전기준 등 재난 및 안전관리 업무의 조정에 관한 사항
⑤ 재난의 대응·복구에 관한 사항

025 중앙안전관리위원회 심의사항
① 재난 및 안전관리에 관한 중요 정책의 사항 O│X
② 국가 및 지방자치 안전관리기본계획에 관한 사항 O│X
③ 재난사태 또는 특별재난지역의 선포에 관한 사항 O│X
④ 중앙행정기관의 장이 수립·시행하는 계획, 점검·검사, 교육·훈련, 평가, 안전기준 등 재난 및 안전관리업무의 조정에 관한 사항 O│X
⑤ 재난의 대응·복구에 관한 사항 O│X

정답
020 ○ 021 × 022 ○ 023 ○
024 ×
025 ① ○ ② × ③ ○ ④ × ⑤ ×

026 안전정책조정위원회의의 심의사항으로 세부집행계획, 국가핵심기반의 지정, 재난 및 안전관리기술 집행계획에 심의 등이 있다. O│X

해설 026 안전정책조정위원회의의 심의사항으로 **집행계획**, 국가핵심기반의 지정, 재난 및 안전관리기술 **종합계획**에 심의 등이 있다.

027 실무위원회의 위원장은 행정안전부의 재난안전관리사무를 담당하는 본부장이 맡는다. O│X

028 중앙재난방송협의회의 구성 및 운영에 필요한 사항은 행정안전부령으로 정한다. O│X

028 중앙재난방송협의회의 구성 및 운영에 필요한 사항은 **대통령령**으로 정한다.

029 조정위원회의 위원장은 재난 및 안전관리에 관한 민관 협력관계를 원활히 하기 위하여 중앙안전관리민관협력위원회를 구성·운영해야 한다. O│X

029 조정위원회의 위원장은 재난 및 안전관리에 관한 민관 협력관계를 원활히 하기 위하여 중앙안전관리민관협력위원회를 구성·운영**할 수 있다.**

030 재난긴급대응단은 재난현장에서 임무의 수행에 관하여 통합지원본부의 장 또는 긴급구조통제단장의 지휘·통제를 따른다. O│X

정답
026 × 027 O 028 × 029 ×
030 O

5 재난안전대책본부 등

LINK 399-407p

031 대통령령으로 정하는 대규모 재난의 대응·복구를 총괄하기 위하여 행정안전부에 중앙재난안전대책본부를 둔다. O│X

해설

정답
031 O

해설

032 해외재난 시 외교부장관이 중앙재난안전대책본부장의 권한을 행사한다. O | X

033 폭우로 인한 홍수가 일어나는 재난이 발생했다. 이 경우 행정안전부장관이 중앙재난안전대책본부의 본부장이 된다. O | X

034 재난의 효과적인 수습을 위하여 국무총리가 중앙대책본부장의 권한을 행사할 수 있다. 이 경우 행정안전부장관, 외교부장관 또는 원자력안전위원회 위원장이 차장이 된다. O | X

035 중앙재난안전대책본부회의에서는 재난복구계획에 관한 사항을 심의·확정, 재난예방대책·재난응급대책 등에 관한 사항을 협의한다.

035 중앙재난안전대책본부회의에서는 재난복구계획에 관한 사항을 심의·확정, 재난대응계획·재난응급대책 등에 관한 사항을 협의한다. O | X

036 재난관리주관기관의 장은 재난이 발생하거나 발생할 우려가 있는 경우에는 재난상황을 효율적으로 관리하고 재난을 수습하기 위한 중앙사고수습본부를 신속하게 설치·운영하여야 한다.

036 행정안전부장관은 재난이 발생하거나 발생할 우려가 있는 경우에는 재난상황을 효율적으로 관리하고 재난을 수습하기 위한 중앙사고수습본부를 신속하게 설치·운영하여야 한다. O | X

037 시·군·구 재난안전대책본부장은 시장·군수·구청장이며, 시·군·구 긴급구조통제단장은 소방서장이다. O | X

038 중앙대책본부장은 해외재난 시 수습지원단을 구성하고 행정안전부장관은 중앙재난안전상황실을 설치·운영한다.

038 국무총리는 해외재난 시 수습지원단을 구성하고 중앙재난안전상황실을 설치·운영한다. O | X

정답
032 O 033 O 034 O 035 ×
036 × 037 O 038 ×

□□□ 기출
039 해외재난 시 재외공관의 장은 소방청장에게 보고한다. O|X

해설
039
해외재난 시 재외공관의 장은 **외교부장관**에게 보고한다.

정답
039 ×

6 안전관리계획
🔗 LINK 407~410p

□□□ 기출
040 국가안전관리기본계획수립은 소방청장이 5년마다 수립한다. O|X

해설
040
국가안전관리기본계획수립은 **국무총리**가 5년마다 수립한다.

□□□ 기출
041 국무총리는 대통령령으로 정하는 바에 따라 5년마다 국가의 재난 및 안전관리업무에 관한 기본계획의 수립지침을 작성하여 관계 중앙행정기관의 장에게 통보하여야 한다. O|X

041

국무총리
(5년마다 수립 지시)
↓
행정안전부장관
(수립지침 작성 및 통보)
↓
관계 중앙행정기관의 장
(소관 기본계획 작성 후 제출)
↓
행정안전부장관
(기본계획안 종합 → 국무총리 제출)
↓
국무총리
(중앙위원회 심의 → 기본계획 확정)
↓
행정안전부장관
(확정된 계획을 관계기관에 통보)
↓
관계 중앙행정기관의 장
(소관 재난관리책임기관에 재통보)

정답
040 × 041 ○

7 재난의 4단계

LINK 410~435p

해설

042
③ 안전등급 C등급: 반기별 1회 이상

042 정기안전점검 실시기준
① 안전등급 A등급: 반기별 1회 이상
② 안전등급 B등급: 반기별 1회 이상
③ 안전등급 C등급: 반기별 2회 이상
④ 안전등급 D등급: 월 1회 이상
⑤ 안전등급 E등급: 월 2회 이상

043 행정안전부장관과 재난관리책임기관의 장은 긴급안전점검 결과 재난 발생의 위험이 높다고 인정되는 시설 또는 지역에 대하여는 대통령령으로 정하는 바에 따라 그 소유자·관리자 또는 점유자에게 재난예방을 위한 안전조치를 할 것을 명할 수 있다.

044
재난관리책임기관의 장은 재난관리를 위하여 필요한 물품, 재산 및 인력 등의 물적·인적자원(이하 "재난관리자원"이라 한다)을 비축하거나 지정하는 등 체계적이고 효율적으로 관리하여야 한다.

044 재난관리주관기관의 장은 재난관리를 위하여 필요한 물품, 재산 및 인력 등의 물적·인적자원(이하 "재난관리자원"이라 한다)을 비축하거나 지정하는 등 체계적이고 효율적으로 관리하여야 한다.

045 위기관리표준매뉴얼은 국가적 차원에서 관리가 필요한 재난에 대하여 재난관리 체계와 관계 기관의 임무와 역할을 규정한 문서로 재난관리주관기관의 장이 작성하는 문서이다.

046
현장조치 행동매뉴얼은 재난현장에서 임무를 직접 수행하는 기관의 행동조치 절차를 구체적으로 수록한 문서이다.

046 위기대응 실무매뉴얼은 재난현장에서 임무를 직접 수행하는 기관의 행동조치 절차를 구체적으로 수록한 문서이다.

정답
042 ① ○ ② ○ ③ × ④ ○ ⑤ ○
043 ○ 044 × 045 ○ 046 ×

047 훈련주관기관의 장은 관계 기관과 합동으로 참여하는 재난대비훈련을 각각 소관 분야별로 주관하여 연 1회 이상 실시하여야 한다. O X

048 중앙재난안전대책본부장은 대통령령으로 정하는 재난이 발생하거나 발생할 우려가 있는 경우 사람의 생명·신체 및 재산에 미치는 중대한 영향이나 피해를 줄이기 위하여 긴급한 조치가 필요하다고 인정하면 중앙안전관리위원회의 심의를 거쳐 재난사태를 선포할 수 있다. O X

049 재난사태가 선포된 지역에 할 수 있는 조치
① 조치권자: 행정안전부장관 및 지방자치단체의 장 O X
② 재난경보의 발령, 재난관리자원의 동원, 위험구역 설정, 대피명령, 응급지원 O X
③ 해당지역에 소재하는 행정기관 소속 공무원의 비상소집 O X
④ 재난예방에 필요한 조치 O X
⑤ 해당 지역에 대한 여행 등의 이동 자제 금지 O X

050 재난이 발생할 우려가 있거나 재난이 발생하였을 때에 즉시 취해야 하는 응급조치
① 응급지원에 필요한 비용부담 O X
② 피해시설의 응급복구 및 방역과 방범, 그 밖의 질서 유지 O X
③ 긴급수송 및 구조 수단의 확보 O X
④ 급수 수단의 확보, 긴급피난처 및 구호품 등 재난관리자원의 확보 O X
⑤ 현장지휘통신체계의 확보 O X

051 긴급구조에 관한 사항의 총괄·조정, 긴급구조기관 및 긴급구조지원기관이 하는 긴급구조활동의 역할 분담과 지휘·통제를 위하여 소방청에 중앙긴급구조통제단을 둔다. O X

해설

048 **행정안전부장관**은 대통령령으로 정하는 재난이 발생하거나 발생할 우려가 있는 경우 사람의 생명·신체 및 재산에 미치는 중대한 영향이나 피해를 줄이기 위하여 긴급한 조치가 필요하다고 인정하면 중앙안전관리위원회의 심의를 거쳐 재난사태를 선포할 수 있다.

049
⑤ 해당 지역에 대한 여행 등의 이동 자제 권고

050
① 응급지원에 필요한 비용부담

정답
047 O 048 ×
049 ① O ② O ③ O ④ O ⑤ ×
050 ① × ② O ③ O ④ O ⑤ O
051 O

해설

052
중앙긴급구조통제단의 단장은 **소방청장**이 된다.

055
긴급구조통제단장은 긴급구조지원요원의 현장 출동의 **지원을 요청할 수 있다.**

058
② 경보의 발령
④ 진화·수방·지진방재, 그 밖의 응급조치와 구호
⑤ 재난을 발생시킬 요인의 제거

---

052 중앙긴급구조통제단의 단장은 행정안전부장관이 된다. ○|✕

053 중앙통제단장은 긴급구조를 위하여 필요하면 긴급구조지원기관 간의 공조체제를 유지하기 위하여 관계 기관·단체의 장에게 소속 직원의 파견을 요청할 수 있다. ○|✕

054 중앙통제단의 구성·기능 및 운영에 필요한 사항은 대통령령으로 정한다. ○|✕

055 긴급구조통제단장은 긴급구조지원요원의 현장 출동을 명령할 수 있다. ○|✕

056 지역통제단장은 긴급구조를 위하여 필요하면 긴급구조지원기관간의 공조체제를 유지하기 위하여 관계 기관·단체의 장에게 소속직원의 파견을 요청할 수 있다. ○|✕

057 중앙긴급구조통제단장은 소방청장이다. ○|✕

058 지역통제단장 및 시·군·구청장 중 지역통제단장이 하여야 하는 응급조치
① 긴급수송 및 구조 수단의 확보 ○|✕
② 경보의 발령 ○|✕
③ 현장지휘통신체계의 확보 ○|✕
④ 진화·수방·지진방재, 그 밖의 응급조치와 구호 ○|✕
⑤ 재난을 발생시킬 요인의 제거 ○|✕

정답
052 ✕   053 ○   054 ○   055 ✕
056 ○   057 ○
058 ① ○ ② ✕ ③ ○ ④ ✕ ⑤ ✕

059 재난현장에서는 시·군·구 긴급구조통제단장이 긴급구조활동을 지휘한다. 다만, 치안활동과 관련된 사항은 관할 경찰관서의 장과 협의하여야 한다. O | X

060 동원명령, 대피명령, 위험구역의 설정, 강제대피조치, 통행제한, 응원의 명령권자는 시장·군수·구청장, 지역통제단장이다. O | X

해설

060
동원명령, 대피명령, 위험구역의 설정, 강제대피조치, 통행제한, 응원의 명령권자는 시장·군수·구청장, 지역통제단장이다.
→ 동원명령: 중앙대책본부장, 시장·군수·구청장(시·군·구 대책본부가 운영되는 경우)
→ 응원: 시장·군수·구청장

061 긴급구조지휘대의 구성으로 현장지휘요원, 자원지원요원, 통신지원요원, 안전관리요원, 상황조사요원, 구급지휘요원 등이 있다. O | X

062 긴급구조지원기관에서 긴급구조업무와 재난관리업무를 담당하는 부서의 담당자 및 관리자는 신규교육을 받은 후 3년마다 정기적으로 긴급구조교육을 받아야 한다. O | X

062
긴급구조지원기관에서 긴급구조업무와 재난관리업무를 담당하는 부서의 담당자 및 관리자는 신규교육을 받은 후 2년마다 정기적으로 긴급구조교육을 받아야 한다.

063 긴급구조지휘대의 구성 및 기능에서 긴급구조지휘대를 구성에 해당하는 자는 통제단이 설치·운영되는 경우 구분에 따라 해당부서에 배치되는데 통신지원요원은 현장지휘부에 배치된다. O | X

064 안전관리요원은 긴급구조통제단의 현장지휘부에 배치된다. O | X

정답
059 O 060 X 061 O 062 X
063 O 064 O

해설

065
④ 긴급구조기관 및 긴급구조지원기관의 긴급구조요원, 긴급구조지원요원 및 재난관리자원의 배치와 운용
⑤ ~~재난 피해상황 조사~~

070
소방청장은 항공기 조난사고가 발생한 경우 항공기 수색과 인명구조를 위하여 항공기 수색·구조 계획을 수립·시행하여야 한다.

정답
065 ① ○ ② ○ ③ ○ ④ × ⑤ ×
066 ○ 067 ○ 068 ○ 069 ○
070 ×

---

065 (기출) 긴급구조 현장지휘 사항
① 사상자의 응급처치 및 의료기관으로의 이송 ○ ×
② 추가 재난의 방지를 위한 응급조치 ○ ×
③ 긴급구조지원기관 및 자원봉사자 등에 대한 임무의 부여 ○ ×
④ 재난관리책임기관 및 긴급구조책임기관의 긴급구조요원, 긴급구조지원요원 및 재난관리자원의 배치와 운용 ○ ×
⑤ 재난 피해상황 조사 ○ ×

066 (예상) 긴급구조기관의 장이 수립하는 긴급구조대응계획은 기본계획, 기능별 긴급구조대응계획, 재난유형별 긴급구조대응계획으로 구분한다. ○ ×

067 (기출) 소방청장은 긴급구조기관이 긴급구조지원기관에 대한 능력을 평가하는 데에 필요한 평가지침을 매년 수립하여 다른 긴급구조기관의 장에게 통보하여야 한다. ○ ×

068 (기출) 해상에서 발생한 선박이나 항공기 등의 조난사고의 긴급구조활동에 관하여는 「수상에서의 수색·구조 등에 관한 법률」 등 관계 법령에 따른다. ○ ×

069 (기출) 소방청장은 항공기 조난사고가 발생한 경우 항공기 수색·구조계획을 수립·시행하여야 한다. ○ ×

070 (기출) 국방부장관은 항공기 조난사고가 발생한 경우 항공기 수색과 인명구조를 위하여 항공기 수색·구조 계획을 수립·시행하여야 한다. ○ ×

	해설

071 〔기출〕 국방부장관은 항공기나 선박의 조난사고가 발생하면 관계 법령에 따라 긴급구조업무에 책임이 있는 기관의 긴급구조활동에 대한 군의 지원을 신속하게 할 수 있도록 조치를 취하여야 한다. O | X

072 〔기출〕 국방부장관이 설치하는 탐색구조본부의 구성과 운영에 필요한 사항은 국방부령으로 정한다. O | X

073 〔기출〕 행정안전부장관은 대통령령으로 정하는 규모의 재난이 발생하여 국가의 안녕 및 사회질서의 유지에 중대한 영향을 미치거나 피해를 효과적으로 수습하기 위하여 특별한 조치가 필요하다고 인정하거나 지역대책본부장의 요청이 타당하다고 인정하는 경우에는 중앙위원회의 심의를 거쳐 해당 지역을 특별재난지역으로 선포할 것을 대통령에게 건의할 수 있다. O | X

073
중앙대책본부장은 대통령령으로 정하는 규모의 재난이 발생하여 국가의 안녕 및 사회질서의 유지에 중대한 영향을 미치거나 피해를 효과적으로 수습하기 위하여 특별한 조치가 필요하다고 인정하거나 지역대책본부장의 요청이 타당하다고 인정하는 경우에는 중앙위원회의 심의를 거쳐 해당 지역을 특별재난지역으로 선포할 것을 대통령에게 건의할 수 있다.

074 〔기출〕 지역대책본부장은 관할지역에서 발생한 재난에 대해 중앙대책본부장에게 특별재난지역의 선포건의를 요청할 수 있다. O | X

074
지역대책본부장: 시·도지사 또는 시장·군수·구청장

075 〔기출〕 특별재난지역을 선포하는 경우에 중앙대책본부장은 특별재난지역의 구체적인 범위를 정하여 공고하여야 한다. O | X

076 〔기출〕 자연재난으로서 「자연재난 구호 및 복구 비용 부담기준 등에 관한 규정」에 따른 국고 지원 대상 피해 기준금액의 2.5배를 초과하는 피해가 발생한 재난은 특별재난의 범위에 포함된다. O | X

〔정답〕
071 O 072 O 073 × 074 O
075 O 076 O

해설

077
③ 고등학생 학자금 면제

077 특별재난지역으로 선포된 지역 주민의 생계안정을 위한 국고보조
① 통신·전기요금 납부유예 등의 간접지원 〇|✕
② 세입자 보조 생계안정 지원 〇|✕
③ 대학생 학자금 면제 〇|✕
④ 주거용 건축물 복구비 지원 〇|✕

078
국가와 지방자치단체로부터 재난으로 피해를 입은 시설의 복구와 피해주민의 생계 안정을 위해 지원되는 금품 또는 이를 지급받을 권리는 양도하거나 담보로 제공할 수 **없다.**

078 국가와 지방자치단체로부터 재난으로 피해를 입은 시설의 복구와 피해주민의 생계 안정을 위해 지원되는 금품 또는 이를 지급받을 권리는 양도하거나 담보로 제공할 수 있다. 〇|✕

정답
077 ① 〇 ② 〇 ③ ✕ ④ 〇
078 ✕

8 안전문화 진흥

LINK 435~438p

해설

079
중앙행정기관의 장과 지방자치단체의 장은 소관 재난 및 안전관리업무와 관련하여 국민의 안전의식을 높이고 안전문화를 진흥시키기 위한 안전문화활동을 적극 추진하여야 한다.

079 국가와 지방자치단체의 장은 소관 재난 및 안전관리업무와 관련하여 국민의 안전의식을 높이고 안전문화를 진흥시키기 위한 안전문화활동을 적극 추진하여야 한다. 〇|✕

080 행정안전부장관은 5년마다 재난 및 안전관리에 관한 과학기술의 진흥을 위하여 재난 및 안전관리기술개발 종합계획을 수립하여야 한다. 〇|✕

081
• 국민안전의 날: 4월 16일
• 방재의 날: 5월 25일

081 매월 4일은 안전점검의 날이다. 〇|✕

정답
079 ✕   080 〇   081 〇

082 예방 · 대비 · 대응 · 복구 단계(주관식)
① 국가재난관리기준의 제정 · 운용: (　　)
② 재난 예보 · 경보체계 구축 · 운영: (　　)
③ 재난안전분야 종사자 교육: (　　)
④ 재난안전통신망의 구축 · 운영 : (　　)
⑤ 재난방지시설의 관리: (　　)
⑥ 재난현장 긴급통신수단의 마련: (　　)
⑦ 특별재난지역의 선포: (　　)
⑧ 재난 복구계획 수립 · 시행: (　　)
⑨ 위기관리 매뉴얼 작성 · 운용: (　　)
⑩ 재산피해 신고 및 조사: (　　)
⑪ 재난대비훈련 기본계획 수립: (　　)

해설
082
① 대비
② 대응
③ 예방
④ 대비
⑤ 예방
⑥ 대비
⑦ 복구
⑧ 복구
⑨ 대비
⑩ 복구
⑪ 대비

Simtail

Simtail